発達科学ハンドブック **2**

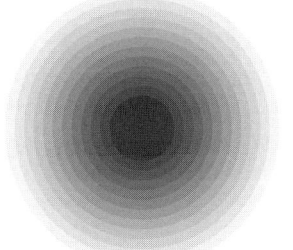

研究法と尺度

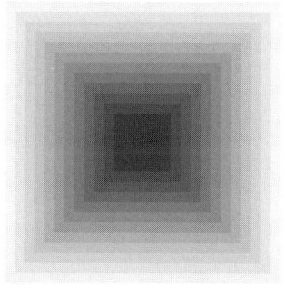

日本発達心理学会［編］／岩立志津夫・西野泰広［責任編集］

新曜社

『発達科学ハンドブック』発刊にあたって

　日本発達心理学会は発足以来，すでに 20 年以上を経て，会員数も当初の 400 名台から約 10 倍の 4,200 名台に至るまでになりました。会員も当初の研究者中心であったのが，有能な実践家，臨床家の方々の参加も得て，その研究活動も基礎研究から実践研究まで大きく展望を広げてきたところです。今や学会員は研究・実践において社会的責務も大いに高まってきているのが現状であります。

　それだけに，それらの諸研究を遂行するうえで基盤となる諸理論の吟味，あるいは先行諸研究の概念化を行うことの重要性がますます求められていると同時に，広範になってきた諸領域の展望を行うことの難しさも痛感されるところであります。

　そこで，学会としては 2007 年に理事長諮問の検討会（後に，出版企画委員会に昇格）を設けて，学会員に寄与し得る発達心理学研究の展望をどう行えばよいか吟味を重ねてきました。その結果，1989 年の学会発足の記念として多数の有志で編纂した福村出版刊『発達心理学ハンドブック』を基盤に，それ以降のおよそ 20 年間における発達心理学研究の動向を中心に展望すること，しかし，単に情報の追加をするのではなく，この間の発達心理学研究の発展を反映した新たな発想を提起すべく，『発達科学ハンドブック』として，新構想のもとに新たに編纂し直すことになりました。

　新名称に込められた意図には，学会設立の大きな要因ともなった隣接諸領域との積極的交流を通しての「発達学」構築への気運と模索が，この 20 年において世界的展開を見せ始め，「発達科学」として統合化され始めているということがあります（第 1 巻序章参照）。当学会としても，発達心理学を「発達科学」の重要な位置を占めるものとしてその方向性を明示していくことで総合科学である「発達科学」への貢献を目指していきたいとの願いを本書の新構想に込めており，それが以下のような本ハンドブックの構成の特徴となって現れています。

(1) 本ハンドブックを，当学会が責任をもって編集にあたることで，日本および世界の発達心理学，発達科学領域の研究と実践の動向を展望するだけでなく，新たな動向を創造していくことを目指した経常的な学会活動へと転化させる媒体として位置づける。
(2) 上記の意図を実行に移すために，本ハンドブックは複数巻で構成することとし，総論の 2 巻を頭に据えて，3 巻以降は進化し続ける米国の *Handbook of*

Child Psychology（Wiley 刊）のようなテーマ領域ごとに展望する巻として，今後の研究動向の進展に基づき随時追加していくことができる構成とした。

具体的には，総論の2巻においては，〈理論・方法論概説〉（第1巻）と〈研究法概説〉（第2巻）から成っており，発達心理学および発達心理学に影響を及ぼした隣接諸領域の理論的，方法論的基盤をもとに発達科学への道筋について概説を行うことに焦点を絞った。

3巻以降のテーマ領域ごとの展望巻では，今回は比較的広範なテーマを扱う4領域を選択，〈発達研究における時間の扱い方〉（第3巻），〈発達の認知的，情動的，生物学的（生命科学的，脳科学的）側面〉（第4巻），〈発達の社会・文化的側面〉（第5巻），〈発達を支援する発達臨床・障害科学論，保育・教育論〉（第6巻）から構成されている。

(3) 今後はおよそ10年ごとに既存巻の構成・内容を改訂していくとともに，経常的に新企画巻を追加していくことで，定期的展望を意欲的に進めることとする。

(4) さらに，本ハンドブックの内容から，詳細な展開が必要と思われるジャンルについて単行本発刊を企画・提案していく。

(5) そのため，毎年の年次大会において出版企画委員会主催の展望シンポジウムを企画したり，機関誌『発達心理学研究』の特集テーマを機関誌編集委員会と共同提案しながら，各ジャンルについての経常的な研究動向の展望を通して，それらを10年ごとの改訂，あるいは適当な時期に新領域についてハンドブック化していくといった方法論をとっていく。

以上のような当学会の意図と経常的，将来的なハンドブック発展計画を含む本ハンドブック構成について深甚なご理解をいただき，出版をお引き受けくださった新曜社の塩浦暲社長，編集実務をご担当いただいた田中由美子さんには心からの御礼を申し上げる次第です。

2011年2月吉日

日本発達心理学会
日本発達心理学会出版企画委員会

はじめに

　6巻からなる『発達科学ハンドブック』の第1冊目として『時間と人間』が今年の4月に発行されました。それに続く第2冊目として『研究法と尺度』を読者の皆さんにお渡しします。このハンドブック6巻は，最初の2巻（『1 発達心理学と隣接領域の理論・方法論』と本書）は総論としての位置づけになっています。したがって，基本書，導入本のように思われるかもしれません。たしかにそのような意図は存在します。しかし，類書にあるような単なる導入本ではなく，ハンドブックが目指している今後10年スパンの日本の発達研究の「飛躍的な発展を可能にする起点，あるいは大げさかもしれないが起爆剤」としての内容を包含するよう努力しました。

　起爆剤となるために，どのような努力がなされているかについては，編者の一人岩立が序章「導入：発達心理学の研究法を求めて」に書きました。とくに結論としてまとめた5つの方向性（①研究法を選択する以前に重要な視点：良質なデータ，②質的研究と量的研究の併用，少数例と多数事例の長短を理解すること，③実践研究（観察研究）と実験的研究の併用，④疑いをもつこと，裏を読むこと，⑤複数の研究手法を学び，理解し，利用し，寛容であることの意義）については，今後いろいろな形で批判を含めて議論され，この方向性の指摘が発達研究での論文や学会発表の隆盛のきっかけになればと祈っています。

　岩立は30年近く，言語発達を中心にして研究を進めてきました。また最近は大学院生の論文指導を通して，多様な研究に協力してきました。その中で知ったことを述べたいと思います。それは，「世の中には，いろいろな意味で人を感動させる発達研究がある」という確信です。そしてこのような研究は，短期，長期にわたって多くの研究で引用され，支持され，批判されながら大きな役割を果たします。そしてそのような研究の基礎には研究方法上の魅力が存在することが多いのです。この本が，そのような感動を与える研究が続出する契機になればと祈っています。

　最後にこのような本の編集の機会を与えていただいた，日本発達心理学会出版企画委員会のメンバーの皆様，そしてお忙しい中で内容の豊かな原稿を執筆していただいた執筆者の皆様，そして出版を引き受けていただいた新曜社の塩浦暲社長，編集担当の田中由美子様に感謝したいと思います。とくに，今回の編集作業

では，読者の理解に寄与するために，執筆者に多大の書き換えや加筆をお願いしました。不本意なお願いもあったことと思いますが，誠実にご対応くださったことに心より感謝申しあげます。最後に，編集作業の責任は編者にあるとしても，本の質が高まったのは田中さんの献身的な努力もあってのことと思います。重ねてお礼を述べたいと思います。

2011年9月吉日

責任編集
岩立志津夫・西野泰広

目　次

『発達科学ハンドブック』発刊にあたって　i
はじめに　iii

序　章　導入：発達心理学の研究法を求めて　1 ──────── 岩立志津夫

　第1節　はじめに　1
　第2節　発達研究法の原理　3
　第3節　この巻の各章の記述から見えてくるもの　9

第Ⅰ部　研究法の基礎

第1章　乳児の実験心理学的研究法　14 ──────── 金沢　創

　第1節　モデルの重要性　14
　第2節　選好注視法と強制選択選好注視法　16
　第3節　馴化法　22
　第4節　その他の実験方法　24

第2章　発達の観察研究法と実例　28 ──────── 麻生　武

　第1節　経験世界から科学的観察へ　29
　第2節　科学的観察から体験世界の記述へ　34

第3章　質問紙調査法の基礎　40 ──────── 岡田　努

　第1節　質問紙の形式　40
　第2節　質問紙調査の問題点　41
　第3節　信頼性と妥当性　43
　第4節　新しいテスト理論──項目応答理論（項目反応理論）　45

第5節　インターネット調査の可能性　46

第4章　発達のテスト法　48 ——————————— 松田浩平

第1節　心理テストにおける測定誤差　48
第2節　発達テストの妥当性と信頼性　51
第3節　心理テストとバイアス　55
第4節　発達テストの特性　58
第5節　おわりに　59

第5章　発達の面接法と実例　62 ——————————— 塩崎尚美

第1節　面接法の歴史　63
第2節　発達研究における面接法の特徴　64
第3節　面接法の実際　66
第4節　発達心理学における面接法の課題と発展の可能性　69

第6章　発達の質的研究法と実例　73 ——————————— 能智正博

第1節　「質的な構え」とはどういうことか　74
第2節　発達心理学における視点の転換の方向　77
第3節　おわりに——冒険することと冒険を伝えること　80

第7章　発達の統計法と実例　84 ——————————— 村井潤一郎

第1節　量的データ　84
第2節　量的データに適用される統計法　86
第3節　まとめ　93

第8章　発達の多変量分析研究法と実例　95 ——————————— 小塩真司

第1節　構成概念を表現する　95
第2節　変化の個人差を表現する　101

第 3 節　複数の結果を統合する　104

第Ⅱ部　領域別の研究課題と研究法

第 9 章　認知発達の研究課題と研究法　110 ──────── 林　　創

第 1 節　認知発達の研究法の進展と変遷　110
第 2 節　研究課題と研究法の探索──「心の理論」研究を手がかりに　113
第 3 節　認知発達研究を発展させるために　116

第 10 章　言語発達研究の課題と方法　122 ──────── 針生悦子

第 1 章　言語音声知覚の発達　122
第 2 節　語彙の獲得　125
第 3 節　文を作り理解する能力の発達　130
第 4 節　まとめ　132

第 11 章　社会・情動発達の研究課題と研究法　136 ──────── 須田　治

第 1 節　生態理解の大切さ──観察などの復権　136
第 2 節　生きている存在における発達の 2 側面　138
第 3 節　社会・情動的発達をとらえる理論の必要性　141
第 4 節　見落とされてきた課題と新たな研究　145

第 12 章　生涯発達の研究課題と研究法　149 ──────── 小田切紀子

第 1 節　生涯発達心理学の成立過程　149
第 2 節　生涯発達研究の実際　150
第 3 節　生涯発達研究の課題　156

第Ⅲ部　研究の理論

第13章　研究パラダイムとの関係でみた研究法　162 ──── 尾見康博

第1節　「パラダイム」は研究法を拘束するか　163
第2節　機械論的人間観のもとにある仮説検証モデル　164
第3節　発達心理学における質的研究と実践研究の広がり　166
第4節　倫理のダイナミズム　168
第5節　発達を記述する方法に向けて　171

第14章　量的研究と質的研究の長短所と補完的折衷：体系的折衷調査法の提案　174 ──── 大野　久

第1節　体系的折衷主義について　174
第2節　わが国における体系的折衷主義による方法論の展開　176
第3節　体系的折衷調査法（systematic eclectic research method）の提案　179
第4節　体系的折衷調査法の長所と新たな仮説の生成　184

第15章　生物・進化理論との関係でみた研究法　186 ──── 平石　界

第1節　個人差の発達　186
第2節　生活史の進化　191
第3節　配偶戦略の発達　192

第16章　脳との関係でみた研究法　197 ──── 榊原洋一

第1節　神経-脳-心理　197
第2節　欠損モデルによる脳機能研究　199
第3節　脳機能画像の登場　202
第4節　脳機能画像研究法の限界　204
第5節　脳機能局在論の問題　208
第6節　構成概念と神経機能のマッチング　209
第7節　発達と障害の脳内過程──拡散テンソル画像など　209

第17章　発達精神病理学との関係でみた研究法　213 ──── 菅原ますみ

第1節　発達精神病理学の特徴　213
第2節　発達精神病理学研究の方法論　219

第Ⅳ部　研究資料

第18章　発達研究における倫理　230 ──────── 斉藤こずゑ

第1節　研究倫理規程とは　231
第2節　倫理規程のはらむ問題　236

第19章　論文投稿への道：とりあえず一歩を踏み出したい大学院生のために　247 ──────── 郷式　徹

第1節　数値目標を掲げる──「1年に3本の論文を投稿する」　248
第2節　新鮮な「ネタ」＝専門家の興味を引く最新のテーマの仕入れ方　249
第3節　投稿論文の審査結果が返ってきた際の対処法　254
第4節　最後に　256

第20章　心理学英語論文とアブストラクトの書き方・投稿の仕方　258 ──────── D. W. シュワーブ・B. J. シュワーブ（中澤　潤　訳）

第1節　英語で心理学論文を書くために　258
第2節　アブストラクトの書き方　260
第3節　アブストラクトに関する *APA Publication Manual* の詳細　261
第4節　検索されやすいアブストラクトのために　263
第5節　雑誌掲載論文のアブストラクトの修正例　265
第6節　研究論文の主要なセクション執筆のための示唆　270
第7節　他の情報源　274

第 21 章　発達研究の指標：心理尺度を中心に　279
──────────────────────西野泰広・雨森雅哉

人名索引　313
事項索引　318
編者・執筆者紹介　328

装丁　桂川 潤

序章
導入：発達心理学の研究法を求めて

岩立志津夫

第1節 はじめに

　哲学から派生したと言われる心理学は，ヴント（Wundt, W.）の時代から科学的な研究法を追求し，確立し，それらを使用することで，哲学等の他の研究分野との違いを主張して来た。この事情は発達心理学でも同じである。シュテルン（Stern, W.）やH. ウェルナー（Werner, H.）が発達の研究をする際にも，科学的な研究法が意識され，イエンシュ（Jaensch, E. R. F.）の直観像（Eidetik）の研究では図版を使った実験的な手法が利用された。

　それでは過去の研究ではどんな研究法が使用されていたのだろうか？　わが国で発行された20世紀前半のいくつかの児童心理学，発達心理学の教科書を見ると，研究法について詳細に論じたものは少ない。その中で比較的丁寧に書かれていたのは上武正二の『新発達心理学』（昭和26年初版）である（上武，1951）。上武はこの本の中で，「発達心理学は，生活体の自我－環境体制または行動の横断面的法則と，時間的進展の縦断面的法則とをとらえようとする」(p.68)と述べ，具体的な研究法として，観察法，実験法，測定法とテスト，評定法，質問紙法，作文と日記法，伝記法（観察によって，同一の児童の行動を比較的長期にわたって継続的に記録してその発達を研究する），個人診断法（投影法的な手法を使って，被験者に個人的世界とパーソナリティの過程をいろいろ表現させる）を紹介している。現在の研究法の分類とかなり重なる。とはいえ，個人診断法のようにその時代の理論的背景が強く出ているものもある。

　紙面の都合で詳しく述べないが，過去の研究法やその研究法による研究結果は，古いから意味がないと捨て去るのではなく，現在そして未来の発達心理学の研究をするうえで役立つことが多いと考えるべきだろう。現在の研究法，そして未来

の研究法は過去の研究法の影響を受け，過去の研究法を包含していると言える。

1 この巻が目指すもの

わが国の発達心理学研究の中心と言える日本発達心理学会の会員数は現在 4,200 名を超えている。一方で米国の発達心理学研究の中心と言える SRCD (Society for Research in Child Development) の会員数は，ウェブサイト (Website) によれば約 5,500 名である。日本発達心理学会は会員の数は SRCD に近づいて来たとしても，2つの学会の「研究力」には歴然とした違いがある。たとえば，新しい理論の提案力，大会発表の質・量・多様性 (SRCD の隔年大会では査読制度が導入されている)，研究論文の量と多様性 (質に関しては必ずしも差があるとは思わない)などでの違いである。これらの違いはどこから生じるのだろうか。おそらく，研究観，研究文化，研究の歴史，研究環境など多種多様な要因が関係し，簡単にはその差を縮めることは難しいかもしれない。しかし，日本発達心理学会は，当初から新しい試行への寛容さ，思考の柔軟性，発想力などに優れた研究者が集まって作った学会である。このような学会の資質を生かして，学会の研究力，そして日本の発達心理学ワールドの研究力を高めるため，この巻では，発達心理学の研究法に焦点を当てて，斬新で創意に満ちた提案を模索した。執筆依頼では，特に次の諸点に留意してもらった。

(1)「研究法の基礎」では，各研究法の基本を記述するが，心理学の類書にある共通点を羅列するのではなく，筆者の方々が考える，現在，そして今後の発達心理学研究に基本となる事柄を厳選して書いてもらう。

(2)「領域別の研究課題と研究法」では，現在そして近い将来，指定された研究領域で必要となる研究法と研究例を整理して述べることを通して，その領域での今後の研究指針を与える努力を期待する。

(3)「研究の理論」では，特定の研究領域や現在の研究の枠組みに縛られずに，自由な発想で，発達の事実を把握し，検討するための，研究横断的，通時的 (過去，現在，未来) な発達心理学の研究法を模索する。空想ではない，現実の発達研究に依拠するという制限はあるとしても，冒険的な内容が含まれることを期待する。

(4)「研究資料」はかなり実用的な内容といえる。頁数に制限があるため厳選した内容になるが，今後 20 年程度のスパンの中で，実用性のある内容に焦点をあててもらう。

(5) 最後に，全体を通して，①各研究法のプラス面だけでなく，今後克服しなけ

ればならない問題や課題についても書くとともに，②世界の研究動向と乖離することなく，だからと言って世界の研究動向に追随するだけの研究ではない，日本発の発達研究や理論が出てくることを求めた。

第2節 発達研究法の原理

1 発達の事実と発達の研究法——フィルターとしての研究法

発達心理学の研究には2つの柱がある。第1の柱は，「発達の事実を明示すること（「事実探求」と呼ぶ）」であり，第2の柱は，発達の事実に依拠しながら「発達の理論を構築すること（「理論構築」と呼ぶ）」である。どちらの柱も重要である。実際の論文や研究書では，2つの柱のどちらに重点を置くかで違いがある。

筆者の経験では，わが国の発達心理学者は事実探求よりも理論構築を好む，また重視する傾向がある（米国の研究はある程度バランスがとれていて，雑誌論文では事実の探求に軸足があり，研究書では理論構築に軸足がある気がする）。理論構築に片寄ると時間とともに研究は時代遅れになる可能性が高く，事実探求に片寄ると見通しのない些末な研究の羅列になってしまう，傾向がある。後述するが，一般的には研究論文が事実探求に重点をおき，研究書は理論構築に重点を置くとうまくいく気がする。

事実探求の研究をする場合，どのような研究法を使用するかが重要になる。研究法は一種のフィルターのようなもので，どのようなフィルターを使うかで得られるデータ（事実）に違いが出てくるからである。このことを示すために，2つの研究例を紹介したい。一つは古典的な愛着のタイプ分けの研究で，もう一つは筆者たちが研究しているタッチ行動の測定に関する研究である。

古典的な愛着研究では，乳・幼児期の愛着のタイプ分け研究がさかんに実施された。当初はいろいろな手法が考案されたが，ストレンジ・シチュエーション法（子どもに一定の大きさの実験室に入ってもらい，母親や見知らぬ人が一定の順番で出入りすることで，日常生活で生じる人間関係を再現する。母親との離別や再会場面も含まれている）を使った，エインズワースたちの手法が標準になった（Ainsworth et al., 1978）。そして，このストレンジ・シチュエーション法によって，研究者は乳幼児の愛着のタイプを当初A，B，Cの3タイプに分類した。エインズワースたちの米国での研究によれば，Aタイプが21%，Bタイプが64%，Cタイプが14%だった（図1の「米国（標準ストレス）」）。それに対して，日本の子どもを対象にした高橋の追試（Takahashi, 1986）では，Bタイプの割合は似ていたが，Aタ

序章　導入：発達心理学の研究法を求めて　3

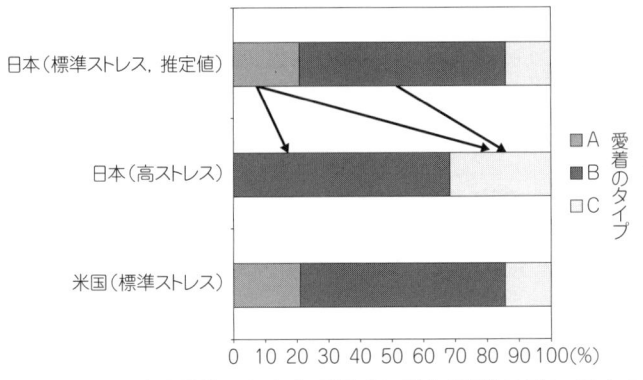

図1 ストレス度と愛着のタイプの発生率に関する理論モデル（日本での標準ストレス・データは岩立による理論的仮想値）（Ainsworth et al., 1978; Takahashi, 1986 より）

イプはほとんど見られず，Cタイプが米国と比較して多いという結果だった（図1の「日本（高ストレス）」）。どうしてこんなことが起こったのか。この結果に対して高橋は，ストレンジ・シチュエーション法は米国の子どもに比較して日本の子どもではストレスが高すぎる，日本の子どもの場合ストレス水準を下げれば（図1の「日本（標準ストレス，推定値）」），タイプ別割合は変化し，米国での割合に近づく，と考察している。さらに，高橋は，低ストレスの状況から高ストレス状況に移ると，「A→B」「A→C」「B→C」と愛着行動を変化させる子どもたちがいる，と指摘した。すなわち，子どもに与えるストレスが適度に低く調整されれば，愛着のタイプ別割合は米国の数字に類似したものになる（図1の「日本（標準ストレス，推定値）」）可能性がある。ストレンジ・シチュエーション法は愛着研究の重要な研究手法（フィルター）である。しかし，子どもが感じるストレスによって，得られる結果（事実）は違ってくる。

次に，筆者たちがタッチ研究で直面している問題例を紹介したい。触覚に関する実証的な研究はかなりなされているが，乳幼児にたいして養育者等が行うタッチに関する研究はまだ少ない。とくにタッチ行動を測定する信頼できる尺度は日本だけではなく米国でもまだできていない。そこで新井・岩立（未公刊）は質問紙を使ったタッチ尺度の作成を試みた。しかし，尺度化で大きな壁にぶつかっている。タッチ行動は，従来の尺度化の方法ではうまくとらえられないのである。その一例を図2に示した。図2は，「授乳場面」で「さわる」行動をどのくらいするかを5段階評点で母親に質問紙でたずねた結果である。5段階評定は，「5：いつもしている，4：たいていしている，3：したりしなかったりする，2：たい

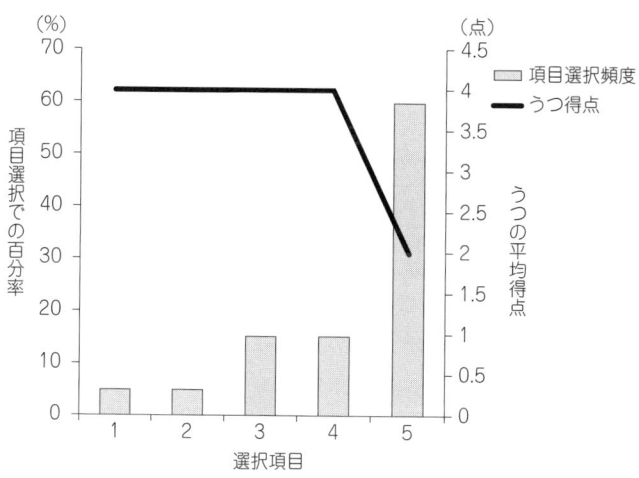

図2 タッチ尺度での項目選択頻度とうつ得点のモデル図,「授乳場面」での「さわる」の場合（新井・岩立,未公刊,より）

ていしていない，1：いつもしていない」だった。ただし，論文がまだ公刊されていないため，ここでは理論モデルとして示す。図2のとおり，この項目は天井効果（統計用語として，平均値＋標準偏差が「とりうる最高値以上」となるような，得点分布が高い方に歪んでいる場合をいう）を示し，尺度化の際の項目分析では削除項目とされるのが一般的である。ほとんどの母親は授乳場面でさする行動をいつもしているが，うつ傾向が高まると，さする行動の行動頻度が下がる可能性がある。そして，5を選んだ人の平均うつ得点とそれ以外の項目を選んだ人の平均うつ得点の間に有意な差が認められる。すなわち，4と5の間に質的段差（閾値）が存在するらしい。一方で，逆に床効果（統計用語として，平均値－標準偏差が「とりうる最低値以下」となるような，得点分布が低い方に歪んでいる場合をいう）を示す項目（たとえば，「寝かしつけ場面」での「つっつく」や「くすぐる」）で，1段階（1：いつもしていない）の平均うつ得点とそれ以外の段階（5：いつもしている，4：たいていしている，3：したりしなかったりする，2：たいていしていない）での平均うつ得点間に有意な差が存在する。ほとんどの母親は，寝かしつけ場面でつっつく行動をほとんどしないが，うつ傾向が高まると，つっつく行動の行動頻度が高まる可能性がある。

このような現象はタッチ尺度の多くの質問項目で生じる。このことをどう解釈すべきだろうか。典型的な尺度化の手順（研究法）では捨てられる結果の中に，重要な事実が隠されている可能性があると言えないだろうか。常識的な手法の利

用では事実が見失われる危険があるとも言える。
　紹介した2つの研究は、発達心理学が対象とする発達的事実の断片にすぎないし、それが発達心理学研究にとって重要な発見かどうかは、簡単に判断できない。似たような断片は他に数多くある。ただ、発達心理学研究では、多様な発達的事実の探求とそれに対する多様で柔軟な理論の構築に寛容であって欲しい。筆者の経験では、発達の事実は、時代によって解釈に違いは出るとしても、事実としての価値が保持されることが多い。それに対して発達理論は作り直される可能性が高い。

2　伝統的研究法と革新的研究法

　「多様な発達的事実の探求とそれに対する多様で柔軟な理論の構築に寛容である」ことは、研究法の選択でも重要で、このことは論文の査読にも関係する。論文を査読するとき、投稿された論文には2つのタイプがある気がする。1つ目のタイプ（「伝統的研究法」と呼ぶ）は、伝統的で定式化された研究法を使ったものである。欧米である程度評価の高い心理尺度の日本語版を使った研究や、あるテーマで集中的な検討が行われている分野での研究がそれにあたる。たとえば、1970年代の言語発達での母親語（motherese）研究である（Snow & Ferguson, 1977）。子どもの言語発達は言語環境、ここでは母親を中心とした親の言語環境（とくに文法的特徴）によって決まる、という仮説にしたがって多数の研究がなされた。仮説検証を目的とした実験的研究も大筋では伝統的研究法に入るだろう。これらの研究では研究法上の検討が進んでいるので、研究結果も手堅いものであることが多い。卒業論文や修士論文、博士論文などで推奨され、査読を通って雑誌論文として掲載される率が高い。しかし、研究結果に斬新なものが含まれていても、見過ごされやすい。実験的研究では、仮説が証明されたかどうかに焦点が当てられ、実験の最中に生じた特異な現象（本当は価値あるものかもしれない）は無視されることが多い。2つ目のタイプは、従来にない視点や発想から実施された研究法を使ったものである（「革新的研究法」と呼ぶ）。研究装置や研究法もユニークな傾向がみられる。この種の論文では、発想の面白さや意外性が顕著で、研究結果に現れた特異な現象も考察されるが、概して結果は不確かで、雑に見える。
　伝統的研究法も革新的研究法も、価値のある研究ならば、同じく発達の事実を追求していることになる。革新的研究法による研究は、追試や批判的研究にもまれることで、伝統的研究法による研究に近づくと言えるかもしれない。しかし、伝統的研究法による研究から、革新的研究法による研究が生じることも少なくな

い。査読では2つのタイプの研究に寛容な姿勢が必要になるだろう。

3 研究の原点の理解

発達心理学の研究をするとき，どんな手法を使う場合でも必ず理解しておく必要がある点がある。その中で主要な点を述べる（岩立，2011）。そのほとんどは心理学の正規教育を学部で受けた人にとっては基礎的な事項といえる。しかし，他の研究領域で基礎教育を受けて，発達心理学の領域に研究者として入って来た人の場合には，しっかり，心理学的研究の原理を理解しておく必要があるだろう。

心理学研究では「測定」と「厚い記述」という用語が使われる。「測定」は主に量的心理学研究で，「厚い記述」は主に質的心理学研究で使われる。

心理学の研究は，従来量的研究，それも実験法を使った研究が一般的だった。そしてその実験法では，いくつかの専門用語が使われる。その事情をアイマスたちの実験（Eimas, et al., 1971）を使って説明する（表1）。この実験は，「馴化（何かに慣れてきて，飽きがでること）」という巧みな方法を使って，言葉のない赤ちゃんにも音素弁別能力が存在することを明らかにした。実験（法）には，心理学的研究法の原理が具体化されている。たとえば，独立変数（原因となる事柄で，上の実験ではbとpの区別）と従属変数（結果として生じる事柄，上の実験では吸引行動の変化），統制群法（実験群と統制群を設定して，両者の結果の違いから仮説を証明しようとする）の考えが使われている。表1の実験での実験群はbからpに音を変更する群で，統制群は音を変更しない群で，両群の比較から実験変数（独立変数）の効果を検討している。実験群と統制群の結果が同じなら赤ちゃんは子音の違いがわからないことになる。

測定の原理にとって重要なのは，尺度の操作的定義・妥当性・信頼性である。操作的定義とは，科学的概念はすべて観察および測定の操作によって定義される

表1 アイマスの心理学実験

1カ月と4カ月児を対象とした実験で，子音の「b」と「p」の区別がつくかどうかを調べるために，人工乳首に対する赤ちゃんの吸引行動（短い吸引の連続）を測定した。具体的には，「b」という音を持続して聞きたければ一定以上の頻度で吸引行動を継続することを赤ちゃんに学習してもらった。最初は赤ちゃんは「b」という音が聞きたいのでがんばって吸引行動を続けるが，そのうち飽きてきて吸引行動の頻度が減ってくる。その段階で，休憩した後，同じ「b」という音を聞かせる群（統制群）と子音を変更して「p」という音を聞かせる群（実験群）を設定して，吸引行動の違いを測定した。その結果，音を「p」に変更した実験群では吸引行動が増加したのに，同じ「b」の音を聞かせた統制群では最初一時的に若干吸引行動が増加しただけで，吸引行動は増えなかった。この結果から生後1カ月と4カ月の段階で子音「b」と「p」の区別ができているという結論が出された。

（Eimas et al., 1971 より）

と考える操作主義による考え方である。たとえば，上の実験では，bとpの音の区別を赤ちゃんの吸引行動の違いに置き換える（吸引行動の操作に置き換える）ことで，区別ができるかどうかを測定する。妥当性とは，測定しようとしているものをどれくらい的確に測定できているか，ということである。信頼性とは仮に同じ条件で同じ測定をしたとして同じ結果がでるか，すなわち確かさの程度をさす。上の実験では，吸引行動と飽きの手続きを使った点が妥当性の検討事項になり，同じ子どもたちに同じような条件で実験をして同じ結果がでるかどうかが信頼性の検討事項となる。

　心理学で使用される，実験法以外の方法，たとえば観察法・質問紙法・面接法・検査法などでも，上で述べた独立変数・従属変数・操作的定義・妥当性・信頼性の概念は重要である。

　次に質的研究で使われる「厚い記述」について説明する。厚い記述とは，質的研究が目指す定性的分析の妥当性と信頼性を確保しているかを表現する用語である。厚い記述（thick description）は米国の人類学者ギアツ（Geertz, C.）が提唱した用語で，調査現場でつけるフィールド・ノーツでの記述の質を保証することを象徴的に述べた用語である。単なる記述を超えた，研究対象や調査現場に関するリアルできめ細かい記述を指している。報告書や論文での厚い記述の要件として佐藤（2008）は次の7つを挙げている。

要件1　主観的な印象や感想を中心とする，私的エッセイに近いものではないこと

要件2　自分の主張にとって都合のよい証言の断片を恣意的に引用した記述が目立つものではないこと

要件3　何らかのキーワード的な用語ないし概念を中心とした，平板なものではないこと

要件4　複数の要因間の関係を示すモデルらしきものが提示されているのだが，その根拠となる資料やデータがほとんど示されていないものではないこと

要件5　ディテールに関する記述は豊富だが，全体を貫く明確なストーリーが欠如しているものではないこと

要件6　「生」の資料に近いものを十分な解説を加えずに延々と引用したものではないこと

要件7　著者の体験談や主観的体験が前面に出すぎており，肝心の研究対象の姿が見えてこないものではないこと

　これら7つの要件は，質的研究とは違う原理にしたがいがちな量的研究などで

も参考になる点が多い。

第3節　この巻の各章の記述から見えてくるもの

　第1節の「この巻が目指すもの」で述べたように，この巻の作成にあたって，執筆者に多くの希望を述べた。実際に執筆された第1次原稿をもとにして，一部の原稿の編集，改稿作業の結果できあがったのがこの巻の各章である。どのような原稿がそろうか，編者として不安もあったが，結果として，過去・現在・未来のわが国の発達心理学研究を研究法という視点でとらえ直し，そのとらえ直しをステップとして，今後の研究を飛躍させる方向性がかなり見えてきた気がする。この節では，それらの方向性の中で注目すべき5点を紹介する。
①研究法を選択する以前に重要な視点：良質なデータ
②質的研究と量的研究の併用，少数例と多数事例の長短を理解すること
③実践研究（観察研究）と実験的研究の併用
④疑いをもつこと，裏を読むこと
⑤複数の研究手法を学び，理解し，利用し，寛容であることの意義

　①に関して，村井は第7章「発達の統計法と実例」の最後で，「繰り返しになるが，まずはいかに良質な量的データを得るか，である。（中略）本章は，一言でまとめれば，量的研究の基本に立ち返ろう，というメッセージを発していることになる」と述べている。良質なデータは，どんな研究手法を使う場合でも重要である。
　②に関しては，能智は第6章の「発達の質的研究法と実例」の冒頭で，「数量化や実験を使わない研究アプローチは，発達心理学やその関連分野に存在しなかったわけではない。たとえばヴィゴツキー，ワロンなどの古典的な発達研究には，非数量的・非実験的なものが少なからず存在する。また，子どもの観察日誌や心理療法過程の記録をもとにした研究では，対象をていねいに言葉で記述することがその基礎であり要であった。その意味では，『質的研究』と呼ぶべきアプローチがこの10年の間に突然生まれたわけでは決してない」と述べている。また，大野は14章の「量的研究と質的研究の長短所と補完的折衷：体系的折衷調査法の提案」で，数量的研究と質的研究は，相補的関係にあると述べている。
　③に関して考える場合，金沢の第1章「乳児の実験心理学的研究法」と麻生の第2章「発達の観察研究法と実例」を比較して読むといいだろう。必ずしも両者

の意見が一致しているわけではないが，自分がどちらの立場に近いか考えることで，自分が欲している研究法がどんなものかわかってくる気がする。

　④に関して説明する。発達心理学の研究は，発達という事実をさまざまな種類のフィルターとしての研究手法を使って導出させる作業である。こう言うと，手法さえ理解し，使えるようになれば，発達心理学のすばらしい結果が得られると思いがちである。たとえば，第1章の「乳児の実験心理学的研究法」で紹介された，脳の活動を測定する近赤外線分光法（NIRS）や，第8章「発達の多変量分析研究法と実例」での共分散構造分析や潜在成長曲線モデル，第6章の「発達の質的研究法と実例」で触れられたグラウンデッドセオリー，第10章の「言語発達研究の課題と方法」では触れられなかったが，欧米の言語発達研究で多用されスタンダードとなっている発話分析ソフトCLAN等，を習得すれば，いい研究ができるという錯覚をもちがちである。しかし，実際に研究に従事すると，そう簡単ではないことがわかる。研究の価値は，手法で決まるのではなく，その手法を適切に使って発達の事実を探求し，理論化しようとする「人」で決まる，からである。優れた研究成果をあげた発達心理学者の成果を評価するとき，使われている研究法に目が行きがちだが，手法を使って発達の事実を本当に知りたいと思う「人」がいることを忘れてはいけないだろう。そしてそのような人は，手法の違いを超える，「発達の事実を本当に知りたいと思う科学者の目」をもっているように思う。

　最後に⑤に関して述べる。発達研究では，「多様な手法を単に認めるだけではなく，多様な手法での研究やデータの蓄積が不可欠である」という共通理解をもつ必要がある。すなわち，研究法に序列はなく，平等に扱う必要があるといえる。

　この巻では，現在の発達研究を進める際に必要となると思われる研究法を取り上げた。具体的には，実験的研究法・観察研究法・質問紙研究法・テスト法・面接法・質的研究法・統計法・多変量分析研究法である。さらに，これらの研究法の紹介では抜けてしまう，その他の研究法を紹介するために，研究分野を限定してそれらの領域で使われている研究法を紹介してもらった。領域としては，認知発達・言語発達・社会情動発達・生涯発達がある。また，領域に縛られない研究横断的な研究法を模索するために設けたテーマとして，研究パラダイム・大量データと少数データ・生物進化理論・脳・発達精神病理学がある。その他のものとして，とくに研究倫理・投稿論文の書き方・英文論文とアブストラクトの書き方も紹介されている。

　これらの多種・多様な研究法は，その重要性で高低をつけるべきではなく，平

等に存在すると考えるべきであろう。そして，多種・多様な研究法を柔軟に，有効に使用することで，今後のわが国の発達心理学が豊かなものになることを期待したい。

引用文献

Ainsworth, M. S., Blehar, M. C., Waters, E., & Wall, S.（1978）. *Patterns of attachment: A psychological study of the strange situation*. Hillsdale, NJ: Erlbaum.

新井典子・岩立志津夫．（未公刊）．乳児を持つ母親に対する*タッチ評定尺度の作成の試み：タッチの類型と精神的健康との関連*．

Eimas, P. D., Siqueland, E. R., Jusczyk, P., & Vigorito, J.（1971）. Speech perception in infants. *Science*, **171**, 303-306.

岩立志津夫．（2011）．臨床発達心理学におけるアセスメントの原理．本郷一夫・金谷京子（編），*臨床発達心理学の基礎*（pp.94-103）．京都：ミネルヴァ書房．

上武正二．（1951）．*新発達心理学*．東京：金子書房．

佐藤郁哉．（2008）．*質的データ分析法：原理・方法・実践*．東京：新曜社．

Snow, C. E., & Ferguson, C. A.（Eds.）.（1977）. *Talking to children*. Cambridge, UK: Cambridge University Press.

Takahashi, K.（1986）. Examining the strange-situation procedure with Japanese mothers and 12-month-old infants. *Developmental Psychology*, **22**, 265-270.

第I部
研究法の基礎

第1章
乳児の実験心理学的研究法

金沢　創

　本章では，主に定量的データ取得を主眼とする実験的方法についてのみ記述する。その理由の背景を述べることは，本来は本章の役割を超えたことであり詳細かつ慎重な検討を要する。それを限られた字数の中で行うことは，筆者としてはたいへん不本意であるが，編者の求めに応じ，実験的アプローチとそれ以外との関係を，とくに日本において近年称揚される「質的アプローチ」との関係でごくごく簡単に述べておく。なお，乳児の実験心理学的研究法の意義と目的について十分に理解されている方は，次節を飛ばし，次々節の「選好注視法と強制選択選好注視法」から読んでいただきたい。

第1節　モデルの重要性

　近年，質的研究と称して単なる観察日記のような研究発表が，発達研究を中心とする日本の学会などで頻繁に観察されるが，量的かつ実験的研究の反語あるいはネガが質的研究なのではない。実験的研究であろうと質的研究であろうと，単なる観察日記と学術的研究とを区別しているのは，モデルの存在である。
　現実をいかなる現象としてとらえどのような論理数学的な構造を取り出すのか。ある現実を，いかなる概念構成体へと理想化・捨象し，対応づけるのか。こうした視点が存在するのであれば，質的研究であっても発達心理学に対する学術的な貢献は大いにあるだろう。しかし「質的」と称することが，モデル構成概念があまりに素朴であったり，また，あまりにも常識的であったりすることの，隠れ蓑として用いられることが実際には多い。そのため，質的研究と称する分野には，少なくとも国内においては方法（discipline）に関する発展がほとんどみられなかったと断じたい。
　質的アプローチから，偶然，やまだようこ氏の著作（たとえば『ことばの前のこ

とば』[やまだ, 1987])のような美しいモデルが呈示されることはありうるが，そうしたことはむしろ稀である。こうした稀有な事例は，いわば暗闇の中で飛び石をジャンプしながらガケの向こうに到達するようなもので，誰にもまねできず，結果として矮小化されたフォロワーを数多く生み出すこととなった。その多くは，自分がステップを踏みはずし落下したことにさえ気づいていないだろう。

　一方，実験的研究は，モデル的概念構成と現実との対応について常に注意深く明確であろうとするため，たしかに常識的かつ素朴なモデルは散見されるにせよ，その失敗の程度は小さい。少なくとも，「落下」には自覚的である。そして，本章でも紹介するような，誰しもがその弟子＝disciple となって，学習可能であるような discipline を生み出しているのである。

　ところで，多くの方は勘違いしているようだが，モデルと理論はまったく別のものである。現実，モデル，理論は，この3つがまったく異なる実体をなし，それぞれが対応関係をもちながら，科学理論を構成している。この点は，批評家（柄谷行人の『隠喩としての建築』[柄谷, 1983])や心理学者（須賀哲夫の『理論心理学アドベンチャー』[須賀, 1989])の指摘，さらには20世紀初頭のヒルベルト（Hilbert, D.）を中心とする数学基礎論の発展において明らかである。が，あえてこの短いセクションにおいて説明するなら，理論とは純粋に論理数学的な構造体であるが，モデルとは，その理論に現実的な内実を与える概念体系のことである。ただし，その概念体系は，現実を理想化したものであって，現実には存在しないものであることに注意せねばならない。

　たとえば「大きさ」という属性はもたないが「位置」という属性をもつ存在は，この現実世界に実体としては存在しない。つまり幾何学における「点」は現実の存在ではない。ユークリッド幾何学は，こうした「点」や「線」，あるいは「平行線」といったモデルによって構成されているが，球面や双曲面上に生じる，新しい「テン」「セン」「ヘイコウセン」の発見（それは2箇所の異なる位置に同時に存在したり，延長すれば交わったりする存在である）により，非ユークリッド幾何学は生まれたのである。こうした概念体系（モデル）と現実の，誰も気づかなかった新しい対応関係が見出されるとき，その現象に関する学問の進展が見られるのである。

　モデルの発展に重要なのは，「他者」の存在である（拙著『他者の心は存在するか』[金沢, 1999] を参照）。自己完結的な世界を外部から揺さぶる「他者」との対話により，モデルは過去の自己を否定し発展していく。これをポパー（Popper, K. R.）流の反証主義と言い換えることもできるだろう。実験的アプローチは常に他

者との対話を内包しているがゆえに，モデルの発展を生み出し，結果として他者へと開かれた discipline を生み出してきたのである。一方，質的研究と称するアプローチの多くは，対話を拒否し他者を排除するための言い訳としてしばしば用いられる。そこには特筆すべき discipline がなく結果として disciple がいない。独我論的な世界が美しく輝くこともありうるが，繰り返すが，それはきわめて稀なことなのである。

こうした理由から，本章では，実験的研究のみを扱う。

第2節　選好注視法と強制選択選好注視法

1　選好注視法

成人を対象とした心理実験では，言語報告や言語での教示など，言語を用いたやりとりが必要とされる。一方で言葉が通じない相手を対象にする実験では，なんらかの工夫が必要となる。最もよく知られるのは，「選好注視法」(preferential looking method) と呼ばれる方法で，1960年代にアメリカの心理学者，ロバート・ファンツにより報告された (Fantz, 1956, 1958, 1961, 1963, 1964)。シカゴ大学において孵化したてのヒヨコの知覚を調べていたファンツは，学位取得後，チンパンジー乳児の視知覚を調べる過程で，選好注視という方法がヒト乳児の知覚過程を調べる際にも有効であることを発見したのである (Fantz, 1956, 1961)。初期の研究では，雑誌の切り抜きや縞パターンなどを用いていたが，次第に大きいもの，数が多いもの，頂点などの数が多いもの，輪郭のはっきりしたもの，などなどのパターンを，注視することを明らかにしていった (Fantz & Miranda, 1975 ; Fantz & Yeh, 1979)。

選好注視の論理は以下のとおりである。たとえば乳児に，顔のようなパターンと同じようなパーツで構成されてはいるが，顔の配置となっていないようなパターンを用意し，この2つの図形を乳児の目の前に呈示したとしよう。すると，乳児は顔のようなパターンを好んで注視することが知られているので，顔パターンへのより長い注視時間が観察されることが予想される。このとき，少なくとも乳児は，この2つの図形を区別していたということは明らかであろう。というのも，もし区別できていなければ，一方を他方よりも長く見るという選好そのものが成立しないからだ。もちろん，選好がないことは必ずしも区別できないことを意味していない。しかし，選好には，必ず区別できることが前提となる。したがって，2つの刺激を呈示することで乳児が何と何を区別しているかを知ること

ができるのである。

2　強制選択選好注視法

　この選好注視という乳児の性質を，より洗練された形式で扱えるよう方法論を整理したものが，強制選択選好注視法（forced-choice preferential looking method）である（Teller, 1979）。現在，多くの乳幼児の行動実験の研究論文では，たとえ明示されていなくとも，この方法論が用いられているし，「テラー式視力検査」として眼科医で乳児の視力を計測するためにも使われている。

　テラーは一連の研究を通じて，選好注視という道具をより客観的に用いる方法を考察した。たとえば左右に刺激を呈示したとして，選好注視法では一般に乳児が右と左のどちらを注視しているかを，なんらかの客観的な手続きで決定する必要が出てくる。この場合，乳児の顔の向き・眼球の位置・身体の向きなどのさまざまな要因が，乳児の注視している側を決定する際の手がかりとなる。たとえば動物行動学や文化人類学などにおいて，観察対象の行動をビデオなどに撮影し，1コマ1コマ行動カテゴリー（この場合は「右を見ているか」「左を見ているか」）を決定する。よってできるだけ観察対象の行動にのみ注目し，客観的であろうとすれば，その行動の基準について議論せざるをえない。

　ところで，乳児の注視行動を観察してみればわかることであるが，ある程度距離が離れて配置されているものに関しては，乳児が左右のどちらを注目しているかをかなりの確度で判断可能である。しかし，この「判断」の根拠となる物理的な体の動きの基準について問われると，明確に述べることはできない。それでは客観的な基準として適切でないとする批判も成り立ちうる。そこでテラーは，乳児とその行動を判断する観察者とを一体のものとしてとらえ，乳児が左右のどちらを注視しているかを，実験の観察者が「強制的に」判断するという方法を提案した。重要なことは，この判断を行う際，観察者は，いわゆるブラインド状態で判断を下すという点である。つまり，左右のどちらにどのような刺激が呈示されているかを知ることができず見ることもできないということである。判断は総合的に下されるが，その判断の手がかりとしては，リアルタイムに取得できる乳児の眼球・顔・身体の向きの視覚情報のみならず，観察者が乳児を抱きながら，乳児の体の向きなどを触覚的に感じることで，得られるものも含まれる。要するに，乳児の身体にかかわっているすべてのものということになる（図1-1）。

　ここでは便宜的に，左右に2つの刺激が呈示された場合のみを考えているが，実際には，モニターに1つの刺激が提示され，その注視時間を測定する場合もあ

図1-1 強制選択選好注視法
下部の刺激呈示モニター以外のすべての情報を利用して，左右どちら側に「正解」刺激が呈示されているのかを推定する。

る。そこでは，観察者によって強制的に選択すべき選択肢が「モニターの刺激を注視している」「注視していない」の2つになるだけであって，左右2つの刺激を呈示する場合と特に異なるわけではない。

　もちろん，この方法が科学である以上，誰が判定しても同じ結果になるようでなければならない。ある程度の訓練を経れば，誰にでも実施可能である必要がある。そこで，論文などではしばしば，乳児の行動をビデオに記録し，複数の熟練した観察者が，同じビデオ映像を用いてある瞬間に「右を見ている」のか「左を見ている」のかの判断を行い，その判断の一致度をなんらかの統計的手法を用いて検定するようなことが行われる。多くの場合，右，左の注視を，時間軸上で展開したデータの相関が計算される。初期の多くの研究では，この相関が統計的に有意であることをもって，一致度が確認されてきた。乳児の知覚研究者の多くは，この相関係数はほぼ間違いなく有意となることを経験しているため，近年の研究では，相関の計算は行われないことも多い。

3　選好注視法の具体的な研究例

　先に述べたように，選好注視で明らかになるのは2つの刺激の弁別であり，何らかの認知を直接測定しているわけではない，という点を注意しなくてはならない。しかしながら，この弁別行動をうまく用いた実験計画をたてることで，乳児のさまざまな知覚・認知能力を測定することができる。その代表例として，ここ

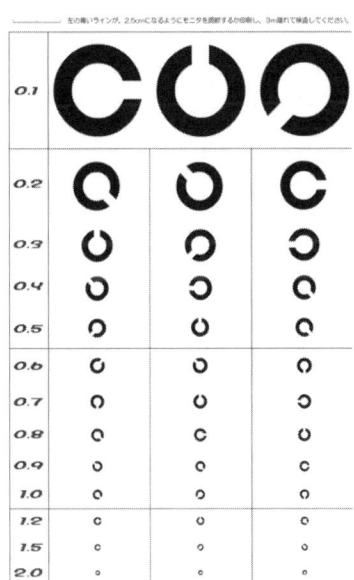
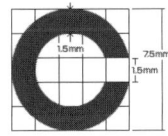

図1-2　ランドルト環による視力測定表

では「視力」について説明してみたい。

　多くの方にも経験があるだろうが，通常成人では，さまざまな大きさのＣの文字（ランドルト環）を用いて視力を測定する（図1-2）。その際，あまり意識はされていないが，知覚心理学において閾値を測定する際に用いられる「上下法」が，簡便な形で用いられている。つまり，ある大きさの「Ｃ」の切れ目が見えるかどうかを尋ね，その方向を適切に答えることができた場合（正解の場合），より小さな「Ｃ」について尋ねることになり，答えた切れ目が間違っていた場合（不正解の場合），より大きな「Ｃ」の方向を尋ねることになる。

　同じような手続きを用い，乳児の視力も測定することができる。ただしここでは「Ｃ」の文字ではなく，白黒の縞パターンと，この白黒の明るさのちょうど平均となる明るさの一様な灰色パターンの2種類のパターンを用いることになる。もし白黒の幅が非常に細かく，被験者の視力で処理することの限界を超えていたら，白と黒は交じり合って一様な灰色に見えることとなる。つまり，視力の限界を超えた白黒の縞と，一様な灰色を左右に呈示されると，2つの一様な灰色が見えて区別がつかないということがおこる。この「ぎりぎり区別できない」ときの白黒の縞の細かさの限界こそが，いわゆる「縞視力」と呼ばれるものである。

　この刺激呈示の手続きは，大人の縞視力を測る際にも，乳児についても，同じ

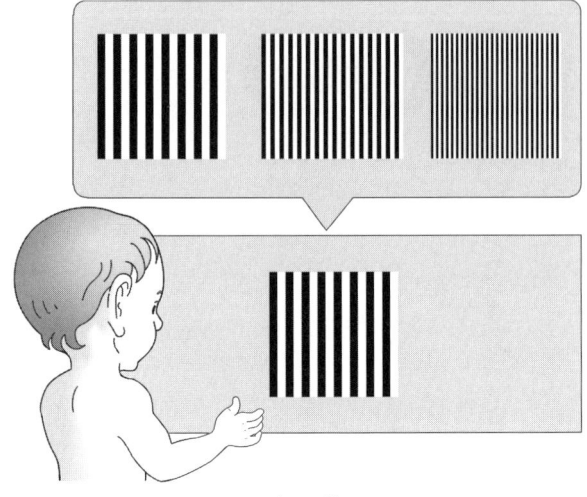

図1-3　さまざまな縞のパターン

ように用いることができる。先にも説明したように，乳児は白黒の縞パターンと一様なパターンを対呈示されると，複雑な刺激である縞パターンを選好注視する性質をもっている。仮に乳児から見て，縞パターンがその乳児の視力の限界内にある細かさにとどまっているとしたら，そこに縞を見ることができ，縞パターンに対して有意に長い選好注視が生じるはずである。したがって，さまざまな細かさの縞パターン（図1-3）を用意し，このパターンと一様な灰色を対で呈示することで，大人の視力検査に似た手続きで視力の測定が可能となるのである。さらなる細かい手続きは省略するが，さまざまな縞パターンと上記で説明した強制選択選好注視法を用い，上下法などを用いて閾値である視力が計算されることになる。

　当然ながら，視力を測定するランドルト環は，近くでみれば大きくなり，遠ざかれば小さくなる。同じように，細かい縞模様でも，遠く離れれば細かくなるし，近づけば大きくなって見やすくなる。したがって正確に視力を測定するには，どれぐらいの距離からどれぐらいの細かさの縞を見るかを決めておかねばならない。観察距離と細かさを1つの数値で表記できるものとして便利なのが視角（visual angle）である。つまり物体の視野内における見た目の大きさを，視野全体に占める角度で表現するのである。たとえば月の大きさは視覚にすれば約0.5度であり，これは太陽と同じ大きさでもあるし，意外にも手を伸ばして持った5円玉の穴と同じである。この3つのもの（太陽，月，5円玉の穴）はすべて実際には異なる大

図1-4 縞のコントラスト，細かさと視力の関係

きさであるが，視角においてはすべて同じである。視力はこの視野角1度（degree）あたりに，縞模様が何本（cycle）入っているかで測定できる。たとえば視力0.2は，縞模様が視野角1度あたりに6本入っていることを意味している（6 cycle/degree：5円玉の穴に3本の縞模様が入っている程度の細かさ）。

100％のコントラストをもつ完全な黒と白の縞を用いた場合の縞視力の測定から，おおよそ乳児の視力は，「月齢cycle/degree」であることがわかっており（Atkinson, 2000/2005），その視力をランドルト環を用いたなじみの視力に変換すると，生後1カ月以下ではおおよそ0.02，6カ月では0.2という値になる。

たとえばこの0.2という値の意味であるが，われわれ大人であれば，「視力が悪い」ということはレンズの調節能力の問題であるが，乳児にとってみれば，調節能力を含めた網膜と視覚野のネットワークの未熟さからくるものである，という点は留意すべきである。

縞の白黒の白を少しずつ暗く，黒の部分を少しずつ明るくすると，コントラストの値は100％から徐々に減っていくことになる（図1-4）。100％コントラストのとき，どれぐらい細かい縞模様まで見えるかが，通常の視力であるが，たとえばどれぐらい薄くしても，灰色と区別できるかを問うこともできる。これがいわゆるコントラスト感度（contrast sensitivity）と呼ばれるものであり，選好注視法を用いた初期の知覚発達研究は，このコントラスト感度を乳児において測定することで大いに発展したのである（Atkinson et al., 1974, 1977a, 1977b, 1979；Banks & Salapatek, 1976, 1978）。

大人でも6カ月以上の乳児でも、通常5cycle/degreeから10 cycle/degree程度の縞パターンの感度が最も優れており、大人であればコントラストは0.1%程度でも十分に見える程度の視力があるが、乳児では10%以下のコントラストで一様な灰色と区別がつかなくなる。たとえば6カ月の乳児の視力は0.2であるから、一見その視力は大人の5分の1程度に思われるかもしれないが、感度自体でいえば、乳児は大人の100分の1の感度しかもたないということになる。白黒や水玉模様、あるいはピカピカに光るものなど、コントラストのはっきりしたものであれば、6カ月の乳児の視力は眼鏡をかけていない近眼の人と同程度であるが、その視覚世界は霧がかかったようにぼやっとしており、色がはっきりしないもの、くすんだものはあまり見えていないということがいえる。これも、眼を含めた脳の発達的制約からくるものであることは強調しておきたい。

第3節　馴化法

選好注視が観察されないからといって、弁別ができないことを必ずしも意味しないことはすでに述べたとおりである。2つのパターンを比べたとき、区別はできているものの、好きでも嫌いでもないような組み合わせのパターンはいくらでも存在する。2つの刺激の組み合わせに選好が存在しない場合、選好注視法は役に立たない。このようなとき「馴化法（habituation method）」が有効となる。

馴化法は、多くの発達心理学の教科書で解説されているため、乳児の知覚認知の研究法としては、選好注視法よりもむしろより広く知られている。馴化法は好みの成立しない言葉や物の概念といった、より高次の認知を調べる実験に適している。したがって、先の知覚が扱う抽象的かつ数学的な概念に比べて、一見すると理解しやすくとっつきやすいため（実際はそうではないのだが）、低次の知覚よりも発達心理学の初学者の関心を引きやすい。したがって、馴化法は多くの発達心理学の教科書で言及されることが多いのである。

馴化法は、古くから知られていた胎児や新生児の聴覚刺激に対する「心拍加速現象」（Bernad & Sontag, 1947）をベースに、1960年代半ばから70年代初頭にかけて、ファンツとほぼ同時代の何人かの発達心理学者たちによって少しずつ整理されてきた（Fantz, 1964；Miller, 1972；Pancratz & Cohen, 1970；Saayman et al., 1964）。初期においてはhabituationという用語は用いられずfamiliarizationと呼ばれており、反復呈示による注視時間の減少にのみ注目が集まっていたが、しだいに注視時間の回復を利用した刺激弁別のための実験ツールとして洗練され、現在われわれが用

いているような方法論へと発展してきた経緯がある。

この方法が選好注視法と異なる点は,「新奇選好（novelty preference）」と呼ばれる乳児の性質を利用し,刺激の組み合わせによらず,より一般的に2つの刺激の弁別を調べることができる点にある。新奇選好とは,慣れてしまって飽きた刺激よりも,新奇で新しい刺激を乳児が好んで長く注視する性質を指す。実験の一般的な方法は,短い期間に人工的に「馴れ（habituation）」の状態を作り出し,新奇な刺激への注視時間を測定することで,「馴れ」ている刺激と「新奇な」刺激との弁別を検討する。このとき,馴れの期間に用いる刺激と,新奇と定義されうる刺激との組み合わせをさまざまに検討することで,乳児から見て何と何を同じものと判断し,何と何を区別しているのかを調べることができる。

時として発達心理学の教科書などに,この新奇刺激に対する選好注視を,馴化から抜け出すという意味で「脱馴化」と呼び,馴化法のことを「馴化・脱馴化法」と呼んでいるものがあるが,正確にいえばこの用語は誤りである。もともと「habituation」は,行動主義心理学,あるいは生理学の用語であり,ある特定の刺激に対して反応（の確率）が減少することを「馴化」と呼び,新しい刺激の付加などのなんらかのきっかけにより,まったく同じ刺激に対する反応が復活することを「脱馴化（dishabituation）」と呼ぶ。したがって乳児研究で用いられるような異なる新奇刺激に対する反応を「脱馴化」と呼ぶのは,厳密には不適切である。しかしながら乳児研究の文脈で「馴化・脱馴化」との用語はあまりにも一般化しており,学術用語も時代とともに変容していくことを考慮すれば,「乳児研究においては」の注釈つきで「新奇選好を脱馴化と呼ぶ」ことも容認する必要があるのかもしれない。

馴化法の基本的手続きの中で,「馴化した」という基準の設定が重要となるが,現代では,大きくわけてそのやり方には2種類ある。一つは,馴化に要する試行数や刺激呈示時間をあらかじめ実験者が決めておくものであり,もう一つは,乳児の反応に応じて馴化までにかかる呈示回数を変化させるものである。

前者の方法でよく使われるものには,馴化時間を前半と後半に分割し,前半における刺激への注視時間と後半の注視時間を比較し,後半が前半に比べ統計的に有意に注視時間が減少していることをもって馴化の成立とみなすやり方がある。あるいは,馴化時間の最初の数試行と最後の数試行を比較する,というやり方などもある。

後者の方法,すなわち乳児の行動に応じて馴化刺激の呈示回数を変化させるやり方は,「乳児制御（infant control）」と呼ばれている（Horowitz et al., 1972）。たとえ

ば，最初の数試行における1試行あたりの平均注視時間を算出し，ある特定の試行における注視時間が，この最初の平均的注視時間の半分になったところで「乳児の馴化が成立した」とみなす方法論である。つまり，いつまでも飽きずに刺激を見続けようとする乳児では，馴化刺激を呈示する試行数は比較すれば多いものとなるが，逆に同じ刺激であっても，すぐに馴化し飽きてしまって刺激を見なくなる乳児では，試行数は少ないということになる。一般に，同じ月齢の乳児であっても，ある刺激に馴化して注目しなくなるまでの時間はまちまちであるため，この infant control のほうが，より確実に乳児の馴化を達成できることが多い。ただし，infant control の場合，強制選択選好注視法などによって実験中に乳児の注視行動を即座に判定する必要があるため，実験後にゆっくりと乳児の行動を分析できないという欠点がある。それに対して，あらかじめ試行数などを決めておくやり方の場合は，その場で乳児の行動の判定を下す必要がなく，実験者の負担も軽いことになる。

　馴化法を用いた多くの乳児の知覚実験では，比較的多い割合の乳児が「馴化の基準に達しなかった」あるいは「途中で泣いてしまった（ぐずり：fussiness）」などの理由で，被験者グループから除外されることが多い。筆者の経験でいえば，とくに3～4カ月ごろの乳児は，もはや飽きて刺激を見たくないにもかかわらず，どうしても刺激から目を離すことができずにいつまでも注視してしまい，「いやなのに見てしまう」という結果，いつまでも馴化の基準に達しないといったことがある。あるいは，注視しながら泣き始める，といったこともよくある。もちろん，刺激や実験手続きによるが，このように馴化の基準に達しない乳児割合は，3割程度からときには5割前後にまで達することもある。乳児の実験に慣れていない心理学者の目からは，この割合の大きさをもってデータに疑義が向けられることがあるが，積み重ねられてきた多くの先行研究を参照していただければ，乳児のそのときの状態によることが理解されよう。基本的には半分程度の乳児が馴化をパスすればテスト試行を実施することは可能である。

第4節　その他の実験方法

　以上主に注視行動を用いた2つの代表的な方法を紹介したが，発達心理学の教科書には，この2つ以外にも，たとえば眼球運動を用いる方法や，心拍数の変化を用いる方法，なども紹介されていることがある。さらには，脳波を用いた方法で，乳児の知覚を調べる方法も紹介されている。しかし当然のことであるが，生

理的指標であろうと行動的指標であろうと，知覚や認知を直接調べるのではなく，2つの刺激の被験者にとっての「弁別」を調べているにすぎないという点は注意しなければならない。

　本小論では詳しく述べなかったが，実際に乳児が2つの刺激を，実験者が仮定した手がかりで弁別しているかどうかは，多くのコントロール刺激を用いた実験の組み合わせによって結論づけられることが多い。より低次な知覚属性や実験者が想定していないような手がかりを用いている可能性を，うまく排除できるようなコントロール実験を行うことが，乳児の知覚や認知を調べていくには最も重要なこととなる。

　生理的指標を含めた新しい実験方法は，各時代における技術的な発展によりもたらされる。その一例として「近赤外線分光法（near-infrared spectroscopy：NIRS）」がある。この方法では，近赤外線光を照射し，血中ヘモグロビンの変化を計測することにより，当該脳部位の活動を知ることができる。簡便で身体を拘束しなくても脳活動を測定できることから，特に乳児を対象に広く使われるようになっている。

　ここではこの近赤外線分光法を用いてわれわれのグループが行った乳児の顔認知に関する一連の研究に触れて，この章を終わることにしよう（Ichikawa et al., 2010；Nakato et al., 2009, 2010；Otsuka et al., 2007）。

　われわれは，乳児が顔を見るときに生じる脳活動を計測することに成功した。具体的には，脳の中の顔領域と呼ばれる上側頭溝（STS）や紡錘状回（fusiform gyrus）付近にあたる両側の血流の変化を調べた。脳活動の測定はベースラインからの変化を見るため，まずは顔と同じ視覚刺激をベースラインとして用意する。果物を見たときの脳活動をベースとしてテストで顔を見たときにこの顔領域の脳活動が上昇するか，その際倒立と正立で違いがあるかが検討されている。

　顔研究では，成人がたくさんの顔を記憶・識別するためには，目鼻口の部分に注目するのではなく，それぞれのパーツの位置関係という顔の全体の配置関係を注目する"全体処理"が必要であると考えられている。この"全体処理"を示す証拠に，"倒立効果"がある。顔を逆さにすると，その顔の印象や人物の判断も難しくなるという現象である。生後5～8カ月の乳児を対象に，正立顔と倒立顔で脳活動に違いがみられるかが調べられた。実験の結果，顔を見ることによりとくに右側頭の活動は高まり，とくに倒立よりも正立でこの活動が高まることが判明した（Otsuka et al., 2007）。成人も顔処理ではとくに右半球の活動が高まることから，この月齢の乳児においても高度な顔処理が可能であることが示唆されてい

る。

　また，仲渡（Nakato et al., 2009）は，横顔と正面顔の脳活動を比較した。横顔と正面顔をテストで提示したところ，生後5カ月の乳児は正面顔のみで脳の顔領域が活動したものの横顔では活動せず，生後8カ月になると横顔・正面顔ともに活動することを見出した。さらに市川ほか（Ichikawa et al., 2010）は，これらの月齢の乳児が顔の形をなくした顔の動きだけを提示したバイオロジカルモーションに，脳の顔領域が活動することも見出している。これらのことから，脳の発達的変化を知ることができる。

　以上，発達心理学の実験方法は現在も改良されつつあり，それに従い，新たな発達心理学の知見は生まれているのである。

引用文献

Atkinson, J.（2005）．*視覚脳が生まれる：乳児の視覚と脳科学*（金沢　創・山口真美，監訳）．京都：北大路書房．（Atkinson, J.（2000）．*The developing visual brain*. Oxford, UK: Oxford University Press.）

Atkinson, J., Braddick, O., & Braddick, F.（1974）．Acuity and contrast sensitivity of infant vision. *Nature*, **247**, 403–404.

Atkinson, J., Braddick, O., & French, J.（1979）．Contrast sensitivity of the human neonate measured by the visual evoked potential. *Investigative Ophthalmology and Visual Science*, **18**, 210–213.

Atkinson, J., Braddick, O., & Moar, K.（1977a）．Development of contrast sensitivity over the first 3 months of life in the human infant. *Vision Research*, **17**, 1037–1044.

Atkinson, J., Braddick, O., & Moar, K.（1977b）．Contrast sensitivity of the human infant for moving and static patterns. *Vision Research*, **17**, 1045–1047.

Banks, M. S., & Salapatek, P.（1976）．Contrast sensitivity function of the infant visual system. *Vision Research*, **16**, 867–869.

Banks, M. S., & Salapatek, P.（1978）．Acuity and contrast sensitivity in 1-, 2-, and 3-month-old human infants. *Investigative Ophthalmology and Visual Science*, **17**, 361–365.

Bernad, J., & Sontag, L. W.（1947）．Fetal reactivity to tonal stimulation: A preliminary report. *Journal of Genetic Psychology*, **70**, 205–210.

Fantz, R. L.（1956）．A method for studying early visual development. *Perceptual and Motor Skills*, **6**, 13–15.

Fantz, R. L.（1958）．Pattern vision in young infants. *Psychological Record*, **8**, 43–47.

Fantz, R. L.（1961）．The origin of form perception. *Scientific American*, **204**, 66–72.

Fantz, R. L.（1963）．Pattern vision in newborn infants. *Science*, **140**, 296–297.

Fantz, R. L.（1964）．Visual experience in infants: Decreased attention to familiar patterns relative to novel one. *Science*, **146**, 668–670.

Fantz, R. L., & Miranda, S. B.（1975）．Newborn infant attention to form of contour. *Child Development*, **46**, 224–228.

Fantz, R. L., & Yeh, J.（1979）．Configurational selectivities: Critical for development of visual perception and attention. *Canadian Journal of Psychology*, **33**, 277–287.

Horowitz, F. D., Paden, L., Bhana, K., & Self, P.（1972）．An infant-control procedure for studying infant

visual fixations. *Developmental Psychology*, **7**, 90.
Ichikawa, H., Kanazawa, S., Yamaguchi, M. K., & Kakigi, R.（2010）. Infant brain activity while viewing facial movement of point-light displays as measured by near-infrared spectroscopy（NIRS）. *Neuroscience Letters*, **482**, 90−94.
金沢　創．（1999）．他者の心は存在するか．東京：金子書房．
柄谷行人．（1983）．隠喩としての建築．東京：講談社．
Miller, D. J.（1972）. Visual habituation in the human infant. *Child Development*, **43**, 481−493.
Nakato, E., Otsuka, Y., Kanazawa, S., Yamaguchi, M. K., & Kakigi, R.（2010）. Distinct differences in the pattern of hemodynamic response to happy and angry facial expressions in infants: A near-infrared spectroscopic study. *NeuroImage*, **54**, 1600−1606.
Nakato, E., Otsuka, Y., Kanazawa, S., Yamaguchi, M. K., Watanabe, S., & Kakigi, R.（2009）. When do infants differentiate profile face from frontal face? A near-infrared spectroscopic study. *Human Brain Mapping*, **30**, 462−472.
Otsuka, Y., Kanazawa, S., & Yamaguchi, M. K.（2006）. Development of modal and amodal completion in infants. *Perception*, **35**, 1251−1264.
Otsuka, Y., Nakato, E., Kanazawa, S., Yamaguchi, M. K., Watanabe, S., & Kakigi, R.（2007）. Neural activation to upright and inverted faces in infants measured by near infrared spectroscopy. *NeuroImage*, **34**, 399−406.
Pancratz, C. N., & Cohen, L. B.（1970）. Recovery of habituation in infants. *Journal of Experimental Child Psychology*, **9**, 208−216.
Saayman, G., Ames, E. W., & Moffett, A.（1964）. Response to novelty as an indicator of visual discrimination in the human infant. *Journal of Experimental Child Psychology*, **1**, 189−198.
須賀哲夫．（1989）．理論心理学アドベンチャー．東京：新曜社．
Teller, D. Y.（1979）. The forced-choice preferential looking procedure: A psychophysical technique for use with human infants. *Infant Behavior and Development*, **2**, 135−158.
やまだようこ．（1987）．ことばの前のことば．東京：新曜社．

第2章
発達の観察研究法と実例

麻生　武

　本章では，発達心理学における最近の具体的な観察研究を参照しつつ，観察という技法の特徴を紹介していくことにしたい。観察研究は大きく分けて「自然科学的な観察」と「現象的な観察（体験の記述）」に分けることができる。前者はターゲットにしている事象を「外部の視点」から記述するのに対して，後者はその事象を「内部の視点」から目の前に生じる現象として記述する点にその特徴がある。それは一見「非参与観察」と「参与観察（参加観察）」との区別に対応しているようにも見えるが必ずしも完全に一致しているわけではない。「自然科学的な観察」においても「参与観察」はありうるし，また「現象的な観察」であっても「非参与観察」であることは可能である。たとえば，マジックミラー越しに子どもたちを「非参与」的に観察しているとしても，観察者のポジションを意識化しそれを「ミラー越しの観察」として描き出せば「現象的な観察」として位置づけることができる。「現象的な観察」か否かを決めるのは，観察対象に関与したか否かではなく，観察者の生身の身体をもつ個別的な視点が表現において意識されているか否かである。本章では，さまざまな具体的な観察研究を通じて，観察はつまるところ「観察者とはいったい何者なのか」という自己回帰的な問い，観察の観察というセカンド・オーダーの観察（Luhmann, 1992/2003）に深く結びついていることを示す。セカンド・オーダーの観察とファースト・オーダーの観察とは，観察が意識化されていく水準を示している。素朴に事象を見てそれを分類しカテゴリー化し記述すること，それがファースト・オーダーの観察である。その観察内容を，学術的な言説の媒介とするために，さらに記述された内容を再精査し再分類していくような視点がセカンド・オーダーの観察である。「観察とは何か」と考え始めるや，もう観察はセカンド・オーダーのレベルに足を踏み入れているのである。

第1節　経験世界から科学的観察へ

1　観察事象をサンプリングしたのは誰か

　観察することは単に見ることではない。社会学者であるルーマンによれば，観察というのは認識や学習やコミュニケーションにおいて区分をともなう作動のことである（Luhmann, 1992/2003，訳書，p.43）。区分するということは見たことがらを否応なく分析しカテゴリー化し，記述へと変換することである。近代科学というものは，研究者がファースト・オーダーの観察者に留まることなく，他者が何を観察しているのかをも観察し，つまり他者の行っている研究の状況を考慮し，そのうえで自らの観察を他者の観察の対象として提示するというセカンド・オーダーの観察を巻き込んだ活動である（同上，訳書，pp.83-84）。

　発達心理学の研究においては，さらに直接的で字義的な意味でセカンド・オーダーの観察に基づいた研究が存在する。ここでは2つの対照的な研究を紹介したい。1つは，西崎（2007）の研究である。彼女は対象となる乳児の活動を自分ではなく乳児の養育者にビデオ撮影してもらい，1カ月ごとに送られてくるそのビデオを観察し分析することで乳児の原初的な造形・表現行為について興味深い研究を行っている。分析されたのは，2名の乳児の約1年半に及ぶ録画されたさまざまな活動である。ビデオ撮影されたのはごく普通の日常生活の場面である。西崎はこのビデオを観察し，その中から「痕跡」と彼女が名づけた活動を取り出して，それらの生成過程を分析している。「痕跡」の場面と名づけられたのは，以下の3つの特徴をもった場面である。①乳幼児が自発的に行っている。②乳幼児が表面に対する変更行為を3回以上反復している。③乳幼児が自身の行為によって生じた表面の変化を視覚的に，あるいは触覚的に観察していることがビデオ場面で確認できる。観察という視点から興味深いのは，西崎は，他者（養育者）が，サンプリングし撮影したビデオ場面を観察し，そこに映っている乳児の「観察」を観察していることである。子どもの「観察」を観察する。これもルーマンによれば近代が生みだしたセカンド・オーダーの観察の一例である。また西崎が，ビデオ撮影している養育者の「観察」を観察せずに，被写体である乳児の「観察」を観察していることも，次に紹介する藤崎（2002）との対比で興味深いことである。

　藤崎（2002）も，西崎と同様に自分で撮影したビデオではなく他者が撮影したビデオを用いて研究を行っている。藤崎はペットを飼っている研究協力者にビデ

オカメラを貸し出し，他の人のいないところで15分間ペットを録画するように依頼している。その際に，協力者にペットの様子を実況中継するよう教示している。西崎と違って，藤崎がビデオで観察し分析しているのは，被写体となっているペットの行動ではなく，そのペットの行動を協力者がどのように「観察」しているかである。彼女の関心は協力者がペットの行動にどのように「心」を付与しているかにあった。そのため分析は研究協力者の行動というよりは発語を中心にしてなされている。

西崎（2007）の研究手法は，後に自閉症と診断された子どもの1歳の誕生日のときに家族によって撮影されたビデオ画像を分析して，その早期の特徴を明らかにしたオスターリングとドーソン（Osterling & Dawson, 1994）などと一致する。それに対して藤崎（2002）の研究手法は，子どもたちに3〜4本のフィルムを手渡し1日の生活を自由にカメラで撮ってきてもらいそれらの写真を分析して子どもたちの生活世界を描き出そうとした野田（1988）の写真投影法による研究と同タイプとみなせる。以上の2つのタイプの研究では，他者の撮影したビデオの意味がまったく異なった役割を果たしていることは，しっかり認識しておく必要がある。前者の研究ではビデオカメラの視点は，録画された情報に制約を与えるものとして機能しているに過ぎないが，後者では，カメラの視点こそが被観察者に関する重要な情報なのである。

2 何をビデオカメラに録画するのか

普通はビデオカメラで録画するターゲットを選択しているのは，観察者である研究者自身である。研究者が自分の関心に従って何を観察するのか選択しているのである。ところが研究者がカメラを回しているのであれば，その（録画）視点の選択に深い意味があることが往々にして見えなくなってしまう。その意味で研究者ではなく研究協力者に撮影してもらうことは，「観察の観察」をするうえですぐれた方法である。藤崎と野田の研究をみれば，ビデオ映像が，録画者自身の姿勢を雄弁に物語る情報にもなっていることがよく理解できるだろう。写真やビデオは，被写体だけではなくその撮影者自身の態度や姿勢を浮き彫りにする情報としても機能することは，観察に際して常に心得ておくべきことである。

撮影の際に，どのような事象を観察対象として選択するのかということは研究の重要な第一歩である。ターゲットとする事象がどのような頻度で生じているのかということが，最初の判断の目安になる。たとえば，高坂（1996）は，3歳児園児のいざこざを観察するために，標的児童を1日に1名と決めて，その子を

40分間追跡録画するという手法を採用している。彼はこのようなタイムサンプリングの方法で，週に4～5日の割合で4週間の観察を行い，計14名の観察を行っている。彼の関心が子どもたちのいざこざにあったため，40分という比較的長いタイムサンプリングが用いられたと言えるだろう。

これに対して高田（2010）は4歳から6歳の幼稚園児たちの自由遊びにおける自己と他者とを対比したり比較する言動（社会的比較）を研究するために，毎年園児1人あたり8～10分のタイムサンプリングを2回行い，録画を行っている。このようにして1人あたり平均14.8分の録画データを作成し，3年保育の幼稚園の全園児（85名）を3年間にわたって縦断的にビデオ観察している。高坂（1996）に比べるとタイムサンプリングの時間が比較的短いのは，高田の注目する社会的比較（模倣，競争，他者への関心，類似確認など）が生じる頻度がいざこざエピソードに比べて高いためである。

ビデオ観察の場合，分析したい特定のエピソードや特定の活動のみを選択的に撮影することは，基本的に困難である。たしかに，子どもたちのごっこ遊びや砂遊びやお絵かき，子ども同士のやりとりなど場面サンプリングで録画することは可能であるが，分析のターゲットにしたい行動のみを録画することは難しい。そのため，そのような行動が生起しやすい場面を区切った場面サンプリングや，時間を区切ったタイムサンプリングでビデオ観察がなされるのである。

3 肉眼による直接的観察

観察の原点は肉眼による直接的観察である。肉眼で観察することは，その場で観察すべき現象のサンプリングを行うことでもある。

橘（2009）は，乳児の手の活動における機能的左右非対称性の発達に関心を抱き，出生から1歳まで，さまざまな折に，わが子の左右の手の用い方を記録して研究を行っている。なされているのは左右の手の使い方をストップウオッチで計測するなど実験的な要素も含め，日誌的観察，ビデオ録画なども活用したトータルな観察である。このような乳児の日誌的な観察研究では，観察の眼を向けそれを記録することが直接的なデータのサンプリングなのである。

高井・高井（1996）の娘のシンボル機能の発達についての日誌的観察研究も同じタイプの研究とみなせる。彼らは，生後11カ月から1歳7カ月まで娘の身ぶり動作や単語について，自然場面と設定場面を組み合わせて観察し，記録をとっている。目の前の事象を肉眼で観察することを中心にしているという意味では，橘（2009）の観察と高井・高井（1996）とは似通っている。しかし，両者には異

なっている側面もある。橘の研究では常に「いま・ここ」の現象をしっかり計測し記録することが焦点になる。それに対して高井らの研究では，子どものシンボル使用がなされた「いま・ここ」の事象だけではなく，それに先立つ文脈情報，子どもと観察者との関係の歴史，最近のシンボル使用に関する先行エピソードなどもしっかり記録に書きとどめている。なぜならば，そのような文脈情報の中で初めてシンボルは解釈され有意味なものになるからである。コミュニケーションの観察研究には，コミュニケーションしている者同士の関係の歴史や，それがなされている文脈の記述は不可欠である。系の外部から，系の内部で行われているコミュニケーションの実質を捉えることはできない。なぜならば，系の内部にいなければ，そこでなされているコミュニケーション・ゲームの暗黙のルールがわからないからである（麻生，1992）。とはいえ，系の内部にいて系の内部を観察し記述することには固有の困難さもある。その点，橘の研究は，メッセージの意味解釈などに左右されない，系の外部からも十分に可能な研究である。

4 録画したビデオをどのように観察するのか

ビデオカメラに録画するだけではまだ観察がなされたとは言えない。実際の観察は，その録画された画面を肉眼で見るときになされるのである。

高田（2002）は，アフリカのサンの人たち（伝統的には狩猟採集で移動生活をしてきたカリハラ砂漠に住む先住民）のジムナスティック（乳児を立位にして上下に揺する育児習慣）を研究するためにサンの2～4カ月の乳児のいる5つの家庭を訪問し，育児場面を観察している。総観察時間は12時間25分である。ビデオ観察はその一部であり，この論文で分析されているのは録画された227分のビデオである。高田の関心は，授乳とジムナスティックなど養育行動と赤ん坊の反応の関係を調べることにある。そのため高田は録画された映像を5秒ごとに，養育者の行動カテゴリー12と乳児の行動カテゴリー9つに関して，そのカテゴリーの行動（反応）があるかないか0-1で判断を行い，分析を行っている。

高田の場合，0-1の悉皆的な分析で録画データが分析されているが，通常は録画されたシーンから，研究者の関心に従ってあるシーンがサンプリングされ，それに対してさまざまなカテゴリー化による分析がなされることが多い。たとえば，常田（2007）は，1名の乳児と母親の自然な交流を，生後2カ月から9カ月まで，1～2週間おきに毎回平均18分ほど（総時間は416分）ビデオ録画し，そのデータを観察し分析している。彼女は，まず子どもと母親とが1秒以上同一対象を見ている状態を共同注視と定義し，その状態から両者のいずれかが相手の顔や共同注

視対象のいずれも見なくなった状態までを「共同注視シークエンス」と名づけて，計327回見出された「共同注視シークエンス」の間に関して，母子の行動を1秒単位であらかじめ定めたカテゴリー（視線の向き・身体の向き・表情など）に分類し分析を行っている。常田の研究のよさは，共同注視成立時における子どもと母親と注視の対象の位置関係を4つのパターンに分類していることなど，そのカテゴリー化の巧みさにある。

　このことは常田の研究に限らない。ビデオ観察の研究のオリジナリティは，まず録画されたどのようなシーンをサンプリングして分析対象とするのか，次にそれをどのように詳細にカテゴリー化して分析するかという2点にかかっているといってもよいだろう。

　塚田－城（2008）は，3組の母子を生後12カ月から24カ月まで月に1回訪問し母子の自由な遊び場面を30分間ビデオ録画したデータを用いて研究を行っている。彼女の研究目的は，自他理解の発達と行動制御の内化のプロセスの関連を捉えることである。そのために，録画されたシーンが，大きく分けて3つの観点から分析されている。まず1つ目は，子どもの指差し場面である。これは誘導的指差しの初出年齢の特定のためになされている。2つ目は，母親が子どもの行為を制止しようと介入した葛藤場面（3組母子で計132場面）である。このシーンはすべてトランスクリプトに書き起こされて，母親の介入の仕方は「単純制止」「強要・叱責」など5つのカテゴリーに分類されている。子どもの応答は従順あるいは抵抗のいずれかで分類され，母親の介入に子どもの抵抗した葛藤場面は「行為の継続」「不満」「ふざける行為」など5つに分類されている。3つ目は，子どもの行為制御場面の抽出である。親が介入した行為をさらに起こそうとして自己制御する様子を3つのタイプにカテゴリー化している。

　以上に述べてきたことを整理すると，多くのビデオ観察の研究では，次のような3つのステップで特定事象のサンプリングが行われていると言えるだろう。第1番目のサンプリングは，ビデオカメラが何を録画するかである。外山（1998）のように，保育園の食事場面における幼児の席とり行動を，保育園の昼食時場面の録画で行うこともあれば，藤崎（2004）のようにウサギの飼育小屋における園児たちの世話行動が録画されることもある。また，事象を選ばず，高坂（1996）や高田（2010）のようにタイムサンプリングで次々と別の子どものビデオ観察がなされることもある。第2のサンプリングは，録画画面から研究のターゲットにする場面を選び出すことである。このようなイベントサンプリングは，先に紹介した常田（2007）や塚田－城（2008）の研究では見られるものの，サンのジムナ

スティックをビデオ観察した高田（2002）の研究にはない。高田は直接，次のステップへ進んでいる。第3のサンプリングというのは，選択された録画場面から研究者がターゲットとしている諸反応や諸行動を「図」として抽出するプロセスである。研究は，それらの反応（行動）をさまざまなカテゴリーに分類することによってなされる。科学的な観察というものは，経験世界の現象を，このような複数のカテゴリーレベルまで抽出し精錬させて，異なるカテゴリー間の関数関係を吟味し，既存の理論を検証したり，新たな理論構築に向けて提言していくものであると言えるだろう。

第2節　科学的観察から体験世界の記述へ

1　体験世界の記述へ

　第1節で紹介してきた観察研究は，すべて（自然）科学的な手法による研究である。それらの研究の特徴は，観察された現象を細かく分析し，明確に定義された反応（行動）カテゴリーに分類し，その上で理論仮説について議論する点にある。だが，このような手法では一人一人の人間の体験世界が心理学研究の手に届かないものになってしまう。エスノメソドロジー，エスノグラフィといった社会学や文化人類学の手法が，心理学の中に導入され質的心理学といった名称が用いられるようになったのも，そのような具体性に届く新たな科学が希求されてのことだと言えるだろう。ここではその種の具体的な研究を紹介し，その手法の特徴について述べていくことにする。

　科学的な手法で観察すると同時に，その副産物として事例的な研究を行ったのが柴坂・倉持（2003）である。彼女らは，週2回保育園を訪問し登園時から降園時までを，ビデオカメラによる観察とフィールドメモをとる肉眼の観察に分かれて協力し合って観察を行っている。彼女たちの手法は，できるだけさまざまな資料を入手して社会現象を描き出そうとするエスノグラフィにおけるトライアンギュレーション（三角測量）という方法である。柴坂・倉持（2003）の論文は，そのような厚いデータ（細かな文脈情報をともない意味解釈の可能になったデータ）の中から，泣くことがきわだって多かった1名の年少児に関する泣きに関連するエピソードを抜き出し，それらを時系列にそって並べ解釈することで，その子の保育現場における個人史的な成長を描き出そうとしている。

　最初からこのようにある特定の個人に観察ターゲットを定め，保育現場におけるその子の成長を描き出そうとしたのが行部（1998）である。その園で少し気に

されていた4歳の子の様子を週に1回2時間半，4月から12月までその子の周辺まで含めてビデオで録画し，そのデータからその子が1時間以上鮮明に録画されているテープをサンプリングし，そのデータを分析している。そして会話分析を取り入れる形でエピソードの解釈を行い，その子が園の仲間集団に正統的周辺参加（既学習者集団の周辺にいた初学習者が既学習者を見習いしだいにそれへと近づいていく広く一般にみられる参加プロセス）していく様子として成長像を描き出している。

以上の柴坂・倉持（2003）や行部（1998）の観察は，非参与観察にかなり近い消極的な参与観察である。同じ事例的な観察でも，障害をもつ子どもの療育に関連してなされている辻・髙山（2004）の研究はもう少し参与観察的な要素が高くなる。この論文は，ある3歳の自閉症の子どもに著者が15分間のさまざまな個別療育を行い，そこでその子がもっとも関心を示したのがシャボン玉であったことから，その子と母親のシャボン玉遊びの場面（1回20分）を設定し，それを9回ビデオ観察しそれを分析した研究である。カメラマンである著者は必要な場面以外は母親にも子どもにも声をかけなかったとあるが，支援をしている当事者によるビデオ録画という意味では参与観察の割合は高いと言えるだろう。この研究では，3歳の自閉症の子どもが母親とのシャボン玉遊びの中でしだいに三項関係的なコミュニケーションの形成されていくプロセスが，子どもの視線の動きの分析などからていねいに記述されている。

2　関係を通しての観察と記述

科学的に観察すること，言い換えれば，客観的に観察することが観察者と被観察者との関係を決定的に損ねてしまうことを強く意識し，観察を行ったのが石野（2003）と松本（2005, 2007）である。

石野（2003）は週に1回朝から夕方まである保育園に補助的保育者として6年間現場に入り込んで子どもたちを縦断的に観察している。石野が描き出したのは，保育の中で子どもの行動にとまどいつつも必死でその行動を理解しようとして悪戦苦闘している彼自身の体験世界である。その詳細でリアルな記述から，彼は保育ということについて深く考察しようとしている。ある意味，石野（2004）はきわめて倫理的である。彼は肉眼での観察が，まなざしを交わし合った被観察者との間に，間主観的な知を生みだしていくことを希求しつつも，観察することが常に一方的なまなざしになってしまう危険性を深く憂慮している。

そのような憂慮に深く共鳴しているのが松本（2005, 2007）である。彼は老人の

生きている世界を共感的に描き出すために老人の外出に同行し調査するという新しい方法を編み出している。これは記録メディアの利用を協力者に拒否されたことをきっかけに生み出された方法である。道を歩くにしても店に入るにしても，同行調査者は協力者と似たパースペクティヴを体験し，その共有された場の中で協力者と自然な会話を行うことができる。同行が終了した時点で，松本は今度は一人で先ほど同行で一緒に歩いたルートをたどり先ほどなされた会話や出来事を思い出しつつ，それを記録した。それらのデータを分析し老人にとっての外出の意味を理論的にとらえようとしたのが彼の論文である。松本（2007）は，特別養護老人ホームに3年間少なくとも毎週1回は通い，その手伝いなどもしながら入居者と自然な交流を行い，そこで車椅子を押すなどして外出を援助した際のエピソードをもとに施設の老人たちの日常生活を描き出している。松本はこの施設の老人たちの同伴者として自分自身が体験した事柄を記述しそれを元に施設老人の世界を描き出そうとしている。

　記憶障害の人がいる作業所でボランティアとして働きつつ43回調査を行った青木（2007）も，スタッフのミーティングではメモをとったものの，その他の活動場面では，「場の雰囲気が不自然になるのを避けるため」場でのメモやビデオはとらなかったと書いている。彼女は3人の高次脳機能障害者と作業所の活動を一緒に行いながら，記憶障害に関連するような日常エピソードを丹念に拾い上げて記録することによって，記憶障害が「みえない障害」になることの意味を斬新な視点から説き明かしている。青木の行っているのも科学的観察というよりは，自分の遭遇した体験の記録といった様相が強いと言えるだろう。

3　科学的観察と現象的観察

　第2節で紹介してきた研究の多くは，観察エピソードの記述に基づくものであった。辻・高山（2004）の研究や行部（1998）の研究では，録画されたエピソードが録画記録でないとできないほど，細かく分析されているが，柴坂・倉持（2003）の研究では，エピソード記述の精度が，肉眼での観察記述で可能なレベルで議論されている。さらに，石野（2003）や松本（2005, 2007）や青木（2007）などの肉眼による参与的なエピソード観察になると，科学的観察というより彼らの個人的な体験の記述といった様相が強くなる。

　麻生（2009）はこのような観察を，科学的な観察と区別し「現象的観察」と名づけている。現象的観察は，観察者が素朴に見て体験したことを，自分のエピソード記憶に基づいてできるだけ忠実に記述することである。それは言い換えれ

ば，個人のバイアスのかかった私的体験の記述にすぎないという意味で，いわゆる科学的観察とは異なるものである。科学的な観察には，必ず現象の背後に普遍的なイデア（つまり法則）を見出そうとするプラトン的な志向性が潜んでいる（川崎，2005）。そのような志向性が明確でないもっと素朴な観察が現象的観察である。自然人類学者でありブッシュマンの参与観察者でもある菅原（2002）は，動物の行動を，彼らの身構えや情念をわが身に引き寄せ感じ取り，了解することの重要性を指摘している。そして，動物の観察において，「数量化に頼ることなく『ことば』によって動物の行動を書きしるすことが秘めている圧倒的な力」（p.64）を強調している。そのような観察も現象的観察である。

　ルーマン（Luhmann, 1992/2003）によれば「近代的な意味での個人とは，自己の観察を観察しうる存在のことなのである」（訳書，p.10）。しかし，そうは言っても，ルーマンが指摘しているように，自己の観察の前提になっている「区別」は盲点のように自分では見ることはできない。自分の観察にいかなるバイアスがあるのか，それをそのバイアスのかかった自分の観察で観察することはきわめて困難なのである。その困難に挑戦しているのがある意味で菅原の志を引き継いでいる西江（2010）である。彼は，チンパンジー母子のアリ釣りをめぐるやりとりを長期間観察していて，いらだったりもどかしく感じる自分を見出している。西江の観察が，従来の行動生物学の観察の範囲を大きく超えて未知の領域に足を踏み入れているのは，その自己のもどかしさやいらだちを，自己観察的に考察し，そこからチンパンジーという他者に出会うことで初めて自覚されるヒトの特性に気づこうとしているからである。西江は自分がヒトであることに気づき驚いているのである。そこには，観察しているもののまなざしが観察を通じて自己に回帰していくループがある（麻生，1990）。西江はそのような困難な「観察の観察」へ一歩深く足を踏み入れていると言えるだろう。

　保育所に研究者が入り込み，保育者の子どもの見方と相対立する見方で子どもを見ていくプロセスにも，従来の観察論では一筋縄で捉えられない複雑なプロセスがある。保育の場で生成する出来事の意味は，第三者が外部から観察していてもなかなか見えてこない。ここでも必要なのは観察の観察である。無藤（2005, 2007）は再詳述法という概念で，現場と共に子ども理解を深めていける観察について提案している。心理学の基礎的な方法である観察法は，今，21世紀にふさわしい方法として新たな再定式化が模索されているのである。

引用文献

青木美和子．(2007)．記憶障害を持って人と共に生きること．*質的心理学研究*, **6**, 58-76.
麻生　武．(1990)．子どもの観察：自己に回帰する眼差し．浜田寿美男・無藤　隆・岩田純一・松沢哲郎（編），*別冊発達10号　発達論の現在* (pp.30-43)．京都：ミネルヴァ書房．
麻生　武．(1992)．*身ぶりからことばへ：赤ちゃんにみる私たちの起源*．東京：新曜社．
麻生　武．(2009)．*「見る」と「書く」との出会い：フィールド観察学入門*．東京：新曜社．
藤崎亜由子．(2002)．人はペット動物の「心」をどう理解するか：イヌ・ネコへの言葉かけの分析から．*発達心理学研究*, **13**, 109-121.
藤崎亜由子．(2004)．幼児におけるウサギの飼育経験とその心的機能の理解．*発達心理学研究*, **15**, 40-51.
行部育子．(1998)．「ちょっと気になるこども」の集団への参加過程に関する関係論的分析．*発達心理学研究*, **9**, 1-11.
石野秀明．(2003)．関与観察者の多様な存在のありよう：保育の場での子どもの「育ち」を捉える可能性を探り当てる試み．*発達心理学研究*, **14**, 51-63.
石野秀明．(2004)．肉眼による観察．無藤　隆・やまだようこ・南　博文・麻生　武・サトウタツヤ（編），*質的心理学：創造的に活用するコツ* (pp.134-139)．東京：新曜社．
川崎　謙（編）．(2005)．*神と自然の科学史*．東京：講談社（講談社選書メチエ）．
Luhmann, N. (2003)．*近代の観察*（馬場靖雄，訳）．東京：法政大学出版局．(Luhmann, N. (1992). *Beobachtungen der Moderne*. Opladen: Westdeutscher Verlag.)
松本光太郎．(2005)．高齢者の生活において外出が持つ意味と価値：在宅高齢者の外出に同行して．*発達心理学研究*, **16**, 265-275.
松本光太郎．(2007)．施設に居住する高齢者の日常体験を描き出す試み：外へ出て－内に帰ることに注目して．*質的心理学研究*, **6**, 77-97.
無藤　隆．(2005)．質的研究の三つのジレンマ．*質的心理学研究*, **4**, 58-64.
無藤　隆．(2007)．*現場と学問のふれあうところ*．東京：新曜社．
西江仁徳．(2010)．相互行為は終わらない：野生チンパンジーの「冗長な」やりとり．木村大治・中村美知夫・高梨克也（編），*インタラクションの境界と接続：サル・人・会話研究から* (pp.378-396)．京都：昭和堂．
西崎実穂．(2007)．乳幼児期における行為と「痕跡」：なぐり描きに先立つ表現以前の"表現"．*質的心理学研究*, **6**, 41-55.
野田正彰．(1988)．*漂白される子供たち：その眼に映った都市へ*．東京：情報センター出版局．
Osterling, J., & Dawson, G. (1994). Early recognition of children with autism: A study of first birthday home videotapes. *Journal of Autism and Developmental Disorders*, **24**, 247-257.
柴坂寿子・倉持清美．(2003)．園生活の中で泣きが多かったある子どもの事例．*質的心理学研究*, **2**, 139-149.
菅原和孝．(2002)．*感情の猿＝人*．東京：弘文堂．
橘　廣．(2009)．乳児の手の活動における機能的左右非対称性：出生から1歳までの縦断研究．*発達心理学研究*, **20**, 55-65.
高田　明．(2002)．サンにおける養育行動とその発達的意義：ジムナスティック・授乳場面の特徴．*発達心理学研究*, **13**, 63-77.
高井直美・高井弘弥．(1996)．初期シンボル化における身ぶり動作と音声言語との関係．*発達心理学研究*, **7**, 20-30.
高坂　聡．(1996)．幼稚園児のいざこざに関する自然観察的研究：おもちゃを取るための方

略の分類．発達心理学研究，**7**，62-72.

高田利武．(2010)．日本人幼児の社会的比較：行動観察による検討．発達心理学研究，**21**，36-45.

外山紀子．(1998)．保育園の食事場面における幼児の席とり行動：ヨコに座ると何かいいことあるの？　発達心理学研究，**9**，209-220.

辻あゆみ・高山佳子．(2004)．自閉症幼児における三項関係の成立過程の分析：シャボン玉遊び場面でのやりとり．発達心理学研究，**15**，335-344.

塚田－城みちる．(2008)．12ヶ月時から24ヶ月時における子どもの行為制御の発達：親子間の事物をめぐる葛藤の変化に注目して．発達心理学研究，**19**，331-341.

常田美穂．(2007)．乳児期の共同注意の発達における母親の支持的行動の役割．発達心理学研究，**18**，97-108.

第3章
質問紙調査法の基礎

岡田　努

　調査法は，実験法，観察法，面接法などと並んで主要な研究法の一つである。
　実験的な測定が難しいパーソナリティ・意識・態度などのデータを得るために主に用いられる。とくに質問紙による調査は，短時間でコストがかからず，回答者にも負担が少ないこと，一度に大量データが取れることなどの利点がある（岡田, 2006）。また実験法や面接法と併用して，質問紙を実施することもある。

第1節　質問紙の形式

質問紙調査は，質的な調査と量的な調査に分けることができる。

1　質的調査

　質的調査については別の章において詳しく論じられているため，ここでは量的調査との比較で簡単に述べるにとどめる。
　杉野（2010）は質的調査とは何であるかを，明確に定義することは難しく，数字で表された量的なもの以外すべてが質的調査になるとしている。よって自由記述形式の質問紙に加え，投影法的な手法も質的調査に含めることができよう。
　質的調査は，研究者の枠組みにとらわれない自由な回答が期待できるため，人間のリアルな姿をとらえるのには適している。一方，大規模データでの解釈・集計が容易ではないなど，データ収集後の扱いには手間がかかる。
　しかし，近年では，テキストマイニング・ソフトウェアの充実もあり，大量の質的データから，多変量解析などの量的解析を実行する環境も整いつつある。たとえば TRUSTIA（ジャストシステム）や IBM SPSS Text Analytics for Surveys（IBM）などのアプリケーション・ソフトでは，自由記述のテキストデータから単語，品詞など形態素を抽出し，これに基づいて文と語句の関係を判定しグルーピングを

行い，統計解析を行うことができる。また製品版以外に，形態素解析を行うフリーソフトも開発されており（例　奈良先端科学技術大学院大学情報科学研究科自然言語処理学講座松本研究室において開発された ChaSen など），その結果に基づいてさまざまな統計解析につなげることも可能である。

2　量的調査

　量的調査とは，数値化しうる形式で回答を求める調査法である。選択肢の中から回答者が最もあてはまると思うものを選択する「多肢選択法（評定尺度法）」，選択肢の中から複数の選択を許す「複数選択法」，選択肢に順序をつける「順序法」，設問に合致する回答を選択肢の中から選んであてはめる「組み合わせ法」などがある（岡田，2006）。

　回答形式によって回答者の自由度と負担は異なる。池田（1973）によれば，多肢選択法は，回答の自由度は低いが回答者への負担が小さい方法であると言う。とくに，2件法では，性格や興味など深く考え込まずたくさんの項目での回答を得たい質問には向いているが，学力検査などでは，無責任な回答を引き出しやすい面もあると言う。一方，順序法は，数多くの回答を引き出せる反面，回答者に高度な判断（情報処理）を要求するため回答に時間がかかるといった問題があると言う。さらに順序づけの量が増えた場合には，能力以上の情報処理判断を要求することになり，中位付近での回答の精度が落ちるといった問題も出てくると言う。

第2節　質問紙調査の問題点

1　因果関係と縦断調査

　メナード（Menard, 2002）は変数（ないしは現象）X が変数（ないしは現象）Y の原因となるといった因果関係が成立する条件として①X と Y が共変動すること，②X と Y の関係が疑似的なものでない，すなわち第3の変数の影響によらないこと，③X が Y に時間的に先行すること，の3点を挙げている。

　条件を統制した実験的研究ではこれら3つの条件を満たすことができる一方，質問紙調査においては，因果関係の特定には困難をともなう。

　複数の変数を同時に採取する横断的な方法では，第1の条件しか満たすことができず，因果関係を特定することは難しい（ただし，性別など本人の生物学的・発生的属性については，縦断的研究によらなくても時間的先行性を想定することができる

とメナードは述べている)。

　一方，継時的にデータを採取する縦断的な調査においては，因果関係はどのように考えられるだろう。縦断的調査のうちでも，同一尺度項目群を同一対象者に対して複数回実施する「パネル調査」(prospective panel design；Menard, 2002) の場合には，少なくとも上記①，③の条件は満たしうると考えられる（高比良ほか，2006)。またこの場合でも2つ目の条件（「第3の変数」の影響の除去）については完全には満たされないものの，そうした変数を特定しモデルに組み込めた場合や，目的変数に及ぼす「第3の変数」の影響力が地点間で一定であると仮定できるなど一定の条件を満たす場合には，統計的にその影響を取り除くことができ，因果関係の推定の精度を高めることができると言う（Finkel, 1995；高比良ほか，2006)。

2　応答の構え

　質問紙調査では，測ろうとしている心理的特性とは異なる回答が得られてしまうことがしばしば生じる。故意に虚偽の回答を行う場合はもちろんだが，回答者が意図しないまま回答にゆがみが生じることがある。「応答の構え」はその代表的な例と言えよう。

　応答の構えには「黙従反応傾向」「極端な応答スタイル」「社会的望ましさ」「中心化傾向」などがある。「黙従反応傾向」ないしは「同意回答スタイル」とは，「はい・いいえ」形式の質問に対して常に「はい」と回答する傾向である。「極端な応答スタイル」は，「とてもあてはまる」「全くあてはまらない」など選択肢のうち極端なものばかりを選ぶ傾向である。「社会的望ましさ」とは，意図しないまま社会的に望ましい方向で反応してしまう傾向である。「中心化傾向」とは，「どちらともいえない」などの中点ばかりに回答が集中することである。

　これらに加え吉田（1995）は，評定対象に対する感情や気分，言語能力・表現力の欠如などさまざまな反応バイアスが回答に影響を与えうること，また変数間で共通にそうしたバイアスが現れた場合，バイアスの効果による疑似的な群間差が現れる可能性を指摘している。

3　大量データの問題点

　大量のデータを一度に利用できる質問紙調査では，実質科学的に意味のない場合であっても，統計的検定では有意になってしまう。これは，サンプルサイズが大きくなることで検定力が高まったことによるもので，たとえば200程度のサンプルサイズでは，散布図上では明確な相関関係が見て取れない .15 程度の相関で

も無相関検定は有意になってしまう（南風原，2002；芝・南風原，1990）。このように大規模調査データでは，単に統計的検定によって有意であるということで，結果の解釈を誤らないようにする注意が必要となる。

第3節　信頼性と妥当性

量的な質問紙調査においては，「尺度（ものさし）」が十分に機能するために，信頼性と妥当性を兼ね備えていることが必要とされる。

1　信頼性

信頼性の概念は，安定性と内的整合性に分けることができる。

安定性とは，同一の測定対象に同一の尺度で同一の心的状態を測定した際には，常に同じ測定結果が得られることである。

内的整合性は，同一の内容を測定している尺度項目であれば，どの項目に対しても同じ反応をする，ということである。安定性を検証するためには，同一対象に同じ尺度を期間をおいて実施し，両者の相関（信頼性係数）の高さをもって信頼性を推定する再検査法が用いられる。

内的整合性の検証には，1つの尺度を等質な2つの尺度と仮定し，項目群を2つに折半して相関を求める「折半法」が用いられる。折半されるすべての組み合わせから得られる信頼性の平均を求めたのがクロンバック（Cronbach）の α 係数である。

なお，安定性は，直接測ることができない尺度の構成概念と，2回の尺度得点（観測変数）の関係（図3-1-a）として表すことができ，また内的整合性は尺度の構成概念と一度に同時測定している複数の項目（観測変数）との関係（図3-1-b）として表され，どちらも実質的には同じ型をしたモデルであることがわかる（古澤，2008）。

2　妥当性

質問項目がその尺度で測ろうとしていることを確かに測っているとき，その尺度は「妥当性」があるとされる。妥当性には以下のようなものがある。

・内容的妥当性　尺度項目が測ろうとしている内容に合致していることを意味する。内容的妥当性は，専門家によるチェックや複数の専門家による意見の一致度などによって確保される。

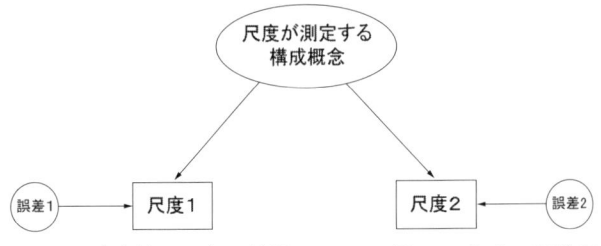

図3-1-a 安定性のモデル（古澤，2008，p.59 図4-2に基づいて再構成）

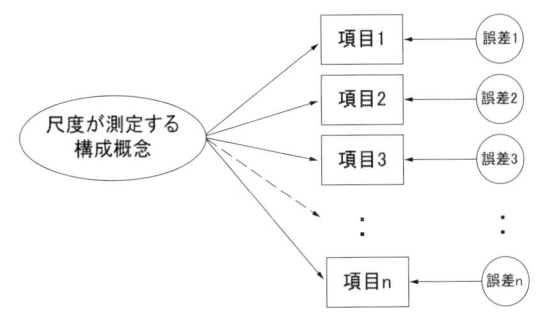

図3-1-b 内的整合性のモデル（古澤，2008，p.59 図4-3に基づいて再構成）

・**基準関連妥当性**　尺度と関連の深い他の変数や基準測度との相関の高さをもって妥当性と見なすものである。尺度の得点から予測される行動や結果が実際に発現するかどうかを指標とする「予測的妥当性」や，他の類似した尺度との相関を見る「併存的妥当性」などがある。

・**構成概念妥当性**　尺度が想定している構成概念に従った統計的結果や現象が実際に得られたとき，妥当性があるとするものである。同一の構成概念を測る変数同士は同じ傾向を示すという「収束的妥当性」と，異なる構成概念同士が弁別されるという「弁別的妥当性」の2つが必要となる。収束的妥当性は，同等の構成概念を測る他の尺度や指標との相関の高さによって示される。また，因子分析の結果，構成概念に合致する因子構造となった場合妥当性を認めるという「因子的妥当性」も，構成概念妥当性と言える。

・**表面的妥当性**　質問紙や回答用紙などの調査用具が見た目のうえでもそれらしく作成されていることを意味する。回答者にとっての回答するモチベーションにかかわる。

　このように妥当性概念は多岐にわたり，その基準も明確な量的指標として示されるものばかりではない。そのためすべての妥当性を一度に検証するのは困難で

ある。現実には追試の積み重ねによって，多方面から検証をかさねることで尺度の妥当性が検証されていくと言えるだろう。

第4節　新しいテスト理論——項目応答理論（項目反応理論）

　上記のような信頼性と妥当性に基づく尺度構成は「古典的テスト理論」と呼ばれている。近年これに対して，項目応答理論（item response theory：IRT）と呼ばれる手法が注目されている。

　野口（2008）によれば，古典的テスト理論による尺度には，以下のような問題があると言う。すなわち，尺度得点が厳密には順序尺度であり程度の度合いを示すことにならないこと，項目の困難度はその集団における正答率で示されるため集団に依存したものになってしまうこと，個人の得点（正答数）はテストに含められた問題項目中の正答個数であり，同一受検者でも項目によって異なる得点で能力水準が示される可能性があること，そして，比率である「困難度」と，個数である個人の「正答数得点」は相互に比較できないことなどである。

　これに対して項目応答理論では，受検者の特性（能力）は間隔尺度水準の特性尺度上の「特性尺度値」で表され，集団や項目に依存せずに項目の困難度や個人の尺度値が定義され，また項目困難度と特性尺度値が同一尺度上に位置づいていて比較可能なことなどの長所があると言う（野口，2008）。また，異なる項目からなるテストを共通の尺度上で検討したり，異なる受検者集団に共通の項目特性に関する値を求めたりすることや，受検者個々についてテストの精度（項目情報関数）を得ることができる（大友，1996）。このように，古典的テスト理論では困難であったさまざまな問題が項目応答理論によって解決される。さらに，こうした特長を生かして，母数が推定されている数百から数千の項目プールをあらかじめ用意することで，同一の構成概念について目的に応じて項目を選び出し，配点を決めて施行するといったことも可能になる（豊田，2002）。これは縦断研究にとっては大きなメリットと言えよう。すなわち，同一対象に複数回にわたって同じ内容の質問をする場合でも，異なる項目セットを用いることができれば，記憶による回答のゆがみを防止することができる。

　しかし単純な合成得点では個人得点が求められないこと，多肢選択式の尺度への適用には複雑な分析手続きが必要になること，また適切な項目特性曲線を得るためには，事前に数多くのデータの蓄積が必要となることなど，現時点では実用上のハードルの高さも否めない。しかし，先に述べたような長所は大きな意味を

もち，導入が進むのと平行して，よりユーザーレベルで利用しやすい環境が整うことが期待される。

第5節　インターネット調査の可能性

　従来，質問紙調査と言えば，紙の質問票に筆記で回答する，あるいは調査員が面接により回答を聞き取り記入する形式が基本とされていた。しかしインターネットの利用環境が広く普及したことで，端末機器上に質問項目を表示しそのまま入力・回答できる「インターネット調査」も広まってきている。

　インターネット調査は，不特定多数のインターネットユーザーをバナー広告などによって調査サイトに誘導する「オープン型」と，調査会社と契約したモニターが回答する「クローズド型」に分けられる（小林，2010）。

　小林（2010），歸山（2010）によれば，インターネット調査には以下のようなメリットがあると言う。すなわち，サンプリングも訪問調査員もいらず，郵送調査に比べても安価であること，コーディングがいらず時間や労力が削減できること，また調査員の影響を受ける心配がないことなどである。

　この他，保管に場所を取らず，不要になった調査票の処分（消去）が容易であることもメリットと言えよう。

　一方，小林（2010）は以下のようなデメリットも指摘している。すなわち，インターネット調査の回答者には，高学歴，専門・技術職が多く，進歩的な意識の持ち主が多いなど偏りが見られること，クローズド型調査では，謝礼目当ての回答や，複数の調査会社に登録するプロの回答者が多くなり，なりすまし回答への懸念が生じることなどである。また，母集団からのランダムサンプリングではないため代表性に問題が生じ，社会調査や世論調査には適当ではないとも指摘している。

　しかし，従来の調査方法においても，個人情報意識の高まりやライフスタイルの変化などによって，訪問調査員が対象者に会えないケースや，回答拒否に遭うケースが増え，回収率が低下している。そのため，従来の調査法においても代表性の問題がないとは言えない（歸山，2010）。

　一方，心理学においては，社会調査に比べて母集団が限定されにくく，実態把握よりも説明的な研究が多いことなどから，サンプリングへの関心はあまり高くないと言われている（三井，1991）。その点で，心理学においては，インターネット調査はより活用される余地がある調査方法と言えるだろう。

引用文献

Finkel, S. E.（1995）．*Causal analysis with panel data*. Thousand Oaks, CA: Sage.
古澤照幸．（2008）．質問紙法により自己をとらえる．榎本博明・岡田　努（編），*自己心理学：1　自己心理学研究の歴史と方法*（pp.56-71）．東京：金子書房．
南風原朝和．（2002）．*心理統計学の基礎：統合的理解のために*．東京：有斐閣．
池田　央（編）．（1973）．*心理学研究法：8　テストⅡ*．東京：東京大学出版会．
帰山亜紀．（2010）．学術的インターネット調査の可能性：「震災体験と社会生活に関する意識調査」から　現代的社会環境に対応する地域社会調査の実践的方法論の開発．平成 *18-21* 年度科学研究費補助金研究成果報告書（研究代表者　轟亮）．金沢大学，51-62．
小林大祐．（2010）．実査の方法：どのような方法を選べば良いのか？　轟　亮・杉野　勇（編），*入門・社会調査法：2 ステップで基礎から学ぶ*（pp.61-77）．京都：法律文化社．
Menard, S.（2002）．*Longitudinal research*（2nd ed.）. Thousand Oaks, CA: Sage.
三井宏隆．（1991）．*実験・調査の考え方：社会行動分析入門*．川崎：小林出版．
野口裕之．（2008）．量的研究と尺度構成．榎本博明・岡田　努（編），*自己心理学：1　自己心理学研究の歴史と方法*（pp.88-102）．東京：金子書房．
岡田　努．（2006）．調査法．海保博之（編集主査），*心理学総合事典*（pp.36-42）．東京：朝倉書店．
大友賢二．（1996）．*項目応答理論入門*．東京：大修館書店．
芝　祐順・南風原朝和．（1990）．*行動科学における統計解析法*．東京：東京大学出版会．
杉野　勇．（2010）．社会調査の種類：質的調査と量的調査とは？　轟　亮・杉野　勇（編），*入門・社会調査法：2　ステップで基礎から学ぶ*（pp.17-32）．京都：法律文化社．
高比良美詠子・安藤玲子・坂元　章．（2006）．縦断調査による因果関係の推定：インターネット使用と攻撃性の関係．*パーソナリティ研究*，**15**，87-102．
豊田秀樹．（2002）．*項目反応理論　入門編：テストと測定の科学*．東京：朝倉書店．
吉田寿夫．（1995）．学校教育に関する社会心理学的研究の動向：研究法についての提言を中心として．*教育心理学年報*，**34**，74-84．

第4章
発達のテスト法

松田浩平

　心理テストは，一般的に複数の項目から構成され，それらは質問であったり，行動指標であったり，条件を統制した観察であったりする。これらによって，心理学的に構成された発達の概念を客観的な数値で定量的に示す。心理テストで定量的に測定される客観的指標が得られれば，観察・実験や面接調査などと組み合わせることで，発達研究の奥行きを広めることが可能となる。このように定量的な指標に基づいた発達研究では，テスト法はもっとも頻繁に使われる方法である。

第1節　心理テストにおける測定誤差

　定量的に物事を語る場合には常に誤差の問題がつきまとい，測定値に含まれる誤差は少ないほど望ましい。改めて誤差とは一般的に測定値や推定値の真値に対する偏寄（差）を示す。また許容誤差は，心理尺度を作成するうえでの精度と同義語と考えることができる。しかし，心理尺度を構成する場合は，一つの尺度を多面的に捉える必要があり一定の誤差範囲を許容しないと尺度は構成できない。したがって，心理尺度を構成する場合には，常に許容誤差範囲を尺度による診断場面を想定して設定している。このような誤差範囲は，公差と呼ばれる。しかし，心理尺度や心理測定において，このような公差が尺度構成場面で考慮されることは少なく，多くは信頼性と妥当性の問題として検討される。

　本来数値で表されるものには，値そのものが定義である場合や，円周率のように定義から値が一義に決まるものを除いて必ず誤差を含んでいる。しかし，心理測定は推定値であり，しかも多くは尺度水準が間隔尺度以下であり測定も一定の誤差を容認している。どのような測定でも，最終的に求めたい値が単一の測定結果とは限らず，それぞれ固有の誤差を含む複数の値から算出しなければならない。複数回の測定結果の平均から信頼限界を求めるなどは一つの回避方法である。

誤差の発生原因としては，データを測定する際に生じる測定誤差や，データを計算する際に生じる計算誤差，標本調査による統計誤差（標準誤差）等が挙げられる。また実際におきる現象と数学的なモデルに違いがある場合にも誤差は生じる。これらについて列挙する。

　偶然誤差：測定ごとにばらつく誤差のことを偶然誤差という。測定上の最小目盛以下の変動も偶然誤差に含まれることが多い。また，心理尺度が取り得る値の数の最小値は偶然誤差を含むと考えてよい。このように，偶然誤差の多くは測定方法自体によって規定される。また偶然誤差は毎回ランダムな値をとるので測定後に取り除くことができない。偶然誤差によって測定の精度が決定されることが多い。しかし，繰り返し測定の結果，正規分布を得ることができれば，平均を採用するなどにより精度を上げることができる。なお，偶然誤差はその測定方法における誤差の下限値である。実際には，他の誤差も含まれるため測定誤差はさらに大きくなる。

　系統誤差：一定の対象に同じ方法を用いて測定した場合に「真の値」に対して常に一定方向に測定誤差が生じる場合である。系統誤差はその原因と傾向が既知なら測定値から取り除くことができるが，通常は完全に取り除くことは不可能である。また系統誤差の値は常に一定であるとは限らない。心理測定では，温度，湿度などの物理的要因や，測定する場面や時間帯や調査や実験協力者のモティベーションなど何らかの心理測定で規定されなかった要因が被測定物に対して作用する。これとは別にタキストスコープ（瞬間露出器）で反応時間を測定するような場合に測定器機自体の測定精度によって測定結果を狂わせるような場合も系統誤差のうちに含まれる。しかし系統誤差の原因と傾向を特定することは一般には難しい。系統誤差はさまざまな原因による誤差の積み重ねであり，その中には特定することがほとんど不可能であるようなものも含まれる。さらに，ある発達段階における個人の状態を数量化する場合は測定自体がスナップショットであり繰り返しはできない。そのため，テストによって測定された数値が真値なのかどうかも定義は難しくなる。したがって原因と傾向が判明し，誤差を最大限取り除く操作をしても最終的に系統誤差が残る。しかし，重要なのは最終的に残った系統誤差をできる限り小さくし，系統誤差の上限値を正確に把握して測定値の統計的区間推定や検定において配慮することである。

　測定対象による測定誤差：単一の対象に対する測定に関する誤差のほかに，心理学研究では測定対象となる事象自体が統計的分布を有する。この場合，測定対象がもつばらつきと，測定方法自体がもつ誤差を区別して考えなければ混乱を生

じる。心理尺度や実験装置は，あらかじめ測定誤差を検定したうえで，要求される精度に対して誤差が十分に小さいことを確認しなければならない。しかし，心理測定で過度に高精度を求めれば被験者に過度の負担を与え，逆に心理測定の精度が低下する場合も考えられる。

　平均値の測定：日本人の外向性得点の平均値を求めるような場合，全数測定は不可能でありサンプル調査になる。求められた平均値（統計的推定値）の精度は，心理尺度そのものの精度も考慮しなければならない。査定や研究に必要とされる精度に比べて系統誤差が無視できるような測定方法が可能な場合は，偶然誤差は単一対象を繰り返し測定する場合と同様に測定回数を上げることによって小さくできる。しかし，心理測定の場合は繰り返し効果などにより新たな系統誤差を生じる。

　真の値：測定値から誤差をなくすことは不可能である。したがって研究者が知り得るのは常に誤差付きの値でしかない。また平均値は誤差範囲を含む区間推定値の一つに過ぎない。しかし測定すべき数量には測定方法とは無関係な定まった値があると考えることもできる。この値のことを誤差理論において「真の値」と呼ぶ。心理測定においては，仮に「真の値」が存在したとしても時間軸におけるスナップショットであり継続性のある値とはならないのが一般的である。さらに，状態不安など心理量そのものが確定した値をもたず，ある確率分布に従った拡がりをもつが，これと誤差とは厳密に区別しなければならない。

　丸め誤差：数値を，どこかの桁で端数処理（切り上げ・切り捨て・四捨五入・五捨六入・丸めなど）をしたときに生じる。たとえば，ある人が正直に「私の身長は170cmです」と言った場合は，その半数は170cmに満たない。169.5〜170.4cmを四捨五入した値であるためである。

　測定誤差は，どのような心理テストでも発生する。研究者は誤差の範囲を超えた推定や査定を絶対に行ってはならない。すべての心理尺度の作成者は測定値に含まれる設計上の許容最大誤差として公差を明記する必要がある。物品の売買などで公差を表示してない測定器を用いて経済行為を行えば法的処罰の対象とされる場合もある。これに対して，これまで心理テストの開発者が尺度の公差について報告していなかったことは，他の科学的領域で心理学の方法を引用する場合の障害となることは明らかであるため好ましくない状況にある。もし，判定基準が誤差の範囲に含まれる場合には，再検査や行動観察など他の多面的な査定方法を通して最終的な決断を行う。直接的に量として示されない現象を測定し，事後の

予想が求められる場合には，誤差が大きくても，利用できる測定法をもちいて誤差の範囲に十分な注意を払いながら予後の計画を立てる。誤差の大きい測定であっても十分に役立っているものは多く，台風の予想進路は場合によっては50％程度の誤差が生じることがあるが，台風が前進するか後退するかだけでも重要な情報である。概念体系として構成された状況や直接観察できない状態を測定する心理テストにも同様である。

　心理テストでは，必要以上に精度を高めることでテストを受ける側の負担が増大することによる新たな誤差要因を生じさせる。知能検査の結果をIQで表示せずに知能段階として5段階程度に分類することは，測定誤差を考慮すれば理にかなった手段である。誤差を含む結果であっても心理テストを使用するメリットがあれば使用すべきである。ただし，研究者が結果から解釈する場合は，誤差の程度を明記する義務がある。

第2節　発達テストの妥当性と信頼性

　テストの結果はすべて定量的に表わす。発達研究で用いられるテストは，標準化された心理検査としての要件を満たした確かな定量的測定の指標であることが必須である。もし，ある研究で用いられたテストが心理検査として妥当な指標でないなら，その研究で導かれた結果はすべて無意味である。そこで，本節では主にテスト法による研究で用いられる心理検査が備えるべき要件について論じる。さらに定量的な測定は，誤差の問題を切り離して論じることができない。誤差のない測定など存在しないし，一定の許容誤差（公差）があることによって測定の信頼性が保証されるという一見すれば背反するような現象もある。これらをもとに，研究目的による心理テストの選択などテスト法による発達研究を行う手順について実例的に示す。

　すべての，心理テストは妥当性と信頼性という観点から評価される。村上（2006）によれば，心理テストにおける妥当性とは測定値の正しさであり，信頼性とは測定値の安定性であると述べている。また，妥当性と信頼性には数学的関係があり，信頼性が低ければ妥当性も低く，妥当性が高ければ信頼性は必ず高いことから，信頼性は妥当性の上限を示すとも述べている。さらに，効率性という心理テストの評価基準を提案している。それによれば，同じ対象を測定するのなら，短時間で能率的に測定できる尺度の方が望ましいと述べている。したがって，よい心理テストの条件は，妥当性，信頼性，効率性がすべて高いことが求められ

る。また，発達研究に限らず心理テストは，行動の予測や発達の状態について，限りなく存在する人間のすべての行動や状態から，抽出的に一部を取り上げて全体を予測する。それゆえに，心理テストで得られた結果と，実際の状態や，縦断的研究で得られた結果が近似していなければ意味がない。つまり，心理テストを構成する尺度とは独立した客観的な基準との一致性が求められる。これを基準関連妥当性と呼び，心理テストの妥当性はこれに帰結する。習慣的に用いられてきた古典的テスト理論で示された妥当性の定義のうち基準関連妥当性に関連しないものは破棄すべきである。

　心理テストを作成した場合，テストのマニュアルや論拠とする論文などにおいて信頼性係数と妥当性係数の報告は不可欠なものとされる。ここで，信頼性係数とは，測定値の安定性の指標であり，これが一定以上の安定性を有することが望ましい。古典的テスト理論に従えば，これは真値の分散の割合を示し，真値の分散は，誤差分散に比べて十分に大きいものでなければならない。信頼性係数はほとんどの心理テストで報告されているが，妥当性係数は報告されていない場合もある。学術雑誌で公刊された発達心理学関連の論文の中には，ある心理テストを適用して，高得点群と低得点群に何らかの有意差があったという程度の報告しかない場合も散見される。心理テストは常に大きな誤差をともない，妥当性係数は測定値が測定対象をどの程度正しく測定しているかを表す指標であることから，妥当性係数は一般的に低い値になる。しかし，心理テストの開発者は定量的に報告する必要がある。また心理テストの利用者も妥当性係数をもとに研究や査定で利用する心理テストの選択をするべきである。このほかにも，必然的に発生する偶然誤差についても考慮する必要がある。とくに，統計的な有意差などを求める場合に，偶然誤差よりも小さい有意水準で検定を行うことはまったく無意味であり，心理測定に精通していない者が，その研究結果を引用する場合に誤解を生じさせる危険性もあり科学として有害でさえある。少なくとも妥当性係数に関する報告と測定誤差が明らかではない心理テストは，定量的な指標によって判断をするような研究で用いるべきではない。

　以上のことから，妥当性係数は，状態や行動予測をどれだけ反映するかという指数である。一般的に相関係数の形式で表示されるため，単回帰分析や重回帰分析で利用される決定係数の平方根で示される。そのため，妥当性係数と予測性の間に不要な誤解を生じることがある。類似した係数として，判別分析における判別係数がある。これは，全体に占める正しく分類された割合であるため理解が容易である。判別係数が0.7であるなら，100例中70例が算出された判別関数で外

的基準に対して正しく判別されたことを意味する。しかし妥当性係数が 0.7 である場合は，相関係数であるため真値の分散が全分散に占める割合の平方根が 0.7 であることを示している。そのため，分散比では 0.7 を二乗した 0.49 となる。ほとんどの心理テストの教科書で妥当性係数が 0.7 以上必要であると述べている論拠を示したものはないが，全分散＝真値の分散＞誤差分散であることから，**真値の分散＞誤差分散であるための最低基準を満たすには，妥当性係数が** $\frac{\sqrt{2}}{2} \fallingdotseq 0.707$ 以上となる。つまり，必要最小限度とされる妥当性係数であっても，簡単に言えば「誤差よりも真値の方が大きい」という保証にしかなっていない。そのため，単一のテストで査定や分類を行う場合には，研究や査定の目的に十分な精度が保証される必要がある。妥当性係数の報告のないテストや，妥当性係数が 0.7 を下回るテストは研究上の基準変数（独立変数）として用いてはいけない。妥当性の概念を整理すれば以下のように分類される。

　基準関連妥当性（criterion related validity）：測定値と外的変数との相関係数や判別係数で評価される値である。外的変数とは，対象とする特性・状態や発達の程度に対して直接の測度と考えられる行動観察や予後追跡の結果などの基準変数である。さらに単純化すれば，外的基準と一致すれば有効なテストであり，外的基準と一致しなければ無効なテストであるという考え方である。さらに，テストの結果が個人の予後を予測する程度としての予測的妥当性（predictive validity）と，詳細な行動観察や入試結果と学業成績などの外的基準との一致度のような他の外的変数との関連の程度を示す併存的妥当性（concurrent validity）に分類される。しかし，ここで注意が必要なのは，基準とされる外的変数にも前節で述べたように測定誤差が含まれることである。そのため，外的基準を含めた尺度の測定上の信頼性が低ければ妥当性係数そのものの信頼性も低下する。これを基準の汚染（criterion contamination）と呼ぶ。詳細は，村上（2006）に示されているが，信頼性係数が基準の汚染を評価する測度と考えるなら，妥当性係数は信頼性係数を超えることはできない。また，多くの日本の心理学研究者は，統計分析などで測定値を真値として計算するため偶然誤差などは考慮されていないことが一般的である。そのため，実際の妥当性係数はさらに低くなると考えておくべきである。

　内容的妥当性（content validity）：知能や学力のように明確な外的基準が存在しない心理量もある。テスト項目の内容が結論を引き出そうとする一群の状況や基準とされる発達課題をどれだけ表現しているかを示す妥当性概念である。テスト項目が測定目的に一致しているかが評価の対象になる。内容的妥当性を評価する方法として，テスト内容に精通した，複数の専門家がテスト項目と内容との関

連性を少なくとも順序尺度以上で判定し，判定者間の一致係数や相関係数を算出して評価する。そのため，内容的妥当性係数を安定させるために，より多くの専門家の評価平均を利用することが行われる。しかし，内容的妥当性は，テスト項目の作成者側とも考えられる専門家による評価であって，回答者や被験者側の回答や反応状態などは反映されない。そのため，テストの作成者および評価者が想定した範囲を超えるような場面でテストを使用すると内容的妥当性の基本概念が揺らぐこともある。そのため，健常者用に作成されたテストを特殊な場面で用いる場合には注意が必要である。

構成概念妥当性（construct validity）：妥当性の最上位に位置づけられる概念で，テスト得点の解釈などすべてを含めた妥当性の評価基準である。構成概念妥当性は，研究や臨床査定における，テスト項目の内容的適切性や実施上の手続きを含め，さらに予測や査定したい内容との外的基準との関連性も含まれる。したがって，構成概念妥当性には基準関連妥当性と内容的妥当性も包括される。しかし，基準関連妥当性は，項目に対する被検査者の反応にもとづく妥当性概念であり，内容的妥当性は項目内容自体にもとづく妥当性概念であるため，両概念間の矛盾を避けることは困難である。そもそも構成概念妥当性は，2つの矛盾する妥当性概念の統合によって評価されるべきであるが，心理テストの結果が正確であるという一種の確証バイアスのようなものが，研究者の主観的評価でなされる傾向も無視できない。そのため，構成概念妥当性を直接的に心理テストの妥当性として用いることは適切ではない。

テストの妥当性に含むべきでないもの：慣例的に妥当性の概念として引用されてきたが，テストの予測力という観点から，表面的妥当性（face validity）・社会的妥当性（social validity）は妥当性の概念から除外するべきである。因子的妥当性については構成概念妥当性に含めるべきである。共分散構造分析で妥当性が確かめられたという報告もあるが，清水（2003）にそって考えれば，共分散構造分析と確認的因子分析は，構造方程式のモデルが異なるだけで分析の目的は同じである。また，臨床的妥当性（clinical validity）については臨床家の直感は確証バイアスに左右されるため予後経過の報告や関連する行動チェックリストなどとの一致性を示さない限り妥当性に含めるべきではない。さらに，予後経過や行動チェックリストとの一致は結果的に外的基準との予測性を示すため，これらは基準関連妥当性として取り扱われるべきである。臨床場面での「使い勝手」という意味での適合性については，妥当性ではなく効率性として考えるべきである。

第3節　心理テストとバイアス

　心理テストは，直接観察することが不可能な現象を測定する場合は，相似した観察可能な現象に置換し，これを観察する方法に頼らざるをえないため，観察者の主観的判断を含めて結果的に置換法が用いられることになる。心理的測定における置換と相似性の問題に関してはルースとナレンズ（Luce & Narens, 1992）でも述べられている。一般的に心理的測定におけるバイアスは，個別のケースや研究の文脈に沿って語られることは多いが，一般的な考察を含む資料や文献は少ない。また測定バイアスに関する文献や資料の多くは，バイアスの定義について必ずしも一定ではない。心理的測定の例として，評定尺度で1〜7段階の得点が，少なくとも順位尺度としての同一性を保証しているかどうかは究極的には過去の事例から類推した研究者側の期待でしかない。

　バイアス誤差（bias error）は，JIS規格（JIS X 0002 02. 06. 12）によれば，偏り誤差として，ばらつき誤差（random error）とともに定義される。バイアス特性が既知である場合は偏倚として測定値から取り除くことができるが，未知である場合はランダム誤差と見なさざるをえないため，バイアスを軽減するための工夫が必要となる。研究者や査定者は前提と目的に対応した現象や事実関係に注目し，研究の前提や目的によって選ばれた現象や事実関係は，無限に存在する要因から意図的に選択される。そのため，研究や査定の目的と注目した事柄が合致したものであるかどうかを検討する段階から測定の性質や分析方法や解釈の規準が定まる。研究者が独立変数と従属変数の因果関係に媒介すると判断した他の変数に対する統制条件を含め，研究者が注目しないか見落とした要因には配慮されない。変数として注目した条件以外は，ランダム変動と見なし推測統計学的な誤差として解決を図っている。つまりある種のバイアスは，標本数を多くすることで近似的にランダム誤差に追い込み，さらに推測統計的な処理を施すことで，バイアスがあってもランダム誤差に隠れる。

　予測しなかった媒介変数：通常は，研究の前提や目的からでは浮かび上がって来ない媒介要因が存在することを想定しておいた方が誤った結論を導くよりも安全である。現象から目的に沿った結論が抽出されない場合には，研究者は研究結果を考察するという方法で新たな着眼点を見つけようとする傾向があるため，研究者や査定者の結論にバイアスが生じることがある。これらに対して，メタ分析という観点から研究デザインによるバイアスに対処することが解決法としてあげ

られる。さらに，研究の評価ではなく，研究結果を引用するための妥当性を含めたメタ分析については，マレン（Mullen, 1989/2000）に詳しい。しかし，メタ分析でも測定結果の正当性までを吟味できるわけではない。

社会調査では，バイアスを系統誤差と呼び一定の偏倚をもたないランダムな偶然誤差とは区別している。つまり，表面上の特性値と真値との差が一定の方向性をもつ誤差をとくにバイアスとして区別している。この定義だけでは，あまりにも大雑把すぎて個別のバイアスへの対処はできない。本節では心理測定に関係すると考えられるものをガイアットとレニー（Guyatt, & Rennie, 2002/2003）の定義にしたがった西條（2001）による分類を試みる。これらは，選択バイアス（selection bias），測定バイアス（measurement bias）に大別される。

選択バイアスは，研究対象に選ばれたものと，選ばれなかったものとの間に見られる特性の差によって生じる系統的な誤差で，母集団から標本を抽出する際に，抽出の基準が偏っていたことによるバイアスをいう（表4-1）。

表4-1 選択バイアスの例

標本抽出バイアス（sampling bias）	偏ったサンプリングによって測定値が予測不能な一定の方向に偏倚する誤差。対象となる標本の性質が，母集団の性質と質的に異なる場合や無視できない量的な差がある場合に生じる。
脱落バイアス（losses to follow up bias）	研究対象となった標本が，測定する特性によってサンプルの欠落の度合いが異なる場合に生じる。
自己選択バイアス（self-selection bias）	研究に自発的に参加したものと，参加しない者の特性の差によって生じる。
持続性によるバイアス（length bias）	状況の継続期間が比較する群間で異なる場合に生じる。
時間差バイアス（lead-time bias）	縦断研究で2群を追跡する場合に，測定時期が両群で異なり，なおかつ測定時期によって結果が左右されるような特性を対象とした場合に生じる。対象となる特性について，特定の群が他の群に対して時間差つきで観測される場合にしばしば生じる。
所属集団バイアス（membership bias）	特定の群に所属している者が，一般集団とは違った心理的特性を示すことによって生じる。
バークソンのバイアス（Berkson's bias）	たとえば自分のパーソナリティ特性を知りたくて心理検査を受けた者と，職務に対する選抜的な目的で心理検査を受けた者を比較した場合，職務に関係すると考えられる尺度得点と職務上のトラブルへの予測性を検討すると結果は正しくないというバイアス。
ネイマンバイアス（Neyman's bias）	多層抽出による標本調査では，一般的にネイマン割当（Neyman & Scott, 1960）を行うことが多い。ネイマン割当に従えば，各層の標本数は層の大きさと標準偏差の積に比例する。層の分散が同じなら個体数の多い層に，層の個体数が同じなら分散の多い層により多くの標本数を割り当てなければならない。これが保証されない場合には，層内の分散のばらつきが真の値よりも小さくなり，分散分析を行う場合などに誤った結果を導く。

測定バイアスは，調査すべき変数に関して，バイアスによって対象を不正確に測定（または分類）することによる系統的な誤差である。測定バイアスについては，さまざまなケースが考えられ個別にあげると枚挙にいとまがない。表4-2に，心理測定に関連すると思われる主なものを示す。

表4-2　測定バイアスの例

情報バイアス（information bias） 測定方法が群間で同一でないことによって生じ，提示された刺激や質問内容への反応に関する確かさとしての情報の精度が比較群の間で異なるために生じる。現象として観察できる事項の同一性が保証されない限りは，情報バイアスへの対策は現在のところ適切な方法は見つかっていない。
想起バイアス（recall bias） 過去の出来事や経験の記憶を想起するとき，条件や対象によってその正確さと完全さが異なるために生じる。
観察者バイアス（observer bias） 真の値と観察者によって測定される値の間に生じる。さらに，観察者間の測定結果のばらつきと，同一観察者の異なった測定間に生じるばらつきがある。このうち，観察者間のばらつきは，観察者によって判定に一定の癖があり個々の観察者で一定方向に偏倚する場合と，観察者によって判断の精度が異なる場合があり，同一観察者内でのバイアスは，観察対象によって判断の基準が異なる場合である。このバイアスを除去する方法として，心理学では，複数の観察者の間で一致した観察結果を用いるなどの方法が用いられている。前提として観察対象へのバイアスが，観察者によって異なっていることが必要である。もし，観察対象による偏倚の傾向が，複数の観察者で同一傾向を示した場合には，バイアスは逆に増大する。つまり，同一の対象に対する観察者間で生じる偏倚による観察者間バイアス（inter observer bias）と観察者内バイアス（within observer bias）の間に相関関係がないことを利用してバイアスを相殺する。
判断バイアス（ascertainment bias） 観察者や被験者によって，対象としている項目や行動の基準が異なるために生じる。判定過程に生じる系統的な誤差として，程度を表すために用いる概念への文化差，習慣差，判定を行う者の性格的な特徴などによって決まるバイアスを含んでいる。
数字の好み等によるバイアス（bias due to digit preference） 測定結果を解釈する場合に生じる判断上のバイアスである。一般的な傾向として，測定値を最も近い整数，偶数，5または10の倍数などに誤差を丸め込む傾向や，一次関数に当てはめる傾向が知られている。さらに，理論的な背景から従属変数としての測定結果が独立変数の整数倍になることが知られていた場合に，法則に従わないと思われる区切りの悪い測定結果を「測定上の誤り」として判断するなどである。因子数の推定場面で研究者または分析者の思い込みによって研究上の仮説に都合のよい因子数に決定するなども含まれる。このバイアスを防ぐためには，測定結果を評価する場合に複数の観点からの評価基準を用いるしかない。
報告バイアス（reporting bias） 好みや社会的背景によって，特定の情報が選択的に抑えられたり，表面化したりするバイアスである。
無回答によるバイアス（bias due to non-respondent） アンケート調査などで，ある特定の質問項目について，回答の方向性によって回答率が異なる場合に生じる。自己選択バイアスと異なるのは，対象となる個体や層が研究対象としては取りあげられているが，そのサンプルから測定結果の一部または全部が得られてないことによって生じるバイアスであるためである。このバイアスの影響を防ぐ方法として，回答率の低い層などについて，事前の設定サンプルを水増ししておくとか，事後的にそれらの層に大きいウェイトを与えて集計することがよく行われる。しかし，これは形式的な数合わせでしかなく，バイアス除去にはならない。無回答者の行動や意識は，ある程度までは推定できたとしても本質的には不明だからである。

第4節　発達テストの特性

　発達テストが他の心理テストと大きく異なるのは，測定対象の時系列的な変動を念頭に置いた標準化が行われているかどうかである。一般的な性格検査などと異なり，ある特定の心理的な状態が継時的に変化する過程を把握するためのテストと考えるべきである。このため，再検査法などの時間的経過による尺度の安定性の確認が通常の方法では行えない場合もあるし，個体そのものの変動が再検査法による信頼係数を見かけ上の相関係数で過大にする場合もある。さらに，古典的な事例として発達領域や特性によってスキャモンの発達曲線（Scammon growth curve, 1930）がある。しかし一般的な発達テストは，項目の通過率や反応率が発達の経過にそって単調増加関数であると仮定している。しかし，実際には個別のテスト項目には該当するレンジがあり，直線加算の前提は想定された範囲での発達段階に対して近似的に成立する。おおむね，発達にともなう項目への通過率や反応率は，ある一定の発達段階までは0％に近い小さな値に留まり，それ以降で単調増加となり，さらに発達段階が進めば100％近くで飽和してしまう。この発達段階の範囲は項目が測定できると考えられる。また，一般的に発達テストでは，この項目のレンジ内での増加傾向を直線的増加と考えて標準化する。さらに相当するレンジにおいて通過率や反応率が50％となる点を相当する発達段階として得点化している。この代表的なテストが田中ビネー式知能検査である。この形式の発達テストでは，発達段階が年齢や月齢など時間的変数として表示される。知能指数を

　　IQ（知能指数：Intelligence Quotient）　＝　（精神年齢÷生活年齢）×100

で表示するのは，時間的変数として得られた発達テストの結果を係数として評価することである。

　項目への反応率や通過率に時間軸を使うことが困難である場合は，同じ年齢級や発達によって得られた能力を評価する。時間軸などで経過的な発達段階を操作的に定義して，同一の発達段階とされる年齢級ごとに平均と標準偏差を求める。同一発達段階内でテストの得点が正規分布にしたがうと仮定することが前提である。よって，DQ（発達指数：Developmental Quotient）＝（個人の得点－平均）÷標準偏差×15＋100のように発達テストの得点を評価する。この代表的なテストがウェックスラー式知能検査である。発達の途上にある幼児や児童を対象としたWISC等では各年齢級でDQの換算式が作られる。成人を対象としたWAISでは，

原則として年齢級ごとの標準化は行われない。しかし，BADS（Behavioral Assessment of the Dysexecutive Syndrome）のような遂行機能障害症候群の行動評価では，一般成人と高齢者で評価基準が異なり，複数の発達段階で換算表が用いられる。よって，統計的に仮定された確率分布における中心からの逸脱度を示す値を尺度値とする。

　発達段階ごとに定められた外的基準に関連して発達段階を算出する方法がある。この種のテストでは，発達段階は健常児を含めた異なる複数の集団について発達課題と関連した項目が設けられている。そこで，発達段階として設定された項目に対する正答率や通過率が基準を上回れば，その発達段階に達したと示すよう設定する。発達段階はDA（発達年齢：Developmental Age）として表示する。この種の発達テストは基準関連型発達テストと分類することができる。代表的な例が，新版K式発達検査2001や遠城寺式乳幼児分析的発達検査法である。発達段階ごとに設定された課題を達成した程度としてのテスト得点であり，一般的に項目は観察などの外的基準と整合するよう日常的な課題が設置されているため発達段階評価でもある。これをもとに，IQと同様の方法でDQに換算することが可能である。遠城寺式乳幼児分析的発達検査法ではDAの算出よりも，生活年齢と対応した発達課題の完成度をもとに，良好発達か発達遅滞かを判定する。そのため，遠城寺式乳幼児分析的発達検査法の項目得点には線形加算性を保証される必要がなく，最小の項目で生活年齢に応じた発達診断を行う。遠城寺式乳幼児分析的発達検査法の得点を発達の測度として用いることは好ましくない。

　上記のように，発達テストの得点表示は3つに大別される。この3つの異なった基準による得点を併用する場合には，時間の比であるのか，確率分布上の布置であるのか，発達段階に準拠した発達課題の達成度かを区別して，その算出基準をもとに数量的特性が異なることに注意してテスト得点を取り扱わなければならない。

第5節　おわりに

　発達テストは，乳幼児や児童に限らず成人のキャリア発達や高齢者の機能検査など生涯にわたる広範囲な人間の能力を定量的に表示して，その後の養育やフォローなどのために活用される統制された観察手続きである。発達テストが信頼に足る定量的な測度を提供する指標として十分かどうかは，第4節までに述べた内容に沿って，自分が利用しようとするテストの信頼性・妥当性・許容誤差につい

て研究の目的に沿ったものか，要求される精度を満たすかを検討しなければならない。発達テストで得た測度を用いて統計的な検討を行う場合には，測度となる発達テストの妥当性と公差について注意し，尺度の偶然誤差が5%を超えるテストは使用を控えるべきである。また，研究協力者や査定を受ける側の負担に配慮して効率性も考慮しテストを選択する。効率性は，効率性＝尺度数÷実施時間で示される。発達テストの併存的妥当性が極めて高い場合は単なる代替テストに過ぎない。

　研究や査定にあたる者は，常に発達テストの最新情報を国内外から調べておく必要がある。それにあたって，構成概念妥当性はもとより，自分が測定しようとしている発達的現象の変化に対する基準関連妥当性と効率性と入手の方法についても精査しておく心構えが大切である。

引用文献

Guyatt, G., & Rennie, D. (Eds.) (2003). *臨床のための EBM 入門：決定版 JAMA ユーザーズガイド* (古川壽亮・山崎 力，監訳). 東京：医学書院. (Guyatt, G., & Rennie, D. (Eds.) (2002). *Users' guides to the medical literature: Essentials of evidence-based clinical practice.* Chicago: JAMA & Archives.)

Luce, R. D., & Narens, L. (1992). Intrinsic archimedenness and the continuum. In C. W. Savage & Ph. Ehrlich (Eds.), *Philosophical and foundational issues in measurement theory* (pp.15-38). Hillsdale, NJ: L. Erlbaum Associates.

Mullen, B. (2000). *基礎から学ぶメタ分析* (小野寺孝義，訳). 京都：ナカニシヤ出版. (Mullen, B. (1989). *Advanced BASIC meta-analysis.* Hillsdale, NJ: L. Erlbaum Associates.)

村上宣寛. (2006). *心理尺度のつくり方.* 京都：北大路書房.

Neyman, J., & Scott, E. L. (1960). Correction for bias introduced by a transformation of variables. *Annals of Mathematical Statistics*, **31**, 643-655.

西條長宏. (2001). 癌診療と EBM. *EBM ジャーナル*, **2**(5), 5-6.

清水和秋. (2003). 因子分析における探索の意味と方法. *関西大学社会学部紀要*, **34**(2), 1-36.

参考文献

Berka, K. (1992). Are there objective grounds for measurement theory? In C. W. Savage & Ph. Ehrlich (Eds.), *Philosophical and foundational issues in measurement theory* (pp.181-194). Hillsdale, NJ: L. Erlbaum Associates.

Berkson, L. (1946). Limitations of the application of 4-fold tables to hospital data. *Biometrics Bull*, **2**, 47-53.

Burgess, J. B. (1992). Synthetic physics and nominalist realism. In C. W. Savage & Ph. Ehrlich (Eds.), *Philosophical and foundational issues in measurement theory* (pp.119-138). Hillsdale, NJ: L. Erlbaum Associates.

大六一志・山中克夫・藤田和弘・前川久男. (2008). 日本版 WAIS-III の簡易実施法：全検

査IQを推定する方法の試行版．日本心理学会第72回大会発表論文集，405．

江川玟成．（2002）．*経験科学における研究方略ガイドブック*．京都：ナカニシヤ出版．

南風原朝和．（2002）．*心理統計学の基礎*．東京：有斐閣．

Jianjun, Z. et al. (2007). *The what, when, and how of the Wechsler General Ability Index*. Los Angeles, CA: Pearson Education.

Kaufman, A. S., & Kaufman, N. L. (2004). *Kaufman Assessment Battery for Children* (2nd ed.). Circle Pines, MN: American Guidance Service.

河合　忠・屋形　稔（編）．（1994）．*異常値の出るメカニズム*（第3版）．東京：医学書院．

Kyburg, H. E. Jr. (1992). Measuring errors of measurement. In C. W. Savage & Ph. Ehrlich (Eds.), *Philosophical and foundational issues in measurement theory* (pp.75–92). Hillsdale, NJ: L. Erlbaum Associates.

Luce, R. D., & Krumhansl, C. L. (1988). Measurement, scaling, and psychophysics. In R. C. Atkinson, R. J. Herrnstein, G. Lindzey, & R. D. Luce (Eds.), *Stevens' Handbook of experimental psychology* (Vol.1, 2nd ed., pp.3–74). New York: Wiley.

Miller, G. A., & Glucksberg, S. (1988). Psycholinguistic aspects of pragmatics and semantics. In R. C. Atkinson, R. J. Herrnstein, G. Lindzey, & R. D. Luce (Eds.), *Stevens' Handbook of experimental psychology* (Vol.2, 2nd ed., pp.417–472). New York: Wiley.

村上宣寛・村上千恵子．（2008）．*改訂　臨床心理アセスメントハンドブック*．京都：北大路書房．

Naglieri, J. A., & Pickering, E. B. (2010). *DN-CASによる子どもの学習支援：PASS理論を指導に活かす49のアイデア*（前川久男・中山　健・岡崎慎治，訳）．東京：日本文化科学社．(Naglieri, J. A., & Pickering, E. B. (2003). *Helping children learn: Intervention handouts for use in school and at home*. Baltimore, MD: Paul H. Brookes.)

中瀬　惇・西尾　博（編）．（2001）．*新版K式発達検査反応実例集*．京都：ナカニシヤ出版．

Sackett, D. L. et al. (2000). *Evidence-based medicine: How to Practice and Teach EBM* (2nd ed.). Edinburgh: Churchill Livingstone.

Stevens, S. S. (1946). On the theory of scales of measurement. *Science*, **103**, 677–680.

鈴木達三・高橋宏一．（1998）．*標本調査法*．東京：朝倉書店．

田中教育研究所（編）．（2003）．*田中ビネー知能検査V：理論マニュアル・実施マニュアル・採点マニュアル*．東京：田研出版．

Thompson, R. F., Donegan, H. H., & Lavond, D. G. (1988). The psychobiology of learing and memory. In R. C. Atkinson, R. J. Herrnstein, G. Lindzey, & R. D. Luce (Eds.), *Stevens' Handbook of experimental psychology* (Vol.2, 2nd ed., pp.245–347). New York: Wiley.

上野一彦ら日本版WISC-IV刊行委員会．（2011）．*WISC-IV実施・採点マニュアル*．東京：日本文化科学社．

上野一彦ら日本版WISC-IV刊行委員会．（2011）．*WISC-IV理論・解釈マニュアル*．東京：日本文化科学社．

Williams, P. E., Lawrence, G. W., & Rolfhus, E. L. (2003). *WISC-IV technical report* (#1 Theoretical model and test blueprint, #2 Psychometric properties, #3 Clinical validity). Los Angeles, CA: The Psychological Corporation, a Harcourt Assessment Company.

第5章
発達の面接法と実例

塩崎尚美

　面接は英語で interview である。相互に（inter）見る（view）のであるが，viewには「検分する，調査する，注意深く見る」（ジーニアス英和大辞典：大修館書店）という意味があり，ただ見る（look）とは異なる。相互にかかわり合いながら，相手を注意深く観察し，理解することが面接である。相手を注意深く観察するのは観察法でも同じであるが，両者の一番の違いは，面接法は「言語」表現を通して相手を理解することがその中心に据えられているところであろう。言語的な相互交流を通して，その内容だけでなくコミュニケーションのスタイル，非言語的な情報をも理解する（view）のが面接法である。

　面接という言葉から受けるイメージは，就職やアルバイトなどの採用面接のように，それを通してその仕事に適しているかどうかを評定するというものであろう。技能や学科のテストでは測れないパーソナリティの諸側面を評価したり，履歴書だけでは判断できないその人物についての情報を得るために面接が行われる。たとえば，価値観や仕事への動機づけ，意欲，受け答えを通してわかる人とのコミュニケーション能力などである。しかし一方では，限られた時間内の面接でその人物を評定することには限界があることも事実である。そこで，さまざまな目的に応じて面接の内容を検討し，質問項目を選定し，面接の技術を高める必要が生じる。

　このような必要性から科学的な技法としての面接法が発展してきた。心理学においても研究方法のひとつとして積極的に活用されるようになり，とくに発達心理学においては，観察法と並んで双璧をなす研究方法となっている。本章では，まず心理学の研究法としての面接法の歴史を概観し，発達心理学の研究において用いられる面接法の特徴を，実例を通して紹介していく。また，面接法の課題と今後の発展の可能性を考察する。

第1節　面接法の歴史

　心理学における面接法には，臨床的面接法と調査的面接法がある。臨床的面接法は，相談者が自身の感情や思考を明確にできるように援助するものであり，問題解決などその目的は相談者の側にある。調査的面接法は，調査者の目的に応じて対象者の心理的諸側面を明らかにするために面接を行い，収集されたデータを分析，考察するものである。心理学の研究としては，調査的面接法を中心として発展してきたが，近年質的研究への関心が高まる中で，面接者との関係をも考慮するなど，臨床的面接法の要素が調査的面接法に取り入れられるようになってきている（大倉，2007 など）。

　心理学の研究法としての調査的面接法の歴史は，20 世紀初頭に司法や社会調査における面接法に心理学が影響を及ぼすようになってきたころから始まったと考えられる（堀川，1981；河合，1975）。つまり，面接において先入観や偏見をできるだけ排除し，信頼性を高めることをめざすようになったことである。しかし，面接法において客観性を求めること自体に限界があり，質問紙法が発展するにつれて，調査法としての面接法の研究は一度減少していく。

　たとえば，日本における面接法の歴史を Cinii（国立情報学研究所論文検索ナビゲータ）で見てみると，面接法，インタビューを用いた研究は，1950 年代には人事や労務に関する論文が 4 本，臨床的面接法の論文が 3 本だけである。その後，1960 年代に入り，幼児や児童を対象に面接を行った発達心理学に関する論文が 3 本登場するが（加茂，1963；宮本ほか，1967 など），70 年代にも，心理学に関連する論文は 2 本しかない。しかし 80 年代から面接法を用いた心理学の研究の数が少しずつ増え，90 年代に入るとさらに増加し（教育系のものも含めて 10 年間で約 40 本），2000 年から 2004 年までには毎年 10 本近くが掲載されるようになっている。さらに 2005 年からは発達心理学において面接法（インタビューという表現が用いられる）の研究が年間 15 本以上となり，2008 年には 30 本を超えている。90 年以降発達研究において面接法が増えたのは，バルテス（Baltes, 1987）の提唱により，発達心理学が生涯にわたる発達の連続性や変化をとらえようとする生涯発達心理学へと変化したことの影響が大きいだろう。また，この変化にともない，あらかじめ設定した理論に依拠するのではなく，発達過程についての個人の主観的意味づけを重視する質的研究法への関心が高まってきたことが関連している（Bruner, 1990/1999）。とくに，2000 年代になると，その人自身の語り・物語は，経

験を有機的に組織し意味づける生きたプロセスとして捉えられるようになり（やまだ，2000），従来の理論を日常の営みの中で捉えなおし，個人がどのように意味づけているのか，困難や葛藤の有無よりもそれにどう対処し乗り越えていくのかを理解するための方法として，面接法は主要な研究法となってきている。

第2節　発達研究における面接法の特徴

　発達心理学の領域で面接法が用いられることが多い理由の一つは，幼児や高齢者などに質問紙法を適用することが難しいことであろう。また前節でも述べたように，生涯発達という考え方が導入されるとともに，時間の経過にともなう発達や変化を捉えることが求められるようになり，それには面接法が適していることも影響しているだろう。

　心理学の研究における面接法は，調査者の研究の目的に応じて質問が構成され，それに対する対象者の応答内容をデータとして収集し，分析する。通常の会話と異なり，初対面の相手と限られた時間内で，相手の信頼を得，意味のある話を聞きださなければならないため，高度なコミュニケーション技術が求められる（鈴木，2005）。

　また，面接法においてとくに重要となるのは，その質問内容である。どのような質問をするのか，どのようなやり方で面接を行うのかが，データの質を大きく左右する。とくに発達心理学の研究では，対象に応じて，質問内容だけでなく面接の方法も検討する必要がある。対象が幼児・児童であったり，高齢であったりする場合，何らかの障害をもっている場合など，それぞれの対象に適した面接方法を吟味しなければ，明らかにしたい心理的現象にアプローチできないからである。言葉で質問をするだけでなく，媒介となるもの（絵カードやビデオ，写真など）を使用することも多い。

　ピアジェ（Piaget, 1926/1955）は，子どもの思考が日常的な会話や行動に自発的に現れることは少なく，観察法だけでは思考の研究を行うことは難しいとして，子どもの自然な精神的傾向を描き出すための手法として「臨床法」という技法を提唱した。これは，子ども自身の世界の見方を理解しながら，相互作用の中で子どもの思考過程についての仮説を発展させ，さらに質問や実験で検証していくという方法である。この方法は，子どもと相互にやりとりを繰り返しながら質問をしていくものであり，ピアジェは「面接」という言葉を使っていないが，子どもを対象とした面接法の起源になっていると考えられる。この方法は実験的な厳密

性に欠けると批判されてきたが，80年代半ばごろから「心の理論（theory of mind）」に関する研究や認知発達心理学研究がさかんになるにつれ，子どもを対象とする面接法の研究が増え，その方法を検討するうえで，ピアジェの「臨床法」があらためて注目されるようになってきている（Ginsburg, 1997）。

たとえば，杉村ほか（1994）は，子どもがサンタクロースなどの想像物に対してどのように理解しているかを調査している。その方法は，質問1で「サンタクロースに会ったことがあるか」を聞き，その答えに応じて，会ったことがある群（経験群）と会ったことがない群とに分ける。経験群には「どこで会ったか，いつ会ったか，どんなのだったか」を質問する。ないと答えた子どもには「会うことができると思うか」を尋ね，その答えによって思う群と思わない群に分け，それぞれに異なる質問をする。子どもの経験に合わせて，質問を変え，そのように考える基準を探っていく方法が用いられている。

ピアジェの方法に比べると90年代以降の子どもを対象とした面接法は，質問をある程度構造化して行うようになってきたが，実際に子どもとのやりとりで，うまく質問ができるかどうか，面接者が誘導してしまわないか，暗示にかけてしまわないかなどの問題は面接法の課題となる。

また，子どもの面接法においては信頼関係を築いてから面接に入る工夫や，面接導入の際子どもに興味をもってもらえるように声をかける工夫が求められる。面接に向かう間にその子どもと好きな遊びやお友だちの話などをして，気持ちをほぐしておくことも必要である。さらに，本質問に入る前に，子どもがその質問に関連することに注意を向けたり，思い出せるような工夫をしてから質問に入る。たとえば，先述のサンタクロースの認識に関する調査では，クリスマス会の写真を子どもに見せて「クリスマス会にサンタクロースが来たことを覚えているかな」と尋ね，思い出せるよう工夫をしている（杉村，2000）。

また，保育園や幼稚園などで行う際には，他の子どもに期待をもって待っていてもらえるようにするとともに，面接が終わった子どもには「どんなことをしたのかは他の子どもに話してはいけない」ことも伝えなければならない。そのように伝えても思わず話してしまいたくなるのが子どもである。そのために収集できるデータが半減してしまうこともあるので，できれば複数で調査に行き，待っている子どもたちに期待をもたせつつ，終わった子どもが話してしまわないように見ている人と面接者の役割を分担するほうがよい。子どもを対象とする場合には，あらかじめいろいろな事態を想定して対処できるようにしておかなければならない。

第3節　面接法の実際

1　研究方法の選択

　面接調査をするにあたって，自分が調べたいことは面接法で調査することが適切なのかを判断しなければならない。面接法は，質問紙法では調査することができない，より個人的で広がりのあるデータを収集したいとき，変化の過程をたどっていきたいと考える場合，行動や判断の背景にある理由や動機などを詳細に調べたいときに適している。また，観察法でわかるような行動に現れる面ではない主観的な体験，考え方，感じ方などを明らかにしたいときも面接法が選択される。しかし，面接法には言語によって表現してもらうという制約があり，対象によってはふさわしい方法とは言えないこともある。発達心理学では，対象は乳幼児から老年期まですべての年齢層であり，言語表現によって正確なデータが得られるかどうかについて，十分に検討する必要がある。

2　面接の設計と準備

(1) 面接法の種類

　面接法がもっとも適した方法であると判断したら，次は，どのような面接法を用い，どのような質問項目を設定するのかなど具体的な内容を検討していく。はじめに問題となるのは，仮説生成研究なのか仮説検証研究なのかということである。仮説生成研究は，その領域の研究が少なく，あらかじめ仮説を立ててしまうと，その現象の本質が見えなくなってしまうような場合に用いられる。その場合には，質問内容を構造化せずに，被面接者が自由に語ることができるような面接にすることが望ましい。ただし，話が拡散しすぎてしまわないように，軌道修正しながら聞いていくことが必要である。そのようにして得られたデータから探索的に仮説を生成していく方法である。

　仮説検証研究は，先行研究などを参考にしてあらかじめ仮説を立て，それを検証するための面接法で，仮説を検証できるような質問項目を体系的に構成して行う。質問項目を設定する際に留意すべきことは，仮説を検証するための十分な内容を盛り込む一方で，被面接者の負担を考えて，必要以上に面接時間が長くならないように配慮することである。

　また面接法は，質問項目の設定のしかたによって，構造化面接，半構造化面接，非構造化面接の3つに分けることができる。

構造化面接は，完全に質問内容を決め，決まった順序で提示し，それ以外の質問はしない方法である。面接者が複数いたり，異なる地域（国）で同じ方法でデータを集めて比較研究をするなど，得られたデータの客観性が重視される場合に用いられる。得られるデータが表面的で，質問紙とほとんど変わらない内容になってしまうこともあるので，質問紙法ではできない理由があって用いられることが多い。たとえば，幼児の自己概念を測定するためにハーターらが開発した面接法（Harter & Pike, 1983；前田・上田，1996）では，1ページに2つの絵が描かれている絵本を幼児に見せて「わたしに似た子を探せゲーム」をしようと誘い，自分に似ていると思う方を1つ選ばせる。さらにとても似ているかまあまあ似ているかを丸の大きさで選んでもらう。これは，言語理解が十分ではない幼児に質問紙法が適用できないために開発された面接法である。また，高齢者に抑うつ尺度や満足感などを調査したいときに，質問紙法を面接によって施行し，文意のとり違いや回答の記入ミスなどを防いで，より正確なデータを得ようとするときなどにも適用される。

　半構造化面接はあらかじめ質問項目を設定するが，どのような回答が戻ってくるか予測できなかったり，被面接者によって回答に幅があることが予想される場合に適している。調査テーマについてのもっとも基本的で重要な質問である「リサーチクエスチョン」と，回答が不明確であったり，的外れだったりしたときに，より正確で詳細な情報を得るためにする「追求質問」によって進められていく。被面接者の反応に応じて柔軟に質問を変えたり，追加したり，その意味を確認したりしながら深めていく。

　非構造化面接は，自由面接ともいわれ，質問項目は細かく設定せず，調査テーマについて緩やかな質問をし，被面接者が自由に語る方法である。面接者は受容的に耳を傾け，質問等によって流れをコントロールしない。得られたデータは内容が豊富であるが，客観的に整理することは難しいことも多い。そこから新しいものを発見し，仮説生成をしていく研究に適している。

　さらに，面接といっても必ずしも直接会うだけでなく，電話やインターネットを通して行われることもある。また目的によっては1対1ではなくグループインタビューによって相互の関係を見たり，他の参加者から影響を受けることによる変化に注目していく方法もある。

(2) 質問項目の設定

　面接法が決まったら，次に質問項目を設定する。まず，調査テーマに直接関係する質問（リサーチクエスチョン）を検討する。面接者が明らかにしたいことを

被面接者に語ってもらえるような質問を考えなくてはならない。ここに面接調査の成否がかかわってくるので，慎重に検討していく必要がある。質問に対する反応を自身でシミュレーションしたり，身近な人に答えてもらって質問内容を吟味するとよい（小平，2009 などを参考に）。また，いきなり核心に迫る質問を投げかけても，構えてしまって語ってもらえないこともあるので，周辺的な質問から始めて少しずつ中心的なテーマに近づいていく。たとえば，面接の初めに年齢，性別，出身地など被面接者の属性に関する質問をするなどである。さらに，思うような反応が得られなかった場合にどのような追求質問（probes）をすればいいのかも，あらかじめ考えておくと実際の面接であわてなくてすみ，データの質を高めることにつながる。追求質問にはたとえば，「もう少し詳しくお話しください」「……ということの理由はどのようなことですか」「……について個人的にはどのように感じますか」のようなものがある（鈴木，2005）。

質問項目は印刷して面接の際に手元に置いておき，簡単な記録を書きとめられるようにしておくとよい。また，質問項目を決定したら，面接の練習をしたり予備面接を実施し，質問の方法や内容が適切かどうか，時間がどのくらいかかるかなどを検討してから本調査に入ることが望ましい。

(3) その他の準備

　場所：面接にふさわしい場所を設定することも必要である。静かで被面接者が面接に集中できる場所にすることが基本である。座り方なども考慮する必要がある。大人を対象とする場合には，正面に座るよりも 90 度の角度で座るほうが，被面接者が緊張しにくい。

　倫理的配慮：面接を始める前に調査目的を文書によって伝え，研究への協力と録音や結果の公表などの許可を得るため，面接承諾書にサインをしてもらう（鈴木，2005）。

　記録：データの記録には，録音機器を用いることが多くなっている。また，面接法では，ノンバーバルな表現に注目することも重要なことが多いため，ビデオで録画することもある。いずれにしても簡単なメモを取りながらインタビューを行い，機器による記録を補うことが望ましい。電池がなくなったり，機械の不調などで記録ができていないこともありうるし，追求質問や追加質問をする際の参考にもなるからである。

(4) 分析

　録音や録画した記録は書き起こし，逐語の転記記録（transcript）を作成する。ビデオ記録の場合には，ノンバーバルな部分の記録と対応させて記録する。この

記録を精読し，何らかの類似性や共通点を見つけ，調査の目的と照らし合わせながら分類・整理していく。従来は，カテゴリー間の相互関係を見つけ，全体の構造をモデル化する，KJ 法（川喜田，1986）がさかんであったが，近年はグラウンデッドセオリー（Glaser & Strauss, 1967/1996）[1]や語りに注目するナラティヴ・アプローチ（やまだ，2000）[2]のほか，調査の目的や方法によってさまざまな試みが行われるようになってきている。これらの方法は，データを出発点として仮説や理論を生成していくものであり，今後も新しい方法が生まれ発展していくことが期待される。また一方では，データを会話分析・ディスコース分析[3]やプロトコル分析[4]のように実時間の流れの中で，分析的に捉えそこに規則性を見出していく方法もある（海保・原田，1993；鈴木，2007）。

第4節　発達心理学における面接法の課題と発展の可能性

どの領域における面接法にも共通することであるが，面接法の信頼性や妥当性は常に問題にされている。その第一の理由は，面接によって信頼できるデータが聴取できるかどうかは，面接者の技術や被面接者のそのときのコンディション，両者の相互関係などによって左右されるからである。とくに発達心理学の研究においては，被面接者の年齢による制約がしばしば問題となる。しかし，写真や絵

---

[1]　グラウンデッドセオリー（データ対話型理論）
社会調査において体系的に獲得され分析されたデータから，理論を発見するための方法であり，グレイザーとストラウス（Glaser & Strauss, 1967/1996）によって開発された。データに根ざして感覚的にわかりやすく，個別の特性を十分に表現するカテゴリーを析出することをめざすことが特徴である。
[2]　ナラティヴ・アプローチ
個人を意味生成の主体とみなし，物語，語り（narrative）をたえず組み替えられる生きたプロセスととらえていく方法。変化する日々の行動を構成し，秩序づけ，どのように意味づけているのかに注目して，語りを分析する。とくにライフストーリー研究において用いられる。
[3]　会話分析とディスコース分析
会話分析は，人々が実際に行っている会話をデータにして，やりとりにおける規則やルールを見出そうとする方法。言葉自体ではなく，何がどのようにやりとりされているのかに注目し，相互行為的な共同作業や組織化のありかたを明らかにしようとするもの。ディスコース分析は，心は人と人との間にあるのであり，人の内部ではなくやりとりの中で心理現象が生じると考える立場から，話し言葉や書き言葉における説明のしかたが組織化される諸法則を見出していく分析方法。会話分析とディスコース分析は会話そのものに注目するのであり，認知過程を研究するものではない。
[4]　プロトコル分析
言語データを現象が発生しているときの実時間のデータとしてとらえようとする方法。ある課題を達成する間に頭に浮かんだことをすべて語ってもらい，その内容をプロトコルとして分析する。とくに，知的活動における思考のプロトコルの分析に用いられることが多い。これは現在の内的な状態を言語化してもらう方法であり，行為にともなう認知情報処理過程を明らかにしようとする方法である。

本を媒介にすることなどによって，4～5歳の幼児でも可能な面接法が工夫され発展してきている。高齢者の場合には，年表，写真集，地図を用いて，記憶を呼び起こすような工夫もされている（嘉数，2008）。被面接者が質問内容に関心をもち，その内容についての記憶が呼び起こされ，面接の場でそのことに注意が向けられるようにすることが，データの質を高めることにつながるのである。野村（2007）は対象者が調査目的をどのように理解しているかによって得られる語りが大きく変わることを指摘している。われわれは何かを聞かれるときに，相手がどのような答えを期待しているかを考える傾向があるため，漠然とした質問をされると，どのように答えたらいいものか困り，多くを語ることができないものである。調査目的をどのように説明すれば，被面接者の思いが豊かに語られるのか十分に検討する必要があるだろう。

　これからの発達心理学における面接法は，質的研究への関心の高まりを受けて，日常的な文脈の中で個人の生きた感情や考えを捉え，またそれが時間の経過にともないどのように変化していくのかを理解するために，生きた感覚に基づいた理論や仮説を探っていくことが求められるだろう。その流れを受けて，新しい面接法や分析の方法が発展していくことが期待される。たとえば主観的体験にいかに迫っていくかは，発達研究におけるひとつの課題であろう。その場の雰囲気から青年の心的風景を感じ取り記述しようとする「語り合い法」（大倉，2007）も，そのひとつである。また，認知心理学における面接法である内省法を取り入れた研究により，自己の課題解決思考を内省する方法が発達研究に取り入れられていく可能性もある。この方法は認知的な課題を行ったあとにその録画記録を見せて「このときに……したのはなぜか」を問うものであるが，臨床の領域でスターン（Stern, 1995/2000）が乳幼児とその養育者の相互作用の録画記録を養育者に見せて，そのときの主観的体験を語ってもらう方法を実施しており，乳幼児と養育者の相互作用における主観的体験の面接法として応用できるかもしれない。

　今後質的研究法としての面接法は，面接を受けることが被面接者にも意味ある体験となっていくことや，実践の現場にフィードバックして活用されたり，臨床的介入に生かせるようになることが期待される。その一方で，Harter Model（Harter & Pike, 1983）や同一性地位面接（Marcia, 1966），成人用愛着面接（Main et al., 1985）のような，構造化された面接技法が開発され，面接法による客観的なデータ収集の方法がさらに発展し，質的研究と双方に刺激し合いながら展開してくことを願っている。

引用文献

Baltes, P. B. (1987). Theoretical positions of life-span development psychology. *Developmental Psychology*, **23**, 611-626.

Bruner, J. S. (1999). 意味の復権：フォークサイコロジーに向けて（岡本夏木・仲渡一美・吉村啓子，訳）．京都：ミネルヴァ書房．(Bruner, J. S. (1990). *Acts of meaning*. Cambridge, MA: Harvard University Press.)

Ginsburg, H. P. (1997). *Entering the child's mind: The clinical interview in psychological research and practice*. Cambridge, UK: Cambridge University Press.

Glaser, B. G., & Strauss, A. L. (1996). データ対話型理論の発見：調査からいかに理論を生みだすか（後藤　隆・大出春江・水野節夫，訳）．東京：新曜社．(Glaser, B. G., & Strauss, A. L. (1967). *The discovery of grounded theory: Strategies for qualitative research*. Chicago, Aldine.)

Harter, S., & Pike, R. (1983). *Procedural manual to accompany: The pictorial scale of perceived competence and social acceptance for young children*. Denver, CO: University of Denver.

堀川直義．(1981)．面接法概説：その類型と基本的姿勢．*教育と医学*，**29**，1066-1073.

海保博之・原田悦子（編）．(1993)．プロトコル分析入門．東京：新曜社．

嘉数朝子．(2008)．沖縄の昔の子育て．保坂　亨・中澤　潤・大野木裕明（編），*心理学マニュアル　面接法*（p.113）．京都：北大路書房．

加茂富美子．(1963)．幼児の集団構造に関する縦断的研究．*東京女子大学論集*，**13**，137-153.

河合隼雄．(1975)．面接法の意義．続　有恒・村上英治（編），*心理学研究法：11　面接*（pp.1-20）．東京：東京大学出版会．

川喜田二郎．(1986)．*KJ法：渾沌をして語らしめる*．東京：中央公論社．

小平英志．(2009)．面接の企画とシナリオの作成．松浦　均・西口利文（編），*観察法・調査的面接法の進め方*（pp.60-64）．京都：ナカニシヤ出版．

前田和子・上田礼子．(1996)．幼児の自己概念に関する予備的研究：Harter Modelの日本への適用．*茨城県立医療大学紀要*，**1**，7-15.

Main, M., Kaplan, N., & Cassidy, J. (1985). Security in infancy, childhood and adulthood: A move to the level of representation. In I. Bretherton & E. Waters (Eds.), Growing points of attachment theory and research. *Monographs for the Society for Reserch in Child Development*, **50**, 66-104.

Marcia, J. E. (1966). Developmental and validation of ego-identity status. *Journal of Personarity and Social Psychology*, **3**, 551-558.

宮本美沙子・田部洋子・吉田薩子・東　洋．(1967)．児童の生命の概念とその手がかりの発達．*教育心理学研究*，**15**，85-91.

野村晴夫．(2007)．発達研究におけるインタビューと語りの分析：語りの構造から探る老いの意味づけ．遠藤利彦・坂上裕子（編），*はじめての質的研究法：生涯発達編*（pp.74-101）．東京：東京図書．

大倉得史．(2007)．青年期と質的研究：語り合い法で「らしさ」をとらえる．遠藤利彦・坂上裕子（編），*はじめての質的研究法：生涯発達編*（pp.245-259）．東京：東京図書．

Piaget, J. (1955). 臨床児童心理学II　児童の世界観（大伴　茂，訳）．東京：同文書院．(Piaget, J. (1926). *La representation du monde chez l'enfant*. Paris: F. Alcan.)

杉村智子．(2000)．調査的面接法の実習：認知発達．保坂　亨・中澤　潤・大野木裕明（編），*心理学マニュアル　面接法*（pp.114-122）．京都：北大路書房．

杉村智子・原野明子・吉本　史・北川宇子．(1994)．日常的な想像物に対する幼児の認識：サンタクロースは本当にいるのか？　*発達心理学研究*，**5**，145-153.

鈴木淳子．(2005)．*調査的面接の技法*（第 2 版）．京都：ナカニシヤ出版．
鈴木聡志．(2007)．*会話分析・ディスコース分析*．東京：新曜社．
Stern, D. (2000)．*親‐乳幼児心理療法：母性のコンステレーション*（馬場禮子・青木紀久代，訳）．東京：岩崎学術出版社．(Stern, D. (1995). *The motherhood constellation: A unified view of parent-infant psychotherapy.* New York: Basic Books.)
やまだようこ（編著）．(2000)．*人生を物語る：生成のライフストーリー*．京都：ミネルヴァ書房．

参考文献 ....
保坂　亨・中澤　潤・大野木裕明（編）．(2000)．*心理学マニュアル　面接法*．京都：北大路書房．
鈴木淳子．(2005)．*調査的面接の技法*（第 2 版）．京都：ナカニシヤ出版．

第6章
発達の質的研究法と実例

能智正博

　実験的なデータ収集や対象の数量的分析がイメージされる自然科学の研究とは異なるタイプの研究が，発達心理学のみならず臨床心理学，教育心理学，パーソナリティ心理学など心理学の諸領域において，ここ10年ほどの間に注目されるようになった。非実験的な日常場面での観察や普段の会話にも近い言語的なやりとりを用いてデータを収集し，それを簡単に数量に転換せずに分析を進めていく，「質的研究」と呼ばれる一群の研究がそれである。やまだ（2007）は，「質的研究は，広義の『言語』によって記述される研究である」（p.10）と述べているが，このように質的研究の特徴として，「数量」に対比される「言語」的表現の使用が強調されることが多い。

　しかし，数量化や実験を使わない研究アプローチは，発達心理学やその関連分野に存在しなかったわけではない。たとえばヴィゴツキー（Vygotsky, L. S.），ワロン（Wallon, H.）などの古典的な発達研究には，非数量的・非実験的なものが少なからず存在する。また，子どもの観察日誌や心理療法過程の記録をもとにした研究では，対象をていねいに言葉で記述することがその基礎であり要であった。その意味では，「質的研究」と呼ぶべきアプローチがこの10年の間に突然生まれたわけでは決してない。ただ，まったく同じものの回帰や持続でないのも確かである。それは，20世紀を通じて多様な学問領域で生じたものの見方の転換を背景に，そのアプローチの独自性や価値をよりいっそう自覚した形で方法化したものといえる（やまだ，2007）。

　「質的研究」にはさまざまな形があるが，その中心的な特徴はそうしたものの見方の転換であり，研究対象としての〈現実〉に対する構えの変更である。現代の「質的研究」に要請されることが多い構えのことを，ここでは「質的な構え」と呼んでおこう。遠藤（2007）の言う「質的研究の思考法」もこれに近い。本章では，質的研究において言語的な表現が重視されるのはその構えの帰結であり，

構えを実現する手段でもあるとみなす。その上で,「質的な構え」の特質とそこから得られる知見の類型について,発達心理学領域の研究を概観していく。

第1節 「質的な構え」とはどういうことか

「質的な構え」は,要約的に言えば,研究対象としての〈現実〉をどのようなものとみなしそれをどう認識するかというメタ理論的なところから研究を捉え直そうとする志向と密接に関連している(茂呂,2007)。従来の自然科学を範とした研究や常識的な世界観では,研究対象としての〈現実〉が因果関係の網の目として客観的・普遍的に存在していることを暗黙の前提とすることが多い。「質的な構え」では,一見自明に見えるこの前提をいったん括弧に入れ,これまでとは違う別の見方で〈現実〉に対してアプローチしようと試みる。本節ではこの構えを特徴づけるところから始めたい。

1 〈現実〉を「多義図形」のように見る

〈現実〉を,視点や見方によって異なる見えを示す「多義図形」のようなものとみなすことは,「質的な構え」の一側面である。20世紀を通じて広がった文化に対する考え方を思い起こせば,これは決して突飛な態度ではない。かつての異文化理解では,西洋社会をスタンダードとみなしてその価値観や意味づけに基づいた世界の認識を正しいとする,エスノセントリズム(自民族中心主義)の傾向が強かった(Rogoff, 2003/2006)。しかし現在では,〈現実〉の見方の文化による差異がかなり認識されるようになっている。たとえば「9.11のテロ事件」にしても,それが「テロ」ではなく「聖戦」であるという〈現実〉を生きている人々がいることを,多くの人は知識としてもっている。

もっとも,個々の文化に対応して異なる〈現実〉があるといったシンプルな考え方もまた,括弧にいれておいた方がよい。そうした1対1の対応が可能なら,人々の体験する〈現実〉と彼らが属する文化をカタログ化しておけば事足りる。実際には,誰がどの文化に属すると感じているかは個人の生活史によって違ってくるし,そしてその帰属感も,常にまわりの人々とのやりとりのなかで揺れ動き続ける(北山,1997)。これはちょうど,言葉とその意味が言語共同体における規則に応じて1対1対応するように見えて,実際には個々のやりとりの中で揺れ動くのと似ている。個人の生きている文化的な〈現実〉は,人々の間で生み出され,維持され,ときに失われたりするのである。

2 研究者の視点を相対化する

　多義図形としての〈現実〉のうちのどれを認識するかは，まなざしを向ける側の視点にも依存する。研究者が対象を見る際の視点もまた普遍的で客観的なものではなく独特のローカルな性格をもっているという見方は，20世紀半ば以降の科学史・科学哲学において理論的な基礎を与えられてきた。たとえばハンソンやクーンは，自然科学も純粋なデータをもとにして普遍的な真実に向かって直線的に進むわけではないと主張している（Hanson, 1969/1982；Kuhn, 1962/1971）。すなわち，研究者集団のものの見方としての「パラダイム」や理論が意味のあるデータを選り分け，作りだし，それによって「発見」がなされるというわけである。自然科学もまた，多元的で混沌とした現実を特定のものさしで測り取ったものでしかない。

　心や行動，ないし発達を見る視点は，外的な自然を研究する場合以上に多様である（渡辺, 1994）。だとしたら，発達の研究者は自らの視点の限定性を常に意識し，それを過小評価したり無根拠に客観的・普遍的なものだと前提したりすることは避けなければならない。自分の手持ちの「ものさし」がどういう性格をもつのか折にふれて問いかけ，それが現実のどういう側面を見やすくしてどういう面を隠蔽するのか，自己反省的に対象化することもまた研究者に求められる。「質的な構え」とは，視点のそうしたローカルな性格を認め，その特徴に対して再帰的な視線を向けることを含んでいる。これはリフレクシヴィティ（反省性）と呼ばれ，近年の質的研究において重視される特性の一つである（やまだ, 2007）。

　しかし，自らの視点や「ものさし」を対象化するのはそれほど簡単ではない。自分の視点から自分を見ている限り，そこで現れてくる自分の視点は限定的なものにならざるをえないだろう。したがって，自らを反省的に捉えるためには，自分以外の誰かの視点で自分を見直す契機が求められるわけだが，その契機となりうるのが対話である。対話の過程において，私たちにはたえず視点の転換が求められる。浜田（1999）によれば，言葉を発するとは聞く立場に立ってそれを企画することであり，言葉を聞くとは話す立場に立ってそれを受け取ることである。それは具体的な他者との言葉のやりとりにおいて生じるだけではない。データとの間でも理論との間でも，対話は可能である。

3 「質的な構え」の実現としての「質的研究」

　こうした「質的な構え」のもとで，〈現実〉という多義図形を見直してみることが，質的研究の基本である（能智, 2011）。むろん，研究に基づく知の生成にお

いて常にこうした構えが必要となるわけではない。「質的な構え」に基づく研究実践が力を発揮するのは，従来の見方に何らかの問題があるように感じられる場合，あるいは，一般的な見方に基づく実践でなかなか解けない問題が浮かび上がった場合などである。その構えを通じて，従来の視点から距離をとり，見落とされていたり軽視されていたりした視点から〈現実〉を記述し直してみる。そこから，新たな仮説が生成され，新たな実践の可能性が拓けるかもしれない。

　「質的な構え」の実現のわかりやすい例として浜田（2009）の報告を挙げることができる。検討対象は，2004年に長崎県佐世保で同級生を殺傷した事件の加害者であり，児童自立支援施設で個別処遇するという強制措置が家庭裁判所から出された小学校6年の女児である。処遇決定要旨によれば，女児はもともと対人的なことに注意が向きにくく，感情を言語化するのが苦手であったという。親はそんな女児を放任し，結果的に女児は他者への愛着や共感性が未発達になったとされている。

　この説明に違和感をもった浜田は，これを，事件後に後付け的に構築された「上空飛行するまなざし」からのストーリーではないかと考えて，視点の転換を試みる。すなわち，将来何が起こるかわからない限定された視野の中で生きている女児の，「ここのいまのまなざし」を探索するのである。そこで筆者は，ブログという女児が継続的に書き残した資料を検討し，記述内容の変化をたどる。そこで現れてきたのは，家裁の判断とは異なって，他者の視点をとることも感情表現することも可能な女児の姿であった。こうした描き直しは，女児の処遇に対する問題提起など，実践的な意味ももつものであろう。

　新たな視点からの〈現実〉の描き直しには，言葉という道具が欠かせない。現れてきた姿は，それが新しいものであればあるほど，どう表現したらいいかという問題から出発せざるをえないかもしれない。かつて哲学者のマックス・ブラックは，「あらゆる科学はメタファーから始まって，代数学で終わる。そしてメタファーなしにはいかなる代数学も存在しなかっただろう」(p.242) と述べた (Black, 1962)。新たな〈現実〉の現れに立ち会うときに，人は一般に「〜のようなもの」という比喩表現から始めざるをえない。そこでは，一義的な表現形式である数値ではなく，元来隠喩的で半ば具象的でもある言葉という「道具」が必要になるだろう。質的研究は〈現実〉の再記述において，言葉を使った新たなメタファーを鍛えていこうとする営為でもある。

第2節　発達心理学における視点の転換の方向

　自らの視点を問い直し，従来とは異なる視点で〈現実〉を見直そうとする際，データ自体から帰納的にそうした視点を発見していくことが何より望ましいとする考え方が，質的研究には根強い（たとえば Glaser, 1992）。しかし，「これまでとは異なる」と判断するためには，何が従来の見方で何がそうでない見方なのかをある程度理解していなければならない。さもないと，研究者の思考は知らないうちに常識に回収されて，ありきたりの結論を出すだけで終わってしまうだろう。少なくとも研究過程のどこかで，現在の質的研究の方向や理論の傾向に関する知識を「対話」の相手として，むしろ戦略的に活用していく方がよい。本節では，発達心理学とその関連領域においてここ 20 年ほどの間に拓かれてきた「新たな」知の生成の方向を，質的研究の例をひきながら4つ示しておく。

1　ローカルな知

　「ローカルである」とは，基本的には特定の地域や集団にのみ妥当するという意味だが，これを推し進めていけば，特定個人にあてはまる事象も「ローカル」ということになる。現在では，人間の発達のゴールや過程が文化によって多様であることは広く知られているし，そんななかで生きる個人の主観的な体験もまたしかりである（たとえば Rogoff, 2003/2006）。そうした多様性を明らかにして当該文化や個人への理解を深めるといった研究の方向は，今でも重要性を失っているわけではない。

　しかしながら，こうした発達の文化的な多様性自体は，出発点ではあっても特に新しいものとは言えない。実際ロゴフ（Rogoff, 2003/2006）の著名な教科書では，それに加えて，ローカルな〈現実〉が人々の実践の中でどう変容しているのか，また，複数の〈現実〉の出会いの中でどう変化するのかといったテーマがかなりの紙数を割いて論じられている。つまり，文化に基づくローカルな〈現実〉は，それを単に記述するだけではなく，時間的・空間的な文脈の中に置き直すことで，「新しさ」が見えてくる段階に入っている。これは，ローカル性をシステムやプロセスの中で問い直すという，以下で述べる方向にもつながってくる。

　たとえば，慢性疾患患者のモーニング・ワークのプロセス（今尾, 2009），中高年失業者における会社・社会とのつながりに関する体験のプロセス（高橋, 2008），口唇裂口蓋裂者の自己とライフストーリー（松本, 2009）といった研究は，従来，

省みられることの少なかった集団の経験の特殊性を問題にしているだけではなく，時間・空間といったさまざまな文脈の中でそれを捉え直すという試みを行っている。また，これまで一般的と思われていた中にローカルな〈現実〉を発見したり，あるいはローカルと思われていた中に他のローカルにも通じる共通性を見出したりする場合もある。たとえば藤江（1999）は，小学生の教室談話に独自の発話スタイルを発見しており，能智（2006）は失語症者の授産施設への適応プロセスを分析しながら，そこに他の環境移行にも通じる場の意味の変容を見出している。

2 システム的な知

「システム」とはまとまりをもった全体のことであり，この概念のもとでは，全体は要素の総和ではないという点が強調される。ここで，単位となる独立の要素がまずあってその間に関係が生まれると考えるとしたら，従来の自然科学の還元主義的な見方とそれほど違わない。むしろ，関係が先にあってそこに個が生まれる，あるいは，関係自体が全体として自ら生成を繰り返す中で個にも変化が生じるという考え方がとられる。この考え方は20世紀を通じて発展したものであり，これもまたローカルな知と同様，生まれたばかりの新しい視点というわけではない。しかしこれを発達心理学も含めた人間の研究のヒントとすることで，新たな〈現実〉が見えてくる可能性はある。

心理学の研究では個人をデータ収集や分析の単位として仮定することが多かったが，近年のエスノグラフィ的な視点は，個人やその行動を関係の結節点とみなし，諸々の関係が全体として作用する様相を描き出そうとする。たとえば谷口（2004）は，病院内学級の教育実践を教師と病児の間で生じるものとしてではなく，家庭，地域の学校，病院などとの結びつきの中で，「つなぎ」という目標に向けてなされる全体的な動きとして再記述している。また，西條（2002）は，母親が乳児を抱くという行為に注目し，横抱きから縦抱きへの変化を，乳児の抵抗行動とそれに対する母親の解釈と工夫のシステムの結果とみなす。同様に坂上（2002）は，子どもの自己調整行動の発達を参加観察し，それが子どもの変化であるばかりではなく，母子のやりとりの変化であるという側面を明らかにしている。このように，個人の行為に見えるものを，関係というシステムの変化として捉え返すことも，質的研究における方向の一つである。

3 プロセス的な知

「プロセス」とは時間的な経過の中で対象をみる視点のことである。発達の概

念にはすでに時間が組み込まれているわけだが，実験的な研究パラダイムのもとでは，刺激－反応のような短い時間枠で研究対象を眺めることが多かったし，そこで扱われてきたのは，何度でも反復されうる抽象的な時間であった。それに対して人の日常での経験は，主観的には反復不可能で一回限りのものである。それは人生や歴史という大きな時間枠のもとで生じるほか，ある経験が別の経験に影響しそれがさらに別の行動を引き起こすなどといった連鎖的な性質をもつ。そうした現実の時間を繰り込んだプロセスを考慮したときに見えてくるものは，短期的で反復的な時間によって記述される現象とは異なる姿を見せる可能性がある（麻生，2000）。

　比較的長期のプロセスを文脈とみなした場合，これまで幾分単純に考えられていた現象の意味の多様性が現れてくるかもしれない。たとえば東海林（2009）は，縦断的に夫婦間葛藤の語りを追いかける中で，葛藤の意味づけのバリエーションを明らかにしている。一般に夫婦間葛藤は不適応的と考えられがちだが，長期的な意味づけのあり方によって関係性に与える影響も違ってくる。また徳田（2004）は，ライフストーリーという自分に関する物語という文脈のもとで，母親が子育ての体験をどのように意味づけるかを検討し，5つのパターンを導き出した。近年では，そうしたプロセスを捉える枠組みや方法についての検討も進んでいる（野村，2005；サトウほか，2006）。

4　インタラクティヴな知

　「インタラクティヴ（interactive）な知」とは，研究の場における研究対象者とその周りの人々との間の相互作用を組み込んだ知識を指している。上記の「プロセス的な知」が対象者の特徴をマクロな時の流れの中に置くことと関係するとしたら，この「インタラクティヴな知」は対象者の言動が生み出されるよりミクロな時間性に注目していると言ってもよい。個人の語りやふるまいは，単純に対象者の内面から発するものではなく，さまざまなレベルの「語り環境」（Gubrium & Holstein, 2009）に規定される。こうした考え方を受けて質的研究は，研究対象者の語りやふるまいがどのような相互作用に基づいて生み出され，それがどんな行為として語り手自身やその周りに効果を与えるかという点も問題にするようになってきた。

　研究実践の中で生じる研究者と対象者の相互作用もそうした環境の一部である。インタビューにせよ参加観察にせよ，研究のためのデータ収集を行う際には研究者と対象者の間にやりとりが生じ，それが対象者の行動や状況の全体に影響する

可能性が否定できない。このやりとりの中で変化するものとして〈現実〉を捉えるとき，研究者の存在を繰り込みながらの対象記述が必要になるだろう。また，その影響を積極的に生かしながら研究を進めていくアクションリサーチ的な実践も発展しつつある。

　発達心理学の領域でも，インタラクティヴな知への試みはすでに始まっている。たとえば松嶋（2003）は，非行少年の「問題」を初めからそこに実在するものと前提するのではなく，更生保護施設職員と少年たちのやりとりの中でそれがいかにリアルなものとして構築されるかを分析している。また荘島（2010）は，性同一性障害をカミングアウトした子どもをもつ母親に継続的にインタビューしているが，その中で，母親が示す経験の語り直しが，聴き手という筆者からどう影響を受けているのかという点も分析の視点に加えている。語りをその場でのインタラクションとして捉える視点は，語りをすでに存在する何かの再現とみる従来の考え方を相対化するものである。

第3節　おわりに──冒険することと冒険を伝えること

　本章では，近年注目されている「質的研究」を，単に言語的表現を重視する研究として特徴づけるのではなく，従来の視点から距離をとり新たな視点で現象を見直してみる「質的な構え」の実践として定義した。これは，ブラック（Black, 1962）の言葉をもう一度使えば，現象をいったんその未知性へと差し戻したうえで，新たな「メタファー」を作りだそうとする試みである。茂呂（2007）のように「再記述」と表現してもよいかもしれない。本章ではそのうえで，最近の質的研究においてどのような新たな視点が志向されているのかを4つの類型としてまとめてみた。ウィリッグ（Willig, 2001/2003）は質的研究を「冒険」と特徴づけたが，ここに掲げたのはいわば冒険の4つの型である。

　しかし，類型にまとめるという作業はすでに，新しさを生み出すよりも陳腐化をともなうものである。比喩も人口に膾炙（かいしゃ）する中で，新たな認識であることをやめて紋切り型の「死んだ比喩」になる。類型そのものの反復は，すでに誰かによって工夫された視点をなぞっているにすぎず，厳密に言えばもはや冒険とも「質的な構え」の実践とも言えないかもしれない。重要なのは，こうした類型を一つの踏み台にして，データに基づきながら類型をさらに発展させたり書き換えたりする志向をもつことである。

　最後になったが，新たな視点で現実を語り直すという作業が，実は研究という

実践の半面でしかないという点も強調しておきたい。新たな視点を説得力のあるかたちでまわりの人に伝えること，あるいは伝わるようなかたちで再記述を進めることも質的研究には欠かせない。単なるアイデアの提示に終わらない実証的な研究であるためには，質的研究の成果をデータに基づいたより確からしい知にし，もっと言えば「反証可能な知」（Popper, 1959/1971-1972）として学界に対して提示することが求められる。研究とは，他の研究者や〈現実〉を現に生きている人々，さらには将来の世代へのコミュニケーションであり，相手に伝わってはじめて価値が生まれるのである。

今回はほとんど触れられなかったが，質的研究の諸技法——エスノグラフィの手続きであれ，KJ法であれ，グラウンデッドセオリー法であれ[1]——は，新たな観点を見出すことと同時に，その観点を確かめたりいっそう確からしいものに鍛えたりするためのヒューリスティックスである（能智，2011）。ヒューリスティックスとは，一定の手続きを踏めば誰でも同じ解答に至るアルゴリズムとは異なり，新たな発見を促進する経験的な工夫が方法として整理されたものを意味している。個々の技法をできあがった手続きとして単に鵜呑みにするのではなく，そうしたヒューリスティックスをうまく利用していくことが，質的研究には今後さらに求められるであろう。

引用文献

麻生　武．(2000)．年齢を超えて．岡本夏木・麻生　武（編），年齢の心理学：0歳から6歳まで（pp.227-246）．京都：ミネルヴァ書房．
Black, M. (1962). *Models and metaphors: Studies in language and philosophy*. Ithaca: Cornell University Press.
遠藤利彦．(2007)．「質的研究という思考法」に親しもう．遠藤利彦・坂上裕子（編），はじめての質的研究法：生涯発達編（pp.1-43）．東京：東京図書．
藤江康彦．(1999)．一斉授業における子どもの発話スタイル：小学校5年生の社会科授業における教室談話の質的分析．発達心理学研究，**10**，125-135．
Glaser, B. G. (1992). *Basics of grounded theory analysis: Emergence vs forcing*. Mill Valley: Sociology Press.
Gubrium, J. F., & Holstein, J. A. (2009). *Analyzing narrative reality*. London: Sage.
浜田寿美男．(1999)．「私」とは何か．東京：講談社．
浜田寿美男．(2009)．私と他者と語りの世界：精神の生態学へ向けて．京都：ミネルヴァ

---

[1] エスノグラフィもKJ法もグラウンデッドセオリー法も，質的研究の実践をガイドする方法として近年よく知られている。いずれも研究の全般にかかわっているが，工夫された背景となる学問分野も，研究過程のどの段階に利用されがちかといった点でも異なっている。たとえばグラウンデッドセオリー法は1960年代に社会学領域で開発された手法であり，データとの対話を通じボトムアップで理論を作り上げていくための方法として，現在では心理学とその関連分野でもしばしば使われるようになってきた。質的データの分析の手続きがある程度明示されているため，特に分析段階で参考にされることが多い。

書房.

Hanson, N. R.（1982）.*知覚と発見：科学的探求の論理*（上下，野家啓一・渡辺　博，訳）. 東京：紀伊國屋書店.（Hanson, N. R.（1958）. *Perception and discovery: An introduction to scientific inquiry*. San Francisco: Freeman, Cooper.）

今尾真弓．（2009）．思春期・青年期から成人期における慢性疾患患者のモーニング・ワークのプロセス．*発達心理学研究*，**20**，211-223.

北山　忍．（1997）．文化心理学とは何か．柏木惠子・北山　忍・東　洋（編），*文化心理学：理論と実証*（pp.17-43）．東京：東京大学出版会.

Kuhn, Th.（1971）.*科学革命の構造*（中山　茂，訳）．東京：みすず書房.（Kuhn, Th.（1962）. *The structure of scientific revolutions*. Chicago: University of Chicago Press.）

松本　学．（2009）．口唇裂口蓋裂者の自己の意味づけの特徴．*発達心理学研究*，**20**，234-242.

松嶋秀明．（2003）．非行少年の「問題」はいかに語られるか：ある更生保護施設職員の語りの事例検討．*発達心理学研究*，**14**，233-244.

茂呂雄二．（2007）．教育心理研究における質的方法の意味．*教育心理学年報*，**47**，148-158.

野村晴夫．（2005）．構造的一貫性に着目したナラティヴ分析：高齢者の人生転機の語りに基づく方法論的検討．*発達心理学研究*，**16**，109-121.

能智正博．（2006）．ある失語症患者における"場の意味"の変遷：語られざるストーリーを追いながら．*質的心理学研究*，**5**，48-69.

能智正博．（2011）．*質的研究法*．東京：東京大学出版会．

Popper, K. R.（1971-1972）.*科学的発見の論理*（上下，大内義一・森　博，訳）．東京：恒星社厚生閣.（Popper, K. R.（1959）. *The logic of scientific discovery*. New York: Basic Books.）

Rogoff, B.（2006）.*文化的営みとしての発達：個人，世代，コミュニティ*（當眞千賀子，訳）．東京：新曜社.（Rogoff, B.（2003）. *The cultural nature of human development*. Oxford, UK: Oxford University Press.）

西條剛央．（2002）．母子間の「横抱き」から「縦抱き」への移行に関する縦断的研究：ダイナミックシステムズアプローチの適用．*発達心理学研究*，**13**，97-108.

坂上裕子．（2002）．歩行開始期における母子の葛藤的やりとりの発達的変化：母子における共変化過程の検討．*発達心理学研究*，**13**，261-273.

サトウタツヤ・安田裕子・木戸彩恵・高田沙織・ヴァルシナー，J.（2006）．複線径路・等至性モデル：人生径路の多様性を描く質的心理学の新しい方法論を目指して．*質的心理学研究*，**5**，255-275.

東海林麗香．（2009）．持続的関係における葛藤への意味づけの変化：新婚夫婦における反復的な夫婦間葛藤に焦点をあてて．*発達心理学研究*，**20**，299-310.

荘島幸子．（2010）．性別の変更を望む我が子からカミングアウトを受けた母親による経験の語り直し．*発達心理学研究*，**21**，83-94.

高橋美保．（2008）．日本の中高年男性の失業における困難さ：会社および社会との繋がりに注目して．*発達心理学研究*，**19**，132-143.

谷口明子．（2004）．病院内学級における教育実践に関するエスノグラフィック・リサーチ：病院の"つなぎ"機能の発見．*発達心理学研究*，**15**，172-182.

徳田治子．（2004）．ナラティヴから捉える子育て期女性の意味づけ：生涯発達の視点から．*発達心理学研究*，**15**，13-26.

渡辺恒夫．（1994）．心理学のメタサイエンス：序説．*心理学評論*，**37**，164-191.

Willig, C.（2003）.*心理学のための質的研究法入門*（上淵　寿ほか，訳）．東京：培風館.（Willig, C.（2001）. *Introducing qualitative research in psychology*. Buckingham: Open University Press.）

やまだようこ．(2007)．質的心理学とは．やまだようこ（編），*質的心理学の方法：語りをきく*（pp.2-15）．東京：新曜社．

第7章
発達の統計法と実例

村井潤一郎

　発達心理学に限らず，心理学研究ではしばしば統計法が適用される。何らかの方法で量的データを収集し，それを統計的に分析し結果に考察を加える様子は，数値が各所にちりばめられるがゆえに，「科学的」という「好印象」を与えるかもしれない。しかし，素材としているデータが良質なものでなければ，どんなに高度な分析をしようとも，意味がなくなってしまう。何より良質なデータを得るということが，研究の成否を左右する。本章ではまず，量的データの「よさ」について論じる。そのうえで，統計法の基礎について概略を述べていくこととする。

第1節　量的データ

　実際の統計法の説明に先立ち，まず，その土台となる量的データの特徴について言及する。本章冒頭に述べたことに関して，吉田（1995）は「統計は，ゴミしか含まれていないデータの中からダイヤ（心理学的に意味のある情報）を生みだす魔法ではないのであり，ダイヤが豊富に含まれるようにデータ収集を工夫しなければ，どんなに数学的に高度な解析法を用いても意味がない」（p.80）と述べる。まずはデータである。
　量的データとは，尺度得点のように，数値で表されたデータである。先の吉田（1995）の一節の「ダイヤ」とは真値であり，「ゴミ」とは誤差であると考えることもできる。古典的テスト理論では，得点は真値と誤差からなると考える（これらについては，たとえば渡部，1993などを参照）。得られた得点を x，真値を t（true score），誤差を e（error score）とすると，$x=t+e$ と表現できるということである。t と e の割合を考えた場合，e の占める部分が大きすぎるデータは「ゴミだらけ」ということになる（図7-1の左図）。
　質問紙調査にて評定法を用いた場合を考える。ある項目に対して，研究参加者

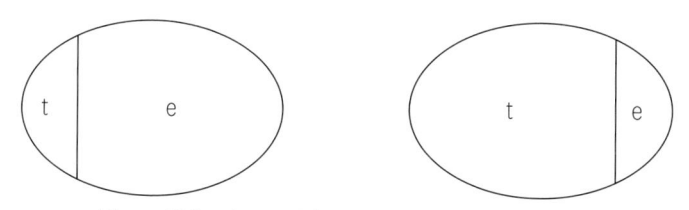

図7-1 誤差の大きい場合（左図）と小さい場合（右図）

が何らかの評定（x）をする。このxについて，研究者の側で「本当にxなのか」と数値を問うことは通常ない。しかし，本当はそうでないのにxと評定してしまうケースは多々あるだろう。項目が多義的で参加者が研究者の想定とは違う解釈をした，あるいはまた，項目が過度の内省能力を求めるものでありそれが参加者の限界を越えるものであったため適当な評定をしてしまった，といった系統誤差の要因（この誤差は，もはや真値から分離不能である），あるいは，参加者が回答の際たまたま機嫌が悪かった，といった非系統誤差の要因，双方の理由で「真実」から離れた得点が得られる場合がある[1]。真値の内に系統誤差という誤差が内包され，真値の外にも非系統誤差という誤差が存在する，つまりxは二重の誤差を抱え込んでいる。こうした点について回避すべく，参加者から「正確な」数値を引き出せるよう項目を設定することが肝要である。非系統誤差についてはコントロール不能であるが，系統誤差についてはある程度コントロール可能であるから，しばしば説明されるワーディングについての注意事項を前提としたうえで，項目を洗練させるのである。

ひとたび数値が得られると，xはもうxとして話を進める（分析をする）ことがほとんどである。その数値が真値と誤差からなるという意識が遠のき，「100％真実」であるかのような錯覚が生じる。しかし基本に立ち返って数値を問うこともまた重要だろう。数値を問うということは，xの成分を見る，つまりそこにtとeを見るという面がある。希有な試みであるが，酒井ほか（1998）は，価値志向性尺度に対して統計的に分析し，また，各項目に対しどのような理由・判断に基づいて回答したか記述するよう求めこれを質的に検討している。こうした質的分析は通常行われないが，もっとすべきであろう。関連して，以下に，やや長くなるが，東（2009）の一節を引用する。

---

[1] もちろん，真値そのものは観測不能なので，どの程度離れているかは本来わからない。また，真値は，「真実」というよりは，参加者に無限回数測定をした場合の平均（期待値）であるから，真値は「真実」とイコールではない。

クローンバックで一番心に残っているのは，その研究態度である。統計が専門というと，平均や頻度などの代表値とその有意性で物を言いそうな気がするが，クローンバックはできるだけ個々の被験者の反応に密着して理解しようとした。「それは外れ値だからあまりこだわっては結果がまとまりません」と言っても，「外れ値にもそれなりの考えがあるはず」とこだわる。それを知ろうと被験学生を呼び返して理由を聞くので，学生は不都合な反応をしたかとびびってしまったこともある。データをしゃぶりつくそうとする気迫を感じた。今でも，数字だけで物を言う誘惑を感じるとき，これを思い出す。(p.33)

　上記の「被験者の反応に密着した理解」こそが，種々の分析に先立って大切にされるべきであろう。カウンセリングではクライアントに対峙する，同じように数値に対峙する態度とでも言おうか。量的研究は，取り扱っている数値の背後にある人をも見据える必要がある。
　以上より主張したいことは，個々の数値を大切にすること，である。統計的分析は二の次なのである（よい統計法の前に，よい測定法である）。量的データに，「質的な迫り方」を求めたい。そもそも，心は数値に置き換えられるわけがない。心にものさしを当てるというのはある意味で僭越な行為であるが，その測定について十分な吟味もせずその後の分析を進める量的研究は，もともとの僭越さになおいっそう罪を重ねる印象がある。ひとたび得られた良質でない数値が一人歩きしていくことは避けなくてはならない。
　誤解のないように書き添えておくが，数値が悪いわけではない。ここでは，どのようにしてその数値にたどりついたのか，数値を得るための気概の有無，を問題にしている。これは，量的研究・質的研究の別を問わず言えることであろう。要は対象への注力である。

第2節　量的データに適用される統計法

　上記の議論を踏まえて，本節では実際の統計法の説明を行うが，詳細な説明については他書に譲り，概略的な説明にとどめる。説明の際，発達研究の実例として高辻（2002）を取り上げる。本研究は，幼児の園生活におけるレジリエンス[2]

---

[2]　その状況（とくにストレスフルな場面）で要求されることに柔軟に反応する傾向（高辻, 2002）。

図7-2 分析の流れ

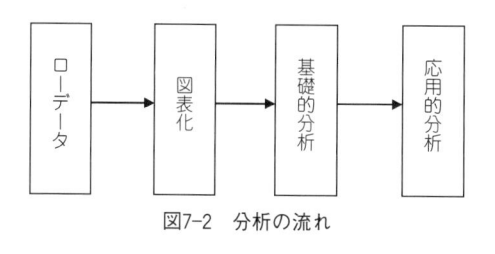

尺度を開発するものである。

1 分析の流れ

　一般的な分析の流れは，大きく言えば，図7-2のように，ローデータ→図表化（度数分布表，ヒストグラムなどの作成）→基礎的分析（基本統計量の算出，相関係数の算出など。主に記述統計の範疇）→応用的分析（統計的検定，多変量解析など。主に推測統計の範疇），となろう[3]。実際には，ある程度分析が進んだ時点でローデータに戻る場合もあるというように，必ずしも直線的な流れではないし，ローデータについてデータクリーニングがあったり変数の加工があったりと中間的なプロセスがあるわけだが，大きく分けるならば4段階になろう。

　ところで，分析が進むにつれて，見えてくる部分もあれば，逆に見えなくなる部分もあると思われる。一般には，分析とはすなわち可視化だと思われているだろう。実際に，ローデータではわからなかった傾向が，平均値を算出することで判明する，という「見える」プロセスは大いにある。一方，たとえば共分散構造分析でモデル探索を繰り返した結果，適合度指標から支持されたあるモデルが了解不可能なものであったというように，分析という「ブラックボックス」を経て「見えなくなる」プロセスもあるだろう（もちろん，専門家の視点からは，これこそが新しいモデルが「見えた」ということにもなり得るが）。一般に，見えてくるものには意識が向きがちであるが，その背後で逆に見えなくなっている部分はないかという意識の方向性も携えておく必要がある。

　なお，以下の説明では，上記の4段階すべてについて説明するわけではないが，それは説明しない段階が重要でないということではまったくない。たとえば，「図表化」は，分析の最初の段階で必ず行うべきものであり，上述の「数値を大切にする」ことに通じる重要な段階である。

---

[3] 「基礎的分析」「応用的分析」というのは，あくまでここだけの便宜的な名称である。何が基礎で何が応用か，という点については，恣意的な面があることをお断りしておきたい。

表7-1 平均値と標準偏差（高辻，2002のTABLE1より）

	項目	頻度	不快さの程度
22.	友達とけんかする	3.41 (0.91)	3.75 (0.84)
18.	友達との競争で負ける	3.06 (0.67)	3.38 (0.87)
…（以下，略）			

2 基本統計量

　何より重要なのは，平均値・標準偏差といった基本統計量である。極論，基本統計量の呈示だけでもよいくらいである。良質なデータから算出された基本統計量は，その後の分析という「ブラックボックス」に突入する前の，必要最低限の調理のみされた，素材を生かした料理のようである。

　高辻（2002）では，ストレッサー項目について，基本統計量を示している（表7-1）。本表のように，「平均値（標準偏差）」と，平均値と標準偏差をペアにして呈示することが多い。

　平均値とは，すべてのデータの値を足してデータ数（サンプルサイズ）で除したものである（変数xの平均値は，しばしば$\bar{x}$と表現される）。平均値とは，「このデータはこの値で代表されます」とデータを代表する値のひとつであるが，こうした値のことを代表値と言う。平均値は，代表値としてもっとも頻繁に使用される。このように，データを要約することを数値要約，要約された値を要約統計量と言う。

　代表値以外の要約統計量として散布度があるが，これは端的に言えばデータのちらばりである。散布度の指標としては，標準偏差がもっとも頻繁に使用される。標準偏差はSDあるいはsなどと表記され，式は，

$$s = \sqrt{\frac{(x_1 - \bar{x})^2 + (x_2 - \bar{x})^2 + \cdots + (x_n - \bar{x})^2}{n}}$$

となる（式中，nはサンプルサイズを示す。なお，ルートの中身を分散と言う。つまり分散のルートが標準偏差ということである）。式のとおり，各データの値（$x_1, \cdots, x_n$）が平均値（$\bar{x}$）からどの程度隔たっているかを元にちらばりを表現している。標準偏差の値が大きければ大きいほど，ちらばりが大きいということである。

3 相関係数

　以上は基本的には1変数の話であった。しかし，実際の発達心理学研究では2変数の関連について扱うことも多い。何かと何かの関係を見る，という場合である。高辻（2002）では，レジリエンス尺度得点と，仲間関係を中心とした園生活への適応との関連を見るために[4]，相関係数を算出している（表7-2）。量的変数どうしの関係を見るためには，多くの場合，相関係数が用いられる。表7-2からは，レジリエンス尺度と園生活への適応尺度との間の相関係数は0.57ということが読み取れる。

　この値はどのように算出されたのであろうか。相関係数の算出に先立ち，まず共分散（s_{xy}：変数xと変数yの共分散）という指標を算出する。共分散は下記式のとおりである。

$$s_{xy} = \frac{(x_1 - \bar{x})(y_1 - \bar{y}) + (x_2 - \bar{x})(y_2 - \bar{y}) + \cdots + (x_n - \bar{x})(y_n - \bar{y})}{n}$$

　こうして算出した共分散を，両変数の標準偏差の積（$s_x s_y$）で除した下記式が相関係数（r_{xy}：変数xと変数yの相関係数）である。

$$r_{xy} = \frac{s_{xy}}{s_x s_y}$$

　表7-2では，相関係数は0.57という値であった。相関係数は正負両方の値を取り得るが，最小で-1，最大で1である。この場合，正の値であるが，レジリエンス尺度の得点が高いほど，園生活への適応の得点が高い，ということを意味する。その関係の強さは，相関係数の値が1に近づくにつれて大きくなっていく，ということになる。この場合の0.57という相関係数の値は，「中程度の相関」と表現されることが一般的であろう。

表7-2　相関係数（高辻，2002のTABLE5より）

	園生活への適応尺度
レジリエンス尺度得点	.57***
… (以下，略)	

---

[4]　レジリエンス尺度は，表7-1のようなストレッサー項目などを用いて作成された24項目からなる尺度（実際には，うち5項目を削除している），園生活への適応尺度は，「園での一日を楽しそうにすごしている」などといった5項目からなる尺度。

第7章　発達の統計法と実例　89

4 統計的検定

以上に述べてきた統計は，記述統計と呼ばれる。「このデータの特徴はこうである」と記述することにその主眼がある。一方，「このデータを越え，一般的にはどうなのか」と，推測することを主眼とする統計を推測統計と言う。

推測統計の例として，相関係数に関する統計的検定を例に挙げよう。表7-2に.57***という表記があるが，この***の部分が統計的検定の結果を示している。どういう意味であろうか。

量的研究では，明示的・非明示的に，手元のデータ（すなわち標本）を越えたところ，すなわち母集団に関心をもつ場合が多い。データからは$r=.57$という相関係数が得られた，さて母集団ではどうだろう，と考える。仮に母集団で相関がまったくないとする。この仮説のもと（この仮説を帰無仮説と言う），$r=.57$という相関係数が得られる確率（正確には，絶対値で.57以上の相関係数が得られる確率）が5%以下である場合，この相関係数を「5%水準で有意である」と言う（通常「*」を付す）。1%以下である場合「1%水準で有意である」と言う（通常「**」を付す）。表7-2の$r=.57$は0.1%水準で有意な相関係数ということである。なお，このような5%・1%を有意水準と呼ぶ。

実際の発達心理学研究では，相関係数に関する統計的検定以外にも，さまざまな統計的検定が適用される。しばしば用いられるものについて表にまとめておいた（表7-3a，表7-3b）。

独立性の検定は，表7-4（クロス集計表と言う。表中の数字は度数（人数）を示している）のようなデータについて，2つの質的変数の連関を検討するケースで用いられる（カイ二乗検定）。2群の平均値の比較とは，たとえば男女間でレジリエ

表7-3a　2変数の関係の検討で用いられる統計的検定

量的データ	相関係数の検定
質的データ	独立性の検定

表7-3b　複数の平均値の比較で用いられる統計的検定

2群	対応あり	対応のあるt検定	
	対応なし	分散が等質	独立な2群のt検定
		分散が等質でない	ウェルチの検定
3群以上	分散分析		

表7-4 独立性の検定の適用例（山田・村井，2004より）

	パチンコする	しない	計
タバコ吸う	90	40	130
吸わない	60	60	120
計	150	100	250

表7-5a 対応のない t 検定の適用例

	男児	女児
レジリエンス尺度得点	○点	○点

表7-5b 分散分析の適用例

	A園	B園	C園
レジリエンス尺度得点	○点	○点	○点

ンス尺度得点の比較を行う場合（表7-5a），3群以上の平均値の比較とは，たとえば3つの園でレジリエンス尺度得点の比較を行う場合（表7-5b）が相当する。なお，表7-3b中の，データの「対応あり」「対応なし」であるが，表7-5abはいずれも「対応なし」である。「対応あり」とは，たとえば何らかのトレーニングの効果を検討するために，対象児全員に，トレーニング前のレジリエンス尺度得点と，トレーニング後のレジリエンス尺度得点を測定し，トレーニング前後の比較を行う，という場合などが相当する。

5 記述統計と推測統計／量的研究と質的研究

頻繁に用いられる統計的検定ではあるが，利用上の留意点もある。統計的検定では母集団の存在は必須であるが，実際の心理学論文では，「母集団は○○」と明示的に書くことはほとんどないし，研究者自身，母集団について意識しているケースはむしろ少ないと言ってよいだろう。不明瞭な位置づけにある母集団，しかも，統計的検定の前提条件として無作為抽出があるが，実際の心理学研究では無作為抽出はほとんどなされていない，という現実もある。加えて，有意水準の恣意性，サンプルサイズ（データ数）決定の恣意性[5]，など恣意性にも事欠かな

---

[5] 統計的検定では，一般にサンプルサイズが大きいほど有意になりやすい。しかし，根拠をもってサンプルサイズを決定している心理学研究はほとんどないのが現状である（村井，2006）。

い。いかんせん，心理学で用いられる統計的検定は，それを適用するうえでの基礎が脆弱なのである。本章冒頭の記述のように，量的データそのものが良質でないという意味での「砂上の楼閣」，加えて統計的検定の基盤が満たされていないという意味での「砂上の楼閣」，二重の「砂上の楼閣」に，心許ない思いもする。

そこで再び記述統計の位置づけが重要になってくる。取得したデータを基本統計量などからきちんと記述していくこと，測定の段階で丁寧に数量化し，統計法という「ブラックボックス」に入れすぎることなく，依存しすぎることなく，基礎的な指標で丁寧に記述すること。こういった姿勢は，質的研究に通じるものがあろう。

量的研究・質的研究という過度の二分法は好まないが，あえて両者を分けて説明すると，量的研究にしても質的研究にしても，おのおのの手段で「人」に入り込む点は共通するだろう。数字を通して人に入り込む量的研究，言語を通して人に入り込む質的研究。数字は広義の言語，数字は特別な言語であるとみなすのであれば，両者に共通する面はあるのではないだろうか。論文という表面上は，たしかに数値や記号が踊るか否かという違いはあろうが，それはあくまで表面であり，通底するものは人への注力である。もちろん，どこまで入り込めるか，という点においては，量的研究にはある限界があると思われる。しかしながら，たとえば先の酒井ほか（1998）のように，数値であっても，それを突き詰めていけば，ある地平に出ることができるに違いない。量的研究には，まだこの「突き詰め」が足りないように思う。まだ「伸びしろ」が残されているのではないだろうか。量的研究にいわば「質的研究スピリット」を携え進んで行った先には，何か重要なものがあるに違いない。

やまだ（2007）は「『質も量も両方とも大切だね』とは，日常よく語られることばである。そのとおりである。しかし，常識的に語られるほどその両立は簡単ではない」（p.10）と述べる。「両方とも大切だから融合する，両方やる」という方向性はたしかにあろうが，ここでの筆者の主張は「両方とも大切であるが，片方を真摯に突き詰めるという方向性」である。一見前言撤回になるが，量的研究・質的研究はまったく異なる。「両立」「融合」ということで「下手に」混ぜるのではなく，各路線での突き詰めがまず必要になってくるのではないか，ということである。

6 数値の保証

高辻（2002）は3つの研究からなる尺度作成の論文である。研究Ⅲでは，レジ

リエンス尺度の妥当性について多角的に検討するため，面接調査の結果など，（質問紙調査以外の）他の指標との関連を見ることを通して，妥当性の検証を行っている。実際の尺度作成論文では，他の尺度との相関分析をもってのみ妥当性の確認をする研究が非常に多いが，尺度間の関係の検討だけでは不充分であると言わざるをえないだろう。尺度作成の最初の段階であるならまだしも，尺度を確定版として世に出すためには，高辻（2002）のように妥当性を多角的に検証することが必須である。

　妥当性は，尺度作成においてのみ問題になるのではない。得られた数値が果たして「真実」を反映しているかどうかという意味であれば，すべての量的研究が関係する。測定の妥当性ということである。具体的には，尺度作成の研究に限らず，数値と実際の行動との対応づけが重要になってくる。数値によって人間世界を捉える試み，その数値が確かなものであることを保証する試みを，多角的観点から貪欲に行っていく必要があろう[6]。

第3節　まとめ

　以上，本章では，「発達の統計法と実例」という看板にしては，あまりに多くのことを省略している。不足については，心理統計に関する他の多くの成書が補ってくれることと思う。

　繰り返しになるが，まずはいかに良質な量的データを得るか，である。その後は，基本統計量の算出などの基礎的分析を軽視しないということである。本章は，一言でまとめれば，量的研究の基本に立ち返ろう，というメッセージを発していることになる。

引用文献

東　洋．（2009）．クローンバック先生との出会い．心理学ワールド，**46**, 33.
村井潤一郎．（2006）．サンプルサイズに関する一考察．吉田寿夫（編著），心理学研究法の新しいかたち（pp.114-141）．東京：誠信書房．
酒井恵子・山口陽弘・久野雅樹．（1998）．価値志向性尺度における一次元的階層性の検討：項目反応理論の適用．教育心理学研究，**46**, 153-162.
高辻千恵．（2002）．幼児の園生活におけるレジリエンス：尺度の作成と対人葛藤場面への反

---

[6]　もちろん，そうした試みは，往々にして研究参加者に過度の負担を強いることになるであろうから，その点の倫理的配慮は必要になってくる。

応による妥当性の検討．*教育心理学研究*，**50**，427-435．
渡部　洋（編著）．(1993)．*心理検査法入門：正確な診断と評価のために*．東京：福村出版．
山田剛史・村井潤一郎．(2004)．*よくわかる心理統計*．京都：ミネルヴァ書房．
やまだようこ（編）．(2007)．*質的心理学の方法：語りをきく*．東京：新曜社．
吉田寿夫．(1995)．学校教育に関する社会心理学的研究の動向：研究法についての提言を中心にして．*教育心理学年報*，**34**，74-84．

第8章
発達の多変量分析研究法と実例

小塩真司

　発達心理学では，ある心理学的な構成概念について時間的な経過にともなう変化を研究対象とする。発達心理学において多変量分析（多変量解析）はこの2点，すなわち第1に心理学的な構成概念を扱うこと，第2に時間的な変化を扱うことを目指した分析手法のひとつである。

　心理学的な構成概念を扱う多変量解析の手法として，まず因子分析を挙げることができる。因子分析は，複数の観測された変数の背後にある共通した因子（潜在変数）を見出すための分析手法である。これは質問紙調査によって得られたデータに対してよく用いられる。

　また，統計処理ソフトウェアの普及とともに近年さかんに用いられるようになっているのが，共分散構造分析（構造方程式モデリング）である。この分析手法は，分析内容や結果をパス図と呼ばれる図で表現することができ，また因子分析と同様に観測された変数の背後にある潜在変数を扱うこともできる。さらに潜在変数間の関連や因果関係を表現することもできる柔軟な手法である。本章では，時間的な変化や因果関係を検討する分析手法として潜在成長曲線モデルについても取り上げる。これは構造方程式モデリングを利用して，時間的な変化を潜在変数として分析対象にすることを可能とする分析モデルである。

　さらに本章では，複数の研究において得られた結果を統合するメタ分析についても触れていきたい。ある現象に対して矛盾する研究結果が得られているような場合には，複数の研究結果を統合することで，理論的なレビューだけでは不明確な部分を明瞭化させることができると考えられる。

　第1節　構成概念を表現する

　心理学という学問は直接的に扱うことのできない構成概念を研究対象とする。

たとえば「愛着」という概念は，単に母子間の行動の集合体を意味するだけでなく，遺伝と環境によって形成される自他への信頼や期待，内的作業モデルなどのシステムを含んだ理論的構成概念である。

この理論的構成概念を把握するひとつの方法に，質問紙による尺度構成がある（第3章参照）。通常，質問紙尺度は，ある構成概念を測定するために複数の質問項目を用意する。複数の質問項目は相互に関連をもち，相互に関連をもつことである特定の概念を測定していることが担保される。すなわち，ある構成概念は，各質問項目の得点が互いに関連しあう部分に表現されるのである。

たとえば，安定した愛着スタイルを，「私はすぐ人と親しくなる方だ」「私は知り合いが出来やすい方だ」「初めて会った人とでもうまくやっていける自信がある」「私は人に好かれやすい性質だと思う」「たいていの人は私のことを好いてくれていると思う」「気軽に頼ったり頼られたりすることができる」という6項目で測定することを考える（坂上・菅沼，2001）。これらの質問項目は互いに正の相関関係にある。すなわち，あるひとつの質問項目に「当てはまる」と回答する個人は，他の質問項目に対しても「当てはまる」と回答する傾向があり，逆にある質問項目に「当てはまらない」と回答する個人は別の質問項目に対しても「当てはまらない」と回答する傾向が生じるということである。

このような関係にあるとき，関連の背後に共通する因子を仮定することができる。ここでいう因子とは，各項目の反応に対して影響を及ぼす潜在的な変数のことであり，このような因子を見出すことが因子分析の目的となる。また，共分散構造分析（構造方程式モデリング）では，潜在変数間の因果関係を直接的に扱うことを可能とする。

この節では，因子分析と共分散構造分析について，具体的な研究事例を取り上げながら概説する。

1 因子分析

因子分析は，尺度構成や測定に用いた指標を整理する際に用いられることが多い。しかしながら先にも述べたように，本来の因子分析は，観測得点が心理的な変数（潜在変数）の程度を反映するという考え方に基づいた分析手法である（石井，2005）。いわば，多くの因子分析の使用方法は，因子分析を指標の整理のために応用した手法であると言うこともできるだろう。

たとえば森田（2006）は，職業において特定の分野をもっぱら研究・担当する「専門性」への志向性を大学生に対して測定するための，職業専門性志向尺度を

作成している。この尺度の作成手順は，以下のとおりであった。いくつかの先行研究から，「専門性」を特徴づけるものとして，「利他主義」「自律性」「知識・技術の習得と発展」「資格等による権威づけ」「仕事仲間との連携」という5つの概念を設定した。次に5つの概念に対応する質問項目を各8つ前後，計44項目案出し，大学生77名に対し予備調査を行った。予備調査のデータに対して因子分析を行い，さらに項目の表現を修正するなどして，計37項目からなる職業専門性志向尺度が構成された。さらに本調査として大学生207名から回答を得て，尺度構成のために因子分析を行った結果が表8-1である。

　因子分析を実行する際には，第1に因子パターン（因子負荷量）の推定方法をどれにするか，第2に因子の回転方法をどれにするか，という選択をする必要がある。因子パターンの推定方法に関しては，主因子法（反復主因子法）や最小二乗法，最尤法(さいゆうほう)などがよく用いられる。また因子の回転方法としては，直交回転であるバリマックス回転，斜交回転であるプロマックス回転などがよく用いられる。バリマックス回転は因子間の相関を0とし，プロマックス回転は相関を自由に仮定する手法である。なおプロマックス回転を行った結果，因子間の相関が0である場合には，バリマックス回転と同様の結果であることを意味する。ちなみに森田（2006）は，表8-1の結果を得るために，主因子法・バリマックス回転による因子分析を行っている。

　通常，表8-1のような因子分析を探索的因子分析と呼ぶ。これは，ある程度の因子数の仮説はあるものの，因子の構造に対して強い仮定を置くことなく行う因子分析の方法である。したがって，探索的因子分析を行う際には，因子数をいくつにするかという問題が生じる。因子数の確定方法には明確な基準があるわけではないが，一般的には次のような点が参考にされる：①固有値（抽出された因子の分散）が1以上であること（ただしこれは相関係数の行列の固有値である），②ある因子と次の因子の固有値の変化が小さくなる手前までの因子数，③因子の解釈可能性や理論を考慮する。

　因子分析を論文に記載する際には，以下の内容が必要である（松尾・中村，2002）。それは，因子パターンの推定方法，因子数の決定方法，回転方法，項目の削除とその基準，因子名の命名理由を結果に記述することである。さらに因子分析表をTable（表）として示すことが望ましい。因子分析を研究で用いる際には，目的を明確にすることも重要である。やみくもに因子分析を利用するのではなく，分析プロセス全体から見て必要性を十分に吟味すべきである。

表8-1　職業専門性志向尺度の因子分析結果（森田，2006より）

項目	I	II	III	IV	V	h²
I：自律性志向（*M*=4.53，*SD*=.72，α=.88）						
自分の判断によって仕事を進めるような職業	.84	-.01	.07	.11	.07	.73
仕事のやり方は自分で考えていくタイプの職業	.83	-.05	.00	.09	-.01	.70
仕事の目標は自分で立てていくタイプの職業	.82	-.01	.12	.03	.07	.69
なるべく自分一人で仕事の方針を決められる職業	.72	-.24	-.10	.06	-.08	.59
自分の考えで仕事を工夫していくタイプの職業	.70	.13	-.01	.00	.13	.52
他人の指示に従って仕事を進めるような職業*)	.53	-.03	.13	-.16	-.01	.33
「自分はこの仕事を任されている」と感じられる職業	.53	.21	.24	.30	.24	.54
II：仕事仲間との連携志向（*M*=4.41，*SD*=.79，α=.87）						
仲間どうしで助け合いながら仕事をする職業	.08	.83	.19	-.06	.07	.75
仕事をする仲間どうしのつながりが強い職業	-.01	.75	.14	.05	.10	.59
仕事をする仲間どうしが互いに励まし合う雰囲気のある職業	.05	.71	.29	.02	.17	.63
「チームで仕事をする」という機会がほとんどない職業*)	-.12	.70	.27	-.20	.01	.62
同じ仕事をしている人間どうしで話をするようなことがあまりない職業*)	-.06	.66	.25	-.13	.05	.52
仕事のルールは仲間どうしで決めていくタイプの職業	-.02	.55	-.03	-.07	.04	.31
III：利他主義志向（*M*=4.59，*SD*=.85，α=.89）						
一部の人間だけでなく社会全体のためにもなるような職業	.11	.23	.79	.24	.23	.80
仕事を通して，自分だけでなく社会にもメリットをもたらすことのできる職業	.14	.25	.76	.28	.22	.78
「この仕事をすることが世の中のためになっている」と感じられる職業	.02	.25	.75	.35	.24	.80
「世の中になくてはならない」と感じられる職業	.04	.20	.68	.40	.17	.69
いろいろな人間を支援することにつながるような職業	.14	.40	.64	.10	.16	.62
世間の人達のためになる知識や技術を生み出していくタイプの職業	.20	.06	.47	.13	.33	.39
世間が何を求めているかを気にせず，自分の専門だけに取り組むことのできる職業*)	-.24	.33	.43	-.14	.05	.38
IV：資格等による権威づけ志向（*M*=4.08，*SD*=.74，α=.83）						
「社会的な地位が高い」と感じられる職業	-.02	-.09	.11	.76	.17	.62
世間の人々から尊敬されるような職業	.09	.01	.30	.72	.09	.63
法律や規則などによって身分が明確になっている職業	-.08	-.02	.13	.63	.16	.44
資格を持つ人間だけが仕事をすることを許される職業	.06	-.23	-.15	.63	.11	.48
世間の人々から「先生」と呼ばれるような職業	.11	-.23	.11	.59	.03	.43
「将来的に安定している」と感じられる職業	-.04	-.03	.00	.53	.14	.30
時代の変化とともに消えていくようなことのない職業	.14	.11	.08	.43	.18	.26
V：知識・技術の習得と発展志向（*M*=4.45，*SD*=.78，α=.87）						
仕事の内容と学校で学んだこととの関連が深い職業	.08	.12	.13	.21	.81	.73
学校で学んだことを，仕事の中で発展させていくような職業	.03	.15	.12	.10	.78	.66
仕事を通して「学校で勉強したことが役立っている」と感じられる職業	.09	.10	.13	.23	.74	.63
学校で学んだ知識や技術を活かすことのできる職業	.05	.06	.21	.21	.69	.57
学校で何を学んだかをあまり問われることのないままつくことのできる職業*)	-.02	.00	.17	.10	.58	.37
因子寄与	3.90	3.78	3.69	3.54	3.21	

注）*) 逆転項目

2 共分散構造分析

共分散構造分析（構造方程式モデリング）は，因子分析や回帰分析を包括する分析手法である。この分析では，分析内容や分析結果を図8-1や図8-2のようにパス図として表現することも特徴的である。パス図は，四角形，円（楕円），片方向矢印，双方向矢印の4つの図形で表現される。四角形は観測された変数を意味し，円（楕円）は直接観測されていない潜在的な変数を意味する。円（楕円）は，因子分析における因子（共通因子）に相当する。また片方向矢印は因果関係を，双方向矢印は共分散（相関）を意味する。

図8-1は，荒牧・無藤（2008）による育児への否定的・肯定的感情尺度の確認的因子分析の結果である。この研究では，育児への否定的感情と肯定的感情の構造を検討するために，育児への「負担感」「不安感」「肯定感」の3因子構造を仮定するモデルと，「不安感」の下位にさらに親の「育て方への不安感」と「育ちへの不安感」という2つの因子を仮定したモデルを比較し，適合度を比較した。

共分散構造分析の利点のひとつは，複数のモデルのデータへの当てはまりのよさを，適合度指標によって検討できる点にある。荒牧・無藤（2008）ではGFI，

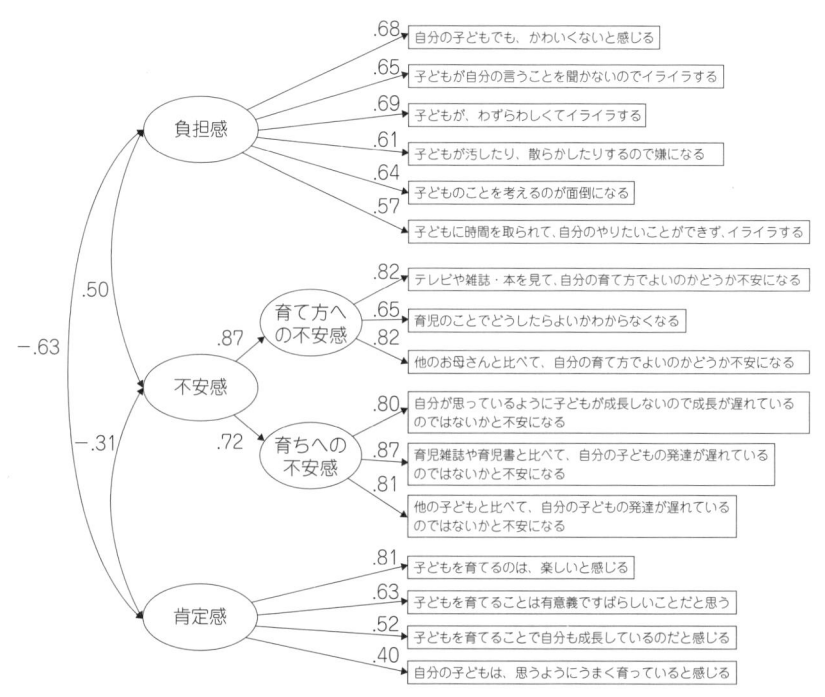

図8-1 育児への否定的・肯定的感情尺度の確認的因子分析結果（荒牧・無藤，2008より）

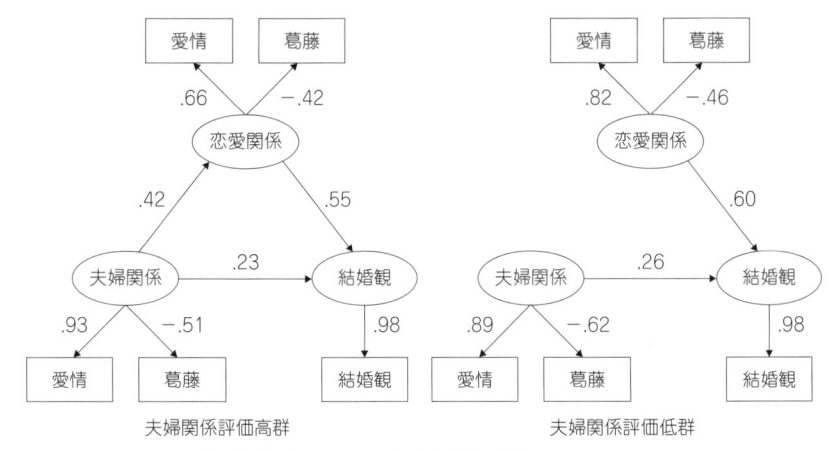

図8-2 夫婦関係評価別の共分散構造分析結果（山内・伊藤，2008より）

AGFI, RMSEA, AIC の各指標を2つのモデルで比較することで，図8-1のモデルの方が「不安感」に下位因子を想定しないモデルよりもよい適合度を示すことを明らかにしている。ちなみに，GFI および AGFI は高い値ほどモデルがデータに適合していると判断する。RMSEA は 0.10 を越えると当てはまりが悪く，0.05 を下回ると当てはまりがよいと判断される。AIC は複数のモデルを比較したときに，小さな値を示すモデルほどよいモデルであると判断するための指標である。

　山内・伊藤（2008）は，「両親の夫婦関係は，直接青年の結婚観に影響を与える」「両親の夫婦関係は，青年の恋愛関係に影響を与えるが，その影響の強さは両親の夫婦関係に対する青年の主観的評価によって異なる」「青年の恋愛関係は自らの結婚観に影響を与える」という3つの仮説を立て，両親の夫婦関係が青年の結婚観に及ぼす影響を検討している。図8-2は，この仮説に従って夫婦関係の主観的評価の高群と低群に調査対象者を分け，多母集団分析（多母集団の同時分析）を行った結果である。多母集団分析とは，標本が複数の母集団から抽出されていることを仮定し，各標本のモデルを個別にではなく同時に分析することで，モデル全体における母集団間での差異の有無を，各種の適合度指標に基づいて行うことができる分析手法である（豊田，2007）。

　多母集団分析においては，①モデルの構成，②母集団ごとの分析，③配置不変性の検討，④測定不変性の検討（潜在変数を用いる場合），⑤等値制約，という手順で分析を行う。①は分析以前にモデルが確定していること，②は集団ごとにモデルが成立すること，③④は制約なしで多母集団分析を行うこと，⑤は集団間で

同じ値を示す部分を検討することを意味する。

　共分散構造分析を行ううえで重要な点は，分析以前に理論的なモデルが十分に構成されていることであると言える。とくに，ある仮説と対立する仮説が存在するような場合には，共分散構造分析の適合度を比較することでよりデータに合致したモデルを結論づけることが可能となる。

第2節　変化の個人差を表現する

　ここでは，共分散構造分析を応用して，発達心理学の研究において時間的な変化の個人差を表現する潜在成長曲線モデルに触れる。発達心理学では，縦断的な検討を行うことが重要な研究知見を導くことが多い。このモデルは，同じ指標について3時点以上測定されたデータに対して，切片と傾きを潜在変数として置くモデルである。さらに潜在成長曲線モデルは，切片と傾きの個人差と他の指標との関連や，切片や傾きに対して影響を及ぼす要因を検討することができる点に特徴がある。

1　潜在成長曲線モデル

　潜在成長曲線モデルは，複数時点の縦断的な調査によって得られたデータにおいて，切片（初期の値）と傾き（時点を通じた変化）を推定するモデルである。切片と傾きを潜在変数として推定することにより，それらの関連や影響要因を検討することを可能にする。

　図8-3は，妊娠期から産後1年までのエジンバラ産後うつ病質問票（Edinburgh Postnatal Depression Scale：EPDS）による抑うつ得点を4時点で測定し，そのデータに対して潜在成長曲線モデルを当てはめたパス図である。4時点のEPDS得点に対して切片と傾きを潜在変数によって推定し，両者に対して他の変数がどの程度影響を及ぼすのかを検討するモデルが構成されている。

　潜在成長曲線モデルにおいては，潜在変数から観測変数に向けたパスに制約を設けることで，切片と傾きを表現する。切片とは，各観測変数のベースラインとなる指標であるため，潜在変数から複数の観測変数に引かれたすべてのパスに1と制約を置くことで表現される。それに対して傾きは観測時点に応じて得点が上昇もしくは下降していくことを意味するので，1時点目の観測変数に対して0を，2時点目以降に得られた観測変数に対して徐々に増加する数値を割り当てる。一般的には，「0, 1, 2, 3, ……」といった数値によって制約を置くことが多い。しかし

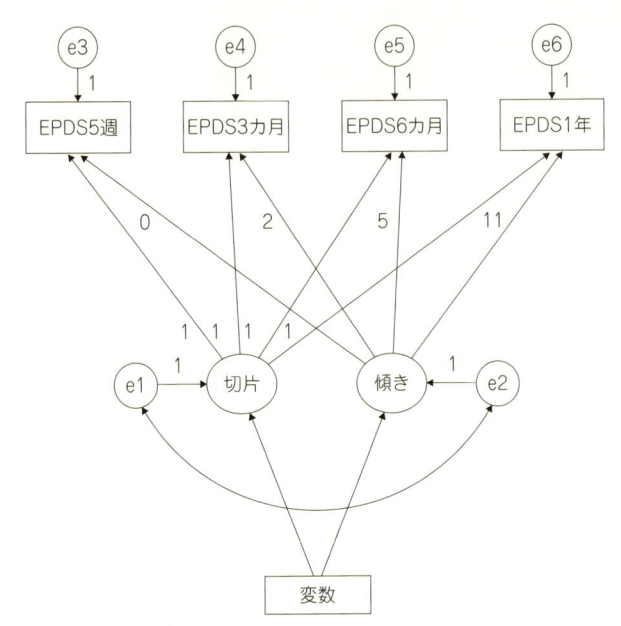

図8-3 変数がEPDS得点の変化に及ぼす影響を検討するモデル
（安藤・無藤，2008より）

図8-3では，測定時点が生後5週，3カ月，6カ月，1年となっているため，おおよその月数に換算して0, 2, 5, 11と制約を課している。

もしも図8-3において「変数」から切片に対して正の影響がある場合には，その変数が高い者ほど，いずれの時期においてもEPDS得点が高い傾向にあるということを意味する。また「変数」から傾きに対して正の影響がある場合には，その変数が高い者ほど，時間を経るに従ってEPDS得点が上昇していく傾向にあることを意味する。このように，潜在成長曲線モデルを用いることで，時間的な経過にともなった変化の個人差を表現し，その変化の個人差に及ぼす影響を検討することができる。

2 切片と傾き間の因果関係

切片と傾き間の因果関係を考えると，縦断調査について興味深い知見が得られることがある。たとえば図8-4は，角谷（2005）による分析結果である。

角谷（2005）は，学業コンピテンス，学校生活満足感，部活動での積極性について中学1年生から3年生に至る4時点のデータを得て，潜在成長曲線モデルを用いて各概念の切片と傾きを求めた。さらに切片と傾き間の因果関係を検討する

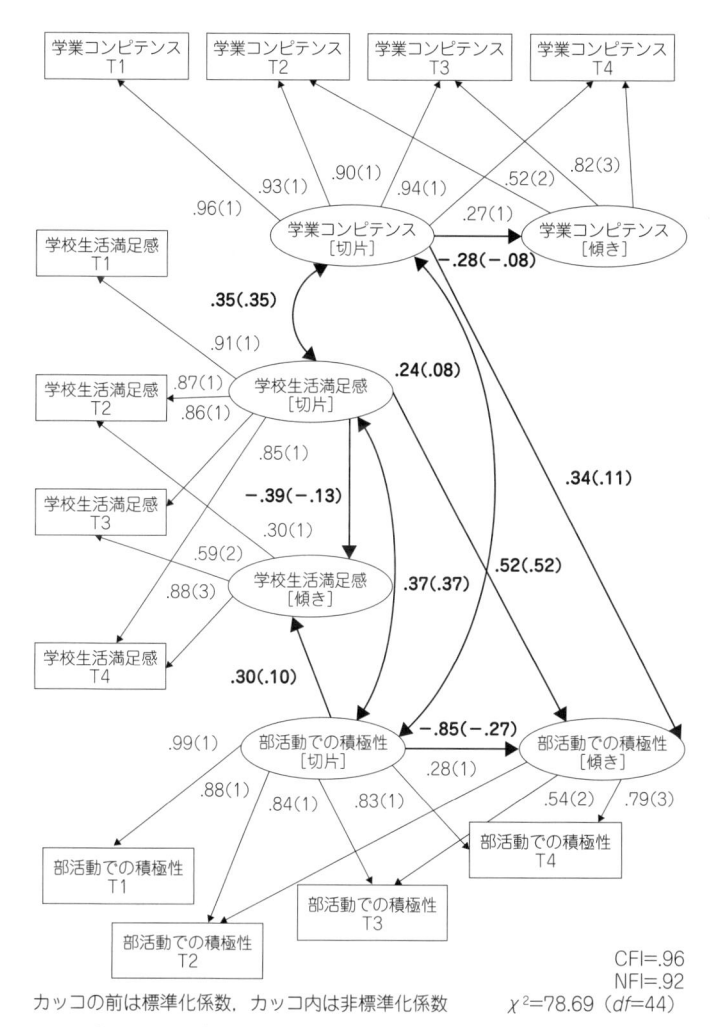

図8-4 部活動での積極性，学業コンピテンス，学校生活満足感の因果モデル
（角谷，2005より）

ことによって，第1時点での学業コンピテンスや学校生活満足感の高さが部活動の積極性の第2時点以降の上昇に影響を及ぼすこと，第1時点での部活動の積極性の高さが第2時点以降の学校生活満足感の上昇に影響を及ぼすことなどを明らかにした。

このように，潜在成長曲線モデルを用いることによって，縦断調査における最初の時点の得点の高さとその後の得点変化どうしの因果関係を検討することが可

能になる。

第3節　複数の結果を統合する

　近年，国内外の心理学領域において，メタ分析を利用したレビューがよく見られるようになってきている。メタ分析は，複数の先行研究で得られた結果を結合するようなかたちで統計量を算出し，統合的な観点から仮説検定を行う手法である。古くから，先行研究を理論的観点から再構成する記述的なレビュー論文は数多く発表されている。記述レビューであれメタ分析であれ，両者には共通した前提がある（Mullen, 1989/2000）。それは，ある研究領域における先行研究は現象のある側面を反映しうるということ，そして以前の研究結果の要約と統合は，単一の研究を超えた理解の水準をもたらすはずだという仮定である。

　メタ分析は記述レビューに置き換わるものではない。今後，優れたレビュー論文は両者をうまく組み合わせたものになっていくことが予想される。

1　メタ分析の手続き

　メタ分析は，以下のような手続きで行う（Mullen, 1989/2000）。

　第1に，仮説検定の定義である。ある概念についてメタ分析を行おうとする際には，その概念の測定方法を明確化しておく必要がある。これは，その概念を測定面から定義する，いわば操作的な定義を行うことに相当する。また，どのような手続きで得られた結果を扱うべきか，さらにどの統計指標を扱うべきかを明確化しておく必要もある。なおメタ分析で扱うことができる統計指標は，基本的に相関もしくは2群間の比較に関するものである。

　第2に，研究の抽出である。これは，メタ分析に含めるべき論文をどのような基準で，どこから入手するかという問題である。現在では論文のオンライン・データベース化が進み，以前よりも先行研究の入手が容易になっている。ただし，先行研究で発表されている研究結果は，出版バイアスや発表バイアスと呼ばれる，公表の偏りを含んでいる可能性があるという点に注意が必要である。本来両者に差がない現象であっても，偶然生じた差があるという研究結果は報告されやすく，差がないという研究結果は報告されにくい傾向にある。このような問題を検討する際には，標本サイズを縦軸にとり，研究結果である統計指標を横軸にとるじょうごプロットによる視覚化が有効である。出版バイアスが大きくない場合のじょうごプロットは左右対称のじょうごを逆さにしたような形状をとる。それに対し

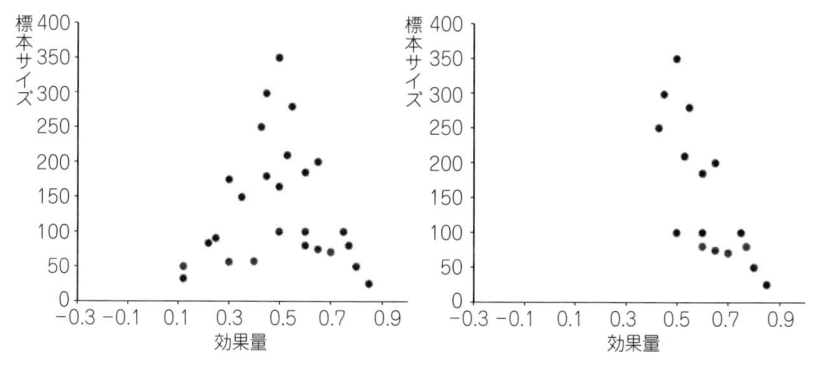

図8-5 じょうごプロットの仮想例（左：出版バイアスがない場合，右：出版バイアスが存在する場合）

て統計的に有意でない研究結果が発表されないという出版バイアスが極端に見られる場合には，じょうごプロットの左下部分に欠落が観察される（図8-5 参照）。

第3に，推測統計量の変換である。ある問題について研究によって複数の統計量が用いられている場合には，統合的に扱うことができるように変換しておく必要がある。ここでは，有意水準と効果量について共通した指標へ変換する。

第4に，効果量と有意水準の結合である。複数の分析について共通した指標に変換したものを結合し，1つの指標として検討できるようにする。

第5に，効果量と有意水準の拡散比較・焦点比較を行うことである。拡散比較では，複数の研究結果における典型的な結果は何か，またその周辺にどの程度のばらつきが見られるかを問題とする。また焦点比較とは，ある研究結果を予測する変数によって，どの程度結果が説明されるのかを問題とすることである。

なお，メタ分析において重要なことは，メタ分析の実施者よりも実際にデータを収集している一人一人の研究者が研究・データ収集に対して真摯な姿勢で臨むことである。論文執筆に際しても，メタ分析で利用可能なように基礎的な統計指標を明示しておくのが望ましい。自分自身の研究結果がメタ分析にも利用されることは，その研究分野に対して二重に貢献したことになるとも言えるだろう。

2　メタ分析の実際

岡田（2009）は，青年期における自己愛傾向と心理的健康に関するこれまでの議論を踏まえ，両者の関連がどの程度であるかをメタ分析により検討している。先行研究より，自己愛人格目録（NPI）との関連が検討されている心理的健康指

表 8-2 自己愛傾向と心理的健康および自尊心との関連についてのメタ分析の結果（岡田, 2009 より）

	K	N	r̄	SD_r	SE	95%信頼区間	ρ_c	SD ρ_c	95%確信区間
心理的健康	35	25012	.19	.05	.01	.18 – .21	.23	.04	.15 – .31
抑うつ	12	1993	-.19	.06	.02	-.23 – -.14	-.22	.00	-.22 – -.22
不安	10	1584	-.19	.11	.04	-.26 – -.12	-.23	.10	-.42 – -.03
神経症傾向	16	22250	-.19	.04	.01	-.21 – -.17	-.23	.04	-.30 – -.16
孤独感	5	596	-.29	.13	.06	-.41 – -.18	-.34	.11	-.56 – -.13
主観的幸福感	9	19230	.20	.03	.01	.18 – .22	.25	.02	.21 – .29
自尊心	74	38275	.32	.06	.01	.30 – .33	.37	.05	.27 – .48
Rosenberg 尺度	53	34434	.31	.05	.01	.29 – .32	.36	.04	.29 – .44
その他の尺度	28	4941	.38	.10	.02	.34 – .41	.44	.09	.27 – .61

注) K：研究数，N：サンプル数，$\bar{r}$：母相関係数の推定値，SD_r：標本相関係数の重み付き標準偏差，SE：標準誤差，ρ_c：希薄化修正後の母相関係数の推定値，$SD\rho_c$：希薄化修正後の母相関係数の標準偏差

標として抑うつ，不安，神経症傾向，孤独感，主観的幸福感，および自尊心に注目して，相関係数を報告している論文を収集した。

表 8-2 は，自己愛傾向と心理的健康および自尊心との関連についてのメタ分析の結果である。全般的な心理的健康と自己愛傾向との母相関係数の推定値は .19 であり，95%信頼区間は .18 から .21 であった。希薄化修正後の母相関係数の推定値は .23 であり，95%確信区間は .15 から .31 であった。自尊心と自己愛傾向との間の母相関係数の推定値は .32 であり，95%信頼区間は .30 から .33 であった。希薄化修正後の母相関係数の推定値は .37 であり，95%確信区間は .27 から .48 であった。これらの結果から，第 1 に自己愛傾向全体は心理的健康とあまり関連しないこと，第 2 に自己愛傾向全体と自尊心は低い正の関連が見られると言える。

自己愛傾向に関する先行研究では，自己愛と心理的健康，自己愛と自尊心との関連についてさまざまな結果が報告されている。また理論的な面においても，これらの関連についてさまざまな主張がなされている。メタ分析によって先行研究を統合することは，これらの議論に一定の方向性を与えるという点で有効であると考えられる。

引用文献

安藤智子・無藤 隆．(2008)．妊娠期から産後 1 年までの抑うつとその変化：縦断研究による関連要因の検討．発達心理学研究, **19**, 283-293.

荒牧美佐子・無藤 隆．(2008)．育児への負担感・不安感・肯定感とその関連要因の違い：未就学児を持つ母親を対象に．発達心理学研究, **19**, 87-97.

石井秀宗．(2005)．統計分析のここが知りたい：保健・看護・心理・教育系研究のまとめ

方．東京：文光堂．

松尾太加志・中村知靖．(2002)．*誰も教えてくれなかった因子分析：数式が絶対に出てこない因子分析入門*．京都：北大路書房．

森田慎一郎．(2006)．大学生における職業の専門性への志向：尺度の作成と医学部進学予定者の職業決定への影響の検討．*発達心理学研究*, **17**, 252-262.

Mullen, B.(2000)．*基礎から学ぶメタ分析*（小野寺孝義，訳）．京都：ナカニシヤ出版．(Mullen, B. (1989). *Advanced BASIC meta-analysis*. Hillsdale, NJ: Lawrence Erlbaum Associates.)

岡田　涼．(2009)．青年期における自己愛傾向と心理的健康：メタ分析による知見の統合．*発達心理学研究*, **20**, 428-436.

坂上裕子・菅沼真樹．(2001)．愛着と情動制御：対人様式としての愛着と個別情動に対する意識的態度との関連．*教育心理学研究*, **49**, 156-166.

角谷詩織．(2005)．部活動への取り組みが中学生の学校生活への満足感をどのように高めるか：学業コンピテンスの影響を考慮した潜在成長曲線モデルから．*発達心理学研究*, **16**, 26-35.

豊田秀樹．(2007)．*共分散構造分析 [Amos編]：構造方程式モデリング*．東京：東京図書．

山内星子・伊藤大幸．(2008)．両親の夫婦関係が青年の結婚観に及ぼす影響：青年自身の恋愛関係を媒介変数として．*発達心理学研究*, **19**, 294-304.

第Ⅱ部
領域別の研究課題と研究法

第9章
認知発達の研究課題と研究法

林　創

　「認知発達（cognitive development）」は，発達心理学の中で最もさかんな研究領域の一つであるが，認知発達の研究が目指すべき核心は何であろうか。

　一般に，「認知」とは，学習・記憶・思考などの一連の情報処理のことであり，われわれはこうした処理によって，自分の置かれている環境について情報を得ることができる。しかしながら，認知の最も重要な点は「情報を処理すること」そのものではなく，「環境を制御すること」こそにある。なぜなら，個体が欲求を満たすには，環境を制御することが決め手になるからである。そのためには，環境に働きかけることでどのように変化するかについての理解，すなわち「因果（物事の原因と結果の関係）」についての知識が必要となる。それゆえ，認知発達とは広い意味で「因果についての知識獲得を可能にするプロセスの発達」のことを指すのである（Goswami, 1998/2003）。

　したがって，認知発達の研究課題とは，因果の知識獲得を可能にするプロセスの発達を明らかにするものであり，そのプロセスの発達をいかに正確にとらえるかが研究法の鍵となる。本章では，この考え方をもとに認知発達における研究課題と研究法を検討し，そこから得られる示唆をもとに，今後の発展の方向性を考えてみることにする。

第1節　認知発達の研究法の進展と変遷

1　ピアジェとその流れをくむ研究

　認知発達の研究課題の多くは，ピアジェ（Piaget, J.）の研究に始まる。ピアジェの研究方法では，課題に対する答えだけでなく，判断の根拠や理由が重視された。それらを分類し，子どもの「発達段階」をいくつかに区分した。ピアジェはこのような方法で，「自己中心性（egocentrism）」など，子どものさまざまな特徴や発

達過程を明らかにし，認知発達の研究に絶大な影響を与えたのである。

　しかしながら，ピアジェの研究法は，理由づけの発言が重視され，課題要求が高いものであった。また，実験手続きの細かな点が記されていなかったり，結果を統計的に分析していないため，結果をどこまで一般化できるかがよくわからないという問題も指摘されている（子安，1993）。実際に，認知発達の研究法が洗練されていくにつれて，ピアジェの研究に合わない結果が報告されるようになった。それゆえ，子どもの有能さを過小評価しているのではないかといった問題や，ヴィゴツキー（Vygotsky, L. S.）に代表されるように，社会的・文化的文脈の影響を軽視しているのではないかといった批判が現れた。

　こうした中，新たに生まれた認知心理学の「情報処理アプローチ（information processing approach）」に着目したのが，ケイス（Case, R.）やシーグラー（Siegler, R. S.）といった「新ピアジェ派（neo-Piagetian）」とよばれる研究者たちであった。情報処理アプローチの核心は，認知システムのモデルとしてコンピュータが有効であるという考えにあり，コンピュータを比喩的に用いる研究から，コンピュータ・シミュレーションで発達を明らかにしようとする研究まで幅広い立場で研究が進められた。

　このうち，認知発達の研究では，前者のコンピュータを比喩的に用いる研究が多い（湯川，1993）。そこでは，ワーキングメモリや長期記憶など情報処理システムの構成要素をもとに，処理容量や処理速度の発達的変化を考慮し，客観的な指標を用いて手続きを洗練させ，「時間計測分析」（反応時間から種々の情報処理の実行に必要な時間を検討する分析），「誤答分析」（子どもの概念理解を正誤のパターンに注目して検討する分析），「眼球運動分析」（視覚情報の処理過程を決定するために子どもが瞬間瞬間に見ている部分を検討する分析），「プロトコル分析」（問題解決方略をとらえるために子どもが話す言葉に注目して検討する分析）といった方法が確立した。これらの方法は，認知モデルの検証のために用いられ，単なる正答数や反応の速さではなく，課題間でのパターンの現れ方が重要とされ（Siegler, 1986/1992），概念や記憶の発達などで多くの成果を上げた。他方，後者のコンピュータ・シミュレーションで発達を明らかにしようとする研究では，人間の認知を神経細胞の発火に模して，コンピュータで再現する「コネクショニズム」が広く知られ，言語学習の発達などの分野で成果が上がっている（たとえば Elman et al., 1996/1998）。

　また，情報処理アプローチの進展と並行して，言葉によるやりとりが（十分に）できない乳児を対象に行う研究方法が次々と生み出された。2つの刺激を並べて，乳児がどちらの刺激を長く注視するかを観察する「選好注視法（preferential looking method）」や，同じ刺激を継続的に提示して慣れを起こしたあとに，別の刺激を提示して注意が回復するかどうかを観察する「馴化・脱馴化法(habituation-dishabituation method)」，不自然な事象に対して乳児の注視時間が増加する性質を使う「期待背反法（violation-of-expectation method）」により，乳児の認知能力が驚くほど豊かであることが明らかになった（たとえばGopnik, 2009/2010）。

2 進化心理学と脳科学の流入

情報処理アプローチを中心とした認知発達研究が隆盛をきわめていたところに，新たな影響を及ぼしたのが，「進化心理学（evolutionary psychology）」と「脳科学（brain science）」の進展であろう。発達心理学では，以前から「素朴理論（naive theory）」の存在が知られていた。素朴理論とは，体系的な教授なしに日常経験を通して獲得される知識のまとまりのことである。認知発達研究から，子どもは4～5歳頃までに，物の動きなどの因果を扱う「素朴物理学」，心の概念に関する因果を扱う「素朴心理学」，生き物のしくみなどの因果を扱う「素朴生物学」の3つについて，体系だった知識を有するようになると考えられた（稲垣, 1996）。

進化心理学の考え方は，これらの知見に合致する。進化心理学では，ある情報を処理することに特化した心的なメカニズムである「モジュール（module）」を基礎とした「領域固有性（domain specificity）」の存在を前提とするからである。つまり，思考様式や認知がいろいろな領域に区切られており，それぞれが独自の特徴や構造をもっていると仮定される（稲垣, 1996）。これに対して，ピアジェや新ピアジェ派の伝統的な理論は，本質的には「領域一般性（domain generality）」の考え方であり（Goswami, 1998/2003），思考様式が種々の内容を超えて適用される（演繹推論能力のような論理の発達が，あらゆる領域を理解するために適用される）と仮定される。現在では，物理的因果関係と心理的因果関係では理解する時期がちがうなど，領域固有性を支持する結果が次々と明らかになっている。

以上の研究は，主として正答率や反応時間などの「行動指標」から得られた知見である。このように認知発達研究は，手続きを洗練させ，行動指標の精度を上げることで，多くの知見を明らかにしてきた。しかし，表面上では同じことでも，内面では違ったことが起きている場合もあるかもしれない。それを正確にとらえるには，脳研究が必要となる。たとえば，主人公と向かい合っていると想定してどのように行動するかを問うような共感問題で，実験参加者が「思いやりの行動」を選択したとしても，共感しているときに活動するはずの脳の領域があまり活動していないとすれば，それは質的な違いを示す。つまり，人を思いやるよう

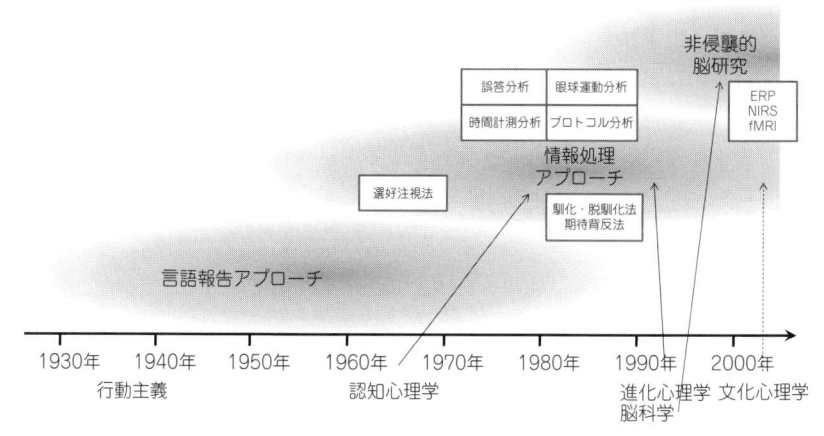

図9-1 認知発達を取り巻く学問と研究法の発展

な行動を「自動的に判断する場合」と,「意識的に考えて判断する場合」を分けて考える必要がある（坂井, 2008）。これは脳研究によって初めて識別可能となる。

近年,特定の刺激（＝事象）に対して決まったタイミングで起こる電位反応を記録し分析する「事象関連電位法（event related potentials：ERP）」だけでなく,ヘモグロビンの濃度変化から脳局所の血流を測定する「近赤外線分光法（near-infrared spectroscopy：NIRS）」,磁場を作り出して脳の血流を画像として撮影する「機能的磁気共鳴画像法（functional magnetic resonance imaging：fMRI）」といった非侵襲的手法（傷つけたり危険をともなわない方法）を用いて,子どもの認知に関する脳内基盤を検討する研究が続々と報告されるようになり,今後の発展が見込まれる。

第2節　研究課題と研究法の探索——「心の理論」研究を手がかりに

第1節では,認知発達全般にかかわる研究法の進展と変遷を概観した。本節では,現在の認知発達の中心的研究課題の一つである「心の理論」研究に焦点を当て,次節で検討する研究課題や研究法の探求の足がかりを示すことにする。

1　「心の理論」研究の進展

「心の理論（theory of mind）」とは,ある行動に対して,その背後に「何を思っているのか」（信念）,「何をしようとするのか」（意図）,「何を知っているのか」といった心の状態（mental states）を想定して理解する枠組みのことであり

(Premack & Woodruff, 1978），前述の素朴心理学に相当する。

　子どもが心の理論をいつ頃から獲得するかは，「誤信念課題（false belief task)」（たとえば Baron-Cohen et al., 1985；Wimmer & Perner, 1983）によって調べられる。この課題では，ある人物が物を場所 x に置いて出かけている間に，物が場所 y に移動する。子どもは，戻ってきた人物が物を探すのはどこか（どこにあると思っているか）と尋ねられる。多くの研究から，3歳頃までは物が今ある場所（y）を答えるが，4～5歳頃から他者の心を考慮した反応（x）をするようになる（Wellman et al., 2001）。ただし，文化差があり，たとえば日本の子どもではやや遅れるといわれている（たとえば Naito & Koyama, 2006）。また，クレメンツとパーナー（Clements & Perner, 1994）は，視線を指標に加え，場所 x と y のどちらに最初に目を向けるかを記録したところ，2歳11カ月以上の子どもは，言語反応で間違った回答（y）をしても，多くが正しい場所（x）を最初に見ることを報告した。これは，意識的な認識や言語反応を必要としない点で「潜在的課題」であり，誤信念の「顕在的理解」に先立ち，すでに潜在的な知識が発達していると考えられた（Bjorklund & Pellegrini, 2002/2008）。

　心の理論の獲得に関して，大きく2つの解釈がある（たとえば Gazzaniga, 2008/2010）。第1は，子どもが成長するにつれて，心とはどういうものなのかという「概念変化（conceptual change）」が起きると考えるものである。第2は，子どもは心の理論に関する機能（モジュール）を生得的にもっているというものである。

　誤信念課題を使った研究（Wimmer & Perner, 1983）が1983年に報告されてから20年ほどは，通常の誤信念課題を子どもに実施すると，3歳頃までは正答率が低いことが繰り返し報告され続けたことから，概念変化に沿った解釈が広がっていたように思われる。衝動性をもとに「実行機能（executive function）」の重要性を指摘した研究が，たとえばラッセルらにより報告された（Russell et al., 1991）ものの，どちらかといえば概念変化の考え方の前に埋もれていた。しかしながら，21世紀に入ってから，カールソンらの一連の研究（たとえば Carlson et al., 2002）が突破口の一つとなり，実行機能の発達が心の理論の発達にとって重要であることがさかんに議論されるようになった（森口，2008）。これは，認知心理学の研究の進展により，「実行機能」の構成要素が明らかになってきた（たとえば Miyake et al., 2000）ことや，発達研究にも積極的に多変量解析を行うことで，実行機能の要素とされる「抑制制御（inhibitory control）」や「ワーキングメモリ（working memory）」の成績と誤信念課題の成績との相関が高いことが繰り返し報告されたことから，一気に進展したのである（たとえば小川・子安，2008）。

2 新たな研究

こうした研究成果が広がりつつある中，従来の知見を一変する研究報告が出現した。オーニシとベイラージョン（Onishi & Baillargeon, 2005）は，生後約15カ月児を対象に，誤信念課題に類似させた課題を「期待背反法」で実施した。この研究では，視線がわからないようにバイザーをつけた大人が子どもと向かい合い，2人の間に緑色と黄色の箱が置かれた。正信念条件では，大人と子どもの両方が，スイカが緑色の箱（x）から黄色の箱（y）に移動するところを目撃したが，誤信念条件では，衝立が現れ，子どもだけがスイカの移動を目撃した。それゆえ，正信念条件では，大人は「スイカが黄色の箱（y）にある」と思っているが，誤信念条件では，「スイカが緑色の箱（x）にある」と誤って思っていることになる[1]。

その後，（誤信念条件では衝立が除かれ）大人が黄色もしくは緑色の箱に手を伸ばしてスイカを取ろうとする場面を子どもに見せて，どちらの場面に対して注視時間が長くなるかを調べた。その結果，正信念条件では，大人が黄色よりも緑色の箱に手を伸ばしている場面の方をより長く注視したが，誤信念条件では，大人が緑色よりも黄色の箱に手を伸ばしている場面の方をより長く注視した。いずれも，不自然（期待背反）な場面の方を有意に長く注視したのである。

このように，言語反応を求めないことで抑制制御の必要性を弱める[2]と，従来知られていた4～5歳をはるかに下回る年齢で，誤信念を理解しているかの様子を示す知見は追認され（たとえばSouthgate et al., 2007），近年では，心の理解に関して生得的な基盤があるのではないかという説も有力となりつつある（たとえば

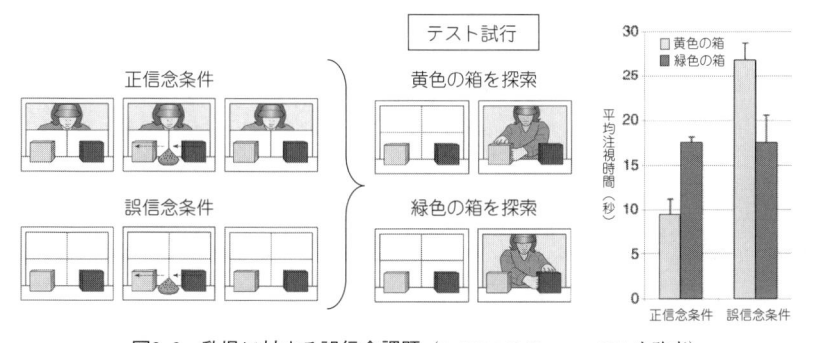

図9-2 乳児に対する誤信念課題（Onishi & Baillargeon, 2005 を改変）

---

[1] 実際には，正信念条件を2つと誤信念条件を2つの合計4条件で構成され，実験が実施されたが，いずれもより不自然な方を長く注視した。
[2] 視線であれば他者（ここでは大人）の誤信念を表象する（イメージする）だけですむが，質問に言葉で答える場合，他者の誤信念にアクセスしつつ自分の知識と比較して，自分の知識の方を抑制する過程が必要になる（Baillargeon et al., 2010）。

第9章 認知発達の研究課題と研究法

Baillargeon et al., 2010)。この解釈では，4～5歳になるまで通常の誤信念課題に正答できない理由は，誤信念を理解できないというよりはむしろ，抑制を制御する実行機能の未熟さが関係しているとされる。すなわち，抑制制御が4～5歳頃に大きく発達することで，反応選択を制御し，誤信念課題に正答できるようになる（Siegal, 2008/2010）。抑制を中心とした実行機能の成熟を重視するこの解釈は，なぜ誤信念課題に正答できる時期に文化差があるのか（たとえば Naito & Koyama, 2006）といった未解決の問題に対して，より強く説明できるものになるかもしれない。

第3節　認知発達研究を発展させるために

1　研究課題の探求

　第2節では，ある研究課題がどのような研究法を使いながら進展するものかを，「心の理論」研究をもとにまとめた。これは一つの研究領域にすぎないが，この中に研究を進展させる手がかりをさまざまな形で見ることができるだろう。

　第1に，「心の理論」研究は，過去約30年にわたる多くの研究により，関連研究を含めて背骨ができている。第2に，オーニシとベイラージョンによる従来の知見を大きく変えた研究（Onishi & Baillargeon, 2005）であるが，視線に着目すれば誤信念の理解を調べられるはずだというアイデアは，クレメンツとパーナーの研究（Clements & Perner, 1994）から，少なくとも部分的にはヒントを得ていると思われる。同様に，心の理論と実行機能の関連性についても，カールソンらの研究（Carlson et al., 2002）によって大きく進展する以前に，ラッセルらによる先駆けとなる研究など（たとえば Russell et al., 1991）が存在した。第3に，これらの新しい研究は，乳児の研究法が洗練されたり，実行機能の研究が進展することによって実現したものといえるであろう。

　ここからわかることは，突破口となる新たな研究が生まれるには，「①関連研究を含めて背骨がしっかりしている」こと，「②先駆けとなる研究がある」こと，そして，目標を取りだすための関連研究の進展や新たな研究手法の出現など「③環境面で機が熟す必要がある」ことが揃うことが重要であるといえよう。これを逆にみると，現在の認知発達に関する研究課題を進展させる一つの方法は，少なくとも関連研究を含め背骨を確立し，先駆けとなるが当時の研究環境では不十分であった研究を洗い直して着目することである。研究を大きく進展させるヒントは，実はすでに発表されている研究の中に隠れているのかもしれない。

それでは，具体的にどのような研究課題が今後必要とされるだろうか。本章の冒頭で，認知発達の研究課題とは「因果の知識獲得を可能にするプロセスの発達を明らかにするもの」と記した。それゆえ，単にある課題を明らかにする（例：■歳に，●ができるようになる）研究ではなく，背景として，研究課題を「因果に注目する傾向」に関連づけて説明できるようにする（例：■歳に，●ができることは，▲の因果の理解が鍵となる）ことが重要であろう。

　さらに，人間は発達によって，単に「因果を理解する」ようになるだけでなく，「『因果を理解している』ことを理解する」こともできるようになる。これは「メタ認知（metacognition）」のことであり，人間らしい認知を表す能力として重要視されている。第2節で紹介した「心の理論」研究を例に挙げると，15カ月児でも誤信念を理解する（Onishi & Baillargeon, 2005）という知見は大きなインパクトを与えた。これは乳児でも心の領域に関する因果を「自動的」に認知できる可能性を示唆するが，メタ認知ができているわけではないであろう。これに対して，4～5歳頃に通常の誤信念課題に正答できるようになるのは，心の領域に関する因果の知識をメタ認知し，「意識的」に使う（言語で説明できる）ようになるからである。このようにメタ認知という観点から，潜在と顕在のレベルを超えて，認知能力の質的違いを検討できることを考えると，認知発達のどのような研究課題に焦点を当てたとしても，メタ認知との関連を意識しておくことが，研究の発展にとって重要であると思われる。

2　研究方法の探求

　発達の理論は，研究者が「何が発達するのか」についての研究で得た情報をまとめ上げるものだと考えられる。しかし，「何が発達するのか」についての研究結果が一般に安定しているのに対して，特定の結果が「何を意味するのか」については，さまざまな説明（「なぜ」）ができる（Goswami, 1998/2003）。それゆえ，単に何が発達するのかだけではなく，何を意味するのかを考えることが重要である。このためには以下のような点が鍵を握ると思われる。

　第1に，脳科学技術など最新の研究手法をうまく利用することである。第1節でまとめられたように，技術の進展により，近年では乳幼児を対象とした脳科学研究が増大し，視線などの行動指標だけではわからなかった認知発達の様相が明らかになりつつある。2010年時点では，fMRIを幼児に適用した研究は少ない。これは，密閉された空間で轟音にさらされ，頭を動かさないようにじっとしていることが子どもには難しいためである。そこで，キャップ式で脳の血流量を測定

するNIRSを使った発達研究の方が多い。ただし，NIRSでは，比較的脳の表面に近い部分の計測となるので，脳の深い部分の活動の計測は難しい。しかし，こうした問題も今後の技術の進展により解決され，これまで行動指標だけで得られていた知見を覆すような報告も現れてくることだろう。この点は，先述の「環境面で機が熟す必要がある」という点につながり，研究者は常に新しい研究手法にアンテナをはっておくことが大切である。

また，脳研究は，行動指標を使った研究に対して「裏付け」と「予測」ができるという点でも重要である。課題間で相関が見られた際に，脳の共通部分が活動していたことがわかれば「裏付け」となり，研究をより説得力のあるものにできるかもしれない。また，能力間の未知の関連を探求する際にも，脳活動の共通部分に注目することで，ある程度の「予測」は可能かもしれない。

第2に，進化心理学などの包括的なメタ理論的考え方を利用することである。第1節で記したように，進化心理学は発達心理学に，それまでの見方を変える大きな影響を与えた。進化の視点を入れることで，「何が発達するのか」だけでなく，その発達の説明（「なぜ」）が少なくとも一部は可能になったからである。

その際，進化心理学の考え方を単純に援用するだけでは，認知発達の問題を十分には解決できないかもしれない。この点で，ビョークランドとペレグリーニ（Bjorklund & Pellegrini, 2002/2008）などが提唱する「進化発達心理学」は，進化心理学の中心仮説と多少見方を異にしており，より優れた研究方法のヒントとなりうるかもしれない。進化心理学では，われわれの祖先が古代の環境において繰り返し直面した特定の問題に対応するため，領域固有のメカニズムが自然淘汰によって形成され進化したとする。進化発達心理学は，基本的にはこれに同意しつつ，領域一般的な情報処理メカニズム（ワーキングメモリや処理速度など）も同様に自然淘汰によって形成されたと考えている。これは新ピアジェ派の研究に通じるところがあるだろう。

ただし，進化的視点で考える際は，ある形質が現時点で特定の適応的意味をもつことが，その形質が適応的意味をもたらすような選択圧に起源をもつことを必ずしも意味するわけではないことに注意が必要である。仮に研究課題として「他者の意図性」に焦点を当てたとしても，社会化という淘汰圧に起源をもつと決めてかかることはできないのである（橋彌，2007；Sperber, 1996/2001）。

このような包括的な理論の考え方を用いる利点は，進化心理学だけでなく文化心理学（cultural psychology）などにも当てはまると考えられ，今後の認知発達の研究には，文化心理学の考え方も大きな影響を与えることであろう。

第 3 に，子どもへの質問の仕方を洗練させることである。これは単純すぎるがゆえに見落としやすい点である。シーガル（Siegal, 2008/2010）によれば，さまざまな領域におけるテストで間違えると見えるかなりの部分は，質問を解釈する子どもの能力の限界を反映しているとされる。語用論的な研究の成果等も踏まえ，子どもの理解を判断するための適切な質問と文脈を見つけることで，より正確に子どもの認知発達を探求できるようになるであろう。

3　発達を検討していくうえでの注意点

　次に，認知発達研究を進めていくうえで注意すべき点を考えてみたい。第 1 に，子どもの認知能力を「純粋に調べる」のは難しい（Goswami, 1998/2003）。実験心理学の伝統的な手法をとると，知識の影響を受けないように（統制して）なじみのない課題を使って，「純粋な推論」や「純粋な記憶能力」を測定しようとする。しかし，このような方法を取ると，子どもの認知能力は過小評価されてしまう傾向がある（ピアジェの研究成果にも，これに似た問題が含まれていたと考えられる）。ところが，子どもがなじみのある文脈に沿って課題を提示すると，正答率が大きく上昇することがある。このように認知課題には文脈の効果があり，精密な実験をすればするほど「何が発達するのか」の測定から離れ，「知識の測定」をしていることになるかもしれないという問題が残るのである。

　第 2 に，検討したい研究対象が，日常的にどのような意味をもつものであるかを意識しておくべきである。人間の認知を動物と比較し検討する「比較認知科学」では，「している」ことと「できる」ことの違いがしばしば問題になる（友永，2001）。「している」を探るタイプの研究では，必要最低限の実験的操作の中で動物が示す行動を詳細に分析し，その行動の基盤となる認知機能を引き出すことで研究が成立する。これに対して，「できる」を探る研究では，通常は用いていない手がかりを動物が利用できるためにはどのような環境操作が必要か，ということを実験操作によって細かく調べていくというタイプの研究がなされる。子どもの認知発達を探る研究でも，この違いに似た問題を意識しておく必要がある。行動的には大人と類似した現象が見られたとしても，訓練や学習によって形成（合成）されて「できる」ようになった子どもの行動は，大人と同じようには解釈できないかもしれない。表層的な行動の一致を超えて，その背後にある処理過程の同定と評価という作業が重要になるだろう。

　この点については，脳画像研究など，内面を調べる手法が有益かもしれない。もし，大人の「している」行動と子どもでも「できる」行動のときの脳活動が一

致しないとすれば，両者は質的に別と考えていく必要があるだろう。

4　本質をおさえることの重要性

　第1～2節でまとめられたように，認知発達の研究は，その時代の新しい研究法を常に取り入れながら，進展してきたことがわかる。しかし，いつの時代も最も大事なことは，新たな研究法にあるのではなく，調べようとする認知システムの発達をいかに「正確に」とらえられるかという妥当性と信頼性の高さにある。すなわち，科学技術や学問の進展によって研究法がいかに新しくなろうとも，本質を忘れてはならないということである。

　認知発達研究において，その本質は，やはり行動指標に基づく精緻な実験計画にあると思われる。実験計画がしっかりしていて，はじめて脳画像研究などの新たな手法の結果が意味をもち，適切な解釈が可能になる。その意味で，ピアジェに始まる認知発達研究が，その歴史を通じて生み出してきたさまざまな洗練された研究法，すなわち行動指標を中心とした実験心理学的な研究法は，色あせることはなく，その重要性は今後も変わらないと考えられるのである。

引用文献

Baillargeon, R., Scott, R. M., & He, Z.（2010）. False-belief understanding in infants. *Trends in Cognitive Sciences*, **14**, 110-118.

Baron-Cohen, S., Leslie, A., & Frith, U.（1985）. Does the autistic child have a "theory of mind"? *Cognition*, **21**, 37-46.

Bjorklund, D. F., & Pellegrini, A. D.（2008）. 進化発達心理学：ヒトの本性の起源（無藤　隆，監訳／松井愛奈・松井由佳，訳）. 東京：新曜社．（Bjorklund, D. F., & Pellegrini, A. D.（2002）. *The origins of human nature: Evolutionary developmental psychology*. Washington, D. C.: American Psychological Association.）

Carlson, S. M., Moses, L. J., & Breton, C.（2002）. How specific is the relation between executive function and theory of mind? Contributions of inhibitory control and working memory. *Infant and Child Development*, **11**, 73-92.

Clements, W. A., & Perner, J.（1994）. Implicit understanding of belief. *Cognitive Development*, **9**, 377-395.

Elman, J. L., Bates, E. A., Johnson, M. H., Karmiloff-Smith, A., Parisi, D., & Plunkett, K.（1998）. 認知発達と生得性（乾　敏郎・今井むつみ・山下博志，訳）. 東京：共立出版．（Elman, J. L., Bates, E. A., Johnson, M. H., Karmiloff-Smith, A., Parisi, D., & Plunkett, K.（1996）. *Rethinking innateness: A connectionist perspective on development*. Cambridge, MA: MIT Press.）

Gazzaniga, M. S.（2010）. 人間らしさとはなにか？（柴田裕之，訳）東京：インターシフト．（Gazzaniga, M. S.（2008）. *Human: The science behind what makes us unique*. New York: Ecco/Harper Collins.）

Gopnik, A.（2010）. 哲学する赤ちゃん（青木　玲，訳）. 東京：亜紀書房．（Gopnik, A.（2009）. *The philosophical baby: What children's minds tell us about truth, love, and the meaning of life*. New York: Farrar,

Straus and Giroux.)

Goswami, U.（2003）．子どもの認知発達（岩男卓実・上淵　寿・古池若葉・富山尚子・中島伸子，訳）．東京：新曜社．(Goswami, U.（1998）. *Cognition in children*. East Sussex, UK: Psychology Press.)

橋彌和秀．（2007）．発達の進化：乳児の「有能性」の先にあるもの．南　徹弘（編），朝倉心理学講座：*3* 発達心理学（pp.79-94）．東京：朝倉書店．

稲垣佳代子．（1996）．概念的発達と変化．波多野誼余夫（編），認知心理学：*5* 学習と発達（pp.59-86）．東京：東京大学出版会．

子安増生．（1993）．ピアジェ課題．無藤　隆（編），別冊発達：*15* 現代発達心理学入門（pp.170-180）．京都：ミネルヴァ書房．

Miyake, A., Friedman, N. P., Emerson, M. J., Witzki, A. H., Howerter, A., & Wager, T.（2000）. The unity and diversity of executive functions and their contributions to complex "frontal lobe" tasks: A latent variable analysis. *Cognitive Psychology*, **41**, 49-100.

森口佑介．（2008）．就学前期における実行機能の発達．*心理学評論*，**51**，447-459．

Naito, M., & Koyama, K.（2006）. The development of false-belief understanding in Japanese children: Delay and difference? *International Journal of Behavioral Development*, **30**, 290-304.

小川絢子・子安増生．（2008）．幼児における「心の理論」と実行機能の関連性：ワーキングメモリと葛藤抑制を中心に．*発達心理学研究*，**19**，171-182．

Onishi, K. H., & Baillargeon, R.（2005）. Do 15-month-old infants understand false beliefs? *Science*, **308**, 255-258.

Premack, D., & Woodruff, G.（1978）. Does the chimpanzee have a theory of mind? *Behavioral and Brain Sciences*, **1**, 515-526.

Russell, J., Mauthner, N., Sharpe, S., & Tidswell, T.（1991）. The "windows task" as a measure of strategic deception in preschoolers and autistic subjects. *British Journal of Developmental Psychology*, **9**, 331-349.

坂井克之．（2008）．*心の脳科学*．東京：中央公論新社（中公新書）．

Siegal, M.（2010）.*子どもの知性と大人の誤解：子どもが本当に知っていること*（外山紀子，訳）．東京：新曜社．(Siegal, M.（2008）. *Marvelous minds: The discovery of what children know*. New York: Oxford University Press.)

Siegler, R. S.（1992）.*子どもの思考*（無藤　隆・日笠摩子，訳）．東京：誠信書房．(Siegler, R. S.（1986）. *Children's thinking*. Englewood Cliffs, NJ: Prentice-Hall.)

Southgate, V., Senju, A., & Csibra, G.（2007）. Action anticipation through attribution of false belief by two-year-olds. *Psychological Science*, **18**, 587-592.

Sperber, D.（2001）.*表象は感染する：文化への自然主義的アプローチ*（菅野盾樹，訳）．東京：新曜社．(Sperber, D.,（1996）. *Explaining culture: A naturalistic approach*. Oxford, UK: Blackwell.)

友永雅己．（2001）．認知システムの進化．乾　敏郎・安西祐一郎（編），*認知発達と進化*（pp.1-36）．東京：岩波書店．

Wellman, H. M., Cross, D., & Watson, J.（2001）. Meta-analysis of theory-of-mind development: The truth about false belief. *Child Development*, **72**, 655-684.

Wimmer, H., & Perner, J.（1983）. Beliefs about beliefs: Representation and constraining function of wrong beliefs in young children's understanding of deception. *Cognition*, **13**, 103-128.

湯川良三．（1993）．認知発達の理論．湯川良三（編），新・児童心理学講座：*4* 知的機能の発達（pp.1-38）．東京：金子書房．

第10章
言語発達研究の課題と方法

針生悦子

　生まれたときには話をすることはおろか理解もできなかった子どもが，数年もすれば，周囲で話されている言語を自分でも話せるようになっていく。このプロセスを実現しているのは，どのような生得の能力で，どのような環境であり，それらの絡み合いなのか。これを解きほぐし，言語発達のプロセスを明らかにすることが，言語発達研究の課題である。以下では，母語獲得に最低限必要なステップとして，言語音声知覚の発達，語彙の獲得，文を作り理解する能力の発達，の3つを取り上げ，それぞれのプロセスについて，これまで何が問題とされ，どのような方法で検討されてきたかを概観する。

第1節　言語音声知覚の発達

1　単語聴取の手がかり

　これから母語を身につけていこうとしている子どもは，自分が耳にする発話の中にどのような要素が含まれているかということすら知らない。しかも，発話における音の流れは連続的であって，単語と単語のあいだにポーズがあるわけでもない。子どもはどのようにして発話の中の「決まった音のかたまり（単語）」を見つけ出していくのだろうか。

　この問題についての検討は，発話に含まれる単語を子どもが聴き取れているかどうかを調べる方法の開発により飛躍的に進んだ。その代表的なものが選好振り向き法（headturn preference procedure；Jusczyk & Aslin, 1995）である。この方法では，まず学習フェーズで，特定の単語を繰り返し聞かせ，そのあとのテストフェーズで，その単語が含まれる文章（ターゲット発話）と含まれない文章（非ターゲット発話）を聞かせたときで，子どもの反応を比較する。ここで子どもが，非ターゲット発話よりターゲット発話を明らかに長く聞こうとするなど，両者に対して

異なる反応を示すなら，ターゲット発話に学習フェーズで聞かされた単語が含まれていることに気づいたからだと見なせる。この方法により，ゼロ歳後半になれば子どもは，音素の遷移確率（transitional probability）や強勢（stress）などを手がかりとして，発話から単語を切り出していることが明らかになってきた。

　このうち，音素の遷移確率とは，ある特定の音のあとに別の音が続く確率のことである。この確率は単語内部では100%であるのに対し，単語と単語の境界ではそれより低くなる。少なくとも7カ月になれば子どもは，このような統計的手がかりを利用して発話から単語を切り出すことができる（Thiessen & Saffran, 2003）。また，英語圏の7カ月半の子どもは，強勢を単語の始まりの目印と見なしており，'doctor' のように第一音節に強勢がある2音節単語なら発話からうまく切り出す。その一方で，第一音節に強勢のない単語（たとえば 'guitar'）では，強勢のない最初の音節を落として 'tar' のように聴き取ってしまったりする（Jusczyk et al., 1999）。

　それにしても，英語圏の7カ月児が，一方で，音素の遷移確率を手がかりとできるにもかかわらず，他方で，'guitar' のような単語の切り出しに失敗してしまうのはなぜだろう。これは，ゼロ歳児の音素の聴き取りが，まだ不安定なものだからかもしれない。そもそも音素の遷移確率が正確に計算できるためには，（個人内あるいは個人間における発音のしかたの揺れを越えて）どこからどこまでが同じ音で，どれだけ違えば別の音と見なすべきかがわからなければならない。すなわち，音素のカテゴリーが定まっていなければならない。しかし，たとえば7カ月の子どもは，学習フェーズにおいて女性の声で聞かされた単語が，テストフェーズで男性の発話に出てきても見つけられなかったりする（Houston & Jusczyk, 2000）。このように音素の同定が不安定な時期にあって，子どもは，音素の遷移確率だけでなく，利用できそうな手がかりはすべて利用するということなのだろう。

　では，なぜそれが強勢なのだろう。英語では第一音節に強勢がある単語が多い（Cutler & Carter, 1987）ので，英語圏の子どもは，強勢はそこから単語が始まることの目印になると学習したのだろうか。日本語も育児語の多くは，「アンヨ」，「クック」のように第一音節を（特殊拍によって時間的に引きのばし）強調するリズムになっている（Mazuka et al., 2008）。そして，子どもたちも，このような育児語的リズムをもつ単語なら，そうでない単語より早期から聴き取っている（林・馬塚，2007）。一方，フランス語に強勢はなく，この言語を聞いて育つ子どもたちが発話から2音節単語を切り出せるようになるのは16カ月だという（Nazzi et al., 2006）。これは決して早くない。すなわち，強く発音される音節というのは，そ

もそも子どもにとって利用しやすい手がかりなのであって，言語がそのような手がかりを与えてくれるとき，子どもの学習は助けられるということのようだ。

2 音素を聞き分ける能力の発達

　英語ではLとRを区別するが，日本語環境で育った大人はたいていその違いがわからない。これは，生まれたときからこのような区別はできなかったし，学習する必要もなかったため，できるようにもならなかったということなのだろうか。それとも，生まれたときには，LとRも含めてあらゆる音素の区別ができていたのが，自分の母語では区別しない音の違いへの敏感さは次第に失われてしまったということなのだろうか。

　これまでに行われてきた多くの研究が，子どもはゼロ歳前半までは，母語で区別しない音素の違いにも敏感であるが，1歳頃になると母語で区別しない音素の違いには注意を向けなくなることを見いだしてきた (Kuhl et al., 2006；Polka & Werker, 1994；Werker & Tees, 1984)。たとえば，乳児が音素を区別しているかどうかを調べる方法の代表的なものに，条件づけ振り向き法 (headturn conditioning procedure) がある。この方法では，バックグラウンドで聞こえている音が明らかに変化したら（たとえば "da, da, da…" と聞こえていたものが "ki, ki…" に変わる），部屋のすみにある箱を見るよう子どもをあらかじめ訓練しておく[1]。そのうえで，たとえば聞こえてくる音が /la/ から /ra/ に変化したとき子どもがどれだけの率で箱のほうを見るか（検出率）を測定する。こうして調べてみると，母語で区別する音素の違いに対しては敏感な状態が保たれるか，いっそう敏感になっていくのに対し，母語で区別しない音素の違いの検出率は月齢とともに下がっていく。

　このように，母語で区別しない音素の違いへの敏感さは「失われ」，母語で区別する音素の違いへの敏感さは「保たれる」のだとすれば，たとえばバイリンガル環境で育つ子どもは，少なくとも一方の言語で区別する音素の違いには，発達のどの時期においても変わらず敏感であり続けるのだろうか。これについては，スペイン語とカタロニア語のバイリンガル環境で育つ子どもたちについての興味深い報告がある。

　カタロニア語では，日本語やスペイン語なら /e/ と一つにまとめてしまっている母音を，/e/ と /ε/ の2種類に区別する。そのため，カタロニア語だけが話

---

[1] 音が変わったときにその箱を見ると，中でおもちゃが踊っているのを見ることができるので，それが報酬となって，「音が変わったら箱を見る」反応が条件づけられる。

される家庭で育つ子どもは，4カ月のときも，8カ月になっても，これら2つの母音を区別する。一方，スペイン語だけが話される家庭で育つ子どもは，4カ月のときはこれらの母音を区別したのが，8カ月になると区別しなくなる。ではスペイン語とカタロニア語の両方が話される家庭で育つ子どもはどうかと言えば，4カ月のときには区別していたものが，8カ月になると区別しなくなり，12カ月になると再び区別するようになる（Bosch & Sebastián-Gallés, 2003）。

このようなU字型の発達プロセスを，スペイン語とカタロニア語というペア以外のバイリンガル環境で育つ子どももたどるのかについては議論がある（Sebastián-Gallés & Bosch, 2009；Sundara et al., 2008）。それでも，バイリンガル環境で育つ子どもの発達過程で，一方の言語で区別する音素の聞き分け能力が落ち込む時期が見られるということは，モノリンガルの子どもでは，母語で区別する音素の違いに対する敏感さは，ゼロ歳前半から1歳まで変わらず保たれているように見えて，実はこの「区別」を支えているメカニズムは途中で大きく変化していることを示唆する。おそらく，ゼロ歳前半の「敏感さ」とは，音素カテゴリーができあがっていないための不安定な音の知覚の裏返しであるのに対して，1歳以降も保たれる「敏感さ」とは，母語における音の分布に応じて音素カテゴリーが形成された結果としての，確実な検出能力なのである（子どもの音素聞き分け能力が，耳にする音素の分布状況に影響されることについては，Maye et al., 2002 を参照）。

第2節　語彙の獲得

1　語彙爆発と語意推論バイアス

多くの子どもが，1歳近くになると最初のことば（初語）を発する。しかし，それからしばらくのあいだ，子どもが話すことのできる単語の数は，月に5語程度といった，非常にゆっくりとしたペースでしか増えていかない。また，このころの子どもの単語の使い方は独特である。たとえば，ある子どもは，ぬいぐるみの白い犬を見て「ニャンニャン」と言ったあと，「ニャンニャン」の適用対象を，実物の犬だけでなく，猫や白熊などの動物一般，さらには，白い毛糸や毛布，黒い紐のふさにまで拡張した（岡本，1982）。たしかにこれらの対象はどれも，もとの命名対象（ぬいぐるみの白い犬）と，何かしら共通点がある。しかし，大人は，同じ一つの単語で，事物の名前だけでなく，属性（それも〈白い〉や〈ふんわりした〉など複数の属性）も指示するようなことはしない。このように子どもは，語彙獲得の最初期には，何が似ていれば同じ単語を適用してよいのかがまだよくわ

からず，試行錯誤しているようだ。

　ところが，話すことのできる単語の数が50-100を超えたあたりから，子どもの語彙獲得は急にスピードアップする（図10-1）。この現象は語彙爆発（vocabulary spurt）と呼ばれる。この時期になると，子どもはそれこそたった一度，誰かが新しい単語を使うのを目撃しただけで，次からは自分でも正しくその単語を使っていくようになる（即時マッピング）。そもそも，単語が何かの対象に結びつけられただけでは，その単語は，その対象の何を指すのか（部分か全体か，それとも属性か），ほかの対象に拡げて使ってもよいのか，よいとすればそれはどういう基準でか，ということまではわからない。だからこそ，子どもも話し始めのころは，単語の使い方をめぐって試行錯誤していたのである。それが，このようにして導入された単語はおおよそこのような種類の概念に対応する，ということがわかってくると，それをバイアス[2]として用い，新しい単語の意味をすばやく的確に推論できるようになる。それで，このような爆発的な勢いでの語彙獲得が可能になるのだと考えられている。

　では，子どもは具体的にどのようなバイアスを用いて，初めてであった単語の意味を推論しているのだろうか。これについては，事物全体バイアス（Markman, 1989），形バイアス（Imai et al., 1994；Landau et al., 1988），相互排他性バイアス（Markman, 1989）などが指摘されている。すなわち，新しい単語を耳にしたら子どもは，事物のカテゴリー名はただ一つという原理（相互排他性バイアス）にもとづき，その命名対象として自分がまだ名前を知らない事物を探し，事物全体バイアスにもとづき，その単語をその事物の部分や属性ではなく全体に結びつけ，さらに形バイアスにより，その単語は（固有名詞ではなく）ほかの形が似た事物にも拡張できると考える。

　子どもが単語の意味を推論するときこれらのバイアスに従っていることは，次のような方法で確かめられてきた。たとえば，相互排他性バイアスの場合は，子どもの前に，名前のわかっている事物と，まだ子どもが名前を知らない事物を並

---

[2] バイアス（bias）とは，もともと処理の偏りのことを言う。単語の意味の学習においては，「ニャンニャン」のケースで見たように，単語と対象が結びつけられただけでは，本来なら，その単語がその対象の「名前」なのか，なんらかの属性を指すのか，といったことは定まらず，その単語の意味については多くの可能性を考えることができるはずである。にもかかわらず，子どもはある時期から，単語が対象に結びつけられたら，特定の可能性（たとえば「その単語はその対象のカテゴリー名である」）を優先しほかの可能性は度外視するようなやり方で，効率よく単語の意味を推論するようになっていく。このように何らかの基準によって考慮すべき可能性の範囲を狭め効率よく答えを出していくような推論を，バイアスに導かれた推論，また，その基準となる原理のことをバイアスと呼ぶ。

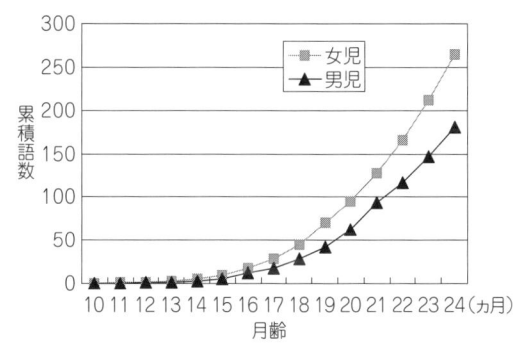

図10-1　子どもの産出語彙の増加（50 パーセンタイルの推定値）
（小椋・綿巻，2004，綿巻・小椋，2004 より作成）

べ，新しい単語を呈示し，その単語の指示対象はどちらであるかを問う。ここで名前のわかっている事物を新しい単語の指示対象だとすることは，この事物に2つの名称を認めることになり，相互排他性バイアスに反する。そして実際にこのような場合，子どもは，その新しい単語は自分がまだ名前を知らない方の事物を指すと答える（針生，1991；Markman & Wachtel, 1988）。

　また，形バイアスの場合には，事物（命名対象）を示して新しい単語を導入したあと，その命名対象と形は同じだが素材や色などは違う事物，素材は同じだがほかの点では異なる事物などを用意して，どの対象になら子どもはその単語を適用するかを検討する（単語拡張課題）。このような方法を用いることによって，子どもは，事物を指して導入された単語は，基本的にほかの対象にも拡張可能なカテゴリー名であると考えており（Imai & Haryu, 2001），拡張するときにはその基準として形の類似性を重視すること（Haryu & Imai, 2002；Imai et al., 1994；Landau et al., 1988）などが確かめられてきた。

　さらに，これらの語意推論バイアスはどのような起源をもつのか，すなわち，生得なのか，それとも学習されるのかについても議論が展開されてきた。最初にこのような考え方を提案したマークマンは当初，「バイアス」ではなく「制約」ということばを使い，これらの推論バイアスは，人間に生得的に備わっているのではないかとしていた（Markman, 1989）。しかし，そもそも大人が事物を見て最初に口にするのはたいていその基礎レベルのカテゴリー名（Rosch et al., 1976）であって，このレベルにおいて，カテゴリーの成員どうしは互いに形がよく似ており，それぞれのカテゴリーはただ一つの名称をもつ。このように大人による事物への命名のしかたは，子どもが用いるようになるバイアスとよく対応している。

また，事物を指して導入された新しい名詞を，もとの命名対象と形が似ている対象に限って拡張しようとする傾向（形バイアス）は，子どもの名詞語彙が50を越えたあたりで一気に強まる（Gershkoff-Stowe & Smith, 2004）。これらのことから，語意推論バイアスは，生得というより，子どもが個々の単語の意味を学習しながら，一段上のより抽象的なレベルで，そもそも単語というものはどのような概念に対応しているのかについても分析を進め抽出すると考えたほうがよいように思われる。

2　単語の種類の区別

　上で見た，事物全体バイアスや形バイアスは，単語を事物のカテゴリー名と見なすよう子どもを方向づけるものだ。もっとも，子どもが学ばなければならないのは事物の名称ばかりでないはずである。子どもは，爆発的な勢いで語彙を増やしていくとき，これらのバイアスのために，あらゆる単語を事物の名称と見なしてしまうような誤りをおかしているのだろうか。

　確かに，2歳になったか，ならないかくらいの子どもに，隣家の犬のことを「ロンチャン」だと教えたら，犬はすべて「ロンチャン」になってしまった，というエピソードは珍しくない。とくに日本語では，カテゴリー名（普通名詞）と固有名詞を文法的に区別しない[3]ので，まだ名前を知らない事物を指して新しい単語が言われたら，すぐにバイアスを適用して，その単語を（それが固有名詞だという可能性はあまり考えずに）その事物のカテゴリー名と見なしてしまうのは無理もないことかもしれない。しかし，動詞や形容詞は，日本語でも名詞とは文法的に区別して扱われる。たとえば，直後に助詞がつくのが名詞だとすれば，独特の活用語尾がつくのが動詞である。このような文法的手がかりを使って，いま耳にした新しい単語がそもそも名詞（カテゴリー名）なのか，そうでないのかを区別することができれば，子どもも，語意推論バイアスの適用はその新しい単語が名詞だった場合に限定し，あらゆる単語をすべて事物の名称と見なすようなことはしていないだろう。では，子どもはいつごろから，このような文法的手がかりを用いて単語の種類を区別するようになっているのだろう。

　これを乳児で調べるためには，期待背反法（violation-of-expectation method）を用いることができる。この方法では，まず学習フェーズで，前提となる情報（標準事象）を繰り返し呈示しておき，テストフェーズでは，その標準事象を変化させ

---

[3]　これに対して英語では，普通名詞には冠詞をつけるが，固有名詞にはつけない，というようにして，普通名詞と固有名詞を文法的に区別して扱う。

たものを何種類か作成し呈示する。テストで呈示するこれらの"変化"の中には，前提となる情報から（正しい知識にもとづけば）当然導かれるような変化（可能事象）もあれば，そうでないもの（不可能事象）もある。可能事象も不可能事象も，標準事象と同じでないという点では，当然子どもの注意を引くだろう。それでも，子どもに正しい知識があれば，可能事象より不可能事象に驚く，すなわち，より長く注意を向けると予想される。

　この方法を使って，子どもが名詞を動詞と区別できているかを検討するには，具体的に次のようにすればよい。まず，学習フェーズで，「これはヌサ[4]が好きな貝。ヌサが喜ぶといいね」（標準刺激）のような発話を繰り返し聞かせておき，テストフェーズでは，「ヌサをごらん？　ヌサは何をしてる？」（名詞テスト刺激）を聞かせた場合と，「ヌサらないの？　ヌサってみたら？」（動詞テスト刺激）を聞かせた場合で，聴取時間を比較する。もし子どもが，標準刺激を聞いているとき「ヌサ」を名詞（この単語のあとには「が」の代わりに「は」や「を」が来てもよい。これはそういう種類の単語だ）と考えていたら，動詞テスト刺激に驚き，したがって聴取時間も，名詞テスト刺激よりは動詞テスト刺激に対して長くなると予想される。こうして調べてみると，15-16カ月児では，2つのテスト刺激に対する聴取時間に差は見られなかったが，17-18カ月児は名詞テスト刺激より動詞テスト刺激に明らかに長く注意を向けた（針生・梶川，2009）。

　ここから，日本の子どもは1歳半になれば，あとに助詞がつくということを手がかりに，名詞とそれ以外，すなわち，事物の名称と考えてよい種類の単語（名詞）とそうでない単語とを区別していることがわかる。とすれば，語彙爆発期の子どもはおそらく，語意推論バイアスを名詞の意味を推論するときだけに限定して用いているのであって，あらゆる単語を事物の名称と見なすようなことはしていない。もっとも，新しい単語が名詞でないことがわかったとしても，その意味を正しく推論するためには，その「名詞でない」単語の種類を見きわめ，その種の単語に対応した概念を対応づけなければならない。したがって，名詞以外の単語についてもすばやく適切な意味を推論できるようになるまで，子どもはそこからさらに長い道のりを行かなければならないのではあるが（名詞だけでなく動詞や形容詞など，多様な語彙の学習に子どもがどのように取り組んでいるかについては今井・針生，2007を参照）。

---

[4]　ここでは，子どもが初めて耳にした単語をどのようにとらえるかを調べるため，意図的に「ヌサ」のような日本語に実在しない単語を用いている。

第3節　文を作り理解する能力の発達

1　文法の生得性をめぐる議論

　話し始めのころの子どもの発話は，一度に一つの単語を言う（一語発話）といったものである。それが，爆発的な勢いで単語を覚えていくころになると，複数の単語をつなげた発話（多語発話）が増えてくる（Anisfeld et al., 1998）。もちろん，単語をいくつかつなげることで，一語発話のときより伝えたいことを正確に表現できるためには，単語の並べ方が，その言語の話者たちのあいだで共有されているルール（文法）に従ったものになっていなければならない。しかし，このルールは，非常に複雑である。また，子どもが耳にする発話はすべてが文法的に正しいとは限らず（途中で切れてしまうことも珍しくない），大人は子どもが文法的に間違った発話をしてもほとんど直さない（Brown & Hanlon, 1970）。それでも，このように複雑なルールを身につけられるからには，子どもは生まれつきその雛形になる知識を備えているのではないか。これがチョムスキー（Chomsky, N.）に始まる，生得の文法知識（普遍文法）を想定する立場である。

　この考え方をめぐる論争で，具体的に論点となってきたことは，単語の並べ方についての子どもの理解は，どれだけ早期から抽象的なものになっているか，ということだった。というのも，普遍文法はあらゆる言語に通じる文法のエッセンスにすぎないので，個別言語を身につけるために子どもはそのエッセンスとその言語における実現のされ方とを対応づけなければならないのだが，この対応づけさえできれば，子どもはそのルールを一挙にあらゆるケースに応用可能な（という意味で抽象的な）ものとして使いこなすようになる，と生得の文法知識を想定する立場では予想するからである。たとえば，'hit' という単語を例としてSVO（主語‐動詞‐目的語）構造の文が使えるようになった子どもはすぐに，この構造を，SがOに働きかける場面を記述するほかの動詞でも使えるようになるはずだ，というわけである。

　このように，子どもが早期から文構造についての抽象的な理解を示すなら，それは生得の文法知識の存在を示唆する証拠になると考えられてきた。一方，子どもの初期の文の作り方についての知識が単語ごとの具体的なものであり，抽象的な知識の獲得までに時間がかかっているようであれば，それは，子どもが時間をかけて具体的な事例から抽象的なルールを学習していることの証拠となる。では，これまで実際に，この点に関して，どのような知見が得られてきただろうか。

2　産出に注目した研究

　自分の娘の1歳から2歳になるまでの発話を分析したトマセロは，この時期，娘はある特定の動詞をある特定の構造で使えるようになっても，なかなか，その同じ構造にほかの動詞をあてはめて使うようにはならなかったと報告している（Tomasello, 1992）。すなわち，動詞をほかの単語とどのようにつなげて用いるかは，動詞ごとに決まっている，という状態が長く続いたのである。ここから，トマセロは，子どもの単語のつなげ方に関する理解とは初めのころ，動詞ごとの具体的な知識が（互いに関連づけられることなく）島のように存在するだけのものであって，このような動詞の事例が多数蓄積されたところでやっと（たいていは3歳以降に）抽象的な文構造についての知識が抽出されるのではないかとした。そして，この自らの考えを「動詞-島」仮説と呼んだ。

　この知見は，文法は時間をかけて学習されるという考えを支持するものと見なせる。しかし，産出は，自分で発話を計画し実行しなければならないところなど，子どもにとって負荷が高い。また，子ども自身，慎重で，特定の動詞で使われていた構造をすぐにほかの動詞にもあてはめて使うようなことはしたがらないようでもある。結果として，子どもの産出だけを見ていると，その能力を過小評価することになるかもしれない。では，理解の側からアプローチした場合にはどうだったのだろうか。

3　理解に注目した研究

　ガートナーほか（Gertner et al., 2006）は，21カ月の子どもに，ウサギがアヒルに働きかけている場面のビデオと，アヒルがウサギに働きかけている場面のビデオを同時に見せ，"The duck is gorping the bunny! Find gorping!"と言われたとき，子どもがどちらのビデオを見ようとするかを検討した。この実験では英語には存在しない単語（'gorp'）がわざわざ動詞として用いられているのだが，大人ならこのような文を耳にすれば，たとえ'gorp'の意味がわからなくても，文の構造（SVO）から，これはアヒルがウサギに対して働きかけている場面のことを記述しているのだろうと推測できる。というのもSVO構造の文では，動詞の前にある名詞は動作主体をあらわし，動詞のあとにある名詞は動作対象をあらわすからである。そして，子どもにも，このような文構造についての抽象的な理解があれば，上のような文を聞かされたとき，やはり，アヒルがウサギに働きかけている場面の方を見るだろうと予想された。そして21カ月児の反応とは実際にそのようなものだったのである。

21カ月とは,トマセロが,3歳くらいにならないと子どもは文の抽象的な構造を理解するようにはならないとしたのに比べるとかなり早い。このような証拠は,生得の文法知識という考え方と相性がよいように思われる。

4 本当の問題はどこにあるのか

実は,21カ月の子どもが文の抽象的な構造を理解していることが示されたとしても,生得の文法知識に反対する立場からは,子どもは21カ月になるまでのあいだにそのような抽象的な構造を学習したのだという反論があるだけかもしれない。その意味では,「どれだけ早くから」を問題にしているだけでは,結局,生得の文法知識の存在をめぐる論争に,いつまでたっても決着をつけることはできないように思われる。

それでも,文法が抽象的なルールであることを指摘し,探求すべき問題は何か,文法知識のどのような側面こそ説明が必要なのか,ということを具体的に指摘してきた「生得の文法知識」派の功績は小さくはない。むしろ,これからは,こうして指摘されてきた問題を材料としながら,それが生得か学習かと議論するだけではなく,どのような入力環境(言語構造の違い,家庭による違い),どのような子ども自身の要件(学習メカニズム,言語以外の発達の状況,興味,個性)のもとで,その抽象的なルール獲得への道すじはどのようなものになるのかを見ていくことにより,言語獲得にかかわる要因やそれらの間のダイナミクスを明らかにしていくことこそ重要だろう。

第4節 まとめ

言語を身につけていく過程で子どもが,いかにして発話から単語を切り出すようになっていくのか,あるいは,自分の学ぼうとしている言語ではどの音を区別しあるいは区別しないかをどのようにして絞り込んでいくのかを見るとき,その過程で,入力に含まれる情報の分布を統計的に処理する能力が非常に重要な役割を演じていることは疑いようがない。それは,となりあった音素の共起確率を計算するときも然り,語彙獲得の過程で,個々の単語について学習しながら,もう一段上の抽象的なレベルで,単語(名詞)一般はおおよそどのような種類の概念に対応しているかについて分析を進める場合も然りである。このように,子どもたちが,与えられた言語入力を何層ものレベルにわたって同時に統計処理し,それを材料として言語獲得を進めていくことは,ここまで見てきたとおりである。

その一方で，これらの処理が，何を単位としてなされるか，どういうレベルの抽象度なら扱いうるのか，というところには，それこそわれわれに生まれつき備わった「縛り」が働いており，おそらくそれが，機能する（うまくいく？）統計処理を可能にしているのであろうことは忘れてならないように思われる。単位が定まらないと分析ができないというのは，音素カテゴリーが定まらないと音素の遷移確率が計算できないといったことを思い起こしていただければわかりやすいかもしれない。このような縛りや，その中でわれわれの学習能力が発揮する柔軟性について明らかにしていくためには，異なる言語の話者の言語獲得過程を比較したり，似た構造の情報の処理を人間とほかの動物で比較したり，といった視点がますます必要になるだろう。

　このようにさまざまな手法を駆使し，そこで得られた知見を総合し，学習者側のどのような要因と，環境の側のどのような構造が，どのように絡み合って，この複雑な構築物の獲得を支えているのかを明らかにすること，それこそが言語発達研究の課題なのである。

引用文献

Anisfeld, M., Rosenberg, E. S., Hoberman, M. J., & Gasparini, D.（1998）. Lexical acceleration coincides with the onset of combinatorial speech. *First Language*, **18**, 165-184.

Bosch, L., & Sebastián-Gallés, N.（2003）. Simultaneous bilingualism and the perception of a language-specific vowel contrast in the first year of life. *Language and Speech*, **46**, 217-243.

Brown, R., & Hanlon, C.（1970）. Derivational complexity and order of acquisition in child speech, In R. Brown（Ed.）, *Psycholinguistics: Selected papers by Roger Brown*（pp.155-207）. New York: Free Press.

Cutler, H., & Carter, D. M.（1987）. The predominance of strong initial syllables in the English vocabulary. *Computer Speech and Language*, **2**, 133-142.

Gershkoff-Stowe, L., & Smith, L. B.（2004）. Shape and the first hundred nouns. *Child Development*, **75**, 1098-1114.

Gertner, Y., Fisher, C., & Eisengart, J.（2006）. Learning words and rules: Abstract knowledge of word order in early sentence comprehension. *Psychological Science*, **17**, 684-691.

針生悦子．（1991）．幼児における事物名解釈方略の発達的検討：相互排他性と文脈の利用をめぐって．*教育心理学研究*，**39**，11-20.

Haryu, E., & Imai, M.（2002）. Reorganizing the lexicon by learning a new word: Japanese children's interpretation of the meaning of a new word for a familiar artifact. *Child Development*, **73**, 1378-1391.

針生悦子・梶川祥世．（2009）．子どもはどのようにして"名詞"を理解するようになるのか：助詞を手がかりとした品詞カテゴリーの形成．日本認知科学会第26回大会（CD-ROM）．

林安紀子・馬塚れい子．（2007）．リズムを手がかりとした語のセグメンテーションと音系列の記憶について．針生悦子・梶川祥世（企画）シンポジウム「乳児はどのようにしてことばを聴きとるのか：日本語における手がかりを探る」．日本発達心理学会第18回大会発表論文集，S13.

Houston, D. M., & Jusczyk, P. W. (2000). The role of talker-specific information in word segmentation by infants. *Journal of Experimental Psychology, Human Perception and Performance*, **26**, 1570-1582.

Imai, M., Gentner, D., & Uchida, N. (1994). Children's theories of word meaning: The role of shape similarity in early acquisition. *Cognitive Development*, **9**, 45-75.

Imai, M., & Haryu, E. (2001). Learning proper nouns and common nouns without clues from syntax. *Child Development*, **72**, 787-802.

今井むつみ・針生悦子．(2007)．レキシコンの構築：子どもはどのように語と概念を学んでいくのか．東京：岩波書店．

Jusczyk, P. W., & Aslin, R. N. (1995). Infants' detection of the sound patterns of words in fluent speech. *Cognitive Psychology*, **29**, 1-23.

Jusczyk, P. W., Houston, D. M., & Newsome, M. (1999). The beginnings of word segmentation in English-learning infants. *Cognitive Psychology*, **39**, 159-207.

Kuhl, P. K., Stevens, E., Hayashi, A., Deguchi, T., Kiritani, S., & Iverson, P. (2006). Infants show a facilitation effect for native language perception between 6 and 12 months. *Developmental Science*, **9**, F13-F21.

Landau, B., Smith, L. B., & Jones, S. S. (1988). The importance of shape in early lexical learning. *Cognitive Development*, **3**, 299-321.

Markman, E. M. (1989). *Categorization and naming in children: Problems of induction*. Cambridge, MA: MIT Press.

Markman, E. M., & Wachtel, G. F. (1988). Children's use of mutual exclusivity to constrain the meanings of words. *Cognitive Psychology*, **20**, 121-157.

Maye, J., Werker, J. F., & Gerken, L. (2002). Infant sensitivity to distributional information can affect phonetic discrimination. *Cognition*, **82**, B101-B111.

Mazuka, R., Kondo, T., & Hayashi, A. (2008). Japanese mother's use of specialized vocabulary in infant-directed speech: Infant-directed vocabulary in Japanese. In N. Masataka (Ed.), *The origins of language: Unraveling evolutionary forces* (pp.39-58). Tokyo: Springer.

Nazzi, T., Iakimova, G., Bertoncini, J., Fredonie, S., & Alcantara, C. (2006). Early segmentation of fluent speech by infants acquiring French: Emerging evidence for crosslinguistic differences. *Journal of Memory and Language*, **54**, 283-299.

小椋たみ子・綿巻 徹．(2004)．日本語マッカーサー乳幼児言語発達質問紙：「語と身振り」手引．京都：京都国際社会福祉センター．

岡本夏木．(1982)．子どもとことば．東京：岩波書店（岩波新書）．

Polka, L., & Werker, J. F. (1994). Developmental changes in perception of nonnative vowel contrasts. *Journal of Experimental Psychology: Human Perception and Performance*, **20**, 421-435.

Rosch, E., Mervis, C., Gray, W., Johnson, D., & Boyes-Braem, P. (1976). Basic objects in natural categories. *Cognitive Psychology*, **8**, 382-439.

Sebastián-Gallés, N., & Bosch, L. (2009). Developmental shift in the discrimination of vowel contrasts in bilingual infants: Is the distributional account all there is to it? *Developmental Science*, **12**, 874-887.

Sundara, M., Polka, L., & Molner, M. (2008). Development of coronal stop perception: Bilingual infants keep pace with their monolingual peers. *Cognition*, **108**, 232-242.

Thiessen, E. D., & Saffran, J. R. (2003). When cues collide: Use of stress to word boundaries by 7- to 9-month-old infants. *Developmental Psychology*, **39**, 706-716.

Tomasello, M. (1992). *First verbs: A case study of early grammatical development*. Cambridge, UK: Cambridge University Press.

綿巻 徹・小椋たみ子．(2004)．日本語マッカーサー乳幼児言語発達質問紙：「語と文法」

手引. 京都：京都国際社会福祉センター.

Werker, J. F., & Tees, R. C.（1984）. Cross-language speech perception: Evidence for perceptual reorganization during the first year of life. *Infant Behavior and Development*, **7**, 49–63.

第11章
社会・情動発達の研究課題と研究法

須田　治

第1節　生態理解の大切さ——観察などの復権

　この章では，子どもの主体と関係性とのあいだの問題をとらえるため，心身的な情動の発達について論じることにする。データ解析にかかわる研究技法については読者には既知であるとみなして，もっぱら地に足のついた研究方法のおもしろさを探ってみることにする。
　ところで情動とは本来的に，人と人との関係に働き，活動に応じてその質と強さを変えるものといえる。情動はその意味で，個人の適応と大きくかかわるといえるが，それをどうとらえるべきであろうか？
　そこでこの現象をどうとりあげるべきかについて，新聞やテレビ・ドキュメンタリーで扱う「発達」と，心理学で扱う「発達」とのとらえ方の違いからみてみよう。
　ドキュメンタリーでは，じっさいのその人の生態（生きている姿）をとらえ報告をなす。具体的記述が，私たちの理解をもたらす。そこでは個人を目前の存在としてとらえていく。たとえばある自閉症の青年が，語ることはできないのだが，母親の負担にわびたいという気持ちを文字にしたためるシーンを映し出す。
　これにたいして実験心理学からの伝統では，目前で発達する生態（生きた姿）を観察するのではなく，現場から離れて仮説－検証を行うことを積み重ねて発達をとらえようとすることがある。つまり発達のプロダクト（産出，成果；変化から生まれた能力）がある原因から生じることを仮説とし，それを検証する。たとえば，低出生時体重の新生児にたいしてタッチング（身体マッサージ）を行うと10日以降で，そうしなかったケースより体重増加が有意に多かったという（Field, 1995）。この報告はタッチングそのものの影響をとらえたものである。しか

し生きた場面で接触だけに限られた養育者のかかわりがなされているわけではない。また赤ん坊の成長も体重以外に渡っていろいろ変化する。

たしかにこのような「仮説－検証法」は有用ではある。しかし人間存在には多様で複雑な変化があるのであり，適応がその柔軟な変化にかかわることをその検証で把握できるかどうか考える必要がある。仮説による検証は，どうしてもその一断面だけに観点を絞らざるをえないため，人間理解を，断片化，極小化してしまう可能性をもっていることに留意すべきである。主体の感情という心的体験を心理学が取り上げてこなかったのは，その例だといえる。

ところが心理学の中にもドキュメンタリーのように，具体的な変化を取りあげる方法もある。このことに気づくと，事情は異なってくる。この方法はよく「生態文化的に埋め込まれた発達をとらえる接近法」と呼ばれる（Super & Harkness, 1986；Valsiner, 1995）。この方法においては，個人と周辺条件というひとつの全体システムとしてとらえ，その適応を，周辺条件や身体内条件とのあいだのいわば「調整」プロセスととらえる。

このばあいでももちろん，科学的根拠（エヴィデンス）にもとづく研究方法が必要であるといえる。それに必要であれば仮説－検証の研究（上記 Field の研究のような，発達のプロダクトをとらえる研究）を，取り入れることもできる。とにもかくにも，事例間，群間の比較をしたり，年齢間の比較をするなどして，データ間の対比によって条件間の差を見えるようにし，発達のしくみを検討することが必要ではあろう。もし記述のみで終わるのであれば，説得力をもたず学術論文としてリジェクト（棄却）されることもでてくる。

それにもかかわらず，本稿では，発達を生態文化的文脈に埋め込まれたものととらえる接近法について論じようと思う。その方法には，発達と環境とのあいだの過程を「調整」あるいは「適応のしくみ」とみて検討し，発達を生みだすそのしくみを生態に近いかたちで把握できるという長所があるからである。

さて，われわれが行いたいのは，その発達主体と周辺環境のあいだでの内的な，あるいは外的な微視的な変化を，「調整」とか「適応」として把握することである。それはまず①個体能力の特性などを明らかにすることである。成育歴からとらえられる適応限界（成長しても，状況を変えても変化しない困難）や，身体内条件（感覚過敏や喚起特徴など）ととらえることである。それはまた②その周辺条件（養育者などのかかわり方など）への適合性を明らかにすることでもある。

調整への関心から，「個体能力モデル」（状況によっても定常的にもつ能力を発達とみる視点）ではとらえ得ない柔軟性を見いだそうというのだ。たとえば，わた

したちの支援では，アスペルガー症候群の子どもに，「お芝居」をさせて，情動の調整をうながすという試みを行っている（須田・古崎，2009）。これによって「特定の環境の修整によって調整のうまくいくやり方」があるということを積極的に探索している。

以上をまとめると，変化の具体性の中から発達の限界（生物的制約）を解明したり，その個体と環境のあいだの調整をもたらしている条件（周辺条件および身体内条件）を解明することに，関心を向けることが必要だということである。自然観察法（Martin & Bateson, 1985/1990；Pellegrini, 1996/2000），微視的発生の分析（実験的観察法の一方法；須田，2008），プロトコル分析（海保・原田，1993），ナラティヴをも含めた内容分析などに言えることである。

第2節　生きている存在における発達の2側面

生態の中に埋め込まれて発達する存在，それをとらえることは人間らしい適応に触れることにほかならない。その個体と環境のあいだにある変化あるいは調整とはどういうものだろうか？

当事者主体からみたときには，それは身体と心理との両側面として体験されるものであるといえる。たとえば，なじめない感だとか，調整不全感として見出される。それを「しくみ」に関心を寄せて説明をするときには，①周辺条件との関連をとらえるという分析と，②生物的制約との関連の分析をほどこすことになる。それらについて，詳しく述べることにする。

1　環境に力点を置いた発達理解

発達を，周辺条件とのかかわりからとらえ直すことによって，何といっても環境が子どもの発達にどのように影響を与えてきたかが把握できる。ヴィゴツキー（Vygotsky, L. S.）が37歳で亡くなるその最期の時期に述べた「具体的な人間の心理学」という概念が，そのような接近法をもっているといわれている。今日では，ヴァルシナー（Winegar & Valsiner, 1992）などが，個人の内的調整には関心が弱いものの，環境がどのように発達を特徴づけるかについては，適応の文化的多様性をうまくとらえている。

それをヴァルシナーは，「文化的に構造化された文脈の中での子どもの発達」への接近法ととらえている。ここには子どもの発達とその周辺条件がひとつの相互規定する全体とみて，生態文化的なものとしてとらえる方法論がある。これで

何が明らかにされるかというと，ユニヴァーサルな（普遍的な）発達というより，ローカルな（地域の，特殊な）発達がどうなされたかである。

ヴァルシナーたちの研究（Benigni & Valsiner, 1995）には，イタリアの寒村モンテグラーノの村の人々のしつけと発達をとりあげたものがある。じつはかつてバンフィールド（Banfield, 1958）というアメリカの文化人類学者が報告したこの村の文化と発達のとらえ方を，再解釈したのである。

そもそも大家バンフィールドは，その寒村には，家族の中だけには善悪の判断があるものの，家族を超えた外の人々のあいだには，道徳基準が欠けているとみた。それでこれを「超倫理的家族主義（Amoral familism）」と呼んでいた。

しかしバンフィールドがなした発達理解は，彼自身はユニヴァーサル（普遍）なものとしてとらえたつもりであったが，データの解釈に偏りがあったことがわかってくる。まさしく，彼が育ったキリスト教プロテスタントのアメリカ型の子育ての文化からの思い込みそのものであったことが明らかにされたのである。

たしかにバンフィールドから見ると，その村の子どもたちに向けたしつけは粗暴なものである。感情的になった親たちからのそのしつけには，「ことばで教えるというような倫理性が欠如している」と結論づけられる。しかしヴァルシナーたちがこれを再分析すると，このイタリアの寒村の子育ては，じつは人々の情緒の関係の中に深く浸されているため，しつけという個人から独立した原則をことばで説明する必要がなかったととらえられたのである。

この研究を方法論的に見ると，しつけの本来のローカルな文化的な意味合いを掘り起こし，とらえるものである。これは，実験心理学に代替えするものとしての「民族心理学」，「エスノ心理学」と呼ばれる方法であるといえる（小嶋，1991）。

このような方法は，主体の生きている現実を包括的にとらえる可能性をもっている。ほかにたとえば徒弟的な状況参加をとらえる「正統的周辺参加論」（高木，1999）であるとか，家族の応報的な関係性をとらえる文脈療法（中釜，2001）なども，その観点が妥当な比較記述をともなえば，有効と思われる。同じように，発達障害の子どもへの「環境調整」が，発達支援ではなされている。たとえばアスペルガー症候群の子どもには，周辺条件を整えることによって適応を助ける。音過敏のある子のために，音環境を整えてパニックを起こりにくくしてやるというのはその例である。この環境調整においては，子どもの側の発達の状態に適合させるように，環境の側を調整してやるということに展開される。

2　心理・身体論的モデル——生体システムへの発達理解の展開

　人間の情動のシステムがなしている調整は，環境条件だけでなく，個人の修整力の決め手となる生物的特性も要件だといえる。

　とりわけ発達の限界，生物的制約は適応に大きな困難をもたらす基礎だといえる。たとえばADHD（注意欠陥多動性障害）の子どものばあい，いくら叱られても注意をとり逃がしてしまうような傾向があったりする。こうした特徴が変化の限界として持続して観察されると，その発達の生物的制約ととらえられる。

　生物的制約とは，それはたんに発達に限界を与える制約をもたらすのみならず，発達を組織する圧力をも想定するととらえられてきたという歴史から，発達の変化を「調整」する内的条件としてとらえることがあってよいように思われる。

　まず生物的制約としては，遺伝的なものがとり上げられる。エソロジー（行動学，比較行動学）がもちいた観察法が，たとえば自分の体に触るときにもちいる手の動き（自己接触；菅原，1989）や表情などの機能を発見してきた。ある種の障害では，こういう一部の生得的な発達の基盤が損傷されていないか検討する必要があるといえる。

　もちろん生物的制約は，生得的行動のみに見られるのではなく，もっと発達したのちの経過においても認められることがある。個体がなす，周囲とのかかわりには，その年齢までの後成的な身体発達（生物性と環境の相互作用でつくられた発達）が何を産出したか，しえなかったかが注目される。それは気質（行動スタイル）とか，感覚過敏のような障害特性とか，トラウマ的な経験などとして査定・記述される。そのばあいある程度修正できても，個体側の特性として持続することがある。たとえばアスペルガー症候群の子どものばあいは，表面的には集団に参入できそうな子どもに見えても，アイ・コンタクトができなかったり，傷つきやすかったりする。とくに人々とのやりとりの調整における感情的な面での困難が持続していると見ることができる。著者たちは，その，情動的やりとりで対応が柔軟にできないといった特徴をとらえているが，行動プロセスの微視的水準からとらえられることにも興味深いものがある（須田，2008）。

　だが，反応を問題として取り上げることだけではなく，脳がどう働き，その脆弱性が認められるのかどうかに関心を向けるなら，心的な働きにも関心を拡げうる。その情動的関係の健常さや障害が解明されるだけでなく，感情という体験のしくみと身体とのかかわりをとらえることに研究を展開することができる。

　そもそもヒトは年齢とともに，やりとりから，自己感の体験を生じさせ，それを「調整子（regulator）」として機能させていくと考えられる。すなわちしだいに

個人の関係的なやりとりは感情として心的に体験されていくが，これこそが主体感であるとともに，やりとりの対応の調整のデータになっていくという循環を生みだす。「二次的情動」と呼ばれるものである。ダマシオ（Damasio, 1999/2003）はこれをこう説明する。他者とのやりとりの結果は，情動的な生理的変化をへて感情的体験として自己フィードバックされていき，これが当事者感を生み，自由意思をモニタリングする力をもたらすとみる。この説明が，まったく新しい全体をもった発達の理解をもたらすことを，つぎにのべることにする。

第3節　社会・情動的発達をとらえる理論の必要性

　個人と環境（周辺条件）とのあいだの適応，調整というものは，外的な条件だけでなくいろいろな内的な条件によって生みだされてもいる。その心身をつなぐ自己フィードバックは，情動的な適応に働く。その「情動的な自己システム」がようやく最近になって明らかになってきたのである。
　いうまでもなく過去の心理学研究では，情動は，要素的に生理的過程のみ，対人的機能化のみ，心的表象発達のみというように，バラバラに分析されるだけであった。研究者たちは，永いあいだ心身統合的な情動の説明をもつことができなかったといえる。
　たとえばサーニ（Saarni, 1999）の『感情コンピテンスの発達』をあげても，体系的な変化として調整をとらえてはいない。表出も，体験も，言語化も，すべて社会的学習で説明されており，身体的なシステムと心理的な表象化とを結ぶ情動の全体が説明されないのである。同様のことはたとえば1980年代までの心理学にも見られる。社会的認知こそが乳児の情動の制御子（controler）であるとみなしてきており，あたかも認知の産物であるかのように情動の発現はとらえられた。しかし今日，情動はシステム的な機能として説明されることになる。
　そもそも乳児期初期，この年齢には，原始的な機能が中心であり，身体の喚起（覚醒，興奮，緊張のこと）という平衡回復の調節の発達が情動を生みだす。すなわちたいした高次の認知機能がなくても情動は始動し数少ない経験で人に対応することができるようになる。幼い関係の質はもっと自然に従っているのだ。
　小さい年齢では，情動が人とのやりとりで働いたとしても，むしろ自動的であり，身体エネルギーを放出し，喚起を低減するプロセスで，生体調節として表出される。しかし（移動などが）発達するにつれてより体系的により認知的に情動は発達するととらえられてきている。ことに現在の脳科学では，神経連絡網の発

達が一部わかってきている。しかしじつは，1984年の心理学においてそんなとらえかたは示されていた。たとえばキャンポスは，乳児期のおよそ出生から生後8カ月くらいまでの情動が，（情動経験の学習で）自動化される反応群として働くとみている。そして生後9カ月とか11カ月以降に，移動の能力と並行して，情動は認知と絡んだ機能系へと再編されるととらえた（Campos & Barrett, 1984）。情動が，認知を介した調整機構として機能化されるととらえたのである。

　脳神経科学はその認知と情動の機能的協働にたいして，データを根拠とした発達を明らかにしたといえる。たとえばダマシオは，情動の身体・心理的なはたらきをこうとらえている（Damasio, 1994）。まず刺激にダイレクトに反応する身体過程そのものの情動（「一次的情動」）が発達する。そして年齢が進むと，情動は認知と機能的協働をなすようになるという（「二次的情動」）。その結果，システムは感情として心的体験を表象とし，身体からのフィードバックを得るようになるという。これと同様に，ルドゥー（LeDoux, 1996/2003）という脳神経学者も，同様の神経連絡網があるという説を支持しており，2000年以降こうした認知と情動との機能的連携への言及は増えていくことになるのである。

1　ダマシオの理論

　ダマシオ（Damasio, 1994/2000, 1999/2003, 2003/2005）の脳科学の知見は，心理学的な発達の観点にも広く影響しうる体系的な理論を構築している。

　とくにダマシオ（Damasio, 1994/2000, 1999/2003）のモデルにおける最初の情動，「一次的情動」とは，扁桃体，海馬回旋，視床下部などの大脳辺縁系のはたらきによって，自律神経系や内分泌系を介して情動化が起こる系をとらえている。これは情動的な生体調節の一部として生まれるものとされている。赤ん坊は，ホメオスタシス（平衡回復）的に，身体を調節する。喚起（覚醒：arousal）の度合いは，月齢とともに程よい覚醒の度合いを生みだすような調整をなすようになっていく。興奮して泣いたあとに眠るというように，緊張して見つめたあとに微笑するというように，アイコンタクトの緊張のあとに目そらしをするというように喚起調整が発達するのである。じっさい乳児期における数カ月のあいだはその喚起調整が発達し，覚醒（目を覚ま）していられるようになる。赤ん坊は，外界刺激の評価判断という高次の認知で情動を生んでいるのではなく，身体的な生体調節の一部として情動を表出し，愛情の対象に向けているのである。

　いっぽう「二次的情動」の機能的側面には，大脳辺縁系のはたらきが，神経連絡網によって大脳皮質とりわけ眼窩前頭野，腹内側前頭野とのあいだでの認知と

情動との機能的統合をなすことが説明されている。イマジネーションや認識と絡まった情動の機能化が進むのである。

このほかにダマシオの研究グループでは，脳の損傷によって情動が機能不全をしめした事例のばあいに，主体感，あるいは当事者感覚が働かなくなるということを明らかにしている（Damasio, 1994/2000, 2003/2005）。これは二次的情動における心的な感情の喪失というものが起こるばあいに，当事者感がなくなって意思決定ができなくなるということを意味している。

この「一次的情動」と並行して，いったいいつごろから「二次的情動」が出てくるのかは興味深いところである。状況にかかわる自己のはたらきが変化するだろうからである。しかしその時期についての結論は出されていないので今後の成果を待つ必要があろう。現時点では何人かの研究者が以下のような推測を示している。生後9カ月以降，24カ月までのあいだに，意図的な行動が認知的な文脈で観察されていること，またNoという意志の表明が見られること，反抗がみられること。11カ月以降には三項関係でものを媒介したコミュニケーションができていること。18カ月頃から同情的行動が見られることなど，さまざまな変化から，生後9カ月頃以降から24カ月のあいだに「二次的情動」が生まれるという推測が出されている（須田，2009）。筆者が，「原初的な情動」（アフェクティヴな自己）「より知的な情動」（ノエティックな自己）と呼んでその変化を描写しようとしたものである（須田，準備中）。

そうした発達変化は，適応しようとする主体のはたらきを，次の2つとして大きく描きかえるはずである。

2 情動の二重調整モデル

情動の研究においてデータの分析が難しいのは，「情動の調整点」（変化のゴール）が2つあるということに気づかないためではないだろうか。発達した情動には，つぎのような二重の過程があることを筆者の見解としてのべることにしよう。

①情動には，身体的平衡回復（ホメオスタシス）に働く側面がある。喚起・緊張・興奮とその緩和のあいだの変化のサイクルが起こりうる。たとえば赤ん坊を観察するときに午前中と午後とでかなり機嫌が違うというように，興奮のサイクルがヒトの関係の調整の背景にはあるのである。またこの情動は，個人にコミュニケーション的機能を与え，いわば道具的な情動表出をもたらし，情動体験を構成させる。全体としてみると対人関係にかかわる関係調整を生み出す。

②やがて情動には，変化が起こる。認知が介在し，感情（情動体験）が生みだされる。その感情は，主体感に適合するように，体験を選択したり，環境そのものの価値を変容したりする。この他者との関係過程は，自らの身体の自律的調整を維持し，助けることになるのである。たとえば劣悪な環境にあってもうまく生きているスーパーキッドたちは，大人からの助けをえるための魅力的なやりとりのスキルがあるとともに，新たな価値を貧しい環境に見出しているといわれている。

この二重性の中にあって，はじめて主体は環境への適応をはたす。すなわち身体状態によって変化する喚起を調整しなければならないシステムと，その上に乗っているコミュニケーションの用具としての情動表出，後になると感情をもった主体への適合という二重性があるといえる。いいかえると身体的平衡回復（ホメオスタシス）のシステムの上に，動機づけ実現の認知‐情動的な行動系が働いていると推測できる。

この説明モデルを「情動の二層調整モデル」と呼ぶとすると，その行動上の特徴は観察でも見出されている。以下にその着想を示唆する例を示すことにしよう。

例示1　スピッツ（Spitz, 1962/1965）は，乳児が母親とのあいだに愛情の絆ができてから後の分離と再会におけるやりとりに関心をよせ，再会した母親とのやりとりでは，乳児が愛情の発露であるような表出だけでなく，攻撃をももちいることを明らかにしている。精神分析的な解釈を超えてのべるならば，母親とはその「対象」であることがとらえられ，衝動エネルギーを放出することによって<u>身体的な平衡を回復</u>するとされている。対象の喪失などでは自己破壊が起こるとされている。この関係回復に働くのが情動といえる。

例示2　また，情動はまさしくコミュニケーション用具として関係調整に用いられていることも観察されている（須田，1995）。このように調整点が2つある（すなわち喚起緩和の平衡の回復と情動的な動機実現）。これに加えて感情をどのように研究に載せられるかである。

このように情動の理論については，観察データとつながるための検討が必要になっている。理論というものは，新たな研究課題を鮮明にするものであり，そもそも理論が介在しないと，現象が現れてこない。しかも発達しつつある人間の生態の理解を深めるには，生きた変化を超えてとらえることが必要だといえる。

第4節　見落とされてきた課題と新たな研究

いずれにしても研究にフロンティア精神を吹き込むにはまず基本となる発達論を設け，問題を検討できる形に設定し，そのうえでとりあげる現象に検証をすすめるということをするべきであろう。そういう過程があっても，なお見落とされてきた課題をいくつか提示することにしよう。

1　発達的退行や調整の困難——情動の機能化についての再考

発達とは，社会・情動的発達といわれるような関係性にかかわる能力においても，つねに上昇の経過をとるものではないと見る必要があるかもしれない。

発達コース（経過）に仮に戻り道，寄り道があるとすると，退行（regression）は，健康なケースにも観察されるはずである。ここには発達は螺旋的に進むという発達論がある。それは縦断研究において明らかにされる（van de Rijt-Plooij & Plooij, 1992）。乳児たちの退行（赤ちゃんかえり）を扱ったこの研究は，旧来型の上昇型の変化のみを発達と考える人々の理解を裏切り，健康な発達においても一時的な退行は日常的に見られることを見出している。発達への常識を広げるそうした研究は，重要であろう。

同様に，母子のやりとりの健全な発達というものが，あまりに固定的なイメージで語られていることをもとらえなおす必要もあろう。たとえばトロニックほか（Gianino & Tronick, 1988）は，母子間の行動のやりとりを「相互的調整」と呼び，情動的反応をたがいにやりとりし，情動的なたがいの快の状態を生みだすために，乳児期は過ごされると推測する。ところが，そのようなやりとりの相互性は，大量の応答の欠落の中で成立しているということを彼らは重要視している。情動の機能化においては，ちっとも効率的でないやりとりの中で，対人的な不快に耐える力が育つことを注目すべきであろう。

つまり多くの人々が，社会性の発達と親たちの表出とのあいだには単純な原因結果の関係（線形の因果）があると想像しがちである。しかし社会性とは，うまく相互交渉を作れないことに耐える力をともないながら，寄り道しつつ発達するものと見るべきであり，混乱のない単純な変化と見ること自体をとらえ直す必要があるだろう。

2 運動，言語などとのシステム的な機能統合としてとらえなおすべき社会・情動的発達

人にたいする情動コンピテンス（有能さ）というものの発達は，その領域固有の発達（情動のみの領域だけで説明可能なこと）といえるだろうか？

これにたいしてキャンポスほか（Campos et al., 1996）は，よく言われてきた後成説的な発達変化（epigenetic development）が，情動のみの特定の発達変化の中だけで起こるのではないと考えてきた。たとえば乳児期のばあい，移動の始まる時期に，つまり這行（ハイハイ）や伝い歩きなどの運動機能の発達が，それ以外のたとえば意図性の発達や，養育者の表情についての社会的参照（social referencing）や，道具化した情動的な発声の使用（プロト言語，前言語）などのコミュニケーションの発達をもたらすと見た。移動によって養育者と赤ん坊のあいだの距離をつくることが，コミュニケーションの機能化を進めるととらえたのである。

特定の能力の発達が，システム的にいろいろな機能発達をもたらすことがあるとみるモデルをとり，このように発達をとらえ直していくことによって，むしろ能力の獲得を必然的なしくみとして説明しうるかもしれない。たとえば移動の始まりの時期に，反抗と自己主張を始めることを全体システムの発達としてとらえることは，情動の機能をより深く理解することになる可能性がある（川田，塚田－城，川田，2005）。

3 発達障害への微視的発達研究への展開

上述のように発達を静的な上昇ととらえる視点から関心を移して，ダイナミックな発達論をもう少し検討してもよいように思われる。一時的な発達上の逸脱，変動，退行，寄り道を含めた経過とともに，運動能力や言語性など他の能力と絡めて情動発達をとらえることはその始まりである。

そこから今まで説明できなかった関心に展開できるであろう。情動的発達を心身全体からとらえることによっていちばん期待されることは，発達障害などにおける適応の困難がどのようなしくみの中で起こっているかを解明することである。たとえばアスペルガー症候群などの子どもには，身体的な喚起によって人との関係がうまく作れなくなったり，やりとりの共有の困難があったりするが，それらの解明は，逆に情動の機能的発達を明らかにしてくれるはずである。

社会・情動的発達をとらえる研究では，さまざまな方法論があってよいとしても，心身の全体性に近づける方法が探究されることが試みられてもよいであろう。心身のシステムとしての情動を，私たちがどれほど理解し，人間の関係性の中で

の適応をどこまで解明してきただろうか？　そして情動のはたらきが，身体的な必然性・限界をもっているにもかかわらず，適応においてそれなりの柔軟性を示すことを，具体的な適応の多様性としてとらえることができていただろうか？　それをデータを根拠として扱えるためには，たとえケース数を減らしてでも，発達障害にまで関心を拡げた研究が，私たちに新たな発達理解をもたらすというように考えるのである。

引用文献

Banfield, E. C. (1958). *The moral basis of a backward society*. Glencoe, IL: Free Press.

Benigni, L., & Valsiner, J. (1995). "Amoral Familism" and child development: Edward Banfield and the understanding of child socialization in southern Italy. In J. Valsiner (Ed.), *Child development within culturally structured environments, Vol.3* (pp.83-104). Norwood, NJ: Ablex.

Campos, J. J., & Barrett, K. C. (1984). Toward a new understanding of emotions and their development. In C. E. Izard, J. Kagan, & R. B. Zajonc (Eds.), *Emotions, cognition, and behavior* (pp.229-263). Cambridge: Cambridge University Press.

Campos, J. J., Kermoian, R., & Witherington, D. (1996). An epigenetic perspective on emotional development. In R. D. Kavanaugh, B. Zimmerberg, & S. Fein (Eds.), *Emotion: Interdisciplinary perspectives* (pp.119-138). Mahwah, NJ: Lawrence Erlbaum.

Damasio, A. (2000). *生存する脳*（田中三彦，訳）．東京：講談社．(Damasio, A. (1994). *Descartes' error: Emotion, reason, and the human brain*. Harcourt Inc.)

Damasio, A. (2003). *無意識の脳　自己意識の脳*（田中三彦，訳）．東京：講談社．(Damasio, A. (1999) *The feeling of what happens: Body and emotion in the making of consciousness*. New York: Harcourt Brace.)

Damasio, A. (2005). *感じる脳*（田中三彦，訳）．東京：ダイヤモンド社．(Damasio, A. (2003). *Looking for Spinoza*. Orland, FL: Harcourt.)

Field, T. M. (1995). Infant massage therapy. In T. M. Field (Ed.), *Touch in early development* (pp.105-114). Mahwah, NJ: Lawrence Erlbaum.

Gianino, A., & Tronick, E. Z. (1988). The mutual regulation model: The infant's self and interactive regulation and coping and defensive capacities. In T. M. Field, P. M. McCabe, & N. Schneiderman (Eds.), *Stress and coping across development* (pp.47-68). Hillsdale, NJ: Lawrence Erlbaum.

海保博之・原田悦子（編）．(1993)．プロトコル分析入門：発話データから何を読むか．東京：新曜社．

川田　学，塚田－城みちる，川田暁子．(2005)．乳児期における自己主張の発達と母親の対処行動の変化：食事場面における生後5ケ月から15ケ月までの縦断研究．発達心理学研究，**6**，46-58.

小嶋秀夫．(1991)．子どもの発達とその社会的・文化的・歴史的条件．小嶋秀夫（編），新・児童心理学講座：14　発達と社会・文化・歴史（pp.1-36）．東京：金子書房．

LeDoux, J. E. (2003). エモーショナル・ブレイン：情動の脳科学（松本　元ほか，訳）．東京：東京大学出版会．(LeDoux, J. E. (1996). *The emotional brain: The mysterious underpinnings of emotional life*. New York: Simon & Schuster.)

Martin, P., & Bateson, P. (1990). *行動研究入門：動物行動の観察から解析まで*（粕谷英一・近雅博・細馬宏通，訳）．東京：東海大学出版会．(Martin, P., & Bateson, P. (1985). *Measuring behavior*. Cambridge: Cambridge University Press.）

中釜洋子．（2001）．いま家族援助が求められるとき．東京：垣内出版．

Pellegrini, A. D.（2000）．子どもの行動観察法（大藪　泰・越川房子，訳）．東京：川島書店．（Pellegrini, A. D.（1996）．*Observing children in their natural worlds: A methodological primer*. Mahwah, NJ: Lawrence Erlbaum.）

Saarni, C.（1999）．*The development of emotional competence*. New York: Guilford Press.

Spitz, R. A.（1965）．母－子関係の成りたち（古賀行義，訳）．東京：同文書院．（Spitz, R.A.（1962）．*The first year of life*. New York: International University Press.）

須田　治．（1995）．情緒の調整にみられる幼児行動のダイナミック・システム．発達心理学研究，**6**，48-57．

須田　治．（2008）．情動的側面のアセスメント：個人に固有な発達をとらえる．本郷一夫（編），子どもの理解と支援のための発達アセスメント（pp.47-67）．東京：有斐閣．

須田　治．（2009）．アスペルガー障害の感情発達と人との関係への支援．須田　治（編），情動的な人間関係の問題への対応（pp.76-105）．東京：金子書房．

須田　治．（準備中）．感情をもったわたしが発達する──情動のしくみと障害（仮題）．

須田　治・古崎　幸．（2009）．ある高機能自閉症事例の内閉性にたいする支援の試み：お芝居療法がもたらす情動－認知的調整性の効果について．首都大学東京：人文学報，**410**，1-13．

菅原和孝．（1989）．会話における自己接触．糸魚川直祐・日高敏隆（編），ヒューマン・エソロジー（pp.252-267）．東京：福村出版．

Super, C. M., & Harkness, S.（1986）．The developmental niche: A conceptualization at the interface of child and culture. *International Journal of Behavioral Development*, **9**, 545-569.

高木光太郎．（1999）．正統的周辺参加論におけるアイデンティティ構築概念の拡張：実践共同体間移動を視野に入れた学習論のために．東京学芸大学海外子女教育センター研究紀要，**10**，1-14．

Valsiner, J.（Ed.）．（1995）．*Child development within culturally structured environments, Vol.3*. Norwood, NJ: Ablex.

Van de Rijt-Plooij, H. H. C., & Plooij, F. X.（1992）．Infantile regressions: Disorganization and the onset of transitional period. *Journal of Reproductive and Infant Psychology*, **10**, 129-149.

Winegar, L. T., & Valsiner, J.（Eds.）．（1992）．*Children's development within social context, Vol.2*. Hillsdale, NJ: Lawrence Erlbaum.

第12章
生涯発達の研究課題と研究法

小田切紀子

　この章では,「生涯発達」という考えが提唱された背景,および生涯発達研究の目的と研究の枠組み,方法について解説したあと,代表的な生涯発達研究を紹介し,最後に今後の研究課題について述べる。

第1節　生涯発達心理学の成立過程

1　生涯発達心理学とは

　人間の成長と発達は,生後20年間が著しい。そのため発達心理学という言葉が提唱される前は,「児童心理学」,「青年心理学」が用いられ,未熟な子どもが有能な完成体の大人へと発達することに関心がおかれた。対象は子どもや青年までであり,成人期以降は関心が向けられなかった。「発達心理学」という名称になってからは,時間の経過とともに起きる人間の生成と変化の過程に主眼がおかれるようになった。元来,「発達」を意味する語彙は,英語,フランス語,ドイツ語のいずれにおいても「内側に包まれていたものが開く」という意味があり,「発達」とは自然に行われる展開をさしている（永野, 2001）。このような自然的発達観では,「何歳になれば何ができる」という,ある特定の時期に生じる成長や変化の解明を重視している。

　その後,「生涯発達心理学」が提唱され,成人期や老年期を含む人間の一生が研究の対象となった。そこでは,獲得・成長だけでなく,喪失・衰退も含めて人間が生涯という時間経過の中でどのように変化していくのかについての記述や説明が求められ,発達観は「発達＝進歩」から「発達＝変化」という図式になった。

2　生涯発達心理学の視点

　生涯発達心理学を提唱したドイツの心理学者バルテスは,生涯発達心理学を

「人の受胎から死に至るまでの生涯過程で生じる個人内の変化と安定性・連続性，および個人間の異質性と類同性について記述，説明する学問である」と定義している（Baltes et al., 1980；遠藤，2005 による）。その理論は，次の6つに集約できる（東ほか，1993；無藤・佐久間，2008）。

①発達は生涯にわたる適応過程であり，遺伝や身体的な変化などの生物学的要因と社会・文化的要因の双方から影響を受ける。

②発達は，獲得と喪失のダイナミックな過程であり，何かを失っては新たに何かを得る。子どものときはおもに獲得であり，老年になると衰退が多くなる。

③生涯発達の変化は，生物学的要因と社会・文化的要因のダイナミックな相互作用によって生じる。乳幼児期は生物学的要因の影響が強く，中年期以降は生物学的要因が否定的な働きを及ぼすことが多くなる。他方，社会・文化的要因は，生涯にわたって影響を与えるが，年齢が上がるにしたがい社会・文化的環境を利用し，それに依存して生活するため，その影響力は強くなる。

④発達は，その個人が環境や人間関係，心，身体にある利用可能な資源を用いて生じる。その資源は，成長のための資源，維持と回復のための資源，喪失に対応するための資源の3つに分けることができる。若いうちは，成長のための資源が用いられ，年齢が上がるにつれて，維持と回復，喪失への対応のために用いられるようになる。

⑤生涯発達は可逆性があり，修正可能である。生涯のどの時期においても発達は柔軟で，変化の可能性がある。年齢が上がると，変化の可能性は減少してくるが，可能性は常にある。

⑥生涯発達は，3つの要因の影響を受ける（図12-1参照）。第1は年齢・成熟的要因，第2は世代・文化的要因，第3は個人的要因である。子どものときは，年齢・成熟的要因の影響が強く，青年期は世代・文化的要因，老年期になると個人的要因の影響を強く受ける。

第2節　生涯発達研究の実際

1　研究法

研究は，調査協力者の年齢，性別，家族構成，教育歴，職業などの社会経済的属性の変数と，研究目的となる測定したい変数を設定することから始まる。

発達心理学の研究法は，「現象記述的方法」，「要因分析的方法」，「被験者構成法」の3つに分類できる（矢野・落合，1991）。「現象記述的方法」は，発達の現

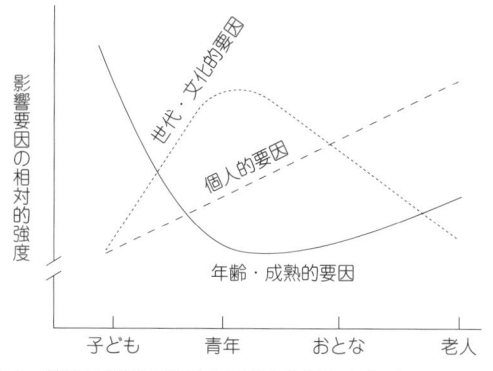

図12-1　発達に影響を及ぼす要因の強度の変化（Baltes et al., 1980）

象をありのままに観察，記述する自然観察法，観察したい行動の目録を作成し当該行動が生起すればチェックする行動目録法（チェックリスト法），観察する時間や回数を決めてその間に生起する行動を観察する時間見本法（タイムサンプリング法）などがある。「要因分析的方法」は，調べたい行動や性格傾向などを質問項目や場面を設定して明らかにする方法であり，質問紙法，実験法などがある。「被験者構成法」は，縦断的研究法と横断的研究法が代表的である。

これらの研究法は研究目的を明らかにするための方法，手段であり，あらゆるデザインの研究に有効な研究法はない。それぞれの研究法は，長所と短所があり，研究枠組みと調査対象，目的などに適した研究法を選択する必要がある。これを「関心相関的選択」という（西條，2005）。生涯発達研究では，縦断的研究法と横断的研究法が多く用いられ，それぞれに量的研究法と質的研究法がある。これらを簡単に紹介する。

(1) 横断的研究法

横断研究法は，同一時点で異なる年齢集団についてデータを収集，比較し，その年齢による差異を発達による変化の結果と仮定する方法である。横断的研究法の長所は，短時間に多量のデータを得られるコストパフォーマンスのよさである。横断的研究が適しているのは，第1は卒業・修士論文のように研究に費やす時間と費用が限られているときや，幼少期から老年期までのデータを短期間で収集したいときである。第2は平均的な発達ラインを知りたいとき，第3は，多数の要因を検討する質問紙調査や，長時間の観察が必要な調査のときである。このような研究デザインの場合，横断的研究法は縦断的研究法と比較して対象者への負担が少ないので適している。

第12章　生涯発達の研究課題と研究法

他方，横断的研究法の短所は，第1に発達の生成過程を見ることができないこと，第2に対象となる集団の平均値からは個々の多様な発達過程や，発達における個人差や個人の内的変化について明らかにすることはできないことである。研究者は個人内での変数の変容に関心があっても，研究は集団を対象に行われ，ある一時点での変数と別時点での変数の相関係数から，変数の変容を見る。具体的には，子どもの道徳性の発達を調べるために，6歳児と10歳児の集団を対象に道徳性を測定し，2つの集団の道徳性の相関係数から道徳性の年齢による変化を導く手法である。しかし，この横断的研究法から得られた結果を安易に個人内における道徳性の発達に適用することは，慎まなければならない。

(2) 縦断的研究法

　縦断的研究法は同一対象や集団を一定期間追跡して繰り返し観察や測定を行い，発達の過程をとらえる方法である。特定の要因の変化と，それに影響を与える環境要因との関係を解明する場合に適している。

　縦断的研究法の長所は，第1に個々の発達の変容過程を把握できることである。第2は，時間軸にしたがって対象を追跡して調査するので，発達上で生じる変数間の因果関係や影響を知ることができる。短所は，第1は時間と費用と労力がかかるコストパフォーマンスの悪さである。第2は，調査協力者に大きな負担をかけるため，継続して調査に協力してくれる人だけが対象となりやすく，横断的研究法と比較して調査協力者が偏る可能性がある。第3は，縦断的研究法の長所を生かした分析方法が十分に確立されていないことである。

　このように横断研究法と縦断研究法は，それぞれ長所と短所，有効性と限界があるので補完的に使うのが好ましい。たとえば，横断的研究法によって多要因について検討し，因果関係や影響関係が認められた要因についてのみ縦断的研究法で取り上げて検討し，発達のメカニズムを明らかにするという研究方法である。また，横断的研究法と縦断的研究法を組み合わせた系列的研究法がある。

(3) 系列的研究法

　人間は，生まれ育った年代の社会・歴史的文脈に大きな影響を受けて発達する。系列的研究法はこの点を重視し，横断的研究方法によって収集された異なる時点での異なる年齢集団について分析するとき，年齢による差異のほかに，コーホート差（年代差）も検討する方法である。たとえば，昭和60年代の中学生の身長の年齢的変化と，平成10年代の中学生のそれを比較するとき，両年代の身長の年齢的変化の差異について，年齢差とコーホート差，つまり両年代の中学生がおかれていた社会・歴史的文脈の差異も加えて検討する方法である。

従来の発達研究では，縦断的研究法，横断的研究法のどちらであっても異なる時点における集団の平均値や最頻値などを結んだ点をある特性や能力の標準的な発達ラインとして推定し，この発達ラインからはずれる個人は軽視される傾向があった。しかし，生涯発達研究では，個々の人間の質的データから発達プロセスを記述する「個性記述」と，量的データから発達プロセスの普遍性や一般化の法則を確立する「法則定立」の両方が必要である。つまり，個性的記述法で個々の人間の質的な特性を把握し，それを複数積み重ねて発達ラインの多様性と複雑性の法則を確立するのである。すなわち「個性記述」を通した「法則定立」の方法論の確立が，生涯発達研究に求められるのである。

(4) 量的研究法

　人間の生涯発達を縦断的研究法で調べるとき，今まで適切な量的分析の方法がなかった。しかし近年，クロスラギッド相関分析と潜在成長曲線モデルが，縦断的研究法に適した量的分析法として，用いられている（無藤，2005）。クロスラギッド相関分析では，ある要因はその前の時点での同じ要因の影響を強く受けているが，その影響を除いても他の要因の影響を受けていることを検討することができる。たとえば，12歳と13歳のそれぞれの時点で，子どもの問題行動と子どもに対する親の養育行動を測定し，子どもの問題行動と親の養育行動との相関関係について分析する研究デザインを考えてみよう。この研究では，12歳と13歳の時点での子どもの問題行動の相関と，それぞれの時点での親の養育行動の相関は，当然高くなる。その影響を除いても，13歳のときの親の養育行動は12歳のときの子どもの問題行動の影響を受けている，あるいは13歳のときの子どもの問題行動は，12歳のときの親の養育行動の影響を受けていることを明らかにする方法である（図12-2参照）。

　また，潜在成長曲線モデルは，集団内の多数の発達ラインから個人の発達ラインを推定，記述することができる手法である。たとえば，子どもの学習意欲について，クラス全体の傾向からどのような子どもがどう変容したか（個人間変化）

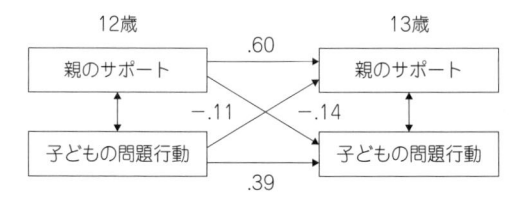

図12-2　親のサポートと子どもの問題行動の相互関係（Stice & Barrera. Jr., 1995）

と，特定の子どもがどのように変容したのか（個人内変化）を明らかにすることができる方法である（山森, 2005）。
(5) 質的研究法

　従来，発達心理学では，客観主義，科学主義，認識論的個体主義（人間を周囲の人々との関係性から切り離した存在としてとらえるピアジェに代表される考え方）が重視され，研究者は実験的手法，あるいは対象を客観的に記述する方法を用いた。しかし，発達心理学の研究対象は，性格特性のように直接測定できない変数であることや，実験状況で日常生活での通常の行動をとらえているのだろうかという疑問から，対象を他者との関係の中でとらえる関係論的視点を重視した質的研究法が，発達研究の重要な方法として用いられるようになり，生涯発達研究ではとくに重視されている。

　質的研究法では，人間一般や状況一般にあてはまる普遍的な発達ラインや理論の構築を目指すのではなく，特定の社会や文化，集団，年齢，状況に基づいた個人の発達ラインや理論の生成を目的としている。質的研究法には，エスノグラフィ（フィールドワーク），面接法，ケーススタディ，解釈的アプローチがある。

2　代表的な生涯発達研究
(1) オークランド成長発達研究

　アメリカのオークランド成長発達研究（Young et al., 1991）は，1931年に児童期の子どもの身体的，知的，社会的発達を調べるために小学生212人を対象に調査を開始した。子どもが40歳になった1958-1960年と，50歳になった1968-1970年に成人期の追跡調査が実施された。その後，エルダーが調査データのアーカイブ（調査のローデータをコンピューターによる検索が可能な形式で記録してあるデータベース）を用いて再解析した（Elder et al., 1993/1997）。その結果，1929年の大恐慌が人間の発達に及ぼした影響についてさまざまな角度から検討され，大恐慌は子どもの家庭の経済状態（収入減が大きかったグループと小さかったグループ）と家庭階級（中流階級と労働階級）の組み合わせを介して，子どもの自立や職業選択，結婚，家庭内の役割志向に影響を与えていることが明らかになった。

(2) ダニーディンの子どもの発達と健康に関する縦断研究

　カスピ（Caspi, 1998）らによるニュージーランドの都市ダニーディンでの長期縦断研究では，1972年に3歳児1,037人を対象に調査が開始され，その子どもを約2年間隔で26歳まで追跡調査している。その報告によると，3歳時点での気質上の3タイプ（適応良好型，過統制型，非統制型）によって，その後のライフコース

における対人関係や社会的適応に相違が生じるという結果が明らかになった。3歳のときに過統制な（自己抑制が強い）子どもは，自己主張が乏しく引っ込み思案で他者に依存することが苦手な傾向が認められた。他方，3歳のときに非統制な（衝動性が高い）子どもは，衝動的で対人場面でのトラブルが多く，21歳の時点で反社会的行動や自殺企図，薬物依存などさまざまな問題を示すことが明らかになった。

(3) アメリカの離婚に関する縦断研究

　結婚する夫婦の約半数が離婚に至るアメリカでは，社会の要請から離婚に関する長期縦断研究がさかんに行われている。代表的な2つの縦断研究を紹介する。

　ワラスティンとブレイクスリー（Wallerstein et al., 2000/2001）は，1971年にカリフォルニア州の白人中流階級の離婚家庭60組と彼らの子ども（2歳-18歳）131人を対象に面接調査を開始し，1年後，5年後，10年後，15年後，25年後に元夫婦と子どもに追跡調査を実施した。離婚後10年目の追跡調査から，離婚を自ら望んだ男性・女性の大半は，再婚や転職をして生活の質を向上させていたのに対して，離婚を言われた側や相手の不倫や借金などが原因で離婚した者は，離婚した時点で高齢であるほど離婚後，抑うつ感，喪失感，孤独感が強く，ときに自殺願望をもち再婚率は低かった。離婚後25年目の成人した子どもへの追跡調査から，親の離婚が子どもに与える影響は，児童期・思春期よりも異性との恋愛関係が中心となる青年期以降が大きく，結婚に対して肯定的なイメージがもてず，異性との親密な関係を諦めたり避ける傾向が認められた。また，結婚しても結婚生活や子育てに満足できず離婚を選択しやすいという結果だった。

　また，ヘザリントンら（Hetherington, 1989；Hetherington et al., 1985；Hetherington & Stanley-Hagan, 1999, 2002）によるアメリカのヴァージニア州での白人中流階級の4歳の子どもがいる家庭144組を対象にした縦断研究では，離婚家庭だけでなく比較群として非離婚家庭にも調査をしている。対象は，離婚後母親と子どもが一緒に暮らしている家庭72組と，両親が離婚していない家庭72組である。離婚後2カ月，1年，2年，6年の追跡調査の後，母親が再婚し継父との生活が2年以内の家庭と2年以上の家庭を新たに加え，合計180組を追跡調査の対象とした。そして，離婚後10年，15年，20年に学校と家庭における子どもたちのさまざまな行動について，面接法，観察法，質問紙法による調査が実施された。この研究は，ワラスティンらの研究のように翻訳書が出版されていないのであまり知られていないが，離婚家庭と非離婚家庭を調査の対象にしていることが特徴である。一連の縦断研究から，離婚が子どもに与える影響を考えるとき，離婚直後の生活の変

化や喪失体験などから生じる短期的影響と，離婚後ひとり親家庭になり，生活水準の低下や同居親・別居親との関係，親の再婚などのストレスによる長期的影響の２つに分けて考える必要があると指摘している。結婚生活の破綻から，別居，離婚，ひとり親家庭への移行過程で生じるストレスは，1年後がピークでその後は，家族メンバーそれぞれが少しずつ新しい生活に適応していくという。したがって，離婚後，5年，10年と続くストレス反応は，離婚によって生じたものというより，ひとり親家庭の抱える貧困問題や親の抑うつ状態，親の長期にわたる諍い、あるいは再婚家庭の問題などによって生じた可能性があるので、両者は区別する必要があると結論づけている。

(4) 菅原プロジェクト

　筆者も参加した子どもの発達と家族の精神保健に関する縦断研究（小田切ほか，2003；菅原ほか，1999）では，1984-1986年に神奈川県のある病院の産婦人科を受診した母親1,360名を対象に，妊娠中，出産後に合計14回の調査を行っている。追跡調査では，父親と子どもにも質問紙調査と面接調査を実施しており，現在も継続中である。子どもが9-11歳の11年後の追跡調査では，子どもの乳児期の行動的・気質的問題は，児童期にかけて持続し，注意欠陥や反抗的・攻撃的な問題行動につながっていることが明らかになった。これらの問題行動は，乳児期の気質的難しさ，母親の子どもに対する否定的な愛着感，親の教育歴の低さ，両親の子どもに対する養育態度の温かさの欠如と過干渉，夫婦間の信頼の低さ，親子関係の問題など複数が先行要因となって生じていることが明らかになった。

第3節　生涯発達研究の課題

1　研究枠組の認識と成果の公表

　研究は，ある枠組（理論や立場，視点）に基づいて行われる。ひとつの現象（子どもの共感性の発達）を解明するために，一定の要因（子どもの援助行動）を取り上げ，他の要因は統制することが必要となる。大切なのは，自分の研究の基となる理論やメタ理論，調査対象（サンプリング）の特徴や偏りを認識し，異なる枠組による先行研究と比較検討することである。

　さらに，得られたモデルや理論の有効性を心理学の領域だけでなく，他の領域に示すことが好ましい。研究成果を公表することで，生涯発達研究が社会的に認知され，社会の要請に応えられる存在になれる。

2　人間の発達を歴史や社会変動と関連づけてとらえる

　人間の発達における社会や文化の役割の重要性は，ヴィゴツキー（Vygotsky, L. S.）が最初に強調した。その後，ブロンフェンブレンナー（Bronfenbrenner, U.）は生態学的発達理論の観点から，人間の発達は所属する社会や文化から影響を受け，かつそれらに影響を与えていることを示し，発達を社会的文脈の中でとらえることの必要性を指摘している。

　また，社会学者のエルダー（Elder et al., 1993/1997）は，歴史的変化や社会変動とのつながりで発達をとらえる視点を示している（図12-3，12-4 参照）。

　図12-3 のモデル A では，研究対象である子どもの行動が，家庭環境のような身近な出来事や歴史的出来事（大恐慌による経済破綻など）のような遠くの出来事からどのような影響を受けているかを分析する。モデル B では，歴史的出来事が，子どもの生活に及ぼした影響を明らかにしようとしている。エルダーらは，このモデル A と B を統合し，図12-4 のように大規模な社会変動が，子どもの身近な環境である家庭や学校，地域に影響を与え，それが子どもの行動に発達的な影響を及ぼすという歴史と発達を統合した考えを示した。

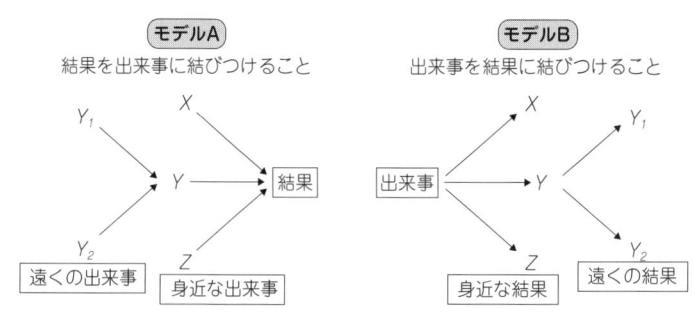

図12-3　ライフコースにおける社会変動の研究（Elder et al., 1993/1997）

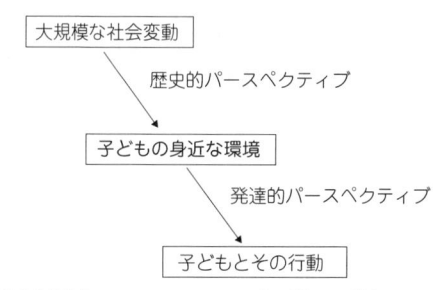

図12-4　異なる研究領域のパースペクティブに対する基盤（Elder et al., 1993/1997）

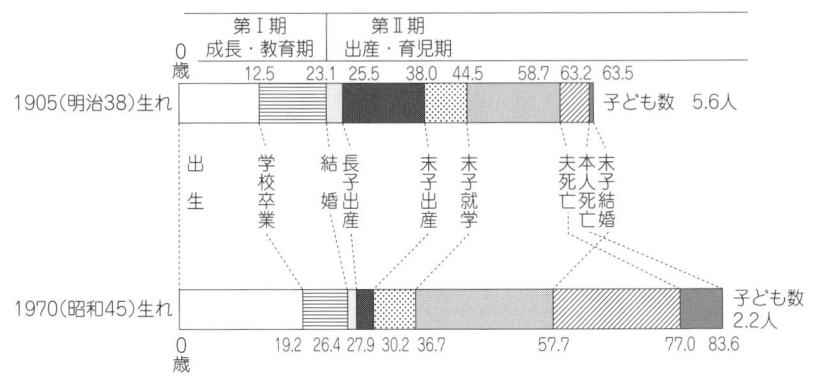

図12-5 女性のライフコースの世代差 (井上, 江原, 1999 より)

　生涯発達の研究には，個人の発達の諸側面を分析する手法は複数あるが，個人の発達をその時代の流れや社会変動と関連づけて研究する視点は十分とはいえない。研究をする人間が特定の時代に生き，その時代の影響を受けながら社会を作り上げているので，個人が埋め込まれている社会の動きとのつながりで人間の発達をとらえるのは難しい。しかし，この問題意識をもちながら生涯発達研究を積み重ねていくことが求められている。

3　発達の将来を描き出す

　子どもは将来を目指して発達し，大人は子どもの将来を考えて子どもを教育する。したがって，生涯発達研究では，過去から現在の発達のプロセスを明らかにするだけでなく，現在から将来への道筋を明らかにし，どのような未来を創り出していったらよいかを提示するよう努めるべきである。

　また，現代社会では，平均的な生き方というのがないほど人生の選択肢は増えており，それはとくに女性に顕著である。戦前の女性の人生は，結婚して平均4〜5人の子どもを育て上げることに人生の大半を費やし，子育てが終わったあとの女性に残された時間はごくわずかであった（図12-5参照）。他方，現代の女性は，子どもの数の減少と平均寿命の延びによって子育て終了後の時間が増えた。さらに，女性の高学歴化と社会進出によって，妻役割や母親役割だけで人生を終えることに誇りや生きがいをもちにくくなった。多くの女性が，何を生きがいにするべきか悩んでいるが，モデルとなる生き方はない。また，男女ともに生涯独身という生き方や離婚・再婚も増加している。生涯発達研究は，このような多様な生き方の将来を描き出す未来志向の学問となるべきである。

引用文献

東　洋・柏木惠子・髙橋惠子（編・監訳）．（1993）．生涯発達の心理学：1　認知・知能・知恵．東京：新曜社．

Baltes, P. B., Reese, H. W., & Lipsitt, L. P.（1980）. Life-span developmental psychology. *Annual Review of Psychology*, **31**, 65-110.

Caspi, A.（1998）. Personality development across the life course. In W. Damon（Series Ed.）, N. Eisenberg（vol, Ed.）, *Handbook of child psychology: vol.3 Social, emotional, and personality, development*（5th ed., pp.311-388）. New York: John Wiley.

Elder, G. H., Modell, J., & Parke, R. D.（Eds.）.（1997）．時間と空間の中の子どもたち（本田時雄，監訳）．東京：金子書房．（Elder, G. H., Modell, J., & Parke, R. D.（Eds.）.（1993）. *Children in time and place: Developmental and historical insights*. Cambridge, UK: Cambridge University Press.）

遠藤利彦．（2005）．発達心理学の新しいかたちを探る．遠藤利彦（編），発達心理学の新しいかたち（pp.3-52）．東京：誠信書房．

Hetherington, E. M.（1989）. Coping with family transition: Winners, losers, and survivors. *Child Development*, **60**, 1-14.

Hetherington, E. M., Cox, M., & Cox, R.（1985）. Long-term effects of divorce and remarriage on the adjustment of children. *Journal of the American Academy of Child Psychiatry*, **24**, 518-530.

Hetherington, E. M., & Stanley-Hagan, M.（1999）. The adjustment of children with divorced parents: A risk and resiliency perspective. *Journal of Child Psychology and Psychiatry*, **40**, 129-140.

Hetherington, E. M., & Stanley-Hagan, M.（2002）. Parenting in divorced and remarried families. In M. H. Bornstein（Ed.）, *Handbook of Parenting: vol.3 Being and becoming a parent*（2nd ed., pp.287-315）. Mahwah, NJ: Lawrence Erlbaum Associates.

井上輝子・江原由美子（編）．（1999）．女性のデータブック（第3版）．東京：有斐閣．

無藤　隆．（2005）．縦断研究法のタイプ分類とその選択基準．西條剛央（編），構造構成的発達研究法の理論と実践（pp.36-73）．京都：北大路書房．

無藤　隆・佐久間路子（編著）．（2008）．発達心理学．東京：学文社．

永野重史．（2001）．発達とは何か．東京：東京大学出版会．

小田切紀子・菅原ますみ・北村俊則・菅原健介・小泉智恵・八木下暁子．（2003）．夫婦間の愛情関係と夫・妻の抑うつとの関連：縦断研究の結果から．性格心理学研究, **11**, 61-69.

西條剛央（編）．（2005）．構造構成的発達研究法の理論と実践．京都：北大路書房．

Stice, E., & Barrera, Jr., M.（1995）. A longitudinal examination of the reciprocal relations between perceived parenting and adolescents' substance use and externalizing behaviors. *Developmental Psychology*, **31**, 322-334.

菅原ますみ・北村俊則・戸田まり・島　悟・佐藤達哉・向井隆代．（1999）．子どもの問題行動の発達：Externalizing な問題傾向に関する生後11年間の縦断研究から．発達心理学研究, **10**, 32-45.

Wallerstein, J., Lewis, J. M., & Blakeslee, S.（2001）．それでも僕らは生きていく（早野依子，訳）．東京：PHP研究所．（Wallerstein, J., Lewis, J. M., & Blakeslee, S.（2000）. *The unexpected legacy of divorce: A 25 year landmark study*. New York: Hyperion.）

山森光陽．（2005）．個人差を織り込んだ発達データの分析（pp.117-145）．西條剛央（編），構造構成的発達研究法の理論と実践．京都：北大路書房．

矢野喜夫・落合正行．（1991）．発達心理学への招待．東京：サイエンス社．

Young, C. H., Savola, K. L., & Phelps, E.（1991）. *Inventory of longitudinal studies in the social sciences*. Newbury Park, CA: Sage Publications.

第III部
研究の理論

第13章
研究パラダイムとの関係でみた研究法

尾見康博

　研究パラダイムと聞くと，科学史家クーンのパラダイム論（Kuhn, 1962/1971）を思い浮かべる読者も多いだろう。科学が「累積的」に発達するのではなく，前の時代の成果を新たな発見によって塗り替えていく，すなわち，「断続的」に発達するという見方は，斬新な科学観・科学史観として論争の対象になり，科学史，科学哲学はいうに及ばず，それ以外のさまざまな学問分野にも影響を与えた。ただし，広範に普及した代償として，「パラダイム」という概念は多様な意味を帯びることにもなった。

　そこでまずは，パラダイムの生みの親であるクーンの定義を見ておこう。クーン（Kuhn, 1962/1971）によれば，パラダイムとは，「一般に認められた科学的業績で，一時期の間，専門家に対して問い方や答え方のモデルを与えるもの」（訳書, p.v）である。心理学においても，「行動論から認知論へのパラダイム移行」（西川, 2010, p.189）や「精神分析療法から認知行動療法へのパラダイムシフト」（丹野ほか, 2009, p.171）をはじめ，パラダイムという用語はしばしば見聞きする。とくに，行動主義から認知主義へのパラダイムシフトについては，心理学者の問い方や答え方のモデルを変えた，心理学史上の大きな転換点として用いられる。その意味では，このパラダイムシフトの用法はクーンの定義に沿った使い方であるように思える。

　しかし，その一方で，旧パラダイムであるはずの行動主義パラダイムが完全に使われなくなったわけではない。行動主義はマイナーな地位に甘んじることになった一方，行動主義に準拠した研究は絶えることなく生産され続けている。また，パラダイムシフトの例として頻繁に用いられる物理学領域においても，簡便性の観点から，実際の計算には旧パラダイムの古典物理学が適用される分野も少なくない[1]。

　つまり，心理学においても物理学においても，パラダイムの拘束力は絶対的な

ものではなく，ある程度緩やかな形で研究を方向づけているといえよう。ただし，物理学では，旧パラダイムを適用する研究者も，基本的に新パラダイムを受け入れたうえで適用しているのに対して，心理学では，新パラダイムを受け入れずに旧パラダイムを適用している，つまり旧パラダイムが新パラダイムに塗り替わっていない分野があるという違いがある。このように考えると，心理学の方が，同時代の支配的パラダイムの広がりに限界がある，あるいは大小複数のパラダイムが同時に併存しているとみなすこともできよう。

さらに，心理学における認知革命を革命的というより復古的（あるいは周期的）として捉え，「革命」と名づけることに対する懐疑的な見方もある（高砂，2003）。これは，行動主義から認知主義にパラダイムシフトしたという言説に対する疑義とも言えよう。このように，「問い方や答え方のモデル」が特定の時期にどれだけ支配的か，を考えると，心理学においてパラダイム論が適用可能だとしても，その「パラダイム」はかなり曖昧な形で機能しており，同時代における特定パラダイムの支配力は限定的であると考えられる。

本章ではまず，こうした前提をふまえて，研究パラダイムと研究法の関係を検討する。そのうえで，今世紀に入ってから研究法のテーマとして注目を浴びている，質的アプローチと倫理の問題を取り上げることによって，今後の発達心理学の研究法としての可能性を議論する。

第1節　「パラダイム」は研究法を拘束するか

心理学において，1950年代から60年代にかけての認知革命によって，行動主義パラダイムから認知主義パラダイムに転換したことを前提とすると，その間，研究法はどのような影響を受けたであろうか。

おそらく，客観的に観察可能な行動以外にも目を向けることができるようになり，多くの心理学者が研究モデルとするものが変わったことは確かであろう。また，行動主義パラダイムでは，研究法として実験が多用され，認知主義パラダイムでは，実験だけでなく質問紙法や面接法など，ことばを媒介としたデータ収集法が頻繁に採用されるようになったであろう。そうであるなら，少なくとも，データ収集法の多様化という点において，このパラダイムシフトは心理学全体にとって意義深いものであったかもしれない。

---

[1]　この点については，物理学者である，川村隆明教授（山梨大学）のご示唆をいただいた。

他方，認知主義へのパラダイムシフトとは無関連に，現在に至るまで，研究のしかたを規定してきたものがある。仮説を検証するための方法，統計的検定である。

　統計的検定は第二次大戦後に爆発的に普及し，1940年から1955年の間に推論革命が生じたとみなす論者もいるほどである（Gigerenzer & Murray, 1987）。そして，1970年代以降は9割前後の実証論文で統計的検定が利用されている（Hubbard & Ryan, 2000；Omi & Komata, 2005）。認知革命があろうとなかろうと，統計的検定の利用は増大の一途をたどったのである。推論革命以降，統計的検定は，仮説を「科学的に」検証するための絶対的手段として重宝されており，心理学における「解」あるいは「証拠」を求める手段として用いられているのである。

　換言するなら，研究法と一言で言っても，データ収集の方法，データ解析の方法，解を導く方法など，いくつかの側面があり，どの側面に着目するかで，研究法とパラダイムが相互に関連するともしないとも言えるということになる。もしも，推論革命を認知革命よりも重視するのであれば，解を導く方法としての研究法の転換がパラダイムシフトを直接意味することになる。つまり，推論革命が起こったと考える立場からは，行動主義から認知主義へのパラダイムシフトよりも，記述統計から推測統計への解法のパラダイムシフトが生じたとみなしうるのである。

第2節　機械論的人間観のもとにある仮説検証モデル

　行動主義から認知主義への転換は，心理学における人間観の転換ともいえるが，そこでいう人間観とは，研究対象としての人間のどの側面に焦点化するかに関するものだと考えられる。それに対し，統計的検定を強力な武器とする実証スタイルがこの間変わらなかったという事実は，別の意味での人間観が変わらなかったことを示唆している。

　当然のことながら，独立変数や従属変数としてあらかじめ用意される変数，あるいは質問項目やその選択肢は，研究対象となる人間全員に対して，客観的に等価な刺激とみなされている。そして反応や回答は数値化され，同一の反応・回答である限り，そこに個人差は存在しない。また，反応・回答のパターンはあらかじめ用意されており，あらゆる個人は特定の枠組みの中で序列化される。この意味で，研究参加者は，あらかじめ決められた次元上に数値をはき出す機械と化しており，個人間の差異は，想定された次元における大小関係に還元される[2]。し

かも，個々人がはき出した数値は加減乗除の演算処理が加えられ，集団の数値の中に埋没する。さらには，基本的に時間による変動がないことが前提にされている。気分に関する指標などをのぞき，個人内での安定性が前提とされ，それが尺度の信頼性の評価にまで結びついている。

こうしたことから，実験するにせよ，質問紙調査をするにせよ，さらにはインタビュー調査や観察をするにせよ，仮説を検証すること，そしてそのために統計的検定を利用することは，基本的に単純な機械論に基づいて人間を見ていると言えるだろう。どのように丁寧にデータを得たとしても，それらが統計的検定に適合させるために特定次元上で数値化され，変数に還元される段階で，人間を機械とみなしていると考えられるからである。その意味で，変数として心的変数を用意しているから機械論ではないという反論や，（数値化する前に）インタビュー相手を機械とみなしていないという反論などはあり得る。

ところで，実験の場合は，特定の条件以外を均質にしたり，あるいはランダム配置したうえで，そのしぼりこんだ条件の効果を測定する。そのため，実験状況の外側にある，各実験参加者の日常空間は実験によるしぼりこみとは無関係に，大きく広がっていることが想像できる。実験法は，この特徴のために生態学的妥当性が問われることはあるものの，実験という特殊な状況で生じる，個々人の最大瞬間風速を測定しているようなものであり，そもそも日常生活でどうであるかというもの，つまり，生態学的に妥当なものを求めていない方法といえよう（山岸，1998）。そして，この特殊な状況における「機械」の反応を調べるのである。多少乱暴な言い方をするなら，実験法は，実験の場においてのみ人間を機械とみなしているが，実験の場の外側である人の日常生活に関しては関知しない方法ともいえる。

一方，質問紙調査法では，多くの場合，調査時点の瞬間的な状態についての回答が求められるわけではなく，調査時点を中心とした近い過去あるいは未来についての状態などについて回答が求められる。質問紙調査は，実験に比べて緩やかな枠組みであるが，その枠組みは，一時点での特殊な状況にとどまらず，回答者の日常生活にまで及んでいるということである。

そして，質問紙調査は，質問者と回答者のコミュニケーションという観点から，きわめていびつな構造をしている（尾見，2007）。通常のコミュニケーションであ

---

[2] 名義尺度のみを用いて単純集計する場合は該当しないといえるが，そういった研究は現代の心理学では稀である。

れば，質問者の質問の意味がわからなければ，回答者はその意味を質問者に尋ねるが，質問紙調査では，その機会がなかったり，「深く考えずに直感的に答えてください」との説明を受けたりする。まるで投映法であるかのように（尾見，1998）。換言するなら，質問項目に対する回答者独自の解釈可能性を排除したり，各回答者には各質問に対して唯一の明瞭な回答があるという前提を置いてしまっていたりするのである。これらのことは，回答を統計処理するために尺度上に回答者を序列化したり，ひいては統計的検定をしたりするのに都合がよいのである。

いうまでもなく，ここで機械論的人間観自体を否定するつもりはない。仮説検証モデルの元で統計的検定をするような研究は，おおよそこの人間観の範疇下にあることに自覚的であるべきであるということである。

第3節　発達心理学における質的研究と実践研究の広がり

発達心理学は，研究参加者を大学生，大学院生にしがちである他分野に比べると，典型的な心理学モデルを適用しにくい分野である。

たとえば，赤ちゃんを対象とした場合，ことばを媒介とした方法は無力である。質問紙調査やインタビュー調査だけでなく，ことばによる指示が含まれたりことばによる回答が含まれたりする実験も困難である。ことばを使うとするなら，親に対して赤ちゃんの様子を質問紙やインタビューで尋ねるくらいであろう。つまり，ことばに頼った定型的な方法が機能しにくいのである。逆に言えば，こうした方法は，心理学において典型的な研究参加者である，大学生，大学院生にとりわけ機能する方法だと考えることもできる。

このような背景もあって，乳幼児研究では，ことばによる媒介が少ない方法である観察法が他分野に比べて頻繁に利用されてきたといえる。

観察法は，実験法や質問紙調査法に比べると，一般にデータ収集の際の自由度が大きい分，効率の面で劣っている。もちろん，できるだけ場面を統制して実験に近い形で観察するとか，あらかじめ観察時間を固定し，指標として用意された行動に焦点化して観察するなどして，効率的に，秩序だってデータ収集をすることも可能である。しかしながら，たとえそうだとしても，観察中に何が起こるかわからないということからは逃れられない。観察対象の赤ちゃんが眠ってしまうかもしれないし，泣き出してしまうかもしれない。

一方，こうした研究法の特性は，逆にその自由度が生きる形の研究を生むことにつながったと考えることができる。発達心理学において質的研究がさかんに

なったのは，比較的柔軟な方法である観察法を採用する研究が珍しくなかったことが大きいだろう。

さらに，一般家庭での観察や幼稚園，保育所，学校といった施設での観察による発達心理学研究が増えてくることによって，実践的なアプローチも並行して増えてきた。

また，研究の効率性という意味では一見無駄ともいえるような作業に研究者がかかわるようになってきた。具体的には，研究成果の一つとして，単なる分析結果の報告をするだけでなく，研究に協力してくれる先生や保護者にも有益な，あるいは意味のある助言や示唆を伝えたり，研究計画段階から，もっと積極的にフィールドとの共同作業として研究を進めたりすることが増えてきたのである。

もちろん，無駄に見えるものすべてが無駄であるわけではなく，こうした作業によって，フィールドの人たち（先生や保護者，子どもたち）との信頼関係を強めることにつながったり，研究遂行上重要なヒントが得られたり，思いがけない発見があったりするものである。

従来ややもすると，対立しがちであった理論（家）と実践（家）の歩み寄りの背景には，理論を検証するためでなく，研究者自らが実践に協力しながら観察し，観察しながら理論を構築していこうという研究や，さらには，自らも一メンバーとして積極的に実践に関与しながら進めていく方法が徐々に認められるようになってきたことが大きい。

こうして，半ば必然的に，発達心理学において，フィールドワークや質的研究が求められ，実際にも遂行されるようになったのである。そして，仮説検証モデルに疑問が投げかけられ，仮説生成（箕浦，1999）やモデル構成（山田，1986）といった別の実証スタイルが打ち出されるようになった。すなわち，理論を検証するために実践的データを収集し分析するというスタイルをとるのではなく，むしろ，理論的知識はいったん脇に置いて，できるだけ理論的先入観をもたずに実践の現場で生じる現象を観察したり，実践に関与したりするのである。このスタンスは「カタブツ」で「アタマデッカチ」の研究者を敬遠しがちな実践現場でも好意的に迎えられることにもつながりうるし，参与観察という研究法を採用する場合には，方法としても適切なやり方でもある。

つまり，「心理学のパラダイムシフト」とは無関係に，心理学の実証スタイルは変わらずに継続してきたのだが，他方，発達心理学は次第にその実証スタイルにとどまってはいられなくなってきたのである。もちろん，新たな実証スタイルへの移行は，発達心理学にとどまらず，社会心理学や教育心理学，認知心理学と

いった分野でも生じており，心理学における質的アプローチの支持者は，心理学の主流とはいえないものの，「ただの物好きの嗜み」と切って捨てることができないほどの一定の勢力を形成するようになった。

この質的アプローチの隆盛は，推論革命ほどその後の心理学研究法全体に広がるとは思えないが，推論革命で広がった研究法に真っ向から挑戦する方法であり，研究法の根本問題にかかわることでもあることから，一種の革命と呼んでもいいかもしれない。そしてもしこれが革命であるなら，ここにパラダイムシフトが生じたと見ることもできよう。

第4節　倫理のダイナミズム

実践研究をはじめとするフィールド研究は，（実践の）フィールドに関与する人びとの日常が対象になる。参与観察の「参与」の度合いが高い研究であればあるほど，そして，フィールドに長期間かかわればかかわるほど，研究者も当事者に近づくことになり，当事者の日常に近づくことになる。また，少なくとも参与観察を中心としたフィールド研究，すなわち狭義のフィールドワーク研究[3]にとって，これらは求められているものでもある[4]。そして，この事実は，日常生活におけるどろどろした人間関係のあれやこれやが研究者に否応なく降りかかってくることを意味する。たとえば，思いがけず他人を傷つけたり他人から傷つけられたりすることがありうるということである。

一方，研究者の態度としては，研究参加者を傷つけることはあってはならない。日本においてもアメリカのあとを追うように，心理学関連の各学会や各研究機関で倫理綱領や倫理規定がつぎつぎに作成されており（若島ほか，2009），そうした倫理綱領などでは当然のごとく，研究参加者を傷つけないことが求められている。しかし，綱領を字義的に遵守しようとすることは，フィールドワーク研究に求められているものと矛盾してしまうことにもつながる。つまり，フィールドワーク研究において，他人を傷つける可能性をなくそうとすると，フィールドへの関与が必要以上に薄まることになったり，必要以上に慎重になったりし，フィールドから表面的，形式的な情報以上の有力な情報を得られないという結果をもたらしかねない。では，フィールドワーク研究と倫理綱領はどのように折り合いがつく

---

[3]　フィールドワークとフィールド研究の区分については，尾見（2001）を参照のこと。
[4]　参与の度合いが高すぎるのは問題視されることがある。

のであろうか。

　いうまでもなく，倫理綱領や規定自体が問題なのではない。研究者がフィールドで好き勝手なことをしていいはずはなく，むしろそういった倫理的基準は必要なものである。しかし，それらに過敏になりすぎることは，どのような方法を採用するにせよ，学問の停滞をもたらす可能性もある（Gergen, 1973；Rosnow, 1997）。もちろん，実験計画法に則った実験室実験のように，検証するための仮説と検証の手続きが実験前にきちんと定められ，どういう結果が出たら仮説が支持され，どういう結果が出たら支持されないかがあらかじめ明白である場合，ひいては，実験参加者のとりうる行動や抱きうる感情などが事前に予想できる場合には，実験実施前にクリアしておくべき倫理的な問題が多いだろうし，もちろんそれらはクリアしておくべきだろう。しかし，フィールドワーク研究では，ある種の無計画性，換言するなら，即興性こそが神髄ですらある。事前に計画を立てて，倫理的な配慮をし，その範囲の中での研究のみが許されるのであるなら，フィールド研究はその長所が生かし切れないだろう。また，研究の目的なり計画が変わるたびに，たとえば研究参加者にインフォームド・コンセントを実施しなければならないなら，フィールドの人たちの生活文脈をそのたびに断絶させることにつながるし，そうすることでかえって不審がられるかもしれない。丁寧な説明が，かえって対象者の態度を不自然なものにし，対象者の日常が観察できなくなるかもしれない（Rosnow, 1997）。

　日本心理学会は「フィールド研究」に関する倫理を他の研究法の倫理とは別に設けており（倫理委員会, 2009），工夫の跡が見られるが，それでもやはり，研究の計画性が前提にされている。フィールドでの研究の場合には，研究の計画性を前提にした倫理的要請にあまり従順にならない方法を考えるべきだと思われる。倫理という名の自己規制は，独創性の高いユニークなフィールドワーク研究を生まれにくくするということになるであろう。倫理的問題に抵触しないように，無難な方法を選択しかねないのである。あるいは，フィールドワーク研究なのに，薄っぺらな情報しか得られない研究ばかりが量産されたり，研究対象者の了解がとりやすい「美しい」社会や集団についての知見のみが積み重ねられかねない。学問の自由を振りかざすつもりはないが，マニュアルベースで静的に倫理問題を考えることは自らの首を絞め，自らの自由を奪うことにつながっていることには自覚的になるべきだろう。

　では，具体的にどのようにフィールドワーク研究を遂行すればよいのだろうか。先に，日常生活の人間関係の問題が直接的に研究者に降りかかってくると述べた

が，その日常生活で，非研究者としての私たちが通常どのように振る舞っているかを考えてみるとよいだろう。私たちが日常生活を営む際に，常に法律や倫理的な規範を意識しているわけではない。他人とやりとりするたびに，これは倫理的かどうかなどと考えていては，やりとりがぎくしゃくしてしまうだけである。他人を傷つけないことを周到に準備することは不可能であり，それを要求することは他人と接するなと言うようなものである。不本意に他人を傷つけることになってしまったら，理解を求めたり，謝罪したりするしかない。フィールドワーク研究の少なくとも一部が日常生活の文脈の流れに乗ることによって実施されるというのであれば，同様に考えればよいのではないだろうか。つまり，計画性が求められる「事前の倫理」の遵守に偏りすぎず，ある程度「事後の倫理」によって倫理問題を制御するという考えがあってもよいということである。

　また，心理学の倫理の問題を論じる際に，ヘルシンキ宣言が引用されることがあるが，この宣言が医学領域に関するものであることを見逃すべきではないだろう。医師と患者の関係は明らかに患者が医師（の医療行為）に依存する関係であり，医師が優位な立場に立っている。臨床心理学におけるセラピストとクライエントの関係も同様であろう。発達心理学で考えるなら，研究者と赤ちゃんや子どもとの関係も同様かもしれない。おそらくヘルシンキ宣言を引用する背景には，心理学においても，研究参加者が研究者よりも弱い立場にあるという前提があるのではないだろうか。しかし，たとえば，政治家と研究者の関係を考えてみよう。少なくとも，一般に政治家が研究者に依存した関係にはならないだろう。政治家本人が了承できない行為や言動を研究の材料にするのは，その政治家を傷つけることになるから取りやめるのだろうか。もちろん，ジャーナリズムとは違うのであるから，正義をかざして「政治家の不正を追及する」というスタンスをとるべきではないだろう。しかしながら，どのような研究参加者であっても，「研究参加者＝弱者」という暗黙の前提は，人間がひ弱であるという前提に立っていることにもつながりうるし，この前提に立った倫理に基づいた営為は，逆説的に，「上から目線」で，研究対象者たる一般の人たちを見ていることにもなりかねない。ある種のパターナリズムといってもよいかもしれない。

　発達心理学であれば少なくとも，事前の倫理だけが過大視されることを問題とすべきであろう。生きた人間であるなら，時間とともに傷つきやすさが変わったり，傷つく原因が変わったりするのが当然だろう。生きた生活文脈では，倫理もまた生きているのである。

第5節　発達を記述する方法に向けて

　機械論的人間観から脱するには，時間とともに柔軟に変化，発達する人間観，いわば可塑的人間観を可能にする方法論を採用する必要がある。生活文脈を分断せずに，時間の流れの中で柔軟に生きる人間を記述する方法が求められるが，統計的検定をはじめとした統計的分析に依存して，心理学的現象を数字によって表現する方法では，結果として個人や個人の時間や文脈を没個性化することから逃れられない。

　先述したように，発達心理学は，従来の定型的な心理学モデルを適用しにくい側面をもっている。実験的な統制やことばによる問いかけ，そして統計的検定による心理学的解への導きが困難であったことは，観察法から実践研究，質的アプローチの導入へと向かいやすかったものと思われる。さらに，その道筋は，おそらく，個人個人の生きた時間や生活文脈を生かす研究法に向かわざるをえない。

　このような方向性は，法則定立的（nomothetic）アプローチに対する個性記述的（idiographic）アプローチ（Windelband, 1894/1929）に通じるが，単なる個性記述的アプローチではなく，法則定立を視野に入れた個性記述的アプローチであることが重要である。パーソナリティ分野では，ラミエル（Lamiell, 1981）が個性記述的方法で法則定立的原理を探究することを試み，個性定立的（idiothetic）アプローチを開発している。また，山田（1986）は，モデル構成のための方法論を検討する中で，個性記述的観点を利用して法則定立的な目的を達成することを提唱している。さらに遠藤（2005）は，発達心理学の今後を展望する中で，「個性記述をとおした法則定立」を具現しうるような方法論の構築の必要性を指摘した。

　個性の記述は，当然，特定の視点からなされる。言い換えれば，特定の基準を元に記述がなされる。ただし，典型的な検証モデルにおける記述と異なるのは，その個人の個性を表現するのにふさわしいものであれば，その基準が個人ごとに異なっていてもよいということである（Kelly, 1955, を参照）。

　個性記述をとおして法則定立に向かう際の，おそらく重要な点は，対象となる全個人に共通の次元をあてはめて数値化，序列化しないこと，そして，一つあるいは少数の法則に安易にまとめないことであろう。共通の次元をあてはめて序列化しないためには，質的方法の洗練がいっそう求められることになるだろう。また，少数の法則に安易にまとめないためには，他と比較してユニークな個性こそ丁寧に記述して，個の可能性を提示すること（尾見・川野, 1994）が尊重される

ことになるかもしれない。さらには，個性記述的アプローチが必ず個人を分析単位にする必要はなく，目的に応じて，やりとりする二者や小集団，あるいはより大きな社会を単位にすべきであることはいうまでもない。

　個々の人間，個々の親子，個々の人間関係などを個々の生活時間，生活文脈を生かしながら記述し理論化することは，発達心理学者にとって非常にチャレンジングでもあり，ある意味では正攻法ともいえる研究スタイルといえるのではないだろうか。そして，この研究モデルは，「検証モデル」に対して「構築モデル」と呼びうるかもしれない。

　統計に依存せず，個々の文脈を大事にし，それでもかつ法則の定立を視野に置くとなると，従来の検証モデルにもとづく方法に比べて，ずいぶんハードルが高くなるように感じるかもしれない。もし超えられそうもないほど高いと感じるのであれば，従来の検証モデルに則った研究法を採用すればよい。そして，ハードルの高さよりも，理論化を夢想しながら地道に個性記述に勤しんだり，実践現場の人たちと新しい実践を構築することを楽しんだりしたいのであれば，構築モデルに則った研究法を採用すればよい。

　心理学のパラダイムは複数が併存するのが常なのだから，どちらのモデルが正しいかなどと論じるのは不毛であろう。これから発達心理学を学ぼうとする若い世代の人たちに多様な選択肢が用意されていることは，「事後の倫理」を強調することとともに，発達心理学の発展にとってプラスに働くことはあってもマイナスに働くことはないだろう。検証モデルに則った研究から，遺伝論や生理学と協働した画期的な知見が生まれるかもしれないし，構築モデルに則った研究から，常識をひっくり返すような画期的な実践が生まれ社会を変えることになるかもしれない。いや，そんなに単純な予測とはまるで違う形で新たな知が創出されるかもしれない。いずれにしても，構築モデルは，方法論的に未整備であるぶん，実践や日常生活を発達心理学的に記述するための言語化の方法，それを実際の実践と密接にリンクさせる方法が多様に生み出されることによって，多様な発達観にもとづく豊かな知見をもたらすことになるであろう。

引用文献

遠藤利彦．（2005）．発達心理学の新しいかたちを探る．遠藤利彦（編），発達心理学の新しいかたち（pp.3-52）．東京：誠信書房．

Gergen, K. J.（1973）. Codification of research ethics: Views of a doubting Thomas. *American Psychologist, 28*, 907-912.

Gigerenzer, G., & Murray, D. J.（1987）. *Cognition as intuitive statistics*. Hillsdale, NJ: Lawrence Erlbaum.

Hubbard, R., & Ryan, P. A.（2000）. The historical growth of statistical significance testing in psychology: And its future prospects. *Educational and Psychological Measurement*, **60**, 661-681.

Kelly, G. A.（1955）. *The psychology of personal constructs*. New York: Norton.

Kuhn, Th. S.（1971）. 科学革命の構造（中山　茂，訳）．東京：みすず書房．(Kuhn, Th. S.（1962）. *The structure of scientific revolutions*. Chicago: University of Chicago Press.)

Lamiell, J. T.（1981）. Toward an idiothetic psychology of personality. *American Psychologist*, **36**, 276-289.

箕浦康子（編著）．（1999）．フィールドワークの技法と実際：マイクロ・エスノグラフィー入門．京都：ミネルヴァ書房．

西川泰夫．（2010）．実験心理学と認知心理学の展開．西川泰夫・高砂美樹（編），*心理学史*（改訂版, pp.187-207）．東京：放送大学教育振興会．

尾見康博．（1998）．フィールドワーク，現場，心理学．人文学報（東京都立大学），**288**, 101-114.

尾見康博．（2001）．フィールドワーク，現場心理学，フィールド研究．尾見康博・伊藤哲司（編），*心理学におけるフィールド研究の現場*（pp.2-17）．京都：北大路書房．

尾見康博．（2007）．測定をめぐる問題：いったい何を測定しているのか？　渡邊芳之（編），海保博之（監修），朝倉心理学講座：*1　心理学方法論*（pp.68-89）．東京：朝倉書店．

尾見康博・川野健治．（1994）．人びとの生活を記述する心理学：もうひとつの方法論をめぐって．*東京都立大学心理学研究*, **4**, 11-18.

Omi, Y., & Komata, S.（2005）. The evolution of data analyses in Japanese psychology. *Japanese Psychological Research*, **47**, 137-143.

倫理委員会（編）．（2009）．社団法人日本心理学会倫理規程．東京：日本心理学会．

Rosnow, R. L.（1997）. Hedgehogs, foxes, and the evolving social contract in psychological science: Ethical challenges and methodological opportunities. *Psychological Methods*, **2**, 345-356.

高砂美樹．（2003）．20世紀の3大潮流とその批判．サトウタツヤ・高砂美樹（著），*流れを読む心理学史：世界と日本の心理学*（pp.43-74）．東京：有斐閣．

丹野義彦・坂本真士・石垣琢麿．（2009）．*臨床と性格の心理学*．東京：岩波書店．

若島孔文・狐塚貴博・宇佐美貴章・板倉憲政・松本宏明・野口修司．（2009）．日本における心理学諸学会の倫理規定の現状とその方向性．*東北大学大学院教育学研究科研究年報*, **58**, 123-147.

Windelband, W.（1929）. 歴史と自然科學（篠田英雄，訳）．*歴史と自然科学・道徳の原理に就て・聖：『プレルーディエン』より*（pp.7-36）．東京：岩波書店（岩波文庫）．(Windelband, W.（1894）. *Geschichte und Naturwissenschaft*. Strassburg: Heitz.)

山田洋子．（1986）．モデル構成をめざす心理学の方法論．*愛知淑徳短期大学研究紀要*, **25**, 31-50.

山岸俊男．（1998）．*信頼の構造：こころと社会の進化ゲーム*．東京：東京大学出版会．

第14章
量的研究と質的研究の長短所と補完的折衷：体系的折衷調査法の提案

大野　久

　本章の目的は，とくに人格発達，自我発達の領域での多数のサンプルから得た数量データを分析することにより，一般的法則性を明らかにしようとする量的研究と，個別な少数データを分析することにより，具体的な知見を明らかにしようとする質的研究の双方の長短所を検討し，それを補完的に折衷することでより科学的な知見を得ようとする体系的折衷主義（systematic eclecticism；Allport, 1968/1977）に基づいた調査法を提案することである。

第1節　体系的折衷主義について

1　体系的折衷主義とは

　G. W. オルポート（Allport, 1968/1977）は，①「人間のパーソナリティの問題に私は深い関心をもつ」②「ビル（人名）のパーソナリティの問題に，私は深い関心をもつ」という2つの命題を挙げ，この違いについて検討している。この2つともたしかに心理学の領域の中に入る問題意識ではあるが，前者は「地球上に住む三十億の人間[1]から，さまざまのつかみにくい性質を抽象している」のに対して，後者は「ある一人の人，たったひとりの人物について語っている」と述べ，この2つがまったく正反対の方向性をもつ問題意識であることを述べた。さらに，それまでの心理学の方向性として「パーソナリティの共通性はすべて個人を貫く水平的次元である。われわれは主にこれらの共通性に注意を向け」てきたのだが，「われわれはこれらの共通次元が実際にビルのパーソナリティに適用できるものであるかどうか，そしてもしそうであるならば，それらはどのように組み合わさってビルのビルらしい性質を作り上げているかどうかということを知るために，

---

[1]　原文のまま，数値は当時のもの。

われわれの研究時間のわずか1%も費やしていない。理想的には，研究というのは水平的次元と垂直的次元の両方を探求しなくてはならないのである」（以上訳書，p.66）と述べ，その両方の方法の折衷の必要性を論じた。この立場を体系的折衷主義という。

2　次元的と型態生成的という分析視点

さらに，オルポート（Allport, 1968/1977）は，それまでのヴィンデルバント（Windelband）の一般法則の追求を目的とする法則定立的（nomothetic）と，構造化された型態を扱う個性記述的（idiographic）という科学の2つの考え方を人格心理学に応用するために，法則定立的に対応するものとして「次元的（dimensional）」，個性記述的に対応するものとして「型態生成的（morphogenic）」という考え方を提唱している。

「次元的」はオルポート自身の人格特性論をベースに考えられている。これは多くの人に共通して測定できる共通特性から人格を研究しようという立場であり，それぞれの共通特性が1次元上で測定できると考えられることから，この考え方を「次元的」と呼んだ。多くの人に共通する人格特性を明らかにしようという方向性は，人間の人格に関する一般的な法則性を明らかにしようとする意味で法則定立的である。

次に，オルポート（Allport, 1968/1977）は，「型態生成的」について，次元的研究に比較して，方法論的にずいぶん遅れており，その時点で「次元的診断方法は，心理学者にとって職業上必須な商売道具の半分であるが，道具箱のもう半分[2]は，現在までは，事実上からっぽ」（訳書，p.70）であることを認めている。そして，型態生成的について明確な理論的，方法論的説明を行っていないが，将来可能性のある型態生成的方法の例として11の方法を紹介している。この中には，患者との長時間の面接に基づいたその人用の質問紙を作成し，その患者にその質問紙を長期間使用することにより，状態の変化を観察する方法や，10段階評定の最上部に「最上なあるいは理想的な人生のあり方」を，最下部に「最悪の人生の生き方」を記入させ，現在の状態をその10段階の尺度で評定させる方法（人生のはしご段），また，Q分類法などを紹介している。

個性記述的に対応するものとしての「型態生成的」であるが，これに関して，オルポート（Allport, 1968/1977）は，上述のように「（共通次元が）どのように組み

---

[2]　型態生成的方法のこと。

合わさってビルのビルらしい性質を作り上げているか」(訳書，p.66)と述べている。つまり個性記述的な方向性をもつといっても，一般的に考えられる他のケースとまったく比較不可能な主観的な報告や記録だけをデータとして考えているのではなく，人格共通特性がどのように組み合わさってその人らしさを構成しているかという考え方がその背景にあり，この点を次元的方法，型態生成的方法の折衷の手がかりと考えている点に注目したい。

第2節　わが国における体系的折衷主義による方法論の展開

1　久世の3段階分析法と西平の納得−説得−会得の了解過程

わが国においても，こうした考え方を継承して久世(1978)は，青年の行動発達を予測するためには，青年の一般と個別性の片方だけからの接近では不十分であり，この両面を把握する統計的方法と，個別性を把握する事例研究の2つの方法を交互に組み合わせて研究を進める「3段階分析法」を提唱している。

また，オルポートと同様に心理学が次元的研究に偏りすぎている点を批判したものとして，西平(1973, 1983)の「納得−説得−会得」の了解過程の提唱がある。この中で西平は人格発達にまつわる諸命題を実証しようとすると操作の中にさらに実証しなければならない多くの仮説が含まれてしまうことや，仮に実証できたとしてもそれはごく一局面にすぎず，いわば局部実証主義に陥ってしまうと述べた。これに代わる了解過程として，研究者の経験や洞察による事象の特徴，構造，心理力動性についての全体的把握である納得の段階，次にその知見を客観的な資料により，他者の了解を得ようとする説得の段階，さらに，納得の段階での知見が説得の段階を経ることでさらなる全体的構造の把握から新しい仮説への発展となる会得の段階の3段階からなる了解過程を提唱した。

説得の段階における客観的資料は，量的な資料であるか質的な資料であるかは問わないが，真偽2分法による実証の論理はとらず，ある事象に関する構造や心理力動をAと解釈する方が非Aと考えるよりもより説得力があるという蓋然性の論理をとる。この解釈の蓋然性について，大野(1998)は，「心理学的な解釈とは，いくつかの典型例を布置させることにより帰納的に新しい法則性を見いだす，もしくは，その既知の心理学的理論を演繹的に使って個のケースの中の心理力動を理解する作業である」(p.69)と述べ，解釈とはその研究者の推論であり，当然恣意的な解釈がなされる可能性もあること，一つの解釈は，一つの可能な解釈を示したにすぎず，論理的にその解釈に対してよりよく適合する別の解釈が示

される可能性が絶えず存在し，その可能性は絶えず保証されなければならないこと，さらに当然研究者の恣意的な（勝手な）解釈は排除されなければならず，そこには，多くの人の共感，共通理解が得られる普遍性が存在しなければならないことを考察した。

こうした考え方に基づき，西平 (1981a, 1981b, 1983, 1990, 1996, 2004)，大野 (1996a, 1998, 2008) は，伝記資料から人格形成の生涯発達に関する分析を試みている。伝記資料はあくまで質的なものであるが研究の問題意識としては，そこから個別分析，比較分析，主題分析（西平，1983）という分析段階をふまえて個別性から人格形成の一般性の把握を行おうとする方向性をもつ。

2　大野の充実感研究

大野 (1983a, 1983b, 1984)，大野ほか (2004) は上述の体系的折衷主義の考え方に基づいて，青年期の充実感について一連の研究を行っている。まず，大学生 20 人の面接調査から，「青年期の充実感はその青年のアイデンティティ統合にともなう自己肯定的感情であること」の全体的な把握を行った。次に，質問紙調査とその因子分析により，青年が充実感を感じる状況に関する因子，すなわち「成就感」「連帯感」「感動」「没頭」「自信」の 5 つの因子を算出した。その結果から「充実感・生きがい感モデル」の提案を行った（大野，1983b）。

また，大野 (1984) は，上記の状況の中で比較的継続的に充実感を感じる状況に注目し，充実感の生活気分の部分である「充実感気分－退屈・空虚感」と，アイデンティティを支える 3 つの側面「自立・自信－甘え・自信のなさ」（項目例「私は精神的に自立していると思う」），「連帯－孤立」（同「だれも私を相手にしてくれないような気がする」逆転項目），「信頼・時間的展望－不信・時間的展望の拡散」（同「生まれてきてよかったと思う」）が密接な相関関係にあることを示した。さらに，「充実感気分－退屈・空虚感」は，上述のアイデンティティを支える 3 つの側面の因子に比較して時系列に得点が変化しやすいことを明らかにした。このことから，充実感のベースラインはアイデンティティを支える 3 つの側面の水準によって決まり，生活気分である「充実感気分－退屈・空虚感」は，それをベースとして日々変化していることが推測された。この結果を「内容の拡大された心情モデル（充実感モデル）」として図示した。

次に，大野 (1983a)[3] は，10 名の学生に対する面接調査によって，充実感尺度

---

[3]　発表年次の関係で文献の年号が前後している。

の内容的妥当性の確認，学生の実際の全生活空間での充実感気分とアイデンティティの様相の関係を確認し，典型例の分析を行いその具体例を示した。

さらに，大野ほか（2004）では，充実感モデルに示された構造が20年あまりの時間の経過を超えて妥当なものであること，男女ともに同じモデルが適用できること，大野（1984）では，あくまでも推論にすぎなかったアイデンティティの側面を測定している3因子が「充実感気分－退屈・空虚感」因子に影響しているという仮説について共分散構造分析を用いて数量的に検証した。

3　方法論的検討

こうした研究を進めながら，大野（1992, 1996b, 2004）は数量的研究，質的研究の長短所を検討し，人格心理学，発達心理学における体系的折衷主義による接近法の必要性を提唱した。

大野（1992）は，1990年7月から1991年6月までの人格研究の動向を概観，論評し，「多かれ少なかれ人格的テーマを扱う研究であるにもかかわらず，その人格をもつ生身の人間のイメージがわかない場合が多い」ことを指摘し，その原因として「人格研究の動向として，一般性の探究に焦点を絞るあまり，方法が法則定立的，または次元的なものに片寄りすぎている印象を持つ。研究結果は，ある特性で輪切りにされた平均値や相関係数として示され，その特性を持っていた人間は数字の影に隠れてしまう場合が多い」（以上 p.73）と述べ批判した。

さらに，大野（1996b）は，同様の問題について，分析単位と分析視点という観点から，量的方法，質的方法の両方に存在する問題点とその解決法について提言を行っている。量的方法に関しては，研究者のもつ問題意識よりも分析単位を小さくしすぎていることが，「生身の人間が見えてこなくなる」原因であるとした。また一方で質的方法では，標準的な分析法が十分に発達しておらず，調査の事前に分析視点がないため，分析が困難になっていることを指摘した。こうした問題を解決するためには，体系的折衷主義の考えに基づいて質的量的方法を交互に繰り返し知見を補完していく方法の必要性を論じた。

大野（2004）では，上述の体系的折衷主義の考えに基づいて質的量的方法を交互に繰り返し知見を補完していく方法に関しての基本的な考え方についての講演を行った。

第3節　体系的折衷調査法（systematic eclectic research method）の提案

　大野は，上述のような研究実践と考察から得た体系的折衷主義に基づく調査法の確立に関して立教大学における10年以上の修士論文研究指導の経験の中で模索を行ってきた。この経験から2年間の修士論文研究の時間内で体系的折衷主義に基づいた質的量的方法を交互に繰り返し知見を補完していく標準的な方法が体系化されたという一応の感触を得ることができたので，この方法を「体系的折衷調査法」と名づけ紹介したいと思う。

1　標準的な手順

　標準的な手順は以下のとおりである。①研究テーマと仮説の検討，②予備調査による調査のための次元の選定，③質問紙調査法による次元的調査（因子分析法などによる次元の妥当性信頼性の確認，共分散構造分析による因果性の類推），④③に基づいた面接対象者の選定，面接調査の実施（次元の得点が実生活における意識，行動にどのように現れるのかの具体的把握，次元の内容的妥当性の確認，高得点者，低得点者の比較，次元の得点に影響する要因の発見と因果性の検討，形成過程についての回顧的資料の収集），⑤調査結果に基づいた新たな仮説の生成である。

2　質問紙調査の理論的枠組み

　オルポート（Allport, 1968/1977）は人格特性論を展開する中で「（人は）平均して7.2個，その数字の範囲はだいたい3～11の間の本質的特徴で，友だちを十分にいいあらわすことができると思っている」（訳書，p.73）と述べている。この知見とすでに述べた体系的折衷主義の背景にある「（共通次元が）どのように組み合わさってビルのビルらしい性質を作り上げているか」（訳書，p.66）という考え方を合わせて，大野（1996b）は以下のように考察した。「人間を測定できる共通次元は数百とあるが，その人にとってレレバントな（relevant；関連のある，当を得た）次元は，3～11個であることを示している。しかも，その3～11個の内容は人によって異なる。したがって，研究者の設定した測定次元が，多くの調査協力者にとってレレバントなものであると有効な資料収集になるが，そうでない場合も多い」（p.192）。つまり，質問紙調査では，ある研究テーマに関連するなるべく多くの人にとってレレバントである共通次元を発見することが目的となる。しかし一方で各個人から見ると，その次元が，他の次元に比較して相対的に重要であるか

もしれないが，その人を説明できるレレバントな 3〜11 個の次元に入っていないこともあり，もしそのうちに入っていたとしても，その他の次元は人によって異なることを明記しておく必要がある。このことは質問紙調査に続く面接調査の枠組みを考えるうえでも重要なポイントとなる。

3 質問紙調査の手順と分析方法

　上述の点を念頭に置くことを除けば，質問紙調査の手順と分析方法は従来のものとほとんど同様である。①研究テーマの設定，②研究テーマの内容を測定する尺度の準備，これには文献研究による尺度の発見，もしくは適切な尺度が見つからない場合，尺度作成を行う。この場合には予備調査による尺度の項目分析，因子分析，信頼性，妥当性などの検討が必要になる。③本調査，性差，世代差，文化差などの平均値の差の検討などによる研究テーマに関する一般的な傾向の把握，関連する概念を測定する尺度との相関分析，因子分析などによる多くの人にレレバントと考えられる次元の発見，共分散構造分析などによる概念間の因果性の推測などを行う。ここで事前に設定された仮説について，一般的な傾向について吟味を行う。

4 面接協力者の選定

　ここまでは一般的な質問紙調査法と同様の手順を踏むが，④面接協力者の選定に関しては，体系的折衷調査法において特別の意味をもつ。手順としては，研究テーマそのものを測定する次元，もしくは非常に関連が高いと考えられる次元，たとえば充実感研究ならば充実感尺度の得点を標準得点化し，調査協力者を高得点群（$Z \geq 55$），中得点群（$55 > Z \geq 45$），低得点群（$45 > Z$）に分類し，各群の中から質問紙調査時に面接調査への依頼に応じてくれた調査協力者に面接を依頼する。

　この手順は特別に見えないが，サンプリングの理論から次のような意味をもつ。調査協力者をある共通次元の 1 次元上に並べ，高得点群，中得点群，低得点群からバランスよくサンプリングすることは，1 つの共通次元に関していえばその母集団の分布になぞらえて面接対象を選定している理論的な根拠を担保している。

　質的研究においてどのようなサンプルに対して調査を行うかという点は重要である。ある限定的な地域に居住している青年たち，ある限定的な活動を行っているグループに参加している青年たちなど，サンプルのもつ共通性や特殊性を明記して，その状況を考慮した分析は説得力のあるものになる。極端な場合，『青年ルター』（Erikson, 1958/2002-2003）や『ガンディーの真理』（Erikson, 1969/1973-1974）

のようにＮ＝1の研究であっても，その歴史状況，社会状況，個人的な生育史などを詳しく検討し，それを考慮に入れたうえでの分析は典型例として説得力がある。しかし，一般性を把握しようとすることが目的である場合，上述のようなサンプリングに関する配慮は結果の恣意性を排除するために不可欠である。

5　面接調査の理論的枠組み

　体系的折衷調査法では面接調査の理論的枠組みとして，西平（1973）の自我同一性（アイデンティティ）と全生活空間という分析視点の枠組みを用いる。人格発達，自我発達に関する青年期以降のテーマを取り扱う場合，それが直接アイデンティティと関連しないテーマであってもこの枠組みは有効に機能する。

　エリクソンはアイデンティティの感覚を，その心理－社会的枠組みから「内的な斉一性と連続性を維持する各個人の能力（自我）が，他者における自己の意味の斉一性と連続性に合致する経験から生まれた自信」（Erikson, 1959/1973, p.112）であると述べた。このことを大野（2010）は，アイデンティティとは社会における～としての自分に関する「自覚，自信，自尊心，責任感，使命感，生きがい感」（p.63）と，日常的な日本語に置き換えて解釈した。つまり，社会の中で，他者との関係の中で，何に自信をもって生きているか，何を目指して生きているか，何に責任を感じて生きているか，何に生きがい，やりがいをもって生きているかについて自分の視点から述べたものをアイデンティティと呼ぶ。

　これに対して，全生活空間とは，レヴィン（Lewin, K.）の生活空間の考えを発展させ，その青年の生きている意味空間全体の「力の布置」，「存在論的意味」，「社会的構え」，「歴史的意味」などを表現するために西平（1973）が用いた概念である。つまり，自分がどのような社会（集団，人間関係）の中で生きているかという意識について，それぞれの空間を主語として述べる場合，それを全生活空間と呼ぶ。たとえば「立教大学とは私にとって～という意味をもつ場所です」といった表現になる。ここで，注意喚起しておきたい点は，人は整合した意味の空間を生きている，つまり，個々の人間それぞれの全生活空間とアイデンティティはつじつまが合っていることである。その構造を理解することがその人の行動，意識，考え方，さらには生き方の理解につながる。

6　面接調査の手順

　面接協力者は，上述したサンプリングから面接調査に協力を申し出てくれたボランティアに依頼する。人数は，各群最低3～4名計10名以上が望ましい。

面接の形態は，個別面接，主たる質問だけを事前に定めた半構造化面接である。主たる質問は10問前後，面接時間は1時間から1時間半である。

質問は，主たる研究テーマについてまず直接質問する。たとえば「最近の生活の中で充実感を感じていますか？」などである。次に，質問紙調査で得られた主たる次元に関連の強い次元に関する質問を行う。さらに，全生活空間の各領域におけるそのテーマの現れとその原因を質問する。全生活空間を構成する領域は，学生の場合，「大学（主に学業），部活・クラブ・サークル（ボランティアを含む），アルバイト，友人関係，異性交際，趣味（の仲間），家族，将来への展望」が多数に共通の領域として挙げられる。また面接協力者の属性が違えばこの領域も異なるものになる。最後にまとめとして最初の質問を繰り返す。

主たる質問のあと，面接協力者の説明が足りないと思う点，もしくは「なぜそのように思うのか，行動するのか」など疑問に思う点，腑に落ちない点について，面接者が「なるほどね」「そういうことね」と納得，了解できるまで臨機応変に「～についてどうしてそう思うのですか？」などの副次的質問を行う。

面接の最初に，調査の目的を告げ，守秘義務の説明を行う。面接中は受容的態度に心がけ，当然ながら意見や批判は差し挟まない。「あなたの～についてお聞きします。話したくないことは話さなくて構いません」と面接協力者が話したくないことは聞かない，話したいことはすべて聞く姿勢で臨む。ちなみに回答拒否は実際にはきわめて少ない。さらに面接の最後には「これで質問は終わりですが，あなたの～についておおよそ話せましたか？ また，話したりないことはまだありますか？」と尋ねる。面接協力者が自分の生活全体について一応話せたという感覚はその人の全生活空間に多少なりと接近できたことを担保する意味で重要である。加えて，この面接は治療を目的とした臨床的面接ではなく，資料収集のための調査的面接であることに注意する。したがって，面接協力者の日常生活における心理的問題点などを明らかにし，その原因を解明し改善をしていくことが目的ではなく，その面接協力者がなぜそうした行動，考え方，生き方をしているのかを理解することが主たる目的である。

7　面接調査の分析方法

面接の分析法を以下に示す。まず各面接協力者の逐語録を起こす。面接内容は面接協力者の許諾を受け録音するとともに，面接を行いながら手元にメモを残すと整理に便利である。

まず第1段階として全体的な傾向の分析のために，主たる質問に関して各面接

協力者がどのように答えたか回答の要点を整理する。そのために縦軸に得点順に並べた面接協力者を，横軸に質問内容を並べた表を作成する。ここで，次元上の得点の順に，面接協力者の回答内容が異なっているかという尺度測定の内容的妥当性を検証する。次にその共通特性に共通する意識，思考傾向，行動傾向などを見いだす。さらに，環境や生育史の中でその共通特性が形成される，あるいはされない共通する要因を類推する。

分析の第2段階として典型的な高得点者，低得点者を選び出し，その特徴，形成過程などを比較する（比較分析）。

さらに分析の第3段階として，典型的な面接協力者を選び，その全生活空間とアイデンティティの関係について分析し，その整合している意味を見いだす（個別分析）。たとえば，「教師を目指しているので，教育学部の授業，ゼミはやりがいがある。サークルも仲間も教育関係，高校時代の恩師がモデル。将来は教師を目指している。親も理解がある。……」や，「こんな大学来たくなかった。そういうことになっちゃった。だからつまらない。サークルもしてない，異性は今のこういう関係になっちゃった。友達も表面的，親友はいない。家族もケンカばかり，帰っても寝るだけの家，将来？真っ暗でしょ……」というその個人の全生活空間とアイデンティティに整合した意味を見出し，ある研究テーマに関連してなぜそういう行動，意識，考え方，生き方をしているのかを了解する。もしくは，その形成過程についての知見を得る。

8 調査のまとめ

このように，まず，質問紙調査法を用いて，ある研究テーマ，共通特性について，それが多くの人間にとってレレバントに働く共通特性であることの確認とその共通特性の因子構造や，他の概念との相関関係，因果性の推測など一般的な傾向を把握する。次に，その共通特性の得点が高い人から低い人までを面接し，尺度に内容的妥当性があるか，その共通特性が日常生活の中でどのように現れているか，共通特性と関連するその人ごとの個人に特有な特性，具体的な行動，意識，考え方，生き方の特徴を把握し，他の特徴との関連，形成過程などに関連する情報を収集する。さらには，その共通特性が典型的に高い人物，低い人物の具体的な人物像を把握する。こうして得られた知見を総合することで，質問紙調査による一般性の把握が，日常の具体レベルでも妥当なものか，個別的には，研究のテーマである共通特性とその人の個人特性がどのように関連し機能しているかが明らかにできる。

第4節　体系的折衷調査法の長所と新たな仮説の生成

　体系的折衷調査法の短所として，通常の質問紙調査法だけの修士論文の2倍の手間がかかること，とくに面接調査とその分析に時間がかかること，面接に協力してくれるボランティアが年々得にくくなっていること，面接対象がボランティアに応えてくれる学生であるというバイアスがかかる可能性があることなどが挙げられる。しかし，それを考慮してもこの方法には次に挙げるような長所がある。

　測定尺度の内容的妥当性の確認が確実に行えること，量的方法では得ることができない研究テーマに関する具体例，具体的口述が得られることが挙げられる。そのことによって講義，プレゼンにおいて数値だけを示すのではなく具体例を示すことができることは研究者にとって大きな長所である。さらに，複数の面接対象が，予想外の同じ影響要因を挙げることがあり，予想外の要因との関連が新たな分析視点の発見へのヒントになることがある。とくにこの新たな仮説の生成のための資料収集ができることはこの体系的折衷調査法の大きな長所である。これに対して，たとえば因子分析法では研究者が準備した項目からしか因子が抽出されない，また，共分散構造分析は研究者の頭の中にあるモデルしか検証できないというように，量的方法の仮説検証という思考方法では，あらかじめ研究者が考えていることを超える知見を得ることは非常に困難である。また，回顧法ではあるが「こんな家庭の雰囲気が私の〜に影響しているのかもしれません」など形成過程に関するヒントが得られる。

　なお，体系的折衷調査法は，若原（2003），茂垣（2005），三好（2003, 2008）などで使用され，研究成果を挙げているので参照されたい[4]。

引用文献

Allport, G. W. (1977). *心理学における人間*（依田　新・星野　命・宮本美沙子，共訳）．東京：培風館．(Allport, G. W. (1968). *The person in psychology.* Boston: Beacon Press.)

Erikson, E. H. (2002-2003). *青年ルター* (1, 2)（西平　直，訳）．東京：みすず書房. (Erikson, E. H. (1958). *Young man Luther: A study in psychoanalysis and history.* New York: Norton.)

Erikson, E. H. (1973). *自我同一性*（小此木啓吾，訳編）．東京：誠信書房．(Erikson, E. H. (1959). Identity and the life cycle: Selected papers. In *Psychological issues*. Vol.1. New York: International Universities Press.)

---

[4]　これらの研究が発表された時点ではまだ，体系的折衷調査法という命名はされていない。

Erikson, E. H.（1973-1974）．ガンディーの真理（1, 2）（星野美賀子，訳）．東京：みすず書房．(Erikson, E. H.（1969）．*Gandhi's truth*. New York: Norton.）

久世敏雄．（1978）．青年心理学研究の動向（2）．青年心理：*10*（pp.175-194）．東京：金子書房．

三好昭子．（2003）．主観的な感覚としての人格特性的自己効力感尺度（SMSGSE）の開発．発達心理学研究，**14**，172-179．

三好昭子．（2008）．人格特性的自己効力感の形成に影響を及ぼす要因についての探索的検討．立教大学心理学研究，**50**，11-24．

茂垣まどか．（2005）．青年の自我理想型人格と超自我型人格の精神的健康：志向性とべきの専制の様相の観点から．教育心理学研究，**53**，344-355．

西平直喜．（1973）．青年心理学．東京：共立出版．

西平直喜．（1981a）．伝記にみる人間形成物語 *1：幼い日々にきいた心の詩*．東京：有斐閣．

西平直喜．（1981b）．伝記にみる人間形成物語 *2：子どもが世界に出会う日*．東京：有斐閣．

西平直喜．（1983）．青年心理学方法論．東京：有斐閣．

西平直喜．（1990）．成人になること．東京：東京大学出版会．

西平直喜．（1996）．生育史心理学序説：伝記研究から自分史制作へ．東京：金子書房．

西平直喜．（2004）．偉い人とはどういう人か．京都：北大路書房．

大野　久．（1983a）．現代青年の充実感に関する研究（4）：面接法による充実感・生きがい感モデルの一検討．日本教育心理学会第 *25* 回総会発表論文集，388-389．

大野　久．（1983b）．現代青年の充実感に関する研究：3段階分析法適用の試み．青年心理学研究会（編），*現代青年の心理*（pp.137-144）．東京：福村出版．

大野　久．（1984）．現代青年の充実感に関する一研究：現代青年の心情モデルについての検討．教育心理学研究，**32**，100-109．

大野　久．（1992）．人格研究の動向と課題．教育心理学年報，**31**，68-76．

大野　久．（1996a）．ベートーヴェンのハイリゲンシュタットの遺書の「自我に内在する回復力」からの分析．青年心理学研究，**8**，17-26．

大野　久．（1996b）．発達（青年）心理学，人格心理学における As a whole を分析単位とする研究への提言．発達心理学研究，**7**，191-193．

大野　久．（1998）．伝記分析の意味と有効性．青年心理学研究，**10**，67-71．

大野　久．（2004）．研究論文作成のための質的量的資料の分析法．日本青年心理学会第 *12* 回大会発表論文集，13-14．

大野　久．（2008）．伝記研究により自己をとらえる．榎本博明・岡田　努（編），*自己心理学：1　自己心理学研究の歴史と方法*（pp.129-149）．東京：金子書房．

大野　久．（2010）．アイデンティティ・親密性・世代性：青年期から成人期へ．岡本祐子（編），*成人発達臨床心理学ハンドブック*（pp.61-72）．京都：ナカニシヤ出版．

大野　久・茂垣（若原）まどか・三好昭子・内島香絵．（2004）．MIMIC モデルによるアイデンティティの実感としての充実感の構造の検討．教育心理学研究，**52**，320-330．

若原まどか．（2003）．青年が認識する親への愛情や尊敬と，同一視および充実との関連．発達心理学研究，**14**，39-50．

第15章
生物・進化理論との関係でみた研究法

平石 界

　行動や心理への生物学的アプローチにはさまざまなものが考えられる。本章はその中で，行動遺伝学と進化心理学という2つの視点を取り上げる。はじめに，人間の行動や心理形質には遺伝的な個人差が存在するという行動遺伝学の知見を紹介したうえで，個人差の起源にかんする進化的視点から理論を紹介する。また，他の霊長類と比べたときの人間の発達プロセスの特異性について，生活史戦略の進化の視点から論じる。最後に，これらの議論を統合し関連する研究の方向性を提案してみたい。

第1節　個人差の発達

1　行動遺伝学の三原則

　「行動遺伝学（behavioral genetics）」は，人間行動における個人差に，遺伝と環境がどのように寄与しているか検討する分野である。行動遺伝学の知見は，タークハイマー（Turkheimer, 2000）による「行動遺伝学の三原則」にまとめることができる[1]。

原則1：人間の行動形質はすべて，遺伝の影響を受ける。
原則2：同じ家庭で育ったことの影響は，遺伝の影響よりも小さい。
原則3：人間の複雑な行動形質に見られる分散のうち，相当な部分が，遺伝でも
　　　　家族環境でも説明できない。

---

[1]　近年はタークハイマーの三原則を超えた知見も報告されている。もっとも重要なのは，環境の違いによって，遺伝の影響力が変化する遺伝－環境交互作用の知見だろう（Rutter, 2006/2009）。有名なものとして，都市の方が，地方よりも飲酒行動の遺伝率が高いという報告を挙げることができる（Dick et al., 2001）。

この第 1 原則は，人間行動のありとあらゆる面に遺伝の影響があることを主張しているが，その意味するところについては注意が必要である。行動遺伝学で「遺伝する」というとき，それは個人間の差が，遺伝によって説明できるという意味である。たとえば，整理整頓が大好きな人と，大嫌いな人がいたとして，2人の違いが，どれくらい 2 人の遺伝的な違いによって説明でき，どれくらい 2 人が経験してきた環境の違い（親や教師のしつけなど）によって説明できるかを問うのが，行動遺伝学である。もし遺伝率が 100%ならば，2 人の違いはすべて遺伝で説明できることになるし，0%というのならば，遺伝ではまったく説明できないことになる。たとえばパーソナリティでは遺伝率が 30〜50%程度，知能では 30〜70%程度になると言われている（Bouchard & Loehlin, 2001；Plomin & Spinath, 2002, 2004；Yamagata et al., 2006）。

　ここに一つ，面白いパラドクスが発生する。たとえば「ヒトの心臓の数」は遺伝的に決定されている。しかし一般健常成人だけを見た場合，心臓の数に個人差はなく，全員が 1 つの心臓をもっている。そのため，そもそも個人差が存在しないので，「心臓の数の遺伝率」もゼロとなってしまうのである。このパラドクスは，自然淘汰による進化の枠組みから見ると，さらに奇妙なものとなる。そのことを理解するために，ダーウィンによる自然淘汰の理論（Darwin, 1859）について説明しておこう。

2　自然淘汰の理論

　自然淘汰理論について，簡単な思考実験を用いて説明したい。仮に今，血液型が A 型の人だけが感染する致死性の病気（仮に A 型病と呼ぶ）が新たに発生したとしよう。このようなことがあると，A 型人口は徐々に減り，いずれ B 型と O 型の人だけが残ることになるだろう。これが自然淘汰による進化である。B 型遺伝子や O 型遺伝子は，A 型病が存在する環境では，生存率のより高い，より適応度（fitness）の高い遺伝子であり，逆に A 型遺伝子は適応度の低い遺伝子と言える。すなわち自然淘汰による進化とは，より適応度の高い遺伝子が残り，適応度の低い遺伝子が消えるプロセスである。

　日常的な用法では，「進化」は「進歩」と同じように扱われることが多い（平石, 2003）。しかし自然淘汰による進化には目標がないという点で，進歩とは大きく異なる。つまり A 型病にならないようにしようと思って，進化が起きるわけではない。たまたま新しい病気が発生したことによって A 型遺伝子が淘汰さ

れたに過ぎない。また「進化」は善悪といった価値とは独立のものである。A 型病のある世界において，A 型血液型はたしかに不適応だが，だからと言って A 型の人が人間性に劣るとは言えない。これらの点は，発達心理学などで用いる「適応」の概念とは異なるところなので注意が必要である。また，適応度には生存率だけでなく，繁殖成功度，すなわち子どもを残せる確率も重要である。このことは，A 型病が A 型の人を不妊にする効果だけをもっていたとしても，B 型と O 型だけの世界が進化することから理解できるだろう。

3　適応上重要な形質の遺伝率

さて，進化が生じた結果，表現型と遺伝型に興味深いパターンが生じる。この世界にはもはや B 型と O 型という，A 型病に耐性のある人しか残っていない。つまり「A 型病への耐性」には個人差がなくなってしまったのである。

ここで先に，個人差がないと遺伝率はゼロになると論じたことを思い出して欲しい。そのため仮想の未来世界において，A 型病への耐性の遺伝率はゼロになる。その一方で，病気とは無関係な，B 型か O 型かといった個人差については，引き続き遺伝の影響が見られる。つまり，進化上重要な違い（A 型病への耐性の有無）では遺伝率が下がるというパラドクスが生じる。この原則は，血液型のようなものでも，パーソナリティのような行動形質についても，同じように当てはまる。

人間行動のあらゆる側面に遺伝の影響が見られるとしたタークハイマーの第 1 原則を考えると，このパラドクスはさらなる疑問をもたらす。知能やパーソナリティは収入やキャリアと相関し（Ceci & Williams, 1997；高橋ほか，2011），少なくとも男性において収入と繁殖成功度（子どもの数）は相関する（Nettle & Pollet, 2008）。つまり知能やパーソナリティの個人差は進化上重要な違いと考えられる。その場合，進化的適応において不利な遺伝型は自然淘汰によって排除されるので，知能やパーソナリティの遺伝率が低くなると，理論的には予測される。しかし実際は，知能もパーソナリティもタークハイマーの第 1 原則の例外ではなく，両者は遺伝する。つまり，進化上不利なはずの遺伝型が，淘汰されることなく人間集団内に維持されている。自然淘汰理論をナイーブに当てはめたときの理論的予測と，現実の間に生じるこの矛盾は，どのように解決されるのだろうか。いくつかの議論を以下で紹介してみよう。

4　個人差の進化にかんする諸仮説

　パーソナリティや知能における個人差の進化については諸説が提唱されている（平石, 2011；表15-1）。第1の仮説である中立仮説は，パーソナリティや知性の個人差は，実際には適応度に影響しないとする。しかし，少なくとも現代の産業社会においては，この仮説が支持されないことは上記したとおりである。

　「変異＝淘汰バランス仮説」は，自然淘汰によって不適応な遺伝型が淘汰される速度と，新たに突然変異によって不適応な遺伝型が生み出される速度がバランスしている可能性を指摘する。ケラーとミラーは，統合失調症の遺伝を，このメカニズムで説明できるのではないかと論じている（Keller & Miller, 2006）。統合失調症傾向にかかわる遺伝子は適応度を下げるので徐々に淘汰されるだろう。しかし一方で，統合失調症を生じさせる遺伝的変異が，突然変異によって新たに発生することも考えられる。もし既存の原因遺伝子が排除される速度と，新たな原因遺伝子が発生する速度が釣り合えば，統合失調症を生じさせる遺伝子は淘汰にかかっているのにもかかわらず，統合失調症の発生確率そのものは維持される。

　「反応性遺伝仮説」では，パーソナリティは，他の遺伝する形質の影響によって見かけ上遺伝しているに過ぎないと論じる（Tooby & Cosmides, 1990）。たとえば他者との敵対場面で，身体が大きい者にとっては攻撃が，身体の小さい者にとっては逃避が，よりよい行動だろう。結果，身体の大きい者ほど攻撃に訴えることが多くなる（Sell et al., 2009）。もし身体サイズが遺伝の影響を受けるなら，結果として，攻撃性も見かけ上，遺伝するように見えるだろう。

　「頻度依存淘汰」の考え方からは，異なるタイプの人々がある割合で存在することで，それぞれが同程度の適応度を得られるとする。この仮説の背後には他者の行動によって自分の取るべき最適な行動が変わる状況を扱う「ゲーム理論（game theory）」と呼ばれる考え方がある。たとえば自宅から駅までの通勤ルートの選択という思考実験をしてみよう（神取, 2002）。通勤時間を最短にするためには，最短ルート（仮にAルートとする）を取るのが最適に思える。しかしAルートを選ぶ者が多く混雑すると，距離的には次善のBルートの方が，通勤時間を短縮できるだろう。ところがだんだんとBルート利用者が増えてくると，Bも混雑してくる。その結果，Aルート使用者とBルート使用者の割合は，両者の通勤時間が等しくなるところで落ち着くだろう。こうした状況を「均衡（equilibrium）」と呼び，均衡をもたらす進化プロセスを「頻度依存淘汰」と呼ぶ。パーソナリティについても同様のことが生じ，Aルート採用者とBルート採用者が存在するように，さまざまなパーソナリティの人が存在する可能性が考えられる。

表15-1 個人差の進化についての諸仮説

仮説	説明
中立仮説（Tooby & Cosmides, 1990 など）	パーソナリティや知性の個人差は，適応度上は無意味（中立）なものである。
変異＝淘汰バランス仮説（Keller & Miller, 2006；Penke et al., 2007 など）	自然淘汰によって不適応な遺伝子が取り除かれる速度と，新たに不適応な遺伝子が発生する速度がバランスしている。 例：外向的であることは不適応だが，外向性遺伝子Aが淘汰されるのと同時に，新たな外向性遺伝子Bが発生する。
反応性遺伝仮説（Tooby & Cosmides, 1990）	身体サイズなど，他の遺伝する形質に応じて行動が調整されるため，行動傾向（パーソナリティ）に，見かけ上遺伝の影響が観察される。 例：遺伝的に身体サイズの大きい人は攻撃的に振る舞うことが多くなるので，攻撃的なパーソナリティを遺伝的にもっているように見える。
頻度依存淘汰（Mealey, 1995；Wilson et al., 1994 など）	異なる人々が，ある一定の割合でいるときに，両者の適応度は等しくなる。 例：外向的な人ばかりだと内向的であることが有利になり，その逆もまた成立するような場合，外向的な人と内向的な人の比率が，ある割合で安定する。
環境多様性仮説（Penke et al., 2007 など）	さまざまな環境が存在するため，異なる人々が，それぞれに適した環境を持つことができ，総合して適応度が等しくなる。 例：外向的であることが有利な場面も，内向的であることが有利な場面も存在する。
内的環境仮説（Hiraishi et al., 2008）	遺伝的背景に応じて行動が調整されるため，異なる遺伝的背景をもっている人でも，同じような適応度を得ることができる。 例：外向的な人は広い人間関係をもつことで，それぞれの関係から少しずつ利得を得る。内向的な人は固定した人間関係を維持することで，そこから大きな利得を得る。

※例は，いずれも仮想的なものである。

「環境多様性仮説」では，環境が多様なので，異なるタイプの人々は，それぞれ異なったニッチにおいて同程度の適応度を得ることができると論じる。たとえば外向的であることが有利な職種と，内向的であることが有利に働く職種が社会（環境）の中に存在すれば，両者は同程度の適応度を得ることができるだろう。

「内的環境仮説」は，人々が自らの性格に応じた行動をとることで，結果として性格の違いによる適応度の差が弱められると論じる。たとえば外向的な人は，見知らぬ人ともとりあえず付き合ってみることで人間関係を広め，そこから利益を得るだろう。しかしこうしたやり方は，悪意ある他者から搾取される危険性も高める（山岸，1998）。そこで内向的な人にとっては，固定した人間関係を維持する方略をとるほうが適応的だろう。結果として，両者の適応度は同程度になるかもしれない（Hiraishi et al., 2008）。

これらの仮説のうち，反応性遺伝仮説，環境多様性仮説，内的環境仮説の3つは，人々が身体サイズやパーソナリティなど，そもそも自分がもっている形質・特徴に応じて，行動を変えている可能性を指摘している点で興味深い。この点については，アイデンティティの確立という問題とあわせて後半でもう一度論じてみたい。

第2節　生活史の進化

1　生活史戦略とは

　次に，発達プロセスそのものの進化について扱う「生活史戦略 (life history strategy)」研究について紹介しよう。

　生物個体の生涯の各時期において，個体がもつ資源（時間，エネルギーなど）を何にどの程度振り分けるのかを生活史戦略と呼ぶ。ほとんどの生物において，生涯の初期には資源は成長と生命維持に用いられるが，ある程度の時期を過ぎると資源が成長から繁殖へと振り分けられるようになる。ほ乳類では，成体期 (adult stage) に入った個体は身体成長をストップさせ，繁殖に資源の投資先をシフトする。一方で，魚類やは虫類など，生涯にわたって成長に資源を投資し続ける動物も存在し，こうした動物では生涯を通じて体サイズが大きくなる。

　ある動物にとって，どの程度まで成長した段階で，成長から繁殖にシフトするのが適応的なのか，また完全にシフトするのがよいのか，ある程度の成長を継続するのが適応的なのかという問題が，「生活史戦略の進化」という視点から研究されている。繁殖のスタートを遅らせれば，それだけ体サイズを大きくすることができ，一度の繁殖機会で多くの子をもてるようになる。しかしスタートを遅らせたために，一度も繁殖しないうちに事故や捕食で死んでしまっては元も子もない。最適なバランスは，種によっても異なるし，同じ種の個体の中でも異なってくる（坂口, 2009）。

2　ヒトの生活史の特異性——長期の未成年期

　ヒトの生活史戦略を見ると，他の霊長類と大きく異なる点があることが知られている。それは子ども期 (childhood stage) と青年期 (adolescent stage) の存在である（スプレイグ, 2004）。ヒト以外の霊長類では，離乳した子どもは自分で移動や採餌が可能である。これは移動や食料調達を成体に大きく依存するヒトの幼児（3〜7歳）と大きく異なる。さらにヒトでは第二次性徴の時期に身長が急増する

青年期スパートがあるが，これも他の霊長類には見られない特徴である。

　こうした特異な生活史はなぜ進化したのだろうか。多くの研究者が，幼児期から青年期にわたる長期の未成年期は，ヒトの別の特徴である，道具を使用した食料獲得の技能や，複雑な社会的ルールの学習のために進化したのではないかと考えている（Bogin, 1999, 2006；Bogin & Smith, 1996；Kaplan et al., 2000）。

第3節　配偶戦略の発達

　前節までで，個人差の発達についての行動遺伝学の知見を紹介し，個人差の進化についての諸理論を紹介した。そのうえで，個人の発達について，生活史戦略の進化の考え方を紹介した。本節では，これらを統合したうえで，どのような研究アプローチを考えることができるか，検討してみたい。

　生活史の進化の視点は，人間がきわめて長期にわたる未成年期に，さまざまな技術や社会的ルールを学習することを指摘している。一方，個人差の進化の視点からは，個人が身体形質や性格など，自らの"個性"にあった環境や行動を選択している可能性が指摘された。これらを統合すると，幼児期から青年期にかけての個人は，必ずしも全員が一律に同じ技術を学ぶのではなく，自らの適性にあった技術を学び，そして社会的ルールを学ぶと同時に，社会の中での自らの立ち位置，すなわちアイデンティティを探索・獲得している可能性を考えることができる。

　中でも青年期は，性という新たな社会関係における自らの立ち位置を確立する時期として興味深い。なぜなら生物学の視点にとって，性（sex）はきわめて大きな重要性をもつからである。次項ではこの問題について，より詳しく検討してみたい。

1　性的魅力度に影響する要因

　自然淘汰による進化の枠組みで考えると，子孫を残さないことは死と同義である[2]。そしてヒトのように性が存在する種では，子孫を残すためには，配偶相手（mating partner）を選び，そして自らも配偶相手として選ばれる必要性がある。そのためには，自らの価値と競争相手の価値，そして潜在的配偶者の価値を評価し

---

[2]　自分で繁殖せずに，血縁者の繁殖を助けるという形で子孫を残す行動戦略も進化しうる（Hamilton, 1964）。

たうえで，適切に行動する必要がある。ここでいう価値とは，性的な魅力度のことである。それでは魅力度は何を基準に決まるのだろうか。

魅力度の基準には，一夫多妻や一夫一妻といった配偶システムや，長期にわたって安定したペアを形成するか（長期的配偶戦略），短期間で配偶相手を次々と変える（短期的配偶戦略）かといった配偶戦略が影響する（坂口，2009）。たとえば長期的配偶戦略のもと，両性が長期の安定したペアを形成し協力して子育てにかかわる社会では，男性の育児能力および育児意図が魅力として評価されるだろう。しかし短期的ペアを形成し，母親（および母系の家族）だけが子育てを担う社会では，病気への抵抗力といった男性の遺伝的質がより重視されると予測される。実際，父親が経済的・非経済的な形で子育てに大きくかかわる日本や欧米社会と，父親がほぼ不在で母系家族によって子育てが担われるジャマイカでは，男性の顔の魅力度を評価する基準が異なることが報告されている（Penton-Voak, et al., 2004）。

2 魅力度の評価の発達

これらの知見から，魅力度の評価基準は，必ずしも生得的に固定されていないことがわかる。逆に言えば，個々人は，社会ではどのような配偶システムが選択可能であり，どのような形質が魅力的と評価されるか学習する必要がある。さらに魅力度評価に複数の次元（身体的魅力度，知性，育児意図など）がかかわる場合，どの次元を重視するのかという判断も求められる（Miller & Todd, 1998）。そのよう

表 15-2　生物学的視点からみた，青年期の「性」にまつわる発達課題

課題	配偶システムの学習	魅力度評価次元の学習	魅力度の評価	魅力度の「宣伝」
内容	所属する社会で，どのような配偶システムが選択可能か	何にもとづいて，性的魅力度を評価するべきか	自らの相対的魅力度の評価と，それに応じた「獲得可能」な配偶相手の選別	自らが優れる点を他者に伝え，配偶相手として選ばれる可能性を高める
具体例	一夫一妻，一夫多妻，多夫多妻，一妻多夫など。長期的または短期的配偶戦略	容貌，体つき，健康度，知性，パーソナリティ，経済力などの何を重視するか。それぞれにおいて，自分の相対的魅力度はどの程度か。自分の魅力度から考えて，どの程度の魅力度の異性までが潜在的な配偶相手になりうるか		化粧，ファッション，集団内での振る舞い，学業・スポーツ・芸術活動など
備考	魅力度評価の次元に影響を与える，すべての基本	魅力度評価の次元が複数にわたる場合，その重み付けも問題となる		必ずしも「宣伝」を意図している必要はない

にして学習した基準にもとづいて，次には自分と，そして他者の魅力度を評価する必要がある。なぜなら魅力度は相対的なものだからである。たとえば身長が男性の魅力度と相関することが知られているが（Nettle, 2002），重要なのは人口平均と比較したときの身長である。そうして得られた魅力度の評価をもとに，次には，どういった配偶戦略を採用するべきかという判断が求められる。さらに加えて自らの魅力度を，競争相手および潜在的な配偶相手（異性）にむけて宣伝することも必要となってくる（表15-2）。

青年期とは，性の問題一つを取り上げただけでも，こうしたさまざまな評価および意思決定の方略が学習される時期と言えるだろう。生活史の進化を論じたボーギンとスミス（Bogin & Smith, 1996）は，とくに女性について，青年期は排卵をともなわない月経などのゆえに，妊娠の可能性を避けつつ，さまざまな性的，社会的，経済的行動を行い，社会的な振る舞いについて学習する時期として進化したのではないかと論じている。また男性については，社会の一員として未熟であるがゆえに，成人男性から競争相手として見られることなく，さまざまな行動を試してみることが可能な時期として，青年期が機能するのではないかと論じている。

青年期におけるアイデンティティ確立という問題を，配偶における意思決定というフレームを用いて考えることは，ヒト以外の動物を研究するのと同じ言語，すなわち生物学的進化の概念を用いて，アイデンティティや生き方，価値観といった，きわめて人間臭い現象を記述することを意味する。これは大胆な考え方に思えるかもしれないが，可能かつ試してみるに値するアプローチではないだろうか。

まとめにかえて

最後に，本稿を通じて筆者が主張したかったことをまとめておきたい。第1に，個人の発達という問題を考える際に，個人が産まれながらに負っている制約を無視してはならない。ここで言う制約とは，個人の努力では変えようのないもの全般を指す。遺伝的な制約はもちろん，家庭環境，時代，文化，社会も制約となりうる。人々は決してタブラ・ラサな状態で産まれ成長するわけではない（Pinker, 2002）。

第2に，これらの制約をアプリオリに区別する論理的必然性はない。遺伝的制約，家庭環境による制約が，時代や文化による制約よりも重要である，または重

要でないといった議論は，研究によって明らかにされるべき問題であって，先入観によって定められるべき問題ではない。

　第3に，発達心理学の諸問題は，生物学だけでなく，人類学や，社会心理学，さらには経済学といった他領域と分けて論じられるべきではない。個人はある時代のある社会の中のある家庭に，ある両親からある遺伝子を引き継いで生まれ，成長する。その社会がどのような社会で，そこでは何が評価され，その評価される要素をその個人がどの程度もっているのかという視点から，発達の問題は考えられるべきだろう。本書のタイトルが「発達科学ハンドブック」となっていることもまた，「心理学」に限定されない，総合的な発達科学の重要性を主張するものと言えよう。

引用文献

Bogin, B.（1999）. Evolutionary perspective on human growth. *Annual Review of Anthropology*, **28**, 109-153.
Bogin, B.（2006）. Modern human life history: The evolution of human childhood and adult fertility. In K. Hawkes & R. R. Paine（Eds.）, *The evolution of human life history*（pp.197-230）. Oxford: James Currey.
Bogin, B., & Smith, B. H.（1996）. Evolution of the human life cycle. *American Journal of Human Biology*, **8**, 703-716.
Bouchard, T., & Loehlin, J.（2001）. Genes, evolution, and personality. *Behavior Genetics*, **31**, 243-273.
Ceci, S. J., & Williams, W. M.（1997）. Schooling, intelligence, and income. *American Psychologist*, **52**, 1051-1058.
Darwin, C.（1859）. *On the origin of species: By means of natural selection*. London: John Murray.
Dick, D. M., Rose, R. J., Viken, R. J., Kaprio, J., & Koskenvuo, M.（2001）. Exploring gene-environment interactions: Socioregional moderation of alcohol use. *Journal of Abnormal Psychology*, **110**, 625-632.
Hamilton, W. D.（1964）. The genetical evolution of social behaviour. *Journal of Theoretical Biology*, **7**, 1-52.
平石　界.（2003）. マスメディアにおける「進化」の使用についての予備的研究. 東京大学社会情報研究所紀要, **65**, 69-100.
平石　界.（2011）. 認知の個人差の進化心理学的意味. 箱田裕司（編）, *現代の認知心理学：7　認知の個人差*（pp.76-102）. 京都：北大路書房.
Hiraishi, K., Yamagata, S., Shikishima, C., & Ando, J.（2008）. Maintenance of genetic variation in personality through control of mental mechanisms: A test of trust, extraversion, and agreeableness. *Evolution and Human Behavior*, **29**, 79-85.
神取道宏.（2002）. ゲーム理論と進化ゲームがひらく新地平：多彩な学問分野を通底する新しい分析手法. 佐伯　胖・亀田達也（編著）, *進化ゲームとその展開*（pp.2-27）. 東京：共立出版.
Kaplan, H., Hill, K., Lancaster, J., & Hurtado, A. M.（2000）. A theory of human life history evolution: Diet, intelligence, and longevity. *Evolutionary Anthropology: Issues, News, and Reviews*, **9**, 156-185.
Keller, M. C., & Miller, G.（2006）. Resolving the paradox of common, harmful, heritable mental disorders: Which evolutionary genetic models work best? *Behavioral and Brain Sciences*, **29**, 385-404.
Mealey, L.（1995）. The sociobiology of sociopathy: An alternative hypothesis. *Behavioral and Brain Sciences*, **18**, 523-599.

Miller, G. F., & Todd, P. M. (1998). Mate choice turns cognitive. *Trends in Cognitive Sciences*, **2**, 190-198.

Nettle, D. (2002). Height and reproductive success in a cohort of British men. *Human Nature*, **13**, 473-491.

Nettle, D., & Pollet, T. V. (2008). Natural selection on male wealth in humans. *The American Naturalist*, **172**, 658-666.

Penke, L., Denissen, J. J. A., & Miller, G. F. (2007). The evolutionary genetics of personality. *European Journal of Personality*, **21**, 549-587. doi: 10. 1002/per. 629

Penton-Voak, I., Jacobson, A., & Trivers, R. (2004). Populational differences in attractiveness judgements of male and female faces: Comparing British and Jamaican samples. *Evolution and Human Behavior*, **25**, 355-370.

Pinker, S. (2002). *The blank slate: The modern denial of human nature*. New York: Viking Adult.

Plomin, R., & Spinath, F. M. (2002). Genetics and general cognitive ability (g). *Trends in Cognitive Sciences*, **6**, 169-176.

Plomin, R., & Spinath, F. M. (2004). Intelligence: Genetics, genes, and genomics. *Journal of Personality and Social Psychology*, **86**, 112-129.

Rutter, M. (2009). 遺伝子は行動をいかに語るか（安藤寿康，訳）．東京：培風館．(Rutter, M. (2006). *Genes and behavior: Nature-nurture interplay explained*. Malden, MA: Blackwell.)

坂口菊恵．(2009)．ナンパを科学する：ヒトのふたつの性戦略．東京：東京書籍．

Sell, A., Tooby, J., & Cosmides, L. (2009). Formidability and the logic of human anger. *Proceedings of the National Academy of Sciences*, **106**, 15073-15078.

スプレイグ，デイビッド．(2004)．サルの生涯，ヒトの生涯：人生計画の生物学．京都：京都大学学術出版会．

高橋雄介・山形伸二・星野崇弘（2011）．パーソナリティ特性研究における新展開と経済学・疫学など他領域への貢献の可能性．心理学研究，**82**, 63-76.

Tooby, J., & Cosmides, L. (1990). On the universality of human nature and the uniqueness of the individual: The role of genetics and adaptation. *Journal of Personality*, **58**, 17-67.

Turkheimer, E. (2000). Three laws of behavior genetics and what they mean. *Current Directions in Psychological Science*, **9**, 160-164. doi:10.1111/1467-8721.00084

Wilson, D. S., Clark, A. B., Coleman, K., & Dearstyne, T. (1994). Shyness and boldness in humans and other animals. *Trends in Ecology and Evolution*, **9**, 442-446.

Yamagata, S., Suzuki, A., Ando, J., Ono, Y., Kijima, N., Yoshimura, K., Ostendorf, F., et al. (2006). Is the genetic structure of human personality universal? A cross-cultural twin study from north America, Europe, and Asia. *Journal of Personality and Social Psychology*, **90**, 987-998.

山岸俊男．(1998)．信頼の構造：こころと社会の進化ゲーム．東京：東京大学出版会．

第16章
脳との関係でみた研究法

榊原洋一

第1節 神経-脳-心理

「心理学」を辞書で引くと次のように説明されている。
「生物体の意識や行動を研究する学問」。

霊魂や精霊の存在を信じる一部の人を除いて，現代の心理学を研究する人は，生物体（人）の意識と行動は脳によって規定されていることを認めているといってよいだろう。

では「規定されている」とはどういうことであろうか。もっとも消極的な立場は，「脳なしには意識や行動は成り立たない」といったものになるし，積極的な立場の人は「すべての心理活動は，ニューロンの発火によって説明される」と言うかもしれない。

最初から心理学の主要なターゲットは「意識」だった。しかし，内省によって意識を捉えることの困難に突き当たり，その研究の対象を明らかに観察される行動とし，脳の中はブラックボックスとして扱う行動主義心理学が一世を風靡した。そしてまた，やはり心理学研究のターゲットは，脳であるということが再認識され現在に至っている。

1 神経科学が明らかにしたこと

心理学とは異なった視点で，脳をターゲットにして研究を続けてきた学問がある。それは医学の一分野である「神経科学」である。心理学が脳内活動によって生起する意識や行動を研究するのに対し，神経科学はその研究の大部分を，脳あるいは脳を構成する細胞自身の働きとその障害の研究に向けてきた。

神経回路は，神経細胞（ニューロン）が融合してできた網状の構造ではなく，

個々の神経細胞がシナプスという狭い間隙によって隔てられ，その間に化学物質を介した情報伝達があることや，神経細胞内の情報の伝達が，細胞膜のイオンポンプによる脱分極によるものであることなど，神経科学は脳を構成する神経細胞の働きを明らかにしてきた。そしてまだ証明はできていないものの，人の意識も，神経細胞間の相互作用に還元できるだろうと確信をもって言い切れるところまで発展してきた。

　おなじ脳を研究する学問でありながら，心理学と神経科学がともにあえて深く追求しなかった領域がある。それは，神経細胞の働きと，意識・行動が結びつく場についての研究である。心理学は，意識や行動の観測可能な現象について詳細な研究をつみ重ねてきたが，あえて意識や行動の神経基盤については深く足を踏みこんでこなかった。同様に神経科学は，神経細胞やその回路の生理学的な働きについて研究を進めたものの，それが個体の意識や行動に結びつく機構については深く追求してこなかった。

　おなじ脳を研究しながら，それぞれ逆の方向から，神経細胞と意識・行動の結びつき方の研究領域に，心理学，神経科学の両者が踏み込んでこなかった理由は単純である。それはこの領域を研究する方法論が不十分であったからだ。

　神経科学領域ではたとえば脳が1,000個の神経細胞で構成されているエレガンスという名前をもつ線虫を使い，集合体としての多数の神経細胞の働きを追求する研究などが行われているが，一個一個の神経細胞から意識や行動を説明することの困難さは，人の脳では100億の神経細胞それぞれに平均して1,000個のシナプスが結合している，という一事を語れば十分であろう。

2　エックルスの過ち

　神経科学の研究者が，神経細胞の働きから，人の行動やその背景にある意識を解明することについて関心がなかったわけではない。神経細胞の働きから，人の精神作用を究明するという究極の目標を捨てているわけではない。しかし過去に十分な方法論がないまま，究極の難問に答えようという強い気持ちが，拙速で誤った結論に達したこともある。

　ジョン・エックルス（Eccles, J. C.）は，シナプスの基本的な働きについて重要な発見を行った神経科学者である。その業績によって，ノーベル生理学賞を受賞している。エックルスは人の精神活動を神経細胞によって説明しようと長年研究を重ねたが，当時の神経科学の最先端の知識を総動員しても，人の精神活動は説明できないという結論に達した。もちろん，現在も自我意識などの精神活動を万

人が納得する仕方で，神経細胞の活動と結びつけることはできていない。エックルスは，当時の最先端の知識でも理解できない人の精神作用について，説明できないのは理解が不十分だからではなく，人の精神作用は物理的存在以外の神秘的要因によって作動しているからだという結論を引き出してしまったのである。晩年の著書『脳の進化』の中で，エックルスは次のように結論している（Eccles, 1989/1999）。

「人間の神秘性は，精神世界のすべてをニューロン活動のパタンにより究極的に説明できると唱える科学的還元主義によって信じられないほど品位を落としてしまった。」（訳書，p.270）

第2節　欠損モデルによる脳機能研究

1　脳機能はどのように推定されてきたか

このようなやや拙速な結論を出すこともあったが，それでも神経科学は人の疾患を主に扱う医学の一部であったために，きわめて限定的な場合において，行動と神経活動の結びつく領域について重要な知見をえることができていた。それは脳病理と行動との関係を観察することによる脳機能の推定である。脳梗塞や脳出血あるいは外傷などによる脳の一部分の機能脱失と意識や行動の脱失の対比によって，失語症や運動麻痺，あるいは社会的行動にかかわる脳部位を同定することが可能であった。

鉄道建設現場における事故で，前頭葉を貫通する脳外傷を受けたにもかかわらず生存できた個人の人格の変化の研究などはその嚆矢であろう。

しかしこうした脳の病変が，意識や行動に及ぼす影響についての経験には限界がある。第一に，偶然に作られる脳病変は，その場所や程度を統制することができない。また意識のような内観によって詳細が明らかになる心理事象では，脳病変をもった個人（患者）が，その内的経験を言語的に他者に伝えることが必要条件になる。神経科学では意識の変容をきたした本人の内観は捨象し，ただ外部からの行動や脳波などの観察しうる測定項目によって，意識障害の重症度を規定するのにとどまっている。

もちろん，脳の一部（前帯状回）の小出血によって，意識はあるが「意思」を失い，出血が吸収されて治癒した後に失「意思」の期間の内的体験を語ることができた，などという希有な事例も存在する。フランシス・クリックは，この事例の分析から，意識の首座は前帯状回にあるという仮説を提出したことがある

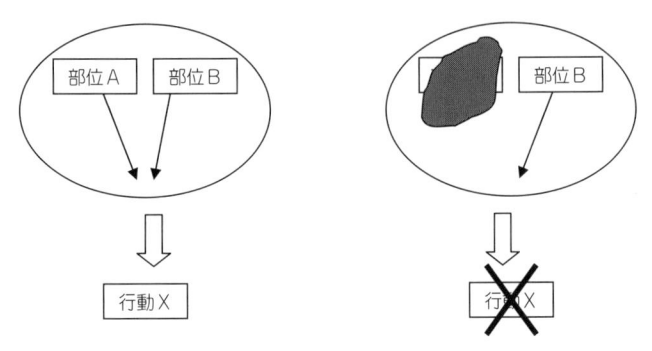

図16-1　脳内病変による脳内機能推定の危険性（その1）

（Crick, 1994/1995）。

　かつては脳内の病変は，その個人の死後の脳解剖によってのみ明らかになっていた。初期の脳病変と，その脳病変を有する個人の行動や意識の変容との関連を探る研究は，長年にわたる患者の行動観察と，死後の脳解剖がそろったときにのみ可能な，きわめて時間のかかる作業であった。こうした時間のかかる作業であるにもかかわらず，それ以外の方法のなかった数十年前までは，それでも多くの神経科学研究者が地道に知見を積み上げていった。

2　CTスキャンによる脳機能の推定

　数十年前にCTスキャンが発明されていらい，脳病変とその脳病変をもつ個人の行動や意識との関連についての研究は急速な進歩を遂げた。かつては，剖検でしか知ることのできなかった脳内病変の詳細な位置と，生存している個人（患者）の行動とを厳密に比較することが可能になったのである。

　CTやその後に開発されたMRI画像などによって，脳内の病変をミリ単位の正確さで描出することができるようになったとはいえ，脳出血や脳腫瘍による偶然の脳内病変による脳内機能の推定には大きな理論的欠点があった。

　それは，偶然の脳病変による行動変化は基本的にすべて脳機能欠損に由来するものであるということである。たとえば，左前頭葉の運動性言語中枢（ブローカ野）に脳梗塞があれば，運動性失語状態になる。まさにそうした機能欠損によって，左前頭葉に運動性の言語中枢があることが明らかになったのである。しかしこうした研究パラダイムでは，健常人における言語能力の差や，発達にともなう運動性言語野の変化などについての知見を得ることはきわめて困難である。また，機能損失モデルでは，脳内の2カ所以上の領域の活性化が必要な行動であっても，

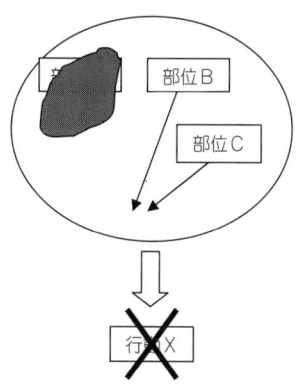

図16-2　脳内病変による脳内機能推定の危険性（その2）

その担当部位を一カ所であるという間違った推論に導く可能性がある。図16-1は，脳損傷モデルが誤った結論につながる可能性をスキームでしめしたものである。

　ある行動Xを可能にするために脳内のA，Bという2つの部位の協働が必要だったと仮定しよう。ところが右図のように脳出血でA部位の機能が廃絶した結果，行動Xが不可能になってしまったとする。私たちに与えられた情報は，A部位の病変（出血巣）と行動Xの消失である。そこから導き出される結論は，行動Xの中枢は部位Aである，になる。

　もちろん，偶然に部位Bの病変で行動Xが消失するという事例があれば，行動Xには部位Aと部位Bが協働する必要があることがわかるかもしれない。しかし，それは行動Xには2カ所の脳内部位が関与している，という所与の条件がわかっている場合のみである。

　シミュレーションとして図16-1左に仮に「真の姿」を提示したが，実際は図16-2のように脳内の3カ所が協働して行動Xが生起しているかもしれないのである。

　こうした脳機能欠損モデルのもう一つの欠点は，ある行動の有無ではなく，その量的な差（たとえば語彙理解能力の差）や，通常より優れた行動（たとえば，天才的な数学能力）の理解にはほとんど役立たないということだ。

3　可塑性にみちた脳

　さらに近年の神経科学によって明らかになった脳の驚くべき可塑性も，脳機能欠損モデルの有用性を大きく減じる原因となっている。脳機能欠損モデルのシ

ミュレーションの前提になっている脳機能局在論が,従来考えられていたように固定したものではないことが明らかになってきたのである。脳機能の驚くべき可塑性をあきらかにした研究の一例が,先天性視覚障害者による点字読みの研究である。

視覚障害者は点字を,指先の触覚刺激を介して読んでいる。指先の触覚の一次中枢は頭頂葉の一次感覚野であるというのが,これまでの神経科学の教えるところである。点字に習熟した明視者が点字を読むときには,確かにこうした古典的な脳局在論の教える頭頂葉の血流増加が後述する脳機能画像によって確認される。しかし先天的な視覚障害者では,指先で点字を読むことで,あたかも明視者が字を読むときのように後頭葉の一次視覚野の血流が増加するのである(Sadato, 1996)。欠損モデルでの脳内病変と,行動との相関性は,病巣発症時からの時間経過によって変容してゆく可能性があるのである。もちろん,脳機能画像によらず,脳障害のリハビリテーションによって,消失あるいは減弱した行動が再び出現することからも脳機能の可塑性は知られていたが,もっとも基本的な脳機能局在(触覚→頭頂葉,視覚→後頭葉)をも凌駕するほどの可塑性を有していることが明らかになったのである。

第3節　脳機能画像の登場

1　新しい研究パラダイム

こうした,意識や行動とその背景にある脳の機能の「結びつき」についての研究は,方法論上の限界のためになかなかその空白部分が埋まらない状態が続いてきた。そして,人の脳機能を理解するうえで,自然が用意した脳病変と行動変容の厳密な比較による研究による人の脳機能局在の知見も,脳の可塑性や,欠損モデルの理論的限界という方法論的な問題点に縛られていた。

そこに登場したのが,脳機能画像の急速な発展による新しい研究パラダイムである。

脳機能画像法は,すでに述べた従来の脳機能局在研究法の方法論的な欠点の多くを克服したすぐれた研究法である。その特徴は次のように要約される。

① 侵襲性が低く,健常者の脳機能を計測できる
② 脳内に生起している活動をリアルタイムで描出できる
③ 欠損モデルではなく,脳内機能を半定量的に計測できる
④ 脳内過程を継時的に計測することができる

このようなすぐれた特徴をもつ研究法であるために，脳機能画像を使った研究の爆発的な増加が見られているのは周知のことである。

リアルタイムで脳機能を計測する方法としては，近年の脳機能画像の急速な発展の少し前から，古典的な脳機能測定方法である脳波を応用した研究方法として事象関連電位（event related potentials：ERP）があった。ニューロンの活動（膜電位の発生）を直接測定することができるという利点はあったが，基本的に脳表層の大脳皮質内の電気的活動しか測定できないことや，正確な部位の同定が困難であるという欠点があった。

2　MRIの測定原理

脳機能画像検査法でもっとも広く行われている機能的MRI（fMRI）は以下に述べるような長所をもつ測定法であり，その登場と共にもっとも繁用される脳機能画像法となった。

① 被験者には磁場をかけるだけなので，非侵襲的である
② 脳内部位をミリ単位という高精度で描出できる
③ ニューロンだけでなくグリア細胞[1]の多い部位についても測定できる
④ 脳深部の活動を測定することができる

詳細は省略するが，機能的MRIの測定原理は次のようなものである（詳細は成書を参照されたい）。

MRIは磁気共鳴画像（magnetic resonance imaging）の略語であるが，測定部位（この場合は脳内）の水素分子が磁場の中で振動するときに発する電磁波測定によって，同部位にある水素分子の量を測定するものである。脳内に強さが連続的に変化する磁場（傾斜磁場）をかけると，磁場の強さによって水素分子が発する電磁波の波長が異なるので，脳内部の水素分子の分布を知ることができる。多数の部位で測定し，それをコンピュータで合成することによって，3次元的な脳内水素分子の分布状態を描出することが可能になる。このMRIの特徴を生かして，2時点での脳内の血流の変化率をみることができるようにしたのが機能的MRI

---

[1] 神経膠細胞とも呼ばれる。人の脳は電気的な信号を伝達し，私たちの脳活動を担う神経細胞（ニューロン）と，神経膠細胞（グリア細胞）と呼ばれるニューロンの活動や機能を支える細胞の2つから構成されている。グリア細胞はさらに，オリゴデンドログリア細胞，アストログリア細胞，ミクログリア細胞などに細分類される。アストログリア細胞は，ニューロンの周囲にあってニューロンへの栄養供給や周囲の電解質環境の維持などの機能をもっている。オリゴデンドログリア細胞は，ニューロンの軸索突起周囲にミエリン鞘と呼ばれる絶縁性の多重膜を作り，軸索突起を伝わる電気的信号の伝達速度を上昇させる働きがある。脳全体ではグリア細胞の数の方がニューロンよりずっと多い。

(fMRI) と呼ばれる手法である。

　ある脳部位が神経活動によって通常状態より活発に活動すると，神経細胞はより多くのエネルギーを使うために，酸素とブドウ糖の消費量が増加する。その結果その神経細胞に血液を供給する小血管内で血液中の酸化ヘモグロビンが減り還元ヘモグロビン量が増加する（還元ヘモグロビンは，酸素結合が少ない）。すると反射的に小血管の拡張が起こり，その部分で酸素と結合した酸化ヘモグロビン量が一時的に増加する。酸化ヘモグロビンと還元ヘモグロビンは，その分子の周りの磁場を変化させる率が違うので，近接した2時点でMRIをとると，酸化ヘモグロビンと還元ヘモグロビン比率の変化によって，MRIの信号強度に差が生じる。この差は，当該脳部位の血流増加分と比例し，それをMRI画像上に重ねて表示することによって，ある行動の背景にある脳神経活動によってどの部分の血流が相対的に増加するのかを可視化できるというわけである。

　人体への影響は少ないとはいえ，放射性同位元素の化合物を測定前に注射しなくてはならないPETスキャン（陽電子放射断層法）などにくらべて，格段に被験者への侵襲性が低く，現在の脳機能画像法の主流になっている。

　そしてこの低い侵襲性とリアルタイムに脳内活性化部位を測定することができることから，かつてのような脳病変に基づく脳機能欠損モデルだけではなく，健常者の集団を対象とした脳機能の定量的な計測や，通常より高い機能をもつ個人（職業的ピアニスト，棋士，絶対音感保持者，スポーツ選手など）の脳内機能を測定することが可能になったのである。

第4節　脳機能画像研究法の限界

1　骨相学と脳機能局在論

　近年このような多くの長所をもつfMRIによる人の脳内機能とその責任部位の研究が進んだが，脳内事象を可視化することによって，専門家でなくても人の行動の背景にある脳内過程をうかがうことができるようになった。

　まだ脳内部位による機能の分担についてほとんど知識がなかった18世紀に，オーストリアの神経科医師ガル（Gall, F. J.）は，自分自身の経験から，頭蓋骨の形と，その人の性格との間に関係があると主張して，骨相学という学問を創設している。ガルは頭蓋骨の表面を35区画にわけ，それぞれの区画に「友情」「プライド」「記憶」「皮肉理解」「言語認知」「親切心」「先見の明」などの人の精神機能の特性を割り当てた。そしてその部分の面積や盛り上がり方などから，その人

の性格，行動特性，能力を推定できるとしたのである。

　いまでこそ，希薄な科学的根拠によって，科学的にはまったく忘れ去られた考え方であるが，いまだに骨相学による性格判断や人生相談を行う団体が，ヨーロッパやアメリカには存在する。科学的には荒唐無稽な理論であるが，現在の脳機能局在論の先駆的な業績として評価する人もいる。

　そして今，一定の行動や心的過程と，fMRIなどの脳機能画像装置によって「脳血流」が相対的に増加した部位とを，骨相学のように直接単純に結びつけて語ることが，一般社会だけでなく心理や神経学を専門とする人の間でも幅広く行われるようになってきている。

　ここで，まずfMRIのような脳機能画像装置で捉えられた脳内過程と，行動や心的過程を直接結びつけて考えることの背後にある2つの大きな問題点について述べてみたい。

2　「自由意思」の座はどこなのか

　すでに解説したように，fMRIで「血流が増加している」脳部位は，他の部分に比べて，測定中に相対的にその部分の神経細胞の酸素消費が増加し，それに由来する一時的な酸素不足状態に反応した小血管の拡張と血流（正しくは酸化ヘモグロビン濃度）が上昇したことを示している。通常fMRIで「血流が増加」する部位は1カ所から数カ所であるが，どんなに単純な行動ないしは心的過程においても，脳の1カ所だけあるいは数カ所だけの関与だけで成立しているものはない。図16-3は，随意運動にかかわる脳内部位とその接続を示したものである。

　この図に示されているのは，随意運動（たとえば指先を動かす）にかかわる脳内の部位と，それらの部位のニューロン群の間を情報（膜電位の脱分極状態）が伝わる順序を示したものである。こうした随意運動にかかわる脳部位は，これまでの多数の脳障害の臨床報告，動物実験そして脳機能画像による実験結果から導き出されたものであり，決して数回の脳機能画像実験から導き出せるものではない。

　前頭葉の一次運動野に存在する錐体細胞と呼ばれる長大な軸策を脊髄にそって伸ばしているニューロンが，私たちの随意運動を可能にする脳内構造の主要部分であることは，数々の動物実験や，人の臨床例から知られていた。たとえば，指を曲げるという単純な随意運動をしながら，fMRIで，脳血流が増加する部位を測定すると，一次運動野の指の運動に相当する部分の血流が増加する像が得られる。指を曲げるという「決定」は被験者の「自由意思」が行うというのが，随意

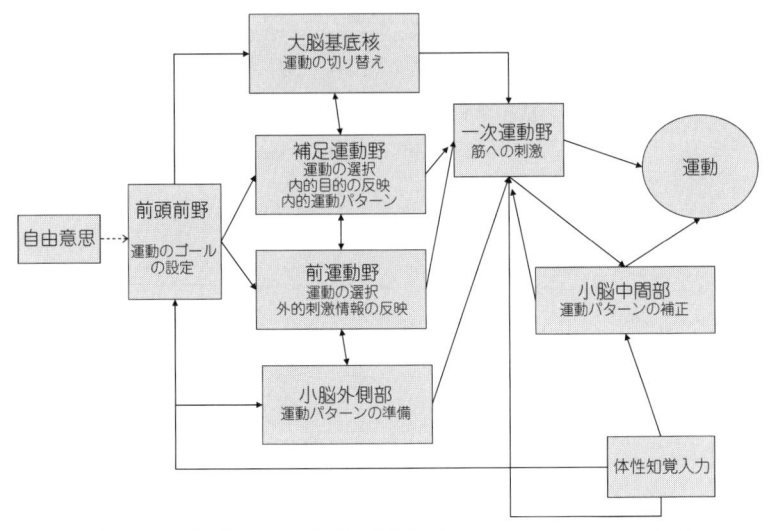

図16-3 随意運動にかかわる脳内部位 （Gazzaniga et al., 2009, p.308 より）

運動（意のままに運動する）の心理学的解釈だ。そうすると指を動かすという「自由意思」が働いたときに，一次運動野の血流が増加したのだから，自由意思を担当する脳内部位は，一次運動野であるということになる。しかし，初期の脳機能画像測定法（PETなど）による随意運動の研究で，すぐに一次運動野が「自由意思」の座ではないことが明らかになった。それは，時間的に一次運動野の血流が増加する前に，補足運動野と呼ばれる部位の血流が増加することが明らかになったからである。

この補足運動野もしばらく，随意運動を決定する「自由意思」の座であると考えられていたが，自由意思による随意運動執行の脳内情報伝達の上流がさらにあることが明らかになり，自由意思の座の栄誉をすぐに前頭前野に譲り渡すことになったのである。では脳機能画像法を使ったさまざまな実験パラダイムによって，自由意思の究極の座は明らかになったのかといえば，図16-3にわかるように，前頭前野以上上流にはさかのぼることができないでいるのが現状だ。

3　MRIの弱点は時間解像度

脳機能画像による脳内過程の研究方法の心理学への応用上の2つの問題は，この前頭前野より上流（時系列では前）が検知できないという事実に関連している。

上流が検知できない理由の一つは脳機能画像法のもつ理論的，技術的な問題だ。

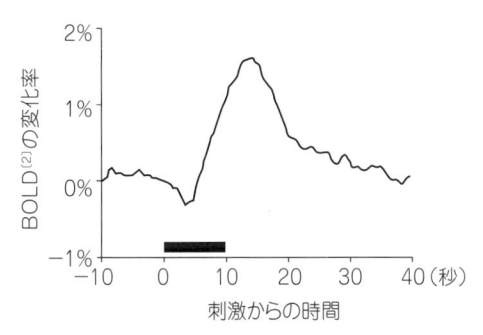

図16-4　ニューロン活動による血流の変化（Duong et al., 2000 より改変）

　機能的 MRI 法で検知しているのは，ミリ秒単位で起こるニューロンの活動にともなう一時的局所的な酸素不足（酸化ヘモグロビンの低下）と，それに引き継いで起こる血管拡張とその結果としての酸化ヘモグロビンの一時的増加である。生体反応としての血管の拡張はミリ秒単位ではなく，10〜20秒程度かかる反応である。図16-4 は，ニューロン活動による周囲の血流の変化を時間軸に沿って示したものだ。

　X 軸は時間（秒），Y 軸は血流量である。ネコに視覚刺激（黒のバー）を与えたときの，一次視覚野（後頭葉）の血流変化が示されている。図からわかるように，視覚刺激を与えてから少なくとも数秒たたないと，血流の変化は現れない。私たちが判断したり，文字や音声を認知する過程は速いものでは数十ミリ秒単位の過程である。MRI の撮影には 1 秒程度かかることを考えると，数ミリ秒の間隔をおいて，脳の近接した複数部位のニューロン群の活動が起こった場合には，それらの部位の活動を別途の活動として分離することは困難である。

　もちろん実際には，機能的 MRI だけでなく，空間解像度は悪いが，数ミリ秒単位の脳活動を分析できる脳波（事象関連電位）や脳磁図による実験の結果を合わせることで，機能的 MRI の低い時間解像度の問題を乗り越える努力がなされている。脳磁図は，時間解像度のうえで優れた脳機能画像検査であり，数ミリ秒の解像度をもつが，空間解像度が低く，中脳や脳幹部などの脳深部の活動の測定には向かないという欠点があり，空間解像度で優れている機能的 MRI に代わることはない。このように考えてくると，私たちの意思（意識）と行動という心理

---

[2]　BOLD は blood oxgen level dependent（血中酸素濃度依存）の略で，磁気共鳴画像装置で検出される水分子から発信される電波強度が，その部位を流れる酸化ヘモグロビン濃度に依存して変化すること（BOLD 効果）。

学のもっとも重要な脳機能のうち，運動機能の最上流，つまり自由意思から運動につながる脳部位を正確にもとめることができないという方法論的限界があるのである。

第5節　脳機能局在論の問題

1　そもそも「意識の中枢」は存在しない？

自由意思による随意運動の志向性にかかわる脳内部位が同定できていないもう一つの理由は，近年の脳科学の最難問の一つである意識あるいは自由意思の脳内部位に関する議論とかかわっている。図16-3の左端には随意運動の最上流としての「自由意思」という仮想的な脳内部位が示されている。現在は方法論の問題で確定できていないが，本当に意識や自由意思の中枢である脳部位が脳内のどこかに存在するだろうか。

現在の脳機能画像技術の限界から，随意運動にともなって前頭前野より時間的に早く活性化する部位を同定することができていないことはすでに述べた。しかし近年の意識ないしは自由意思の脳内部位について多数の研究者が半ば認めている考え方は，自由意思の脳内部位は「部位」としては存在しないのではないか，というものだ。

脳内のニューロンの活動が，なぜ私たち個人の一人称としての意識や自由意思を作り出せるのか，という問題は，科学では解明できないと指摘する科学者もいる。だから無駄に意識の中枢の探索に時間をかけるのはあまり生産的ではない，という考え方だ。一方，意識の座を追い求める脳科学の研究者の多くは，意識や自由意思が脳内の活動にその起源を有することは明らかだが，意識は脳の一部に局在するのではなく，むしろ脳内の複数の部位が同期して活動するときに創発されるのではないかと予想している。数学におけるフェルマーの予想のように，この予想がいずれは「科学的」に証明されるという楽観的な考えがある一方，自由意思を生じさせる脳内の生物学的な過程がたとえ同定されても，一人称としての自我意識がどうしてそのような過程から生じるのか，「科学的」には説明できないとする悲観的考えも同時にあるのが現状なのである。

2　心理学者が心得ておくべきことは

横道にそれた議論のように思われるかもしれないが，現在の脳機能画像の到達点は，心理学研究者が心理学のもっとも基本的な研究対象であるとしている意識

と脳の関係について，その基本さえ説明できていないのである。そのことをきちんと把握したうえで，脳機能画像を使った実験パラダイムから導きだされる知見を解釈することが求められている。

　心理学の重要な対象である個人の意思決定については，たとえ脳機能画像上である特定の部位の活動上昇を示す結果が得られても，随意運動同様にそこで示された部位は，脳内の意思決定経路（仮にそれがあるとして）の下流にある活動部位を示していると考えるべきであろう。

第6節　構成概念と神経機能のマッチング

　前項では，心理学研究における脳機能画像法の限界について述べた。しかし脳機能画像検査法が，現代心理学研究に役立たないのかといえばそうではない。
　行動や認知体験をもとに定義されてきた多くの構成概念の統合性について，脳機能画像による解析は，豊かな知見を与えてくれる。
　たとえば「共感性」や「社会性」「自尊感情」「自制」「衝動性」など，行動観察や心理尺度で計測され定義される構成概念があるが，同じカテゴリーに属する構成概念が，比較的限局された脳内部位の機能に還元されうるものなのか，それとも脳内に分散した複数の異なる機能をもった部位の同期的統合的な活性化によって生起するものなのか，脳機能画像法は明らかな答えをだしてくれる。もちろん，前項で述べたさまざまな制約によって，それぞれの構成概念を構成するすべての脳内過程を明らかにすることはできないが，同じカテゴリーに含まれる複数の構成概念の相同性は明らかになる。また単一構成概念として定義されている事象の背景にある脳内過程が，空間的に複数の部位が関与し，また時間軸に沿って関与部位が変化してゆくといったことが明らかにされるだろう。
　現在社会一般にだけでなく，一部の専門家の中にも広まっている，かつての骨相学レベルの単純な脳部位と人の能力の結びつけは，厳密な構成概念と脳機能画像法による知見の比較検討によってその非科学性が明らかになってゆくだろう。

第7節　発達と障害の脳内過程――拡散テンソル画像など

　脳機能画像法による脳内過程の相対的な変化に着目することによって，生涯発達心理学という時間軸にそった同一カテゴリーの構成概念の発達変化を見ることも可能である。

たとえば、まったく同一の実験パラダイム（言語聴取、視覚刺激提示など）によって惹起される脳内過程の脳機能画像を、発達の経過に沿って継時的に測定することによって、脳機能発達の神経基盤についての有用な情報をえることができる。言語発達や巧緻的運動の発達にともなって活性化される部位の位置や大きさの変化は、学習の機構の理解に有用な情報を提供している。

　fMRIや脳磁図は、脳の特定部位のニューロン活動の時間的空間的変化を、膜電位や二次的な代謝変化から検知することができるが、脳の異なった部位間の結びつき（connectivity）については間接的な情報しか与えてくれない。すでに述べたように、比較的単純な行動であっても、それを支える脳内部位は一つではなく、複数の脳部位によって構成されるネットワークの全体の関与があるのが普通である。現代の脳機能画像法でもっともよく使われるfMRIでは、時間解像度が低く、脳内のネットワークの全体像を得るには方法論的に困難がある。脳内のさまざまな部位の結びつきについては、脳病理標本で神経線維に色素を注入して多数の切片を顕微鏡で調べる方法があるが、剖検された脳標本でしか確認できなかった。脳波を応用した事象関連電位や、脳磁図による事象関連磁場によって、脳内の活動の伝播状況を調べることもできるが、これらはあくまでさまざまな脳部位のニューロン活動の時間的空間的変化から、脳部位間の情報伝達を間接的に推測したものであった。

　近年、神経線維（軸索）に沿った水分子の拡散方向の異方性（anisotropy）を利用した、脳内の神経線維の走行を視覚化するMRI画像法が可能になり、ニューロン同士の結合状態（connectivity）を描出できるようになった。

　図16-5に示したチャールトンらによる図は、老化による作業記憶の低下と相関して、異方性の低下が見られる神経線維束を視覚化したものである（Charlton et al., 2010）。チャールトンは老化にともなう作業記憶の低下には、作業記憶にかかわる脳部位のニューロンの機能低下だけではなく、脳部位間の神経線維による結びつきの低下があることを示唆している。拡散テンソル画像法[3]と呼ばれる本法は、脳全体の発達や記憶の発達など脳機能の定型発達についてのみならず、自閉

---

[3]　現在最もよく使用される脳画像法である磁気共鳴画像法を応用して、神経細胞から出る軸索突起の束の走行を描出する方法。

　磁気共鳴画像法は、脳内に分布する水分子にいったん強い磁場をかけ、それを急に取り去ったときに水分子から発信される弱い電波を検出し画像化する。軸索突起は脂質成分の多いミエリンなどの中を通っているが、脂質の中の水分子に比べて軸索突起の中の水分子は自由に移動できる。磁場をオン－オフしたときに容易に水分子の移動が起こることを利用して、軸索の走行を画像化したものを拡散テンソル画像法と呼ぶ。

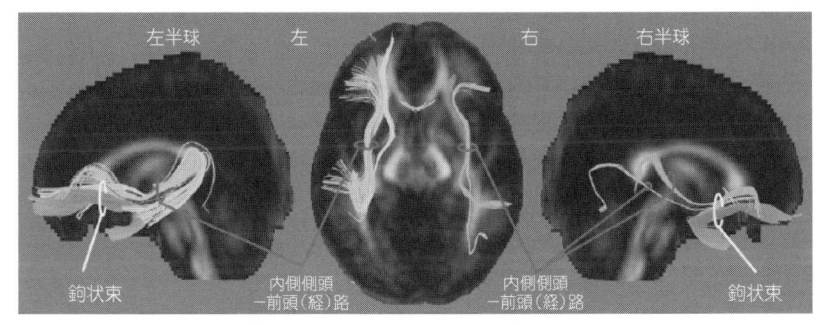

図16-5　拡散テンソル画像法により視覚化された神経線維束（Charlton et al., 2010 より引用）

症や統合失調症のような脳障害，疾患における脳部位同士の結びつきについてさまざまな新知見を提供しつつある。ニューロン活動を検出する fMRI や脳磁図による知見と，拡散テンソル画像法による脳部位間の結びつきについての知見が加わることによって，脳機能とその背景にある脳内のネットワークの関連がますます明らかになってゆくだろう。

結びに

　人の意識と行動を対象とする心理学において，脳そのものを対象とした研究方法として脳機能画像法を紹介し，その原理と心理学研究における有用性と限界について述べた。
　主観的な一人称としての意識と，それと並行する脳内活動の関係は，科学的に解明できるかどうか活発な議論が行われている分野であるが，解明可能性については未知の状態である。脳をそれぞれ別な方向から扱ってきた，心理学と神経（脳）科学が，これまで意識と脳の関係について積極的に踏み込んでこなかったのは，その解決の困難性が背景にあるといってよいだろう。
　また，主観的な意識と脳内過程の関連とは別に，意識や自由意思と並行する脳内過程と部位については，現在のところある特定の部位からではなく，複数の脳内部位の同期した活動から意識が創発される，といった見方が研究者の中でも優位にあり，脳機能画像法で得られた脳内活動部位が，意識や行動にかかわる脳内活動の全容を描き出しているという証拠はないことを強調した。
　一方，脳機能画像法による脳内過程の相対的な変化と，意識や行動の変化との関係についての研究は，心理学研究に有用な多くの情報を提供している。構成概

念の一義性や，発達による変化について，脳機能画像法は豊かな情報を提供してくれる。また，近年開発された拡散テンソル画像法は，脳内の神経線維の走行を可視化することを可能にし，ニューロンネットワークの構成と機能を知るために有用である。

　自由意思やクオリアといった，心理学の根本的な課題について，脳を直接研究する方法はまだ非力であり，過大な期待は禁物であることを再度強調して稿を終えたい。

引用文献

Charlton, R. A., Barrick, T. R., Lawes, I. N. C., Markus, H. S., & Morris, R. G. (2010). White matter pathways associated with working memory in normal aging. *Cortex*, **46**, 474-489.

Crick, F. (1995). *DNA に魂はあるか：驚異の仮説* (中原英臣，訳). 東京：講談社. (Crick, F. (1994). *The astonishing hypothesis: The scientific search for the soul*. London: Simon & Schuster.)

Duong, T. Q., Kim, D.-S., Uğurbil, K., & Kim, S.-G. (2000). Spatiotemporal dynamics of the BOLD fMRI signals: Toward mapping submillimeter cortical columns using the early negative response. *Magnetic Resonance in Medicine*, **44**, 231-242.

Eccles, J. C. (1999). *脳の進化* (伊藤正男，訳). 東京：東京大学出版会. (Eccles, J. C. (1989). *Evolution of the brain: Creation of the self*. London: Routledge.)

Gazzaniga, M. S., Ivry, R. B., & Mangun, G. R. (Eds.). (2009). *Cognitive neuroscience* (3rd ed., p.308). New York: W. W. Norton & Company.

Sadato, N., Pascual-Leone, A., Grafman, J., Ibanez, V., Deiber, M.-P., Dold, G., & Hallett, M. (1996). Activation of the primary visual cortex by Braille reading in blind subjects. *Nature*, **380**, 526-528.

第17章
発達精神病理学との関係でみた研究法

菅原ますみ

　発達精神病理学（developmental psychopathology）は近年，発達心理学の分野内に成立した学際的な領域で，精神疾患や問題行動の出現，経過，回復，再発などのプロセスを発達科学的に扱うことを目指している（Chicceti & Cohen, 2006 ; Cummings et al., 2000/2006 ; Sameroff et al., 2000 ; Sroufe, 2009）。対象となる年齢は胎児期から老年期まで全生涯にわたっているが，現在までの研究の中心は乳児期から青年期，そして成人前期までの成長期に置かれている。精神病理の発現を発達に沿ってみていくことの重要性は，アンナ・フロイト（Freud, A.）の *Normality and Pathology in Childhood*（1965）や統合失調症の母親をもつ子どもたちの追跡（Garmezy & Streitman, 1974）などの古典的な児童精神医学的研究で認識されてきた歴史がある。しかし，以下に述べるようなより科学的な研究アプローチが本格化したのは1990年頃からであり，21世紀に入って世界的に大規模な発達追跡研究の展開へとつながってきている。本章では，発達精神病理学の特徴と方法論について概観し，新しい発達科学的研究の展開の可能性について探ってみたいと思う。

第1節　発達精神病理学の特徴

1　発達精神病理学の成立とその背景

　子どもの言葉やコミュニケーション，情緒発達，パーソナリティなどを対象とした長期にわたる縦断研究は20世紀前半に主にアメリカで始まった。カリフォルニアの3〜19歳のIQ135以上の高い知能指数を示す子どもたちを1922年から35年間追跡したスタンフォード大学のターマンらの研究（Terman & Oden, 1959）や，1928年および1931年に開始され成人期まで追跡がおこなわれたカリフォルニア大学のバークレイ&オークランド成長研究（Elder, 1974），またブロック夫妻の30年間にわたるパーソナリティに関する追跡研究（Block & Block, 2006）も有名

である。こうした古典的な長期縦断研究の中で，子ども期から成人期への発達にはさまざまなコースがあり得ることがわかり，平均値的な加齢による発達変化に対する興味と同時に，環境要因との相互作用の中で生起する個人差的変動にも関心が寄せられるようになった。1970年代にはこれらの長期縦断研究の影響を受けて，精神障害を有する親をもつ子どもたちの成長に関する追跡研究も開始されるようになり（Garmezy & Streitman, 1974），親自身の精神的問題に加えて，貧困，不適切な養育などの逆境的な要因が子どもの発達にどのような影響を及ぼすかが実証的に検証されるようになった（Harrington et al., 1996；Rutter, 1986；Sameroff, 1998）。幼少期に厳しい貧困や親の精神的問題，不適切な養育などに曝されて，後年こころの問題が顕著となって不適応に陥るケースもあれば，同じような境遇にあっても大きな問題には至らず健やかに成人期を迎えるケースもある。また，思春期に同じような抑うつ状態に陥った子どもたちでも，幼少時から思春期現在の抑うつに至る道すじは一通りではなく，いくつものパターンがあることも明らかになった。こうした児童精神医学的な実証研究と発達心理学が出遭い，1984年には児童精神医学研究の第一人者であるラターと愛着研究者であるスルーフが雑誌 *Child Development* に"The domain of developmental psychopathology"という領域旗揚げの論文を寄稿するに至った（Sroufe & Rutter, 1984）。青年期・成人期に比較して大幅に遅れていた幼少期の精神疾患に関する分類や診断に関する研究が1980年代以降に活性化し，病理状態に関する測定尺度が整備されたこと（Achenbach & Edelbrock, 1983；Lahey et al., 1996）も大きな推進要因となって，1989年には雑誌 *Development and Psychopathology* が発刊され，1995年にはチケッティらによる大著 *Developmental Psychopathology*（現在は第2版, Chicceti & Cohen, 2006）が出版されるに至った。

2 発達の道すじ（developmental pathways）

発達精神病理学では，人間発達のライフコースにおける適応と不適応の多様なパターンに影響する複雑な諸要因の相互作用について実証科学的な研究を展開し，予防と介入への示唆を提供することを最終的な目標としている。

図17-1は発達精神病理学を創始した研究者のひとりであるスルーフがこの発達の道すじを概念化した「木のモデル」（tree model related developmental pathways；Sroufe, 1997）である。この木はある同年齢のコーホート集団を概念化したものであり，根に近い部分が幼少期で，先端に向かって加齢が進む。木の垂直中心部を良好な社会適応状態のゾーンとすると，幼少期にはその分散範囲は比較的小さい

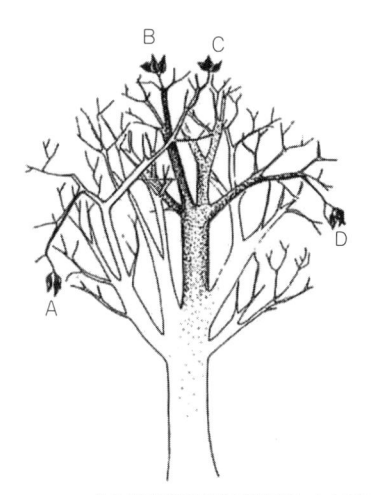

A：精神疾患に至る連続した不適応
B：良好な適応状態の連続
C：発達の道すじにおける回復
D：晩期での逸脱

図17-1　発達精神病理学における発達の道すじに関する「木のモデル」（"The tree model related developmental pathways", Sroufe, 1997 より）

が，加齢とともに不適応ゾーンも広がっていく。図中のAのルートは比較的早期に中心をそれて不適応状態に陥り，そのまま悪化して精神疾患に至る連続した不適応のルートで，Dは人生後半期に不適応状態に陥り問題が結実する晩期逸脱のルートを示している。一方Cは，Aと同様に人生早期から不適応に至る状態悪化のルートにあったにもかかわらず，途中で大きな転機が訪れ，適応ゾーンへと向かう回復の道すじがありえることを示している。Bは幼少時から晩期まで一貫した適応ゾーン内での発達移行を示しているが，それは決して「典型的なこと」ではなく，多様な発達の道すじのパターンの一つであることを概念化している。この点は発達精神病理学のきわだった特徴のひとつであり，人生を通じて不適応が出現しなかった発達の道すじにも，それを可能にしたさまざまな個体と環境の条件が相互作用する連続したプロセスがあり，それ自体不適応の出現プロセスと等価で科学的探究のテーマとなることをこの木のモデルは示している。

　精神病理をめぐる発達の道すじを科学的に把握する研究方法論の主力として，発達精神病理学では前方向視的な（prospective）縦断的方法を重視している。病理が発現する以前の幼少期（理想的には子どもが出現する前の環境的条件を知るために，出生以前から）からできるだけ大規模なサンプル（1,000名〜数万人レベル）を追跡

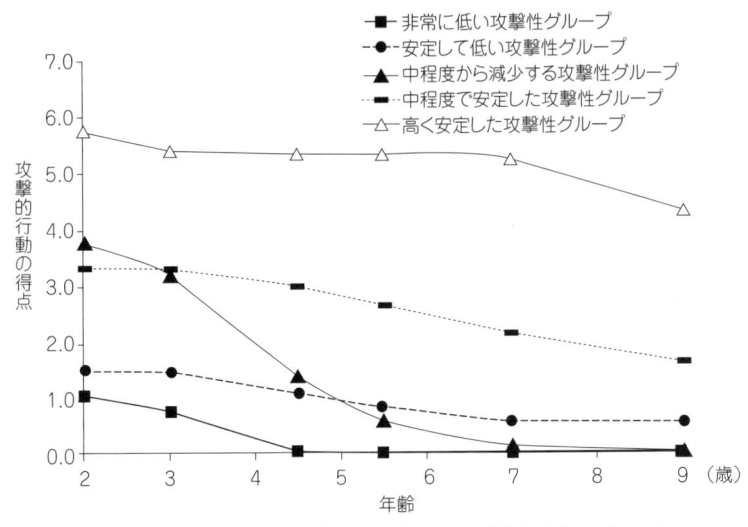

図17-2 身体的攻撃性に関する2歳から9歳までの発達的変化のパターン（NICHD Early Child Care Research Network, 2004 より）

し，それぞれの精神病理は発達に沿ってどのような経過をたどるのか，誰に当該の精神病理が結実するのか，リスクが引き起こす問題の深刻さにはどの程度の幅があるのか，といったことを仮説モデルに沿ったデザインで測定を行い，実証的に検討していく。たとえば，1,195名の子どもの身体的な攻撃行動を2歳から9歳まで毎年測定を行い追跡したアメリカの研究（NICHD Early Child Care Research Network, 2004, 図17-2）では，9歳時点でほとんど攻撃的な行動がみられなかった3つのグループの子どもたち（全体の70%）のうち，12%の子どもたち（図17-2中の▲印のグループ）は2歳時には中程度の攻撃性を示していたのに就学期に急激に低下しており，幼児期から低いレベルにあった多数派の2つのグループ（■印と●印と長い点線）とは異なる発達の経過を示している。一方，幼児期に中程度でその後も緩やかに低下するものの9歳時点でも変わらず中程度の攻撃性を示すグループ（□印と短い点線）には15%の子どもが属し，また2歳時点で最も高いレベルにあった少数の子ども（全体の3%，△印）は，9歳に至るまで最高レベルを保持しながら推移することを見出している。子どもの身体的攻撃行動の発達にはこうした複数のパターンがあり，幼少時の様相からその後の発達変化についてある程度の予測が可能であることをこの研究は示唆している。どんな個人的要因や環境的条件がこれらの発達のコースを分けているのか，この先の思春期，青年期の適応とどう関連するか（Campbell et al., 2006）といったことを長期的な追跡

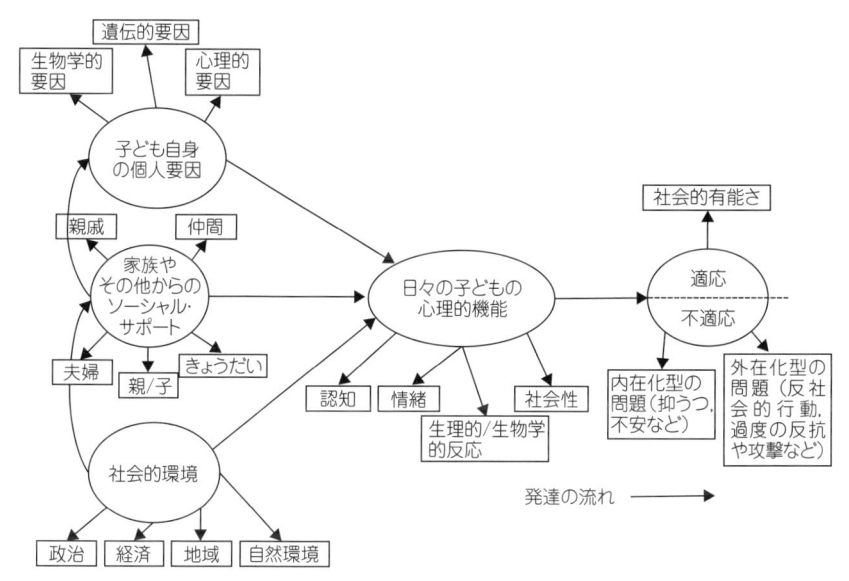

図17-3 発達精神病理学的アプローチの仕組み：適応的な発達と精神病理発生のプロセス
（Cummings et al., 2000/2006 より）

研究から実証的に明らかにしていくことで，攻撃行動の予防や治療，療育・教育のプログラム作りに役立つようなさまざまな知見を提供してきている。

3 発達プロセスのモデル化――学融的研究の展開

　発達精神病理学では，子どもの精神的健康は日々の適応の連続の中で徐々に悪化したり回復したり変化するものと捉えている。ある一日，ある瞬間の子どもの心理的な状態には，遺伝子情報などの生物学的側面を含む個人要因と，個人の適応を支える身近な対人関係要因（ソーシャル・サポート要因），そして個人を取り巻くさまざまな社会的要因のそれぞれが複雑な関係性をもちながら影響を及ぼしていて，それらの相互作用の連続したプロセスの中に，その時々の適応の状態がダイナミックに展開している，と仮定する（図17-3）。現実の病理の発現や適応状態の変化にはこうした生物-心理-社会という多層にわたる多くの要因が影響を及ぼしていることを直視し，原因や影響要因をけっして単一の要因には求めない，という立場を貫いているところにも発達精神病理学の特徴がある。

　子どものこころや行動の問題については，ある時代には母親原因説，またあるときにはメディア原因説など過度に単純化された社会的通説があとを絶たず流布

される。しかし，これまでに蓄積されてきた多くの科学的研究から，単一の原因や影響因によって発現したり状態変化したりする精神病理はひとつもなく，もっと丁寧に子どもの心理的機能の状態変化の複雑な変化プロセスと影響要因を紐解いていく必要があることは，すでに多くの発達研究者のコンセンサスとなってきている。この点で，発達精神病理学は新たな学問領域であるというより，人間の病理を含む適応状態の変化を，生物－心理－社会・文化の生態学的な枠組みからよりリアルに把握し，そこに存在するいくつかの変化のパターンとメカニズムを実証的研究によって法則化しようとしている新しい発達科学的なアプローチ法である，といえるだろう。当該のテーマに関する関連領域での諸理論と先行研究に関する幅広い概観（review）をおこない，時系列変化について定量化可能な測定法と解析統計とを駆使して，関連する学問分野の方法論や理論を融合したダイナミックな学融合的研究（trans-disciplinary study）を展開していくことになる。最低限必要とされる学問領域としては，発達心理学と臨床心理学，そして精神医学の3領域があげられる。さらに広くマクロな社会文化的要因を考慮していく場合には，社会学，社会福祉学，保育・教育学，政治・経済・法学などの領域と融合することになり，ミクロな生物学的要因を研究デザインの中に組み込んでいくとすれば，分子生物学や行動遺伝学，脳神経生理学などとの方法論的融合が求められる。また，時系列変動と多変量を扱う心理統計学の方法論（Singer & Willett, 2003など）も必須となる。

　発達精神病理学の研究を実施していくためには，大学の学部段階で発達心理学と臨床心理学を専門的に習得し，かつ精神医学の基礎を学んだ大学院生レベルから可能になると考えられ，上記のような広範囲なマクロあるいはミクロ変数を扱う場合には当該領域の研究者との共同研究が現実的であろう。発達精神病理学の多様な研究展開については，領域全体を網羅したチケッティらの著作（Chicceti & Cohen, 2006, vol.1〜vol.3）や家族関係研究との関連を網羅したカミングスらの著作（Cummings et al., 2000/2006），雑誌 Development and Psychopathology の各巻などを参照して欲しい。

4　発達精神病理学の目的

　発達精神病理学の目的をまとめると，以下の4点となる。
① 乳児期から老人期に至るまでに出現する多様な精神病理の発達的起源を探ること。たとえば，うつ病や躁病，あるいは統合失調症や社交恐怖障害，さまざまなパーソナリティ障害は何歳から出現しうるのだろうか。人間の認知能力や自

己認識，対人関係やコミュニケーション能力の加齢による発達変化を考慮することなしに精神病理の発達的起源を同定することは難しく，発達心理学の方法と知見を駆使して謎を解いていくことになる。

②精神病理の発現に至るコースや，経過・回復の多様なパターンを切り出すこと。この目的を遂行するためには，当該のテーマについて正常から病理的状態までを見立てることが可能な精神医学的あるいは臨床心理学的な測定法を用いつつ，同一サンプル集団を追跡して，どのような経過のパターンがあるかを実証的に切り出していくことになる。縦断的データの分析には，変化の様相を潜在的な「切片」と「傾き」で表現する「潜在成長曲線モデル（latent growth curve model）」のような共分散構造モデルを用いたシミュレーション的統計手法が有効であるといえる（Singer & Willett, 2003 など）。

③精神病理の発現メカニズムを探究すること。これには先行理論や先行研究を精査したうえで前述のような生物 - 心理 - 社会の生態学的な多変量モデルを当該のテーマに沿って仮説的に構築し，実証的に検討していくことになる（Rutter et al., 2010）。

④①から③までの知見をもとに，早期発見や早期介入，予防に役立つ理論を形成すること，の4点になる。

第2節　発達精神病理学研究の方法論

1　精神病理に関する測定

　発達精神病理学的な研究は，ライフスパンにわたる人間の不適応状態をどのように定義し測定していくか，ということを実施者が決定するところから研究が始まる。人間の行動や精神状態における異常性（abnormality）を定義することは非常に難しく，「何を正常（普通のこと，典型的なこと，許容可能なこと）とみなすか」は時代や文化によっても異なり，異常性を一律に定義することは不可能である（Davison et al., 2003）。また，精神障害の診断や不適応行動というレッテル貼りは当該の本人のさまざまな社会的偏見や不利益につながることも少なくなく，発達精神病理学的な研究や実践においても異常性の診断については慎重な姿勢が必要である。当該の研究や実践が同時代に生きる人々の社会的適応の健全維持にとって有意義なものであり，また個人情報の取り扱い方や結果の公表方法等に倫理的問題がないか，十分な検討がなされることが必要である。

　こうした概念的な限界性や運用上の留意点を踏まえつつ，現代の異常心理学や

精神医学では「当該の行動や精神症状のために，個人が著しい苦痛を感じたり，それまでに遂行できていた心理的，社会的，職業的（学齢期の場合は学業的）機能が大きく損なわれたりしている状態」を機能不全（dysfunction）として概念化し，臨床的介入の対象としている。精神科診断基準では，典型的な症状群の出現に加えてこうした重篤な機能不全がともなっている状態を精神障害（mental disorders）として定義し，国際的に共有可能な精神疾患のカテゴリとして多様な症状群を整理し研究や実践に用いてきている。精神病理に関する発達心理学的研究でもこうした学際的で国際的な分類カテゴリを共有していくことは研究の展開にとって重要であろう。

　現在広く用いられている基準集として，アメリカ精神医学会が編纂しているDSM-Ⅳ-TR（Diagnostic and Statistical Manual of Mental Disorders, 4th ed. Text revision）と世界保健機関（WHO）によるICD-10（International Statistical Classification of Diseases and Related Health Problems, 10th ed.）がある。アメリカ精神医学会の診断基準DSM-Ⅳ-TRでは，Ⅰ軸～Ⅴ軸の5つの領域にわたって対象となる個人を多面的に評価できるように設計されている。このうちⅠ軸とⅡ軸は精神障害の分類カテゴリであり，Ⅰ軸は「臨床疾患および臨床的関与の対象となることのある状態」（Ⅱ軸疾患以外のすべての精神疾患）が網羅されており，Ⅱ軸は「パーソナリティ障害と精神遅滞」で構成されている。Ⅲ軸は「並存する一般身体疾患」で，WHOのICD-9-CMのコード番号によって記載される。Ⅳ軸は現在の精神障害の発現や経過に影響することが予想される「心理社会的および環境的問題（ストレス因子）」の評価，Ⅴ軸は「社会的，職業的，心理的な機能の評価に関する全体的評定（global assessment of functioning：GAF）」である。

　DSMの診断体系はこれまでに多くの改良が重ねられてきたものの，重複診断が多く出現することやGAFを含めて社会的適応の評価が大雑把過ぎるなどの問題点も指摘される。しかしほとんどすべての精神障害の根本的な原因はいまだ不詳で，原因による分類や診断ができない現状では，精神医学の歴史の中で整理・分類されてきたDSMやICDの症状学的な診断カテゴリを尊重し共有していくことは，発達精神病理学にとっては重要な基礎的事項のひとつとなる。テーマとなる精神病理について，重篤な適応不全状態である精神障害の診断の有無を含めさまざまな精神症状や適応状態に関する評価尺度を研究デザインの中に配置し，その変化のプロセスや変化に関する影響メカニズムに関する仮説的モデルを発達段階に沿って適切に組み，それを実証的に検討していくことが発達精神病理学の具体的なミッションの内容となる。

2　子ども期の精神病理に関する測定

いじめや引きこもり，暴力行為から自殺に至るまで，子どものこころや行動の問題の内容はきわめて多様である。子どもに出現する精神疾患や問題行動に関する分類体系は，1980年代以降，乳幼児期から青年期に至る広範囲な対象年齢について急速に整備されてきた（Achenbach & Edelbrock, 1983；Kashani et al., 1989）。それらの研究成果はDSM-ⅣおよびDSM-Ⅳ-TR（American Psychiatric Association, 1994, 2000）やICD-10（World Health Organization, 1993）に小児期発症のセクションにまとめられると同時に（表17-1），成人期と共通の診断基準を用いる障害に関しても小児期特有の症状表現の注釈が付記されるに至っている。また，これらの診断基

表17-1　DSM-Ⅳ-TR（2000）に分類されているおもな子どもの問題行動と精神症状

① 発達障害系：通常，幼児期，小児期，青年期に初めて診断される障害
- 精神遅滞（mental retardation [MR]）：全般的な知能の遅れと適応の困難
- 学習障害（learning disorders [LD]）：特定領域に限定された学習の問題で，下位分類に読字障害，書字表出障害，算数障害などがある
- 広汎性発達障害（pervasive developmental disorders [PDD]）：対人行動に関する重大な問題を呈するもので，下位分類に自閉性障害，レット障害，小児期崩壊性障害，アスペルガー障害などがある

② 行動障害系：幼児期，小児期，青年期に初めて診断される障害
- 注意欠陥／多動性障害（attention deficit/hyperactivity disorder [ADHD]）：注意集中の持続困難と過度の多動傾向を特徴としており，下位分類に不注意優勢型，多動‐衝動性優勢型，混合型がある
- 素行障害（conduct disorder [CD]）：他者や動物に対する攻撃的行動や放火，盗みなどの重篤な反社会的行動の反復的出現
- 反抗挑戦性障害（oppositional defiant disorder [ODD]）：他者に対する極度の拒絶的・反抗的言動の頻繁な出現

③ 情緒障害系：基本的に成人と共通の診断基準を適用
- 不安障害系（anxiety disorders）：パニック性障害，全般性不安障害，強迫性障害，外傷後ストレス性障害（posttraumatic stress disorder [PTSD]），各種恐怖症（phobia），子どもに特有な分離不安障害（separation anxiety disorder [SAD]）など
- 気分障害系（mood disorders）：大うつ病性障害（major depressive disorder），気分変調性障害（dysthymic disorder），双極性Ⅰ型・Ⅱ型障害（bipolarⅠorⅡ disorder）など

④ 幼児期・児童期または青年期に発症するその他の精神疾患：摂食，睡眠，排泄などに関する特異的問題行動群
- 早期の哺育・摂食障害（異食症：pica，反芻性障害など），摂食障害（eating disorders：神経性無食欲症と神経性大食症）など
- 排泄障害（遺糞症，遺尿症）
- その他　反応性愛着障害（reactive attachment disorder [RAD]：虐待などの不適切な養育が引き起こす対人関係性の問題），選択性緘黙（selective mutism：特定の場面での持続的会話拒否），性障害および性同一性障害，睡眠障害など

表 17-2　乳幼児期の精神保健と発達障害の診断基準
──0 歳から 3 歳まで──（Zero to Three, 1997/2000, 2005）

第Ⅰ軸：一次診断〔主訴の分類〕
100. 心的外傷ストレス障害
200. 感情の障害
　201. 乳幼児期と小児期早期の不安障害
　202. 気分障害：長期化した死別／悲哀
　203. 気分障害：乳幼児期と小児期早期のうつ
　204. 感情表出の混合性障害
　205. 小児期の性同一性障害
　206. 乳幼児期の反応性愛着剥奪
　　　　　／不適切な愛着障害
300. 適応障害

400. 統制障害
　401. タイプⅠ：過敏
　402. タイプⅡ：過小反応性
　403. タイプⅢ：運動の不調和，衝動性
　404. タイプⅣ：その他
500. 睡眠行動障害
600. 摂食行動障害
700. 関わりとコミュニケーションの障害
　　1. DSMの広汎性発達障害
　　2. マルチシステム発達障害
　701. パターンA：無目的で人と関わらない
　702. パターンB：刺激変化への拒否
　703. パターンC：感情的関わりの浅薄さ

第Ⅱ軸：関係性障害の分類（親子関係の質）
901. 過剰な関係性
902. 過小な関係性
903. 不安／緊張
904. 怒り／敵意
905. 混合性の対人関係障害
906. 虐待的
　906a. 言語による虐待
　906b. 身体的な虐待
　906c. 性的な虐待

第Ⅲ軸：医学的，発達的の障害と状態

第Ⅳ軸：心理社会的ストレス因子

第Ⅴ軸：機能的情緒発達水準

準では十分に網羅されているとは言い難い乳幼児期の問題に関しても，0 歳〜3 歳用診断分類集（Zero to Three, 1997/2000, 2005）に整理されてきており，ここでは，虐待に関連する問題や子どもの行動特徴の中でも，扱いの難しさ（difficultness）として養育者の子育てストレスや後年の問題行動と深くかかわることが知られている発達初期の統制障害（行動や衝動の自己コントロールの問題）などについても評価することが可能になっている（表17-2）。こうした分類体系の整備によって，発生頻度やリスク因子（発症の可能性を高める要因）を同定するための大規模な発達疫学（developmental epidemiology）的研究（Costello & Angold, 2000）が実施されるようになり，子どもの精神病理に関する実証科学的研究は1990年代以降，欧米を中心に急速に活性化してきた。子ども期の問題行動に関する包括的な測定尺度も開発されてきており，100項目以上の網羅的な項目内容を有し，広く国際的に使用されているChild Behavior Checklist（Achenbach, 1991; Achenbach & Edelbrock, 1983）に加え，より簡便な25項目のThe Strengths and Difficulties Questionnaire（SDQ；Goodman, 2001, SDQホームページ http://www.sdqinfo.com/）も開発され，69種類も

表17-3 The Strengths and Difficulties Questionnaire (SDQ; Goodman, 2001) の日本語版
(http://www.sdqinfo.com/py/doc/b3.py?language=Japanese)

「子どもの強さと困難さアンケート」
(Strengths and Difficulties Questionnaire: SDQ)

以下のそれぞれの質問項目について，あてはまらない，まああてはまる，あてはまる，のいずれかのボックスにチェックをつけてください（例：☑）。答えに自信がなくても，あるいは，その質問がばからしいと思えたとしても，全部の質問に答えてください。あなたのお子さんのここ半年くらいの行動について答えてください。

お子さんのお名前：＿＿＿＿＿＿＿＿＿＿＿＿＿＿＿　　性別：男子／女子
お子さんのお誕生日：＿＿＿＿年＿＿＿＿月＿＿＿＿日

	あてはまらない	まああてはまる	あてはまる
他人の気持ちをよく気づかう	□	□	□
おちつきがなく，長い間じっとしていられない	□	□	□
頭がいたい，お腹がいたい，気持ちが悪いなどと，よくうったえる	□	□	□
他の子どもたちと，よく分け合う（おやつ・おもちゃ・鉛筆など）	□	□	□
カッとなったり，かんしゃくをおこしたりする事がよくある	□	□	□
一人でいるのが好きで，一人で遊ぶことが多い	□	□	□
素直で，だいたいは大人のいうことをよくきく	□	□	□
心配ごとが多く，いつも不安なようだ	□	□	□
誰かが心を痛めていたり，落ち込んでいたり，嫌な思いをしているときなど，すすんで助ける	□	□	□
いつもそわそわしたり，もじもじしている	□	□	□
仲の良い友だちが少なくとも一人はいる	□	□	□
よく他の子とけんかをしたり，いじめたりする	□	□	□
おちこんでしずんでいたり，涙ぐんでいたりすることがよくある	□	□	□
他の子どもたちから，だいたいは好かれているようだ	□	□	□
すぐに気が散りやすく，注意を集中できない	□	□	□
目新しい場面に直面すると不安ですがりついたり，すぐに自信をなくす	□	□	□
年下の子どもたちに対してやさしい	□	□	□
よくうそをついたり，ごまかしたりする	□	□	□
他の子から，いじめの対象にされたり，からかわれたりする	□	□	□
自分からすすんでよく他人を手伝う（親・先生・子どもたちなど）	□	□	□
よく考えてから行動する	□	□	□
家や学校，その他から物を盗んだりする	□	□	□
他の子どもたちより，大人といる方がうまくいくようだ	□	□	□
こわがりで，すぐにおびえたりする	□	□	□
ものごとを最後までやりとげ，集中力もある	□	□	□

署名：＿＿＿＿＿＿＿＿＿＿＿＿＿＿　　日付：＿＿＿＿年＿＿＿＿月＿＿＿＿日

ご回答くださったのはどなたですか（○をつけてください）：
親／保育士・教師／その他（具体的に：　　　　）

ご協力ありがとうございました。

の言語に翻訳され使用されてきている（表17-3）。

3　発達精神病理学的な縦断研究の方法

標準的な発達と逸脱した発達がどのようなプロセスを通して出現するか特定することを命題とする発達精神病理学にとって，縦断的な研究は必要不可欠な方法論のひとつとなる（Chicceti & Cohen, 2006）。精神病理や問題行動の出現や重症度といった結実変数（従属変数）そのものの変化のパターン（道すじ）の方向性を把握するためには最低3～4時点以上の測定値に対する潜在成長曲線モデルでの検討が必要であるし，また結実変数の発達変化に影響を及ぼすさまざまな要因（独立変数）との因果関係を推定していくためには最低2時点以上の測定値に対して交差時差遅れモデル分析などでの検証が必要となる。

発達精神病理学的な多変量プロセスモデル型の縦断研究は，近年世界的に大規模な展開がみられており，1970年代に始まり現在も継続しているニュージーランドの学際的な長期縦断研究プロジェクト（The Dunedin Multidisciplinary Health and Development Study, http://dunedinstudy.otago.ac.nz//，約1,000世帯を対象に1972年に開始され，2010年～2012年には38年目の追跡調査を実施）やアメリカの国立子ども人間発達研究所による早期保育に関する縦断研究（The NICHD Study of Early Child Care and Youth Development, http://www.nichd.nih.gov/research/supported/seccyd.cfm，約1,300世帯を対象に1991年に開始，2007年に15歳時の追跡調査を実施）に加え，2004年にはオーストラリアで1万人の誕生コーホートを対象とした発達追跡研究が始まり（Growing up in Australia, http://www.aifs.gov.au/growingup/），アメリカでも10万人の子どもたちを21年間追跡するという大型の長期縦断発達研究（The National Children's Study, http://www.nationalchildrensstudy.gov/）が計画されており，他にもイギリス（The Millennium Cohort Study, http://www.millenniumcohort.org/index.php），ノルウェー（The Norwegian Mother and Child Cohort Study）などでも大規模な国家的研究が進行している。

同一対象者集団を前方向視的（prospective）に長期にわたって追跡する縦断研究は，人間発達に関する豊富な情報収集が期待できる一方で，横断的研究や実験研究に比べると相対的に大きなコストが必要となる。その理由としては，①2時点以上で測定が行われる縦断研究では測定回数分だけ参加者を集めることが必要であり，対象者を特定したうえでの情報管理と回数分の研究実施コストが必要となる，②転居した人を探したり可能な限り遠距離の参加者を追跡することも課題となり，対象者集団の維持に大きなコストがかかる，③研究チーム自体を必要年数

にわたって維持することにもさまざまな困難がともなう（研究者の転勤や研究成果の共有，公表に関する公平性の問題など）など苦労の大きいものとなりがちである（Bijleveld et al., 1998）。

　こうしたコストの高い縦断研究に取り組むにあたっては，その成果が有益なものとなるように，十分に検討された仮説とそれに沿った理論モデル（theoretical model）の作成が必要である。なかでもとくに重要なのは，尺度の選定と共変量（covariates）の選定である。時間のかかる縦断研究で使われる尺度は，データ収集が完了して研究結果が発表される前に改訂版が発表されたり尺度の問題点が指摘されたりして「時代遅れ」のものになってしまう可能性があったり，ライフスパンで使用可能な構成概念にもとづく尺度でなかったために，子どもの加齢によって同一尺度の使用を断念しなくてはならないこともありえる。研究開始後の尺度変更を極力避けるために，開始前に慎重に検討して最善の尺度選定を行うことが重要である。また，従属変数（抑うつ度や非行行動の出現など）に関する重要な共変量データが適切に集められていないとそれらの変数の影響を統制することができず，説明変数と従属変数間の因果関係についてはっきりとしたことが言及できなくなる。たとえば，仮説として取り上げている従属変数が非行行動の出現で，それを説明する独立変数として学校適応度を取り上げた場合，子ども自身の性格や親子関係などは学校適応にも非行行動にも影響することが予想されるので，あらかじめ共変量として性別や年齢とともに設定しておくことが必要となる。

　また，長期にわたるデータ収集が行われるとき，参加者の数が減っていくのは避けられないことであるが，この参加者の減少が無作為に起こっているのではなく体系的に起こっているかどうか，という点についても慎重に見極めていく必要がある。長期研究で連絡が取れなくなってしまう家族の中には，単純な住所情報の途絶のほかに，その家族の家族機能が弱まっていってしまったために研究から脱落した家族がいる可能性もある。それらの家族は，住居や親の雇用形態が安定していなかったり，家族の抱えるストレスや不幸な出来事によって家族として同居し続けることが困難になってしまった不安定で不適応的な家族である可能性が排除できない。脱落していく家族の中にこそ，精神障害やその他の問題を抱えるような家族が多いかもしれず，この点に関しては，追跡調査の中で常に，主要変数に関する脱落群と維持群との比較（消耗分析：attrition analysis）をしながら検討することが必要であろう。

4 研究方法論の多様性

「不適応の出現-経過-予後をプロセスとして理解する」という課題とともに，「生涯にわたる発達は適応と不適応の連続の中にある」として両者を同時に検討することを目的としている点で，その研究のデザインは複雑な多変量の時系列的因果モデルとならざるを得なく，発達精神病理学はシンプルでわかりやすい学問的アプローチとはいえないかもしれない。また，大掛かりな縦断研究の重要性が強調されることもハードルの高さを感じさせてしまうだろう。しかし，発達精神病理学でもっとも重視される方向性は「テーマごとに適切な多変量プロセスモデルを仮説化し，実証的研究に載せていくこと」であり，この領域では，結果の予測妥当性を向上させることに貢献するあらゆる方法論とデータを網羅して利用していこうとしている（方法論的多様性と包括性の推奨；Cummings et al., 2000/2006）。多変量プロセスモデルを仮説化するにあたっては，テーマに関連した多くのケースの臨床的知見やリスク因子を探し出すための相関的研究，変化や安定化の敏感期を知るための短期縦断的な研究，確かな因果関係を同定するための実験的研究，関連する環境要因を探り日常生活レベルでの適応の変動を詳細に知るためのフィールド的な自然観察研究など，多様な方法論を用いた研究が必要となる。どんな小さなケース研究や相関研究でも，多変量プロセスモデルの部分であることを意識してデザインされたものならば，どれも重要な知見を提供しうるものとなる。こうした方法論についての柔軟な考え方も発達精神病理学の特徴のひとつであるといえる。不適応あるいは適応状態に至る発達的道すじを実証的に明らかにしていくためには，発達心理学を中核にしながら，解明に必要であると考えられる関連学問領域の研究方法を積極的に取り入れていく大胆な発想が重要であろう。

引用文献

Achenbach, Th. M. (1991). *Integrative guide for the 1991 CBCL/4-18, YSR, and TRF profiles*. Burlington, VT: University of Vermont, Department of Psychiatry.

Achenbach, Th. M., & Edelbrock, C. S. (1983). *Manual for child behavior checklist and revised child behavior profile*. Burlington, VT: Queen City Printers.

American Psychiatric Association. (1994). *Diagnostic and statistical manual of mental disorders* (4th ed.). Washington, D.C.: Author. (DSM-Ⅳ-TR, 2000).

Bijleveld, C. C. J. H., van der Kamp, L. J. Th. et al. (1998). *Longitudinal data analysis: Designs, models and methods*. London: Sage Publications.

Block, J., & Block, J. H. (2006). Venturing a 30-year longitudinal study. *American Psychologist*, **61**, 315-327.

Campbell, S. B. et al. (2006). Trajectories of aggression from toddlerhood to age 9 predict academic and social functioning through age 12. *Journal of Child Psychology and Psychiatry*, **47**, 791-800.

Chicceti, D., & Cohen, D. J. (2006). *Developmental psychopathology* (2nd ed., vol.1.～vol.3.). New York:

John Wiley.

Costello, E. J., & Angold, A. C. (2000). Developmental epidemiology: A framework for developmental psychopathology. In A. J. Sameroff, M. Lewis, & S. M. Miller (Eds.), *Handbook of developmental psychopathology* (2nd ed.). New York: Kluwer Academic/Plenum Publishers.

Cummings, E. M., Davies, P. T., & Campbell, S. B. (2006). 発達精神病理学：子どもの精神病理の発達と家族関係（菅原ますみ，監訳）．京都：ミネルヴァ書房．(Cummings, E. M., Davies, P. T., & Campbell, S. B. (2000). *Developmental psychopathology and family process: Theory, research, and clinical imprecations.* New York: Guilford Press.)

Davison, G. C., Neale, J. M., & Kring, A. M. (2003). *Abnormal psychology* (9th ed.). Hoboken, NJ: John Wiley & Sons.

Elder, G. H. (1974). *Children of the great depression.* Chicago: University of Chicago Press.

Freud, A. (1965). *Normality and pathology in childhood: Assessments of development.* New York: International Universities Press. (Karnac Books; Reprint 版，1989/06)

Garmezy, N., & Streitman, S. (1974). Children at risk: The search for the antecedents of schizophrenia. Part I. Conceptual models and research methods. *Schizophrenia Bulletin*, **8**, 14–90.

Goodman, R. (2001). Psychometric properties of the strengths and difficulties questionnaire (SDQ). *Journal of the American Academy of Child and Adolescent Psychiatry*, **40**, 1337–1345.

Harrington, R., Rutter, M., & Fombonne, E. (1996). Developmental pathways in depression: Multiple meanings, antecedents, and endpoints. *Development and Psychopathology*, **8**, 601–616.

Kashani, J. H., Orvaschel, H., Rosenburg, T. K. et al. (1989). Psychopathology in a community sample of children and adolescents: A developmental perspective. *Journal of American Academy of Child and Adolescent Psychiatry*, **28**, 701–706.

Lahey, B. B., Flagg, E. W., Bird, H. R. et al. (1996). The NIMH methods for the epidemiology of child and adolescent mental disorders (MECA) study: Background and methodology. *Journal of the American Academy of Child and Adolescent Psychiatry*, **35**, 855–864.

NICHD Early Child Care Research Network. (2004). Trajectories of physical aggression from toddlerhood to middle childhood: Predictors, correlates, and outcomes. *Monographs of the Society for Research in Child Development*, **69**, 1–129.

Rutter, M. (1986). Meyerian psychobiology, personality development, and the role of life experiences. *American Journal of Psychiatry*, **143**, 1077–1087.

Rutter, M. et al. (2010). Deprivation-specific psychological patterns: Effects of institutional deprivation. *Monographs of the Society for Research in Child Development*, **75**, 1–252.

Sameroff, A. J. (1998). Environmental risk factors in infancy. *Pediatrics*, **102**, 1287–1292.

Sameroff, A. J., Lewis, M., & Miller, S. M. (2000). *Handbook of developmental psychopathology* (2nd ed.). New York: Kluwer Academic/Plenum Publishers.

Singer, J. D., & Willett, J. B. (2003). *Applied longitudinal data analysis: Modeling change and event occurrence.* Oxford: Oxford University Press.

Sroufe, L. A. (1997). Psychopathology as an outcome of development. *Development and Psychopathology*, **9**, 251–268.

Sroufe, L. A. (2009). The concept of development in developmental psychopathology. *Child Development Perspective*, **3**, 178–183.

Sroufe, L. A., & Rutter, M. (1984). The domain of developmental psychopathology. *Child Development*, **55**, 17–29.

Terman, L. M., & Oden, M. H. (1959). *The gifted group at mid-life, thirty-five years' follow-up of the superior child: Genetic studies of genius, Vol.3.* Stanford, CA: Stanford University Press.

World Health Organization.（1993）. *The ICD-10 classification of mental and behavioural disorders: Diagnostic criteria for research*. Geneva: Author.

ZERO TO THREE National Center for Infants, Toddlers, and Families.（2000）. 精神保健と発達障害の診断基準：*0歳から3歳まで*（本城秀次・奥野　光，訳）. 京都：ミネルヴァ書房.（ZERO TO THREE National Center for Infants, Toddlers, and Families.（1997）. *Diagnostic classification, 0-3: Diagnostic classification of mental health and developmental disorders of infancy and early childhood*. Washington, D.C.: Zero To Three Press.／ZERO TO THREE: *Diagnostic classification of mental health and developmental disorders of infancy and early childhood, Revised*（DC: 0-3R）2005）.

参考文献

Cummings, E. M., Davies, P. T., & Campbell, S. B.（2006）. 発達精神病理学：子どもの精神病理の発達と家族関係（菅原ますみ，監訳）. 京都：ミネルヴァ書房.（Cummings, E. M., Davies, P. T., & Campbell, S. B.（2000）. *Developmental psychopathology and family process: Theory, research, and clinical imprecations*. New York: Guilford Press.）

日本子ども学会（編集）.（2009）. 保育の質と子どもの発達：アメリカ国立小児保健・人間発達研究所の長期追跡研究から（菅原ますみ・松本聡子，訳）. 東京：赤ちゃんとママ社.（The NICHD study of early child care and youth development: Findings for children up to age 4 1/2 years.）

第Ⅳ部
研究資料

第18章
発達研究における倫理

斉藤こずゑ

　倫理的ファッション（ethical fashion），倫理的チョコレート（ethical chocolate）と聞いて，何を思い浮かべるだろうか？　筆者がこのことばを目にしたときの違和感は，衣服やチョコレートと倫理のミスマッチの感覚だった。しかしそれは，これらの製品の製造過程に倫理的判断を適用すれば解消されることだった。すなわち，世界の中で経済，文化的格差があり，下に位置づけられた国の，とくに弱い立場の子どもたちが不当に搾取され過重労働を強いられた結果として，豊かな経済の国では安価なコットンの衣服や，チョコレートを享受できる「倫理的でない仕組み」がある。逆に子どもたちの搾取によらない製品は，倫理的であるという意味で ethical という形容詞をつけて区別され，高価にはなるけれども倫理的であることによって価値づけられることになる[1]。

　このような倫理的問題の考察は，綿やカカオの産地から遠く離れた日本の私たちに，かの地で育つ子どもたちの発達を保護する視点を知らせ，発達研究者の視野を広げてくれる。倫理は人々のかかわる複雑な要因に判断を下す試みであり，もっとも心理学の研究テーマにふさわしいにもかかわらず，倫理研究も，その応用としての研究倫理も，ほかの学問分野を心理学が先導しているとは言えない状況にある。また，残念ながら日本の心理学以外の各分野の研究倫理も世界のそれをあとづけているにすぎない。国内外の倫理を巡る環境はこの数十年の間に大きく変化してきた。そして今後も，発達研究における問題意識，理論的枠組み，研究手段，それを包む社会情勢などの推移とともに，倫理問題は予想を超えた変化を余儀なくされるはずである。したがって研究倫理の考察に終わりはなく，倫理規程や倫理違反の判断や解決法も不断に修正され続けるものと考えられる。その変化に目をつむることなく真摯に応じることこそが，研究倫理にかなうことでも

---

[1]　「倫理」自体に商品価値が生まれることの問題，また子どもの権利と倫理の問題，さらに児童労働や医薬品開発など経済事象と倫理の関係も重要な論点だが，本章ではこの点は割愛する。

ある。

　本章では，第1節で，発達にかかわる研究倫理について歴史的経緯を紹介し，第2節で，研究倫理の未解決な問題をとりあげ，有効な研究倫理教育の可能性を述べ，さらに，倫理規程の根拠を，発達心理学研究が提供する必要性と可能性を示す。

第1節　研究倫理規程とは

1　研究の倫理的課題状況と歴史的経緯
(1)　今日の研究のおかれた倫理的課題状況

　今日，多くの研究領域で制定されている研究倫理規程が理想とする倫理的チェック機構が実現し，規程が十全に機能した場合を想定してみよう。研究倫理規程にかない，研究倫理審査委員会の許可を受けた研究のみが遂行され，その結果として論文も刊行されるので，研究が倫理的か否かを判断した結果を表す「倫理的研究」ということばは必要でも，「倫理的論文」[2]ということばは必要ない。つまり倫理的管理が理想的な状態では，論文が倫理的であることは取り立てて前景化させて言及する必要のないノーマルなこととなる。それに反して，もし研究プロセスの最終段階にあたる「論文」に捏造などの倫理違反が判定された場合には，「倫理的でない」というアブノーマルな価値づけを受けた論文になる。しかもその否定的な意味合いは最終成果にのみ留まるものではない。第1に，研究の開始から結果の報告までの多重な倫理的チェック機構が，すべて，あるいは一部でうまく機能しなかったことが原因の場合には，研究自体が非倫理的になる。第2に，研究の経過がすべて倫理的に適切な場合でも，最終段階の論文の形式や表現などに「倫理的でない」点が発見されることによって，研究の経過すべてが遡及的に研究価値を失う可能性がある。

　このように研究倫理が研究の存在を左右する重要条件として問われる事態は，研究における「倫理的課題状況」といえる。研究の倫理的遂行が不問であった時代には，研究が倫理的であるか否かの問いを前景化させないさまざまな条件（たとえば専門家の父権的権利を認めるパターナリズムなど）が，研究を倫理的課題状況

---

[2]　「倫理的ファッション」があるなら「倫理的論文（ethical article）」という表現が，倫理を研究テーマとした論文という意味（ethics article）ではなく，論文の表面には見えない研究遂行過程が倫理的であるという意味で用いられてもよいと思うが，今のところ研究倫理にかなう「研究」を「倫理的研究（ethical research）」とは言っても，そのプロダクツである「論文」を「倫理的論文（ethical article）」と称して価値づける表現は見当たらない。

の外に据えていた。では倫理的課題状況はなぜ今日生じたのだろうか。それは人々が潜在的にもつ倫理的前提を覆し震撼させる不幸な人体実験[3]を発端としたと考えられているが，その後，倫理違反に相当するさまざまな事例が出現（発覚）したのは，それを倫理的問題とみなす視点や表現する態度を人々が身につけ，それらの行為を支える言わば「倫理的転回（ethical turn）」といえるような認識の枠組みの変化が生じたことを意味する。この倫理的課題状況で各専門領域の研究が適切に行われるには，研究参加者の保護と同時に研究者の保護も重要である。各専門領域ではその保護によってその領域の研究が推進されるよう，研究倫理規程の整備をする必要があった。

　倫理規程やその審査が必要になった今日の倫理的課題状況では，「すべての研究は倫理的でない可能性をもつ」とする前提のもとで，研究は倫理的であることを顕在化させ証拠立てる課題を課せられる。その証拠立てに失敗や不足があれば，「倫理的でない研究」となり，研究を開始・継続することもできなくなる。したがって，研究過程に関しては倫理的か否かの基準は，「倫理的でない」ことが帰無仮説で，帰無仮説が棄却されなければ「倫理的でない研究」になり，研究は遂行されないか，されていたとしても遡及的に否定され研究としての履歴は抹消され，非公開の倫理的でない研究リストの1項目になる。逆に，倫理規程の条件どおりに，研究が倫理的であることの証拠立てに成功し，帰無仮説が棄却されれば，「倫理的な研究」が開始され遂行される。倫理的審査の終了後は倫理的研究のみが遂行されるので，倫理的研究，倫理的論文という表現は差異化する対象がなく不必要になり，あたかも倫理的課題状況は収束したかに見える。

　しかし研究遂行過程では，さまざまな時点で研究者本人や制度的な倫理審査委員会によって倫理的か否かの判断が不断に行われている。その限りにおいては倫理的課題状況は継続し，研究は倫理的であることを意識し続けて遂行される。したがって，研究者に課せられた倫理的課題状況は，一義的には倫理的課題解決を目指しながらも，同時に，倫理的課題状況の収束を避けねばならないといった緊張に満ちた葛藤をはらむ。倫理的課題状況は研究者に本来の研究課題に加えて倫理的課題を課すという二重課題事態をもたらすが，その負担を問題視するより，

---

[3]　詳細は「ニュルンベルク綱領」（Nuremberg Code, 1947）の発端となった，第2次大戦時の医学的人体実験をめぐる裁判（the Doctors' Trial）を参照のこと。過去の医学的研究の倫理違反の発覚はいまだに後を絶たないが，それだけが原因ではなく，今日，研究倫理に倫理的課題状況をもたらした背景には生命医学の進歩，科学的研究至上主義の相対化，人権やプライバシー意識の高まり，研究費不正使用予防，研究機関ごとの倫理規程策定義務化など，思想的，実践的な倫理環境の変化があり，それが人々の思考の倫理的転回と相互因果的関係にあるものと思われる。

それが本来の研究課題にもたらす効果を吟味する方が有益で必要なことである。

(2) 研究倫理の歴史的経緯

　研究倫理の歴史は今日の研究倫理を吟味するうえで大変重要だが，ここでは子どもにかかわる研究倫理に焦点化して紹介する。子どもの人権や権利の尊重については他に譲り，倫理規程で子どもの扱いが特筆される，インフォームド・コンセント[4]に注目して歴史を概観する。

　今日の研究倫理の発端とされる「ニュルンベルク綱領」(Nuremberg Code, 1947) は，第2次大戦時の医学的人体実験の裁判結果から制定された，医学研究の参加者を守る10項目の原則である。子どもに関する記述はないが，被験者の自発に基づく同意 (voluntary consent) を必須とし，研究者にそれを得る義務と責任を課した点は，子どもの同意をめぐる今日の議論にかかわっていく。

　その後，世界医師会による「ヘルシンキ宣言」(World Medical Association, 1964) 以来，「人を対象とする医学研究の倫理原則に関する声明」が，幾度か改定を経て今日に至っている。現在の版 (World Medical Association, 2008) は35項目からなる倫理原則で，インフォームド・コンセントに関するものだけでも複数に渡り，子どもに関係する以下の項目は重要である。

　「27. 研究対象予定者に能力がない (incompetent) 場合，医師は，法定代理人からインフォームド・コンセントを求めなければならない。(以下略)」

　「28. 能力がないと判断される研究対象予定者が，研究への参加についての意思決定 (decisions) にアセント (assent) を与えることができる場合には，医師は，法定代理人からのコンセントに加え，研究対象予定者のアセントも得なければならない。また，対象者の不承認 (dissent) は尊重されるべきである。」

　コンセントとアセントは，日本語でそれぞれ「同意」と「賛意」のように区別して訳されるが，ここではカタカナ表記にした。子どもの自発的意思決定としてコンセントに法的有効性を認め，医師がやりとりの中で提示した複数の選択肢に応じて子どもが研究参加を示すアセントには，法的有効性を認めないなどの差異がある。しかし実際の機能には類似性がありあいまいなため，アセントの必要性には異論がある (Alderson & Morrow, 2011；American Academy of Pediatrics, 1976, 1995)。

---

[4] インフォームド・コンセント (IC) は「説明に基づく同意」とも訳されるが，主にカタカナ表記で使われている。①「研究者が情報を与え (inform)，参加者が受け取る (informed)」。その後参加者の理解を経て，②「参加者が自発的コンセントを与え，研究者が受け取る」というやりとりであるため，②に準じて「ICは参加者が研究者に与える」あるいは「研究者が参加者のICを得る，受ける」という表現が適切である。「研究者が参加者にICを与える」「参加者が研究者にICを受ける」というのはよく目にするが，上述①から類推した誤解だと思われる。

その議論が、子どもをめぐるインフォームド・コンセントの困難な状況を露呈しており、子ども以外にもコミュニケーション上の困難がある高齢者や非母語話者、不均衡な力関係にある者に共通する問題がしだいに考慮されるようになってきた。

また米国、生命医学および行動学研究の対象者保護のための国家委員会による「研究対象者保護のための倫理原則および指針」(National Commission for the Protection of Human Subjects of Biomedical and Behavioral Research, 1979) 通称ベルモントレポート (Belmont Report) では、それまでの倫理原則を構造化し、「研究と医療実践の区別」、「普遍的な3基本倫理原則（人格尊重、恩恵、正義）」とその「適用」からなる枠組みを提唱し、倫理的問題解決に役立てようと試みた。「適用」の最初の項目が「インフォームド・コンセント」であり、その同意のプロセスが、3構成要素（情報、理解、自発性；information, comprehension, voluntariness）からなることが一般に合意されているとしてその指針を詳述している。「理解」のところで子どもや障害などで理解が限られる対象者の場合の対処方法を一般的かつ詳細に記述している。一般化・普遍化の応用としての実践という考え方は当時の思想・学術理論の影響を感じさせるが、この倫理原則の構造化の枠組みは、その後の研究倫理に継承される。普遍規則の個別事例への適用の仮定は、今日ではさらに具体的事例から原則を抽象する自律的な判断を促す試みで補完されることになる (Campbell, et al., 2010；Knapp, 2011；Nagy, 1999/2007；Steneck, 2006)。

その後、国際医科学団体協議会（CIOMS）と世界保健機関（WHO）の協力による「人を対象とする生命医学研究の国際倫理指針」(Council for International Organizations of Medical Sciences in collaboration with the World Health Organization, 1982/2002 改定) では、発展途上国への適用にも考慮し、ガイドライン14「子どもを含む研究」で、「子どもの能力に応じて、合意 agreement (assent) を得ていること」が必要とされている。その解説では「子どものアセント」として、「子どもの成熟度と知力にみあう情報を与えた後、子どもの自発的な協力を求める必要がある。」としている。さらに「法的に子どもがコンセントを与えられると認められる年齢は国や地域で異なる。」「法的に認められたコンセントを与えられる年齢に満たなくても、インフォームド・コンセントの意味が理解でき、必要な手続きに移行できる。彼らは研究対象となることを知った上で同意することができる。そのような知った上での合意 (knowing agreement) は時にアセントと呼ばれるが、親や法定後見人などの正式に認められた代理人の許可で補完されなければ研究参加の許可のためには不十分である。」とされる。「親や後見人の許可」に関しては、「12，13歳以上になれば適切なインフォームド・コンセントを与えるために必要なことが理解

できるだろうが，そのような場合，法が求めなくても彼らのコンセント（アセント）は親や後見人の許可で補完する必要がある。……また法が親の許可を求めているときにも子どものアセントも得る必要がある。」として，子どもと親両方からの参加への同意を求めている。

　厚生労働省「臨床研究に関する倫理指針」（厚生労働省，2003/2008 全部改正）では，「第 4　インフォームド・コンセント」の「2　代諾者等からインフォームド・コンセントを受ける手続」において，「細則 1 ロ　被験者が未成年者の場合。ただし，この場合においても，研究者等は，被験者にわかりやすい言葉で十分な説明を行い，理解が得られるよう努めなければならない。また，被験者が 16 歳以上の未成年者である場合には，代諾者等とともに，被験者からのインフォームド・コンセントも受けなければならない。」という記述を経て「(2) 研究者等は，未成年者その他の行為能力がないとみられる被験者が臨床研究への参加についての決定を理解できる場合には，代諾者等からインフォームド・コンセントを受けるとともに，当該被験者の理解を得なければならない。」としている。

　この内容は諸外国の研究倫理の内容に則ったものだが，16 歳という年齢基準の根拠は不明である。またこれは臨床的観察研究の場合の規程だが，「疫学研究に関する倫理指針」（文部科学省・厚生労働省，2002/2008 一部改正）第 3.2 細則における 16 歳以上の取り扱いと矛盾する点なども指摘されており，医学研究上の自発的意思決定の年齢基準に関しては，今後，発達心理学的知見も利用した証拠に基づく検討が待たれる。

　以上，医学臨床研究にかかわる研究倫理について戦後 60 年余の変遷を追ってきたが，インフォームド・コンセントだけを見ても，①現在の規程内容に至る歴史的継承がある，②経年につれ規程内容が詳細化している，③形式・内容ともに時代背景の思想や事象が反映する，などが読み取れる。ここでの参照は一部だったが，医学領域の歴史資料は，社会科学領域で子どもの研究に携わる人にとっても，研究倫理の本来の意味を理解するうえで意義深い情報の宝庫といえる。

2　日本における発達，心理学領域の研究倫理の現状

　子どもの研究倫理の国内の動向をみると，日本発達心理学会では，学会内外で倫理問題の考察が必要になったため，数年の準備期間を経て『心理学・倫理ガイドブック』（日本発達心理学会，2000）を著した。読者の自律的な倫理的思考を促すために倫理規程集の形式を避け，研究過程で倫理的に留意すべきことを研究法と関係させて記述したものである。すでにその前後に，心理学に関連する諸学会

ではそれぞれの倫理綱領を制定し，項目数を押さえた簡潔明瞭で抽象度の高い記述によって，学会員に倫理的な自覚を促すと同時に，学会自体の倫理的態度の表明を行っていた[5]。

その後，10年余りのうちに，世界的な規模での社会の倫理意識の高まりを背景に，日本学術会議の声明「科学者の行動規範について」（日本学術会議，2006）が，各研究機関独自の倫理規程と実践計画の策定を促した。それが契機の一つとなり，より詳細化，具体化した説明による研究倫理規程が求められ，各機関で早急に応じる試みがなされ始めた。日本心理学会では，「社団法人日本心理学会倫理綱領」（日本心理学会，1997）とは別に，研究方法と心理学の専門職種ごとに複数項目によって，会員が心がけるべき倫理規程を説明した『社団法人日本心理学会倫理規程』（倫理委員会，2009）を刊行した。また，日本保育学会では，既存の「日本保育学会倫理綱領」（日本保育学会，2007）に加え，より詳述した形での『保育学研究倫理ガイドブック』（日本保育学会倫理綱領ガイドブック編集委員会，2010）を刊行し，このガイドブックでは，実践研究における問題と対処の事例も掲載している[6]。倫理的問題を考えるうえで具体的な知識と関係づけることは今日的な倫理的情報の要請にかなうものである。

学会による研究者や専門職能集団への研究倫理の提供は，抽象的な綱領や指針から，より詳細な具体的行動目標となる倫理規程集やその解説，さらには事例分析へと変化している。それはアメリカ心理学会や，医療看護関係の倫理ガイドラインでも同様である。この抽象的規程から事例への推移の背景にある理論の変化は次節で考察したい。このような推移はあっても，簡潔な抽象的記述で高次の倫理的目標を表した「研究倫理綱領」が事例にとって変わられるものではなく，両者の関係づけこそが，自律的で適切な倫理的判断を促すものと考えられる。

第2節　倫理規程のはらむ問題

1　倫理的判断の方針と過誤について

研究活動についての倫理的判断は，それ自体に大きなリスクや問題の起こるこ

---

[5]　たとえば，「日本教育心理学会倫理綱領」（日本教育心理学会，2000），「臨床発達心理士認定運営機構倫理綱領」（臨床発達心理士認定運営機構，2001），「日本社会心理学会倫理綱領」（日本社会心理学会，2004）などである。
[6]　これらに先駆けて，日本パーソナリティ心理学会では『事例に学ぶ心理学者のための研究倫理』（安藤・安藤，2005）を出版した。多角的なコメントでの事例分析が読者の考えを促すよう工夫されており，「コラム」で研究者の遭遇した倫理関連問題を印象づけている。

とが避けられない。たとえばある研究事例 A の倫理的可否の判断で，帰無仮説[7]を「研究 A は倫理違反研究と同じグループに属する」とし，倫理違反を「陰性」と例えるなら，統計の第一種の過誤にあたる偽陽性（false positive）の生ずる可能性がある。それは，本来研究 A は倫理違反研究で帰無仮説が真であるのにそれを捨て，研究 A の倫理違反が見逃されるという判断の誤りである。他方，第二種の過誤にあたる偽陰性（false negative）の場合は，帰無仮説の誤った選択により，本来研究 A は潔白なのに倫理違反と誤認される。

　統計モデルと違い，実際の倫理的判断の誤りは複雑な要因の因果関係によるため，倫理規程に忠実に判断しても，心の中で暗黙に行われる規程の適用に際して，自覚不可能な要因の影響を受ける可能性がある。医療領域の研究では研究による利益と損失のバランスが心身へ重篤な影響を及ぼすが，発達心理学などの社会科学的研究では命にかかわる事態に至る可能性は低い。そのために逆に倫理的判断では，強い基準で研究の白黒を決め難く，研究意義も利益とリスクの功利的基準だけに左右されない。これはこの領域の倫理的判断の困難さや誤認が起こる理由にもなる。

　研究者本人による倫理的判断の誤りは，研究開始時から終了後の経過すべてで起こりうる。さらに，その研究が，不幸にして研究参加者や協同研究者，読者などから倫理違反の疑義を唱えられる場合，その人々の倫理違反の判断が誤る可能性をもつのに加え，その後，正規の倫理審査委員会の判定手続きで判断される場合，その判断も誤る可能性がある。明文化された規則がいかに詳細化しても，人為的判断はこの多重の誤りを避けえない。これは法の領域での冤罪事件などを類推させるが，法の領域ではその判断の誤りを正す公の機関と執行手続きのシステムを歴史的に構築してきた。それに対して，研究倫理の場合は倫理違反の有無やその処遇の判断は，研究者の所属する学会，研究施設内の局所的な委員会に委ねられ，利害のない第三者委員を加えたとしても，その局所性や非独立性が，判定の正誤の分析，倫理違反事例の公開などを公正に行う点で制約となる可能性がある。

　人為的判断が必ず過誤を生むのなら，それを統制するために意図的な判定方針を定めておく必要がある。可能な 2 つの方針は，第 1 に，「疑わしきは罰せずの

---

[7] 倫理的価値判断自体を問題にすること（規範倫理学）と倫理的価値判断について説明しようとすること（メタ倫理学）は異なる。本節でも価値判断の必要な「倫理的問題」そのものではなく，「倫理的判断」を論理的に説明する。そこで，倫理的判断過程を，中立的な統計の仮説検定の用語概念に例えて説明する。統計用語の解説は紙面の都合で割愛するが，容易に検索できるので確認してはしい。

方針」，第2に，「倫理的問題の予防策を徹底する管理強化の方針」である。前者は偽陽性（倫理的問題があるのにないとみなす誤り），後者は偽陰性（倫理的問題がないのにあるとみなす誤り）が増えすぎると，陰性（倫理的問題がある）検出感度は低くなり，倫理的判断の精度を欠く。結局，規程を生かすための運用方針にも研究倫理規程の存在意義を曖昧にするといった問題が残る。

倫理規程と運用のジレンマは倫理規程の存在自体の特性でもある。倫理規程の本来の目標は，倫理違反に当たる陰性検出を避けることである。その理由は，倫理的に適切な研究だけの状況が理想であることに加え，社会科学研究で倫理違反事例が検出されるとその対処がさらに問題になるからである。研究倫理規程が罰することを一義的な目標としないことは，懲罰規程の軽微な扱いからもわかる。倫理規程は研究活動の阻止ではなく促進のためにあるので，規程違反を未然に防ぎ，懲罰を課す事態を避ける性質をもつ。したがって，研究開始前や研究の各段階の実施前に，違反にならないよう教え導く倫理的指南となっている。

そこで，罰を科す事態を避ける手段としては，倫理規程の存在自体を曖昧にし，倫理違反を見逃す危険性をもつ「疑わしきは罰せずの方針」ではなく，倫理規程を有効に活用し，初期違反を見逃さず，罰の必要な違反研究が出ないようにする「倫理的問題の予防策を徹底する管理強化の方針」が採用されることになる。その結果，倫理規程は，研究開始前から研究者の研究上の制約となり，一種の「仮想罰」を与える存在になるため，研究への動機づけを低め，豊かで自由な発想を阻止し，遂行容易な研究へと誘う。倫理規程のはらむ矛盾とは，規程によって望ましい研究の指針を示し，研究を保護促進する目標に対して，逆に阻止してしまうジレンマである。以下では，より多様なジレンマの考察を通じて解決法を探りたい。

2　研究倫理をめぐるジレンマ

(1) ジレンマは倫理的判断の発達を促すか？

ピアジェの道徳判断の発達理論（Piaget, 1932/1954）やコールバーグ（Kohlberg, L.）の道徳性の理論では，道徳的ジレンマについての考察や判断が，道徳的判断の発達段階によって異なると指摘した。逆に道徳的ジレンマの判断の経験が道徳的判断の発達を促す効果も知られている。道徳判断と倫理的判断は同一ではないが，ともに解決困難なジレンマの経験が，論理的な判断プロセスや，多様な解決の選択肢を促すことが予想される。

研究倫理自体のはらむ葛藤を倫理的ジレンマとみなし，それによってその領域

の研究者集団の倫理的な課題解決能力が促進されるのであれば，研究倫理をめぐるジレンマはむしろ好ましいものといえる。自覚されず考察されないジレンマはその解決自体ももたらさないので，以下では研究倫理をめぐる多様なジレンマの存在を簡単に解説し，解決の前段階としての自覚を促したい[8]。

(2) 研究倫理をめぐる多様なジレンマの存在

多様なジレンマを以下の3種類，a. 研究倫理の厳罰主義と緩和主義，b. 研究倫理の普遍論と多元論，c. 研究倫理教育における自律と他律，に分けて考察する。

a. 研究倫理の厳罰主義と緩和主義：この対立のもとで次の対立が生ずる可能性がある。第1に，先述のように倫理規程のもつ研究促進の目標にもかかわらず，厳罰主義では研究を阻止する結果になり，緩和主義では研究倫理自体を損なう可能性がある。第2に，倫理規程の機能を発揮するために倫理的管理体制の強化充実を図ると，規則至上主義になり，柔軟な倫理的思考にもとづく倫理規程の自己修正など内部システムの可変性が弱まる可能性がある。第3に，倫理的問題事例からボトムアップ的に倫理規程を策定することが今後いっそう重要になるが，厳罰主義でも緩和主義でも倫理的問題事例の蓄積，公開は見込まれず，事例のデータベース不足が問題となる。以上の困難な葛藤への対処法として，ここでは倫理規程内容と発達研究法それぞれの変容によって両者の歩み寄りを促す案を考える。

倫理規程の順守に関する管理強化の方針のもとでは，年間相当数の研究計画を事前に吟味し判定するシステムを研究機関や学会で稼働することになる。研究成果を短期に出すために，システムの作業は量に加え早さも要求される。その労力と時間のコストに比して，倫理的に適切で研究レベルも平均以上の研究成果が還元されるか否かは，倫理規程の内容が発達研究の実現にとって妥当か否かに依存するため，研究の実現可能性を保障する倫理規程の整備が必要である。それには後述のように，規程内容の適切性に関する心理学的研究による吟味が必須である。

逆に発達研究方法の側でも倫理規程に適合する大胆な変革，既成の方法論に拘泥しない発想や工夫が必須である。相対主義的な考えの浸透した現代で倫理規程やガイドラインを有効に機能させるには，客観的絶対的価値として倫理規程を押しつけても，倫理的思考を促すよりも形だけの盲従や裏技による順守などを生みだし，新たな倫理的規制が必要となる悪循環をもたらす。つまり，倫理違反を見出したり，倫理違反にならないための予防策を講じる時間や費用のコストに比し

---

[8] 筆者を含む多くの発達心理学者にとっては，研究倫理は専門領域の既有知識を超えているため，新規に学ぶべき学問領域に属することだという認識が必要だと思う。この学習を前提として初めて，研究倫理を公正な研究遂行のための実務的ガイドラインとして機能させることができる。

て，倫理的な研究を増やすという大きな成果は期待できない。

　この対策としては後に「研究倫理教育」の項で検討するが，研究者本人が自律的に倫理的な判断をしてそれが自身の研究の適切な規制になるという循環が理想である。相対でも絶対でもない倫理規程のバランスのよい位置づけは，他者に依存することではなく，たゆまない倫理的判断の実践を継続することで可能になる。過去の倫理違反事例や成功事例の倫理対策を考え，方法論を構築し，自ら倫理的に適切な研究を考案することは，他律的に規程に従うことではない。そのためには，倫理的違反・成功事例のデータベースをめぐる他者との議論や考察が肝要なため，「守秘」など倫理規程に抵触しない工夫のもとで公にされる必要がある[9]。

　看護の領域では，示唆に富む看護倫理のケース解説をオンライン[10]で行っており，興味深い。「患児へのインフォームド・アセントをどのように展開するか－両親が拒否する場合」などのケースについて，事例紹介，事例分析，コラムの項目で具体的な事例（事実そのものではない）を丁寧に紹介し，読者の倫理的判断を促す支援をしている。この事例では，10歳の白血病の少年が，その事実を知らされないまま風邪の治療だとしてつらい治療を長期間受けている。少年は治療を拒否し始め心も閉ざしていくが，保護者は治療を望んでいる。医療者は治療について少年に直接説明しようとするが保護者は拒否した。この事例ではアセントを与えられる能力のある少年の権利ではなく，親の意向が尊重されており，その点についての問題を治療者，患者，親の観点から考えさせる課題になっている。

　b．研究倫理の普遍論と多元論：この対立は一般的に人のさまざまな能力の普遍性と相対性（文化・領域など）の問題として知られている。倫理や道徳に普遍的な特性があることは言語に文法という普遍的なしくみがあることと似ている。さらに言語の文法や語彙，社会的場面での使用規則は文化，社会，時代に依存し相対的である。同じことが倫理，道徳にも当てはまるだろう。この観点から倫理規程においてはさらに以下の対立を考える必要がある。第1に，先行する医療領域の研究倫理規程に準ずる形で策定されてきた心理学を含む社会科学領域の倫理規程は，実際には社会科学領域に特異的で医学とは異なる性質の研究倫理が必要であることを認めながらも，医療領域の規則をなぞり同一化しようとする，接近

---

[9]　アメリカ心理学会の倫理ハンドブックが新たに刊行される（Knapp, 2011）。米国でも，研究倫理は不正行為や罰，法律的制裁だけに重点を置きがちで，倫理の理論的背景や展望，価値，などのよい面を紹介しないため，倫理は不快だという印象を与えている。そこで，新しいハンドブックはその修正を目指し，さらに倫理を心理学の研究テーマとすることも提案されている。
[10]　公益社団法人日本看護協会「看護倫理」
http://www.nurse.or.jp/rinri/case/assent/column.html（2011/08/17）

と回避のジレンマをもつ。それは以下の対立に帰結している。すなわち第2に，倫理規程の策定には普遍化の志向性があり，それが各文化社会の実情にミスマッチであることに気づきながらも，個別的倫理規程の策定には消極的である。同じく第3に，領域固有的倫理規程の必要性を感じながらも，他領域の倫理規程に無関心であり，特に社会科学領域内での疎通が不良である。逆に第4に，倫理規程の分析が進み細則化する可能性があるが，あまり細部に渡ると倫理原則の一般性が損なわれ，能動的・自律的倫理判断自体が困難になり，細則の暗記による受動的・他律的判断を促し，倫理規程の応用も困難になる。ほかにも第5に，研究倫理規程は一般的成人を研究参加者とすることを前提にした内容であるため，年齢，文化，言語，能力が成人とは異なる研究参加者を考慮した個別的な規程内容の必要性を感じながらも，インフォームド・コンセント以外は個別化することを必ずしも志向していない。たとえば医学，生命科学分野の研究倫理規程で子どもに関する倫理規程には発達心理学者の知見と必ずしも一致しない内容が含まれている。しかしそれに関する発達研究者からのリアクションはみられない。

　これらのジレンマを文化社会の中での研究倫理規程という観点から考えてみたい。文化社会的な偏りを含まない研究倫理規程やガイドラインはないという主張はまだ一般化していないのではないだろうか。たしかに人の倫理意識には普遍的特性があり，数は少なくても重大な倫理違反事例をもとに普遍的心性に基づく倫理規範が明文化され，それが「あらたな信念」として研究倫理規程の普遍性の前提となる一方で，個別固有な領域にふさわしい倫理規程は不問にされている。おそらく個別化による相対化によって倫理規程自体の絶対的効力が排除されることを避けるために，倫理規程の普遍性を必要以上に志向しがちである。このような普遍と個別の対立の観点は，前節で述べた抽象的記述の倫理綱領から，より詳しい倫理規程の記述へ，さらには個別的な研究事例のデータベース分析への推移の背景にある理論的基礎となる。理論的には理論間の概念の共約不可能性から普遍的倫理原則と相対主義的倫理規則の両立がはたして可能かという問題はある（Bernstein, 1983/1990, 1992/1997）。しかしいまだに普遍志向的な面の強い研究倫理であるため，打開策として，実践的に個別的文脈に即した規程の必要性を指摘する研究も多い（Alderson & Morrow 2011；Campbell et al., 2010）。

　研究倫理規程は以前からそこ（生得的，普遍的）にあったものをコアに，文化社会の中の人々の営みの文脈の中で構成されてくる。素材は現実か否かによらず倫理違反的出来事であり，そこからどのような倫理的なジレンマのストーリーや倫理的判断が構成されるかは，研究者集団の前提とする価値観（業績主義の否

定と本音の葛藤，情報提供者の立場と研究者の立場の葛藤，など葛藤を含む価値観）に依存する。このように考えると，先頭を切って策定された医療領域の倫理規程に準ずる現在の研究倫理規程については，発達心理や子どもの研究に本当に適切か否かを早急に吟味する必要がある。たとえば，発達研究の参加者候補となる世間一般の人々の研究倫理に関する理解も，メディアで伝えられることの多い医療領域の倫理的ストーリーに偏って構成される可能性があり，その基準が発達研究の倫理的問題の判断に援用される。このような判断は発達研究の内容には不適切な可能性もあるが，現状では，発達研究者自身が発達心理学にふさわしい倫理的判断の内容によって，一般の人々の倫理判断に修正を促すことができない。たとえば医学領域と違い，研究参加者のリスクや利益について相対的にあいまいな印象を与える心理学研究では，医学と同じ研究倫理によってそのリスクと利益を仮定された場合，倫理的に問題だと判断される可能性すらある。また，逆に生命にかかわらない心理学研究では倫理規程やそれに基づく審査も儀礼的に形骸化しやすいという懸念もある。そういった意味でも，「発達心理学にふさわしい倫理的判断の内容」について，発達心理学的研究による情報が必要とされている。

　たとえばインフォームド・コンセントで必須条件とされる「説明，理解，自発的合意」の3条件はシンプルすぎ，このどれもが背後に複雑な条件設定を必要とする。医学的治療の場合と違い，発達心理学の研究計画やその倫理規程に則った手続きの情報提供を受けて，子どもたちがどのように理解できるだろうか。専門領域の内容を研究者側が子どもにわかりやすく記述することは発達研究者にとっても容易ではないし，子ども向けにわかりやすく翻訳したことが実際の研究を正確に伝えているか否かの判断も困難である。子どもが完全に理解できたら共同研究者になれるはずである。筆者は最近手指の関節内骨折で手術の説明を受けたが，医師の適切で丁寧な説明にもかかわらず解剖学的知識の欠如のため真に納得のいく理解には至らなかった。しかし完治した時点で治療全体のイメージが後づけ的に完成し納得を得た自覚をもった。医学でも心理学でも研究初期の言語的知識に依存した研究の理解と，後期の参加体験に基づく理解は，主観的な納得の深さや質において異なるため，このような納得の差異が生ずるのは当然だろう。また相手の説明を聞いてどのような納得のレベルなら研究参加を決定でき，コンセントを与えられるのかは，個人の基準に依存する。さらに自分の理解や納得を自覚するメタ認知は子どもでは不完全なことも知られているので，研究の情報提供の理解，意思決定，コンセントを与えるといった行動ができることと，その自分の行動の正確な認知は別物である。このすべてで整合性ある納得に至るか否かは，研

究内容や研究者との関係，子どもの状態によっても異なる可能性がある。このような複雑なプロセスを理解する知見については，やはり心理学領域の研究が提供する責任がある。

相対主義的発想による平等化で，普遍的原則を文化社会，専門領域，年齢などにきめ細やかに対応させ，ミスマッチによる不利益が出ないよう修正することは，一方的権威によるパターナリズムを排除し，究極的には専門家と研究参加者の平等を目指し，参加者に研究主体として研究活動へ参加してもらうことや，参加者による主張，表現など能動的な役割を推進することにもなる（Alderson & Morrow, 2011）。まだ実践例は少ないものの，社会科学領域の研究がこの方向性を目指すには，研究者も研究参加者も自律的倫理的思考を身につける必要がある。研究倫理は100％普遍的に備わっているのでも，100％ゼロから学習するものでもなく，研究実践の経験（研究のすべての過程の実践でなくとも，既成研究論文の講読，研究計画立案も含む）に含まれる倫理的課題を体験することから構成される。これを実現する研究倫理の教育の可能性については次項で検討する。

c. 研究倫理教育における自律と他律：自律的な研究倫理の判断と他律的判断とは，研究倫理の教育を実践する過程でさまざまな対立とかかわる。第1に，研究倫理教育をパターナリズムによる一方的知識伝達教育として行う場合には，学習者の研究倫理への態度は受動的になり他律的な研究倫理問題への判断を身につける可能性がある。研究倫理教育が，倫理規程の規則そのものを教えるのであれば，規則に違反すること，しないことを逐一教えるが，その強調はピアジェの他律的道徳規範を引くまでもなく，学習者が罰の回避に向けて，不適切な解決策に頼るなど，規範についてなぜそれが必要か自律的に考える力を損なう。

第2に，研究倫理は応用倫理学の領域に属すため，最初により基礎的一般的な倫理教育を徹底し，倫理的ジレンマ課題を考察する経験を経てから段階的に専門領域の研究倫理の教育に移行する方法をとることができるならば，学習者には自律的な倫理的判断が促進されると考えられる。しかしこの教育プログラムには膨大な時間とコストが必要であるうえに，学習者側にも自律的な研究倫理判断という最終成果を得るまで継続可能な時間とコストが必須である。研究倫理の捉え方には個人差も大きいので，重大な倫理的問題にかかわる研究倫理規程を過度に配慮し，この規程のもとでは研究は実行不可能と考える悲観論者と，倫理規程に従ったことを証拠立てる必要最低限の形式だけ整えばよいとみなす楽観論者を両極として，さまざまな考えの人がいる。どのような特性の人がどのような捉え方をするかなど，個性による研究倫理規程の受け止め方の差を把握し，適切な理解

と実践のレベルに至るよう導く教育が必要であり、その対策としても、基礎的な倫理教育は有効である[11]。

　第3に、研究倫理教育に時間もコストもかけず不十分な場合、先述のように特定専門領域の研究倫理規程が他領域のそれと類似し、違いを明確にしていないため、学習者が不十分な知識として得た研究倫理の内容は、医療領域の生命にかかわるリスクなど重要な規則に影響される可能性がある。それをもとに研究の倫理的判断を行う場合には、リスクへの過剰な倫理的反応の結果、倫理的問題があると判定される研究が増加する可能性がある。しかしこの非専門家の立場からの研究倫理判断は、看過すべきではない重要な性質をもっている。専門領域の教育を受けその領域の専門家としての同一性ができてしまうと、非専門家であったときの常識的な一般的倫理的判断は後退してしまう。結果として両者にずれが生じ、一般倫理に基づく非専門家の判断が倫理的でないとみなすことを、専門家の判断で倫理的とみなす場合も起こりうる。このようなときに専門家の判断を採用することは、研究倫理に則ればできないことであり、専門家には非専門家の判断を理解する力が必要になる。専門領域の研究倫理は一般倫理に矛盾するものではないが、特別な細則や価値づけの順序などで異なる可能性があり、非専門家には訓練なしで評価できない可能性がある。しかし裁判員制度の例のように、法に関する非専門の人々が短期の導入と専門家との話し合いに基づいて専門領域にかかわる出来事の判断を真摯に遂行できる。人にそなわったこのような能力を尊重する視点は重要である。

　そこで研究倫理においてもその領域の専門家だけに判断を委ねず、専門家と非専門家の共同による判断を基準にする倫理審査委員会によって、当該研究が倫理的か否かを判断し、専門領域の研究を一般に開くシステム構築が、今後の研究倫理の適正化のためにもいっそう必要である。専門家だけによる当該専門領域の研究倫理の評価は、個別的な専門領域の倫理のみに基づき、一般倫理を参照せずに行われる可能性があり、それが結果としての倫理的評価を、社会全体の一般倫理に照らして不適切なものとする可能性をもつからである（組織ぐるみの一般倫理違反や、専門研究倫理規程の形骸化など）。専門領域の研究倫理教育では、その専

---

[11]　この、基礎的一般的倫理教育において、米国ハーバード大学の倫理教育は学部大学院ともに質量とも充実している。多種多様な講義の中には近年世界的に有名になった政治哲学のマイケル・サンデル（Sandel, M.）教授の公正の講義があり、そのほかに認知心理学者ハワード・ガードナー（Gardner, H.）、スティーブン・ピンカー（Pinker, S.）、故ローレンス・コールバーグ（Kohlberg, L.）も道徳、倫理教育を行い、その研究もしている。大学に1986年に開設されたエドモンド・J・サフラ倫理センター（Edmond J. Safra Center for Ethics）でも倫理教育や研究を行っている。

門領域への新規参入者に，その研究者コミュニティに限定された研究倫理ではなく，コミュニティ外の一般的倫理の観点も保証する研究倫理の教育を行うことが必要である。それは時間もコストもかかる先述の第2の方法に近いものである。

その教育方法は研究倫理そのものを教え，行動指針として学ばせることではない。なぜその研究倫理が必要かをゼロから発想してもらうために，むしろ現存の研究倫理を相対化しその欠点を補う代替案を模索するような教育と学習の機会を用意することが大切である。研究倫理は法律とは違い，自己の内発的な行動指標であるときに，研究意欲を減衰させる他律的な仮想罰としてではなく，むしろ研究意欲の促進に結びつくはずである。このような教育の成果には，研究倫理そのものを研究テーマとする次世代の研究者が育つ可能性も含まれるだろう。

発達研究では，倫理的不正研究の結果は生死にこそかかわらないが，研究費の無駄，不適切な研究結果および研究者評価，子どもの発達知見の誤解，研究参加者の権利の迫害，研究参加者の傷心，研究者の社会的信用の損失など，人間関係や人の感情に長期的なマイナスの影響を及ぼす。そこで，人々の心の安全を保証する研究こそが倫理的に公正な発達研究の大前提となる。そのために，研究者コミュニティ，第三者機関，そして公的機関が適切なかたちで連携する必要がある。

参考文献

Alderson, P., & Morrow, V. (2011). *The ethics of research with children and young people: A practical handbook* (2nd ed.). London: Sage.

American Academy of Pediatrics, Committee on Bioethics. (1995). Informed consent, parental permission, and assent in pediatric practice. *Pediatrics*, **95**, 314-317.

American Academy of Pediatrics, Task Force on Pediatric Research, Informed Consent, and Medical Ethics. (1976). Consent. *Pediatrics*, **57**, 414-416.

安藤寿康・安藤典明（編），日本パーソナリティ心理学会（企画）．(2005)．事例に学ぶ心理学者のための研究倫理．京都：ナカニシヤ出版．

Bernstein, R. J.（1990）．科学・解釈学・実践〈1〉客観主義と相対主義を超えて（丸山高司ほか，訳）．東京：岩波書店．(Bernstein, R. J. (1983). *Beyond objectivism and relativism: Science, hermeneutics, and praxis*. Philadelphia, PA: University of Pennsylvania Press.)

Bernstein, R. J.（1997）．手すりなき思考：現代思想の倫理-政治的地平（谷　徹・谷　優，訳）．東京：産業図書．(Bernstein, R. J. (1992). *The new constellation: The ethical-political horizons of modernity/postmodernity*. Cambridge, MA: MIT Press.)

Campbell, L. et al. (2010). *APA ethics code commentary and case illustrations*. Washington, D. C.: American Psychological Association.

Council for International Organizations of Medical Sciences (CIOMS) in collaboration with the World Health Organization (WHO). (1982/2002). *International ethical guidelines for biomedical research involving human subjects*. Geneve: Council for International Organizations of Medical Sciences (CIOMS).

Knapp, S. J. (Ed.). (2011). *APA handbook of ethics in psychology. Vol.1. Moral foundations and common themes./*

Vol.2. Practice, teaching, and research. Washington, D. C.: American Psychological Association.

厚生労働省．（2003/2008 全部改正）．臨床研究に関する倫理指針．http://www.mhlw.go.jp/general/seido/kousei/i-kenkyu/rinsyo/dl/shishin.pdf　2011.9.13

文部科学省・厚生労働省．（2002/2008 一部改正）．疫学研究に関する倫理指針．http://www.lifescience.mext.go.jp/files/pdf/37_139.pdf　2011.9.13

Nagy, Th. F.（2007）．*APA* 倫理規準による心理学倫理問題事例集（村本詔司，監訳／浦谷計子，訳）．大阪：創元社．(Nagy, Th. F.（1999）．*Ethics in plain English: An illustrative casebook for psychologists*. Washington, D. C.: American Psychological Association.)

National Commission for the Protection of Human Subjects of Biomedical and Behavioral Research.（1979）．The Belmont Report: Ethical principles and guidelines for the protection of human subjects of research.　http://www.hhs.gov/ohrp/humansubjects/guidance/belmont.html　2011.9.20

日本学術会議．（2006）．声明「科学者の行動規範について」．http://scj.go.jp/ja/info/kohyo/pdf/kohyo-20-s3.pdf　2011.9.13

日本教育心理学会．（2000）．日本教育心理学会倫理綱領．http://wwwsoc.nii.ac.jp/jaep/japanese/shokitei/rinri.html　2011.9.13

日本発達心理学会（監修），古澤頼雄・斉藤こずゑ・都筑　学（編著）．（2000）．心理学・倫理ガイドブック：リサーチと臨床．東京：有斐閣．

日本保育学会．（2007）．日本保育学会倫理綱領．http://wwwsoc.nii.ac.jp/jsrec/guide/ethic_general_plan.html　2011.9.13

日本保育学会倫理綱領ガイドブック編集委員会（編集）．（2010）．保育学研究倫理ガイドブック：子どもの幸せを願うすべての保育者と研究者のために．東京：フレーベル館．

日本心理学会．（1997）．社団法人日本心理学会倫理綱領．心理学研究，**68**，223．

日本社会心理学会．（2004）．日本社会心理学会倫理綱領．http://www.socialpsychology.jp/kitei/kitei02.html　2011.9.13

Nuremberg Code.（1947）．http://ohsr.od.nih.gov/guidelines/nuremberg.html　2011.9.20

Piaget, J.（1954）．児童道徳判断の発達（大伴　茂，訳）．東京：同文書院．(Piaget, J.（1932）．*The moral judgment of the child*（translated by Marjorie Gabain）. New York: Free Press.)

倫理委員会（編）．（2009）．社団法人日本心理学会倫理規程．東京：日本心理学会．

臨床発達心理士認定運営機構．（2001）．倫理綱領．http://www.jocdp.jp/kiko/org/04.html　2011.9.13

Steneck, N. H.（2006）. Fostering integrity in research: Definitions, current knowledge, and future directions. *Science and Engineering Ethics*, **12**, 53-74.

World Medical Association.（1964/2008）．*Declaration of Helsinki: Ethical principles for medical research involving human subjects*.　http://www.wma.net/en/30publications/10policies/b3/index.html　2011.8.20

第19章
論文投稿への道：とりあえず一歩を踏み出したい大学院生のために

郷式　徹

　本章のテーマは「論文投稿へたどりつく方法」である。しかし，そもそも論文の書き方は人それぞれであろう。そこで，この章は，すでに自分のノウハウをもつ人ではなく，これから論文を投稿してみたいと思っている大学院生を想定している。しかも，バリバリ研究して，業績をあげている積極的なタイプの人ではなく，何から手をつけたらよいのやら，というタイプの人を想定している。

　上松（2006）は，研究発表に重要な要素を，鮨になぞらえて，新鮮な「ネタ」＝専門家の興味を引く最新のテーマ，「ネタ」をしっかり支える「シャリ」＝必要かつ十分なデータ，握り方の「技」＝書き方，の3つとしている。

　本章では，まず，「1年に3本の論文を投稿」という数値目標を掲げる。その上で，新鮮な「ネタ」＝専門家の興味を引くテーマの仕入れ方に始まり，投稿前の研究会での発表を勧めるとともに，統計の苦手な人へは共同研究を勧めることで，数値目標達成のためのHow toを考えてみた。また，投稿論文の審査結果が返ってきた際の対処法について触れた。世の中には，たとえば，「英語学習のHow to」（「異性にもてるHow to」や「お金持ちになるHow to」に入れ替えてもよい）に関する情報があふれている。本当のところ，どのHow toが正しいのかはわからない。しかし，迷う前に，一度やってみるのは手である。自分に合わなければ，他のHow toを採用すればよい。少なくとも，無駄に考えることのみに時間を浪費するよりはマシなはずだ。

　なお，本章では，「シャリ」と「技」にあたるデータの収集方法や論文の書き方については触れていない。それについては，多くのすぐれた文献——たとえば，フィンドレイ（Findlay, 1993/1996）の『心理学　実験・研究レポートの書き方』にある「レポートの書き方に関する文献リスト」を参照のこと——があるので，参考にしてほしい[1]。

第1節　数値目標を掲げる──「1年に3本の論文を投稿する」

投稿論文を書くのにどのくらいの時間や労力をかけるべきか？　10年かけて珠玉の1本を書くというのは美談かもしれないが，プロの研究者であれば，その生産性の低さは許されないだろう。大学院生であれば学位や就職が難しくなる。1本の論文にかけるべき時間や労力に基準があるわけではない。ここでは「1年に3本の論文を投稿」することを目標にする。

1　なぜ「1年に3本」なのか？──採択率から考える

投稿すれば毎回採択というすごい人もいるかもしれない。しかし，まずは「3本投稿したら1本くらいは採択される」レベルを目指してみたい。実際，『発達心理学研究』の現在の採択率は30％前後（日本発達心理学会発達心理学研究編集委員会, 2009）なので，3本投稿すると約1本が掲載される計算になる。「1年に3本の論文を投稿」すると理論上1年に1本は学会誌に論文が載るということだ。博士課程在籍の大学院生で毎年1本──D1で1本，D2で1本……──のペースで論文が公刊されると，多くの大学院では博士論文執筆（課程博士）を許される基準を博士課程の最短在籍年限で満たすことが可能になる。

2　なぜ，「1年に3本」なのか？──経済的コストから考える

次に経済的な面から「1年に3本の論文を投稿」を考える。ご存じだろうが，独立行政法人日本学術振興会による「大学院博士課程在学者で，優れた研究能力を有し，大学その他の研究機関で研究に専念することを希望する者を『特別研究員』に採用し，研究奨励金を支給」するという制度がある（通称「学振」）。

大学院博士課程在学者対象の学振（DC1）の金額は，研究奨励金が月20万円，年間では240万円である（さらに年間150万円以内の研究費がつく）。坪田（1997）は，100万円の研究費でインパクトファクター（IF）[2]が1の業績をあげること

---

[1]　『APA論文作成マニュアル』（APA, 2001/2004）も手元に置いておきたい。
[2]　インパクトファクター（IF）はある学術雑誌に掲載された論文が平均何回引用されるかにより算出される。IFが大きい雑誌ほどその分野では影響が大きいことを意味する。ただし，IFは雑誌の評価であって，ある特定の論文や研究者自身の評価指標ではない。したがって，自分の公刊論文の掲載誌のIFを足し合わせて，IF1の業績をあげるという目標はIFを誤解している。IF1の業績をあげるという目標は，あくまで（質の高い）論文をたくさん書こうという動機づけのための手段にすぎないことに注意すべきである。

を目標にすべきだとの意見を述べている。この目標は理系（医学系）のものなので，（発達）心理学系の院生の場合には，とくに根拠はないが，学振（DC1）の研究奨励金（年間240万円）と研究費（150万円以内）から，おおむね240〜390万／100万＝2.4〜3.9本くらいの本数の論文——IFではない。心理学領域でそんなIFを稼ごうとしたら大変だ——を書くことを目標とする。すると，やはり年間3本程度論文を投稿すべし，となる。自分は学振をもらってないから関係ない，と思うかもしれない。今，もらってなくても「1年に3本の論文を投稿」し，結果として1年に1本学会誌に論文が載れば，あなたは「優れた研究能力を有する」研究者として扱われるようになるだろう。

第2節　新鮮な「ネタ」＝専門家の興味を引く最新のテーマの仕入れ方

　自分の研究テーマなんて，研究者なら決まっているはず……かもしれない。自分の研究に直接つながる先行研究があり，その問題点が認識できており，問題点に対する仮説があり，仮説を検証する方法が考えてある，という人は，この章を読むまでもなく，もうやっているだろう。また，指導教員から指示があるなら，それに従えばよい（かもしれない）。

　しかし，大学院生のころ，私は何をするかということでずいぶん時間を使った。おおざっぱに「心の理論」について研究を進めようとは決めたが，そのうえで，多くの時間はどんな論文（先行研究）を読むべきか，何か斬新なアイデアが浮かばないか，と考えることに費やされた。考えることには費やされたが，実際に論文を読んだり，新しいアイデアが生み出されたりしたわけではない。

　上松（2006）は新鮮な「ネタ」＝専門家の興味を引くテーマの仕入れ方として，周りの人（同僚）の知恵を借りる，日常からヒントを見つけ出すといったことを「さらり」と述べている。上松（2006）の意見は正しい。でも，悩める院生が求めているのは，もっと具体的なHow toではないだろうか？　もちろん，上松（2006）の意見にしたがって，新鮮な「ネタ」＝専門家の興味を引くテーマを設定できればHow toは必要ないが。

1　追試を行う先行研究を見つける

　「1年に3本の論文を投稿」するために，まず，先行研究（すでに出版されている論文）を読まなければならない。どれくらいの論文を読めばいいのか？　一概には言えないが，それではHow toにならないので，あえて「10本」と言い切っ

てしまう[3]。「10本」の理由は，1週間に1本強読めば，ほぼ2カ月で10本読めるからである。ちなみに，私が大学院生のときの指導教員（子安増生先生：京都大学大学院教育学研究科教授・現日本発達心理学会理事長）には「大学院生は『最低』1週間に1本は論文を読まなければ」と言われた（私が実行できたか，は別……）。

　論文の探し方については，ここでは詳しく触れない。難しく考えなくても，データベース[4]でのキーワード検索だけでよいだろう。キーワードの選び方によって，多くの文献がヒットすることもあれば，少ししかヒットしないこともある。そこで，ヒットした文献数で対応を分ける。もちろん，データベースを用いる方法のほかに，自分で見つけたり，人に勧められたりした論文も数に入れてよい。なお，ここで対象とするのは論文のみで，書籍は対象としない。また，論文も，実験や観察などのデータが示されているものが望ましく，レビューなどは除いたほうがよい（ただし，レビューや書籍があれば，その領域の概観を把握できるので，「10本」からは除くが読んでおくべきである）。

　①ヒットした（読むべき）論文が10本以内
　②ヒットした論文が10～50本の間
　③ヒットした論文が50本以上

　①の場合，するべきことは明確である。まずはその10本（以内）の論文を読む。なお，数本しか論文がヒットしなくても，気にする必要はない。なぜなら，その数本を読めば，その数本が引用している論文を読む必要が生じる。それを「10本」に含めればよいからである。そして，10本程度読んだら，その中で自分の現在の状況で追試が可能なものを選ぶ。そんなに悩まなくても選べるはずだ。なぜなら，fMRIを使った研究がおもしろくても，自分の所属する研究室に機材がなければ追試は不可能だ。さらに何年にもわたる縦断研究なども多くの場合，追試という点からは難しいだろう[5]。というふうにふるい落としていくと，そう多くの選択肢は残らない。それでも複数の選択肢（研究）が残ったときには，元の（先行）研究とは追試結果が異なりそうなものを選ぶ。もし，予想がつかなければ，最も出版年が新しいものを選んでもよい。そして，追試を行う。重要なの

---

[3] この10本が邦文か外国語（英語）かはテーマによって異なる。ただし，外国語（英語）を読む訓練という面からは，この10本に関してはその大半が外国語（英語）であることが望ましいだろう。
[4] PsycINFO（American Psychological Association：APAが作成する心理学関連領域の最大の文献データベース）など。
[5] 時間のかかる縦断研究は，この章で述べた「1年に3本の論文を投稿」と並行して，行うべきである。その場合，「1年に3本」が「1年に2本」になるかもしれない。それは自分で調整すべきである。

は，追試を行うことだ。追試をしても，「投稿」論文は書けないと思うかもしれない。たしかに，追試の結果が元の研究とまったく同じならば，学会誌などに投稿することは難しいだろう[6]。ただし，実際に追試を行おうとすると，その過程で，問題点が浮かび上がり，その問題点について検証したほうがよくなることも多い。それは「新鮮な『ネタ』＝専門家の興味を引くテーマ」と言えるだろう。問題点が浮かび上がらなければ，実際に追試を行ってみる。やってみると先行研究と異なる結果になることも多い。なぜ先行研究と異なる結果になったのか？これは大きな問題だ。あとは，その問題点に基づいて仮説――先行研究と追試結果が異なった理由の解明，先行研究の提案したモデルに対して追試結果も包含するような修正モデルを提案など――を構築し，その仮説を検証する具体的な方法を考える。なお，具体的な方法は，追試から発展させられるはずで，0からひねり出すわけではないので，この時点ではそれほど悩むことは少ない。

　②や③の場合，とくに③の場合は，すべての論文に目を通そうとすると，それだけで何カ月も費やすことになりかねない。そこで，まずは読むべき論文を絞る。読んでいないのだから内容はわからない。だから絞れないと思うかもしれない。そんな心配はいらない。出版時期が新しい順に，すぐに手に入る（たとえば，自分の所属する大学の図書館にその論文の掲載された雑誌がある）もの10本を選ぶ。私はこうした場合，自分の研究室でダウンロードできる電子ジャーナルだけに絞ることにしている（つまり，この時点では，図書館に行くことすらしない）。乱暴だが絞ることはできた。あとの手順は①の場合と同様である。

　とにかく「追試」を考える（もしくは実際に行う）と，多くの場合，オリジナルなテーマ＝新鮮な「ネタ」へとつながる道が見えてくるはずである。

　読む論文数「10本」とは，あくまで追試する研究を探すために，であることに注意していただきたい。実際に追試を行ったり，そこから自分のオリジナルな研究を発展させたりしていくには，さらに多くの文献にあたる必要がある。

2　投稿論文を書く前に自分の研究を人に説明してみる

　「追試」を考えるか実際に行って，「新鮮な『ネタ』＝専門家の興味を引く最新のテーマ」を得た。その後，そのテーマに関してオリジナルな研究を行い，あなたの主張を裏づけるデータも収集した。あとは，データを分析し，論文にまとめるだけ……と言いたいところだが，データを分析した時点で，やったほうがいい

---

[6]　その場合でも「資料」として載せてくれる雑誌もある。また，追試結果が公表されることは，将来，メタ分析が行われるために重要である。

第19章　論文投稿への道　**251**

ことがある。その研究を人に説明する機会を設けることである。その場合，説明の相手がその研究のことをあまり知らないこと，発表の時間が研究内容の報告とその検討を合わせて1〜2時間程度確保されていることが望ましい。自分の指導教員やゼミでの発表では，参加者はあなたの研究についてすでに知っていることが多い。それでは，その研究，とくに分析方法や解釈に穴があっても見落とされるかもしれない。また，学会でのポスター発表や口頭発表をすれば，自分の研究のことをあまり知らない人がコメントをくれるかもしれない（それが有効なこともある）。しかし，ポスター発表では多くの場合「なるほどね〜」とか「おもしろいですね」といった程度の反応に終わることも多い。だいたい，初対面の発表者に「あんたの研究は間違っている！」とは言い難い。口頭発表では，多くの場合，時間が足りない。研究内容を報告する時間も足りないが，とくにフロアーの聴衆が分析方法や他の解釈について検討する時間はほぼないだろう。理想としては，いくつかの大学の教員や院生など所属の異なる参加者10〜20人程度から構成され，30分程度の研究内容の報告のあと，30〜60分くらい分析方法や解釈について「語り合って」もらえるような研究会があるとよい。ちなみに，首都圏，関西，名古屋といった大都市圏ではこうした研究会が可能だろうが，地方では難しいかもしれない。インターネットや高速通信ネットワークの整備で都市部と地方の情報格差が縮まっている部分もあるが，人が集まることによって生まれてくるものに関しては差が広がっているようにも思える。

3 統計の苦手な人は統計の得意な人と組んでみる——共同研究の勧め

自分の研究を人に説明すると，分析方法の誤りやより適切な分析方法を指摘されることがある。データの分析方法——統計分析のやり方や勉強の仕方——はこの章で触れるべき内容ではない。しかし，論文が書けない，研究が論文としてまとまらない要因の一つに統計がわからない，もしくは使えないことがあるかもしれない。論文投稿を目指している大学院生にとっては，当然，自分で統計を勉強して，できるようになるのが正しい道である。が，「統計の勉強に時間がかかって，論文が書けない」のでは本末転倒だ。しかも，現在の統計手法はコンピュータの高性能化にともない，どんどん新しいものが出てきている。心理統計が専門ならともかく，発達心理学が専門で，あくまで統計手法のユーザーというスタンスで考えると，ここで時間を取りすぎるべきではない[7]。

---

[7] 勉強しなくてよいわけではない。投稿論文には統計上の誤りを含むために研究の価値を減じているものも多い。

状況を打開する方法は，統計の得意な人と組んで共同研究という形にすることである。ただし，共同研究をすることと相談することは違う。なぜ，「統計の得意な人に相談する」ではなく，共同研究を勧めるのか？　その理由は2つある。そもそも研究者はほとんどの場合，「ある現象の原因は◯◯である」といった具体的な想定をもって研究を計画する。そうした具体的な想定（これは研究対象である現象の概念モデルと言えよう）は（統計）分析の手法と一体のものである（郷式, 2008）。とくに，従来はほとんど仮説検定を中心とした統計手法を用いることが一般的だった（コンピュータの性能や利用できる統計ソフトの限界から，そうせざるをえなかった）が，現在ではモデル間の相対的な適合性などを検討する統計手法の利用がユーザーのレベルで可能になってきている。これは，ますます研究対象の概念モデル——新鮮な「ネタ」＝専門家の興味を引く最新のテーマともいえる——と（統計）分析の手法が表裏一体のものとなってきていることを意味する。すると，ある（統計）分析の手法を選ぶこと——そのためには統計分析を理解していなければならない——と研究計画を考えることは切り離せない。そのため，統計分析を担当する人には研究の計画時点（実際にデータを集める前）から参加してもらう必要がある。この場合，統計分析を担当する人の役割は補助的なものではありえない。にもかかわらず，共同研究者として扱わないということは倫理的にも問題があるだろう[8]。

　なお，現在では，補助的な関与にとどまるレベルのことは，インターネットで検索すれば済むことが多い。それ以上のレベルに関しては，「統計が不得意」という人は，①自分で勉強して克服，②統計分析の必要な論文を書かない，③統計の得意な人と give and take，のいずれかの選択となるだろう。①は時間的コストが高いし，②は研究テーマの選択肢や論文公刊のチャンスが小さくなる。そう考えると③を共同研究という形で行うのは現実的だろう。また，共同研究という形にすることで，一人でやるよりも，いい加減なことができないという気持ちの引

---

[8]　関与が補助的なものと判断できるラインは「YesかNoで答えられる質問やワンフレーズで答えられる質問」だと思われる。

『例1．質問：このデータにχ²検定を行ってもよいか？——回答：ダメ』
『例2．質問：SPSSでロジスティック回帰分析をするためのマニュアル本を教えて——回答：いろいろあるが，たとえば「◯◯」という本の◯章』

　ただし，回答の理由を求めたときには相応の対価を考えるべきかもしれない。また，「自分のデータの場合，◯◯分析はできますか？」という質問で，データの形式や実験のデザインから即座に答えられる場合には，YesかNoで答えられるような質問に当たる。しかし，多くの場合，仮説（概念モデル）やある実験デザインを採用した理由まで説明を受けなければ判断がつかない。その場合は，相応の対価が必要だろう。さらに「では，自分のデータの場合，他に何か方法がありますか？」という質問への答えは単なる補助とは呼べない。

き締め効果も副産物として生じ,「1年に3本の論文を投稿」という目標が達成されやすくなることも付け加えておく。

　「統計の得意な人」の立場から見ても,共同研究に統計分析担当として参加するメリットは大きい。第一に「1年に3本の論文を投稿」という目標の1本をそれで賄える。また,共同研究によって,それまで気づかなかった「新鮮な『ネタ』＝専門家の興味を引く最新のテーマ」が浮かび上がってくる可能性もある。もちろん,単に相談を受けただけの場合と異なり,共同研究者にはその研究（論文）に対する責任がともなうことには注意すべきである。ただし,その責任があなたの能力をより伸ばす可能性は高いので,躊躇する必要はない。

　統計の不得意な人と得意な人が組んで共同研究を行うことのメリットを述べたが,その相手はどうやって見つけるのか？　そのために,前項で述べた「いくつかの大学の教員や院生など所属の異なる参加者10〜20人程度から構成され,30分程度の研究内容の報告のあと,30〜60分くらい分析方法や解釈について『語り合って』もらえるような研究会」への参加が効いてくる。前項では,自分の研究を発表することを中心に述べたが,当然,他の人が発表するときには聴衆として参加しておく。コンスタントに参加している人の発言を聞いていれば,自分に欠けている能力（たとえば,統計分析の技術）をもつ人,すなわち,共同研究者として組むべき相手,が見つかるはずである。

第3節　投稿論文の審査結果が返ってきた際の対処法

　具体的な論文の書き方については,多くのすぐれた文献があるので,そういったものを参考にしてほしい[9]。

　で,投稿するわけだが,一発で「論文を載せてあげるよ」という返事がくることはまずない。自分で「結構ちゃんと書けたな」と思う論文には,多くの場合「修正再審査」という返事が来る。多くの雑誌では,投稿論文に対する返答として,採択（受理）,修正採択,修正再審査,不採択の4段階を用いている（『発達心理学研究』は例外）。修正再審査は「大きな修正が必要で,修正がなされた場合には,再度審査を行う」ということである。この章の最初のほうで「3本投稿すると1本は掲載される」と言ったじゃないか,と思われるかもしれない。正確には「3本投稿すると1本くらいは『こことあそこ……を直したら載せるかを,

---

[9] 投稿原稿の書式や添付すべき書類などについては学会・雑誌によって異なるので,それぞれの投稿規程を参照すること。

再度検討してあげてもいいよ』というポジティブな評価がもらえる」ということだ。「『再度検討』って全然ポジティブじゃない！」などとめげてはいけない。こうした場合には，査読者（レビュアー）からいろいろなコメント（注文や意見）が付いている。その多くは納得できるものであり，コメントに従って直したほうがよい論文になるだろう。当然，コメントの中には従うことが難しいものもある。同じ雑誌に再投稿する場合には，すべてのコメントに対応する必要がある。コメントのすべてに同意する必要はないが，すべてのコメントに（反論も含めて）必ず答えなければならない（シュワーブほか，1998）。なお，編集者の判断や査読者のコメントに対して，建設的な意見として受け取らず，攻撃的な態度をとる投稿者がまれに見られる。しかし，考えてもみてほしい。学会誌の編集者や査読者は投稿論文の審査に関して対価を得ているわけではないし，通常，投稿者と近しい人は選ばれないので，あなたへの個人的な悪意から批判的なコメントをしているわけではない。あなたが査読者のコメントに攻撃的な態度をとった場合，掲載拒否という扱いになる可能性もある。コメントに反論する場合，「攻撃的でない方法で」なぜ査読者のコメントが受け入れられないのかを論理的かつ明確に主張することが大切である。

　さて，投稿論文への返答が「不採択」であった場合，基本的には同じ雑誌には再度投稿できない（『発達心理学研究』は例外）。そうした場合は，他の雑誌に投稿するか，紀要などの査読のない雑誌に投稿することになる。ただし，その場合も，可能な限り査読者のコメントに従った修正のあとに投稿すべきである。この場合には，コメントに対する返答を添える必要はないので，最初に投稿した雑誌への再投稿に比べれば労力は少なくて済むだろう。また，「修正再審査」の場合にも，とてもじゃないがレビュアーの要求にこたえて修正できない，という場合もあろう。その場合も，（紀要なども含めて）他の雑誌に投稿することになる。ただし，この場合には，最初に投稿した雑誌の編集委員会に論文を取り下げる旨連絡したほうがよい。マナーとしての側面もあるが，取り下げを行わなければ，二重投稿禁止の規定に抵触する恐れが生じる。

　なお，現在，『発達心理学研究』の場合，多くの他の雑誌と異なり，審査結果は「掲載可」か「掲載不可」の２種類のみとなっている。日本発達心理学会発達心理学研究編集委員会（2009）によると，この「掲載不可」には，「1. 学会に対する新たな貢献が認められない」という理由によるものと，「2. 修正すべき点が，論文の構造や内容を大きく変えてしまう可能性がある」という理由によるものの２種類があることが述べられている。1は，「不採択」に等しいと考えられる。一

方，2は，「修正再審査」に等しいと考えられる。したがって，2の理由による「掲載不可」の場合には，再投稿が可能だろう。他の雑誌と異なるのは，『発達心理学研究』の場合，再投稿に際して査読者のコメントへの返答が不要（コメントに従った修正は行ったほうがよいかもしれない）であることと査読者が新たに選ばれることである。これは再投稿であっても，毎回，新規投稿論文として扱われるためである。査読者のコメントへの返答にかかる労力を削ることができる半面，投稿のたびに異なるコメントを返されるリスクもある。

どのような審査の進め方であれ，その中核に査読者による査読がある。査読のシステムも時間がかかったり，査読者が一部の人に偏ったりするなど，完ぺきではない。しかし，現時点では，実用に耐えるシステムであると思われる。「修正再審査」という返事でもめげずに何度か論文を直して再投稿（「不採択」の場合は他の雑誌に，ということになるが……）していれば，ほとんどの場合，最終的には（どこかの雑誌は）載せてくれる。大事なことは，めげないこと，あきらめないこと，さっさとやること，である。

第4節　最後に

本章では，投稿論文を書くために，まず最初に「1年に3本の論文を投稿」という数値目標を掲げた。「研究を数だけで考えるなんて……」というご批判もあろうかと思う。実際，業績のためだけに論文が大量生産される現状は，まさに「悪貨が良貨を駆逐する」状況を作り出す可能性を含んでいる。しかし，「いつか大きな仕事をするぜ！」といって論文を書かない研究者（それは研究者と呼べるのか？）がのうのうとやっていける状況よりはましだろう。また，「1本論文を書くのも大変なのに……」と思われる院生もいるかもしれない。しかし，「まずは追試」というところから始めてほしい。そこから共同研究の輪を広げたり，不採択になった論文を元に新たなデータを収集してまったく新しい論文として再構築したりすれば，数年後には「論文にしたいネタやデータはいっぱいある！」といった状況も夢ではないはずだ。

引用文献

American Psychological Association (2004). *APA論文作成マニュアル*（江藤裕之・前田樹海・田中建彦，訳）. 東京: 医学書院. (American Psychological Association (2001). *Publication manual of the American Psychological Association* (5th ed.). Washington, D. C.: Author.)

Findlay, B.（1996）．心理学 実験・研究レポートの書き方（細江達郎・細越久美子，訳）．京都：北大路書房．(Findlay, B.（1993）．*How to write a psychology laboratory report*. New York: Prentice Hall.)

郷式 徹．(2008)．クロス集計表に対する統計分析の手法：χ^2検定とFisherの直説法および残差分析と多重比較による下位検定．心理科学，**28**，56-66．

日本発達心理学会発達心理学研究編集委員会．(2009)．編集委員会だより．発達心理学研究，**20**，451-452．

シュワーブ，D.・シュワーブ，B.・高橋雅治．(1998)．初めての心理学英語論文：日米の著者からのアドバイス．京都：北大路書房．

坪田一男．(1997)．理系のための研究生活ガイド：テーマの選び方から留学の手続きまで．東京：講談社（ブルーバックス）．

上松正朗．(2006)．英語 抄録・口頭発表・論文作成虎の巻：忙しい若手ドクターのために．東京：南江堂．

# 第20章
心理学英語論文とアブストラクトの書き方・投稿の仕方

D.W.シュワーブ・B.J.シュワーブ（中澤 潤 訳）

　1993年に，東洋先生から『発達心理学研究』の英文アブストラクト校閲のご依頼をうけ，以来17年間，この大役を担わせていただいてきた。さらに故庄司順一先生のご依頼で『子どもの虐待とネグレクト』（日本子ども虐待防止学会）についても，この4年間同様の役割を果たしてきた。日本の心理学者のお手伝いをしてきた33年の間（たとえば，Shwalb et al., 2005），日本の心理学者の英文執筆の質は大きく改善してきたとはいえ，依然として言語の壁は国際的な発達心理学への大きな問題である。東西の発達心理学に橋を架けるために，日本側から多くの努力がなされてはきたものの，西洋の心理学者は言語障壁があることすら認識していない（結果的に日本の科学者の成果は知られないままである）。それは，西洋の心理学者が英語を心理学の国際語だと見なしているからである。本章の目的は，①質の高い，②海外の心理学者により知ってもらえる，③心理学の幅広い領域に価値のある，英語論文を執筆するために役立ついくつかの示唆を，日本の発達科学者と共有することである。

第1節　英語で心理学論文を書くために

　言語の相違は思考や論理の相違よりも大きい。したがって，日本人の書く論文やアブストラクトの最も大きな問題は，多くの人が日本語で書いてそれを英語に翻訳していることである。エラーの大部分は，①著者が心理学学術雑誌に適切な英語表現に不慣れであること，②直接翻訳したのでは表現が異なる意味をもつことから起こる。結果的に日本人の論文は英語を第1言語とする読者には不自然で不明瞭なものとなってしまう。日本人には英語は第2言語であるが，日本語を訳すのではなく，はじめから英語で論文やアブストラクトを書くことを勧めたい。最初の論文原稿を書きあげるにはかなり時間がかかるだろうが，結局のところ時

間の節約になる。翻訳ソフトにはあまり頼らない方がよい。辞書，シソーラスやその他の参考書も役立つだろう。はじめから英語で書くならば，そのうちに英語執筆のスキルや参考図書の使い方も進歩するだろう。また日本語訳された参考資料（例：APAマニュアルの翻訳版）よりも，英語版を用いることに堪能になるだろう。

原稿のアウトラインも英語でまとめるのがよい。書きはじめで「壁」にぶつかったなら，最初に原稿のアウトラインを書き，次に論文構成上のどの部分でもよいので最も単純な情報（例：協力者数，平均年齢など）から始め，徐々に1文ずつ詳細に埋めていくとよい。英語でアウトラインを書くと，細かな部分を埋めようとするときに英語で考えるようになり，やる気の低下を防いでくれる。

原稿やアブストラクトを投稿する前には，その英文をチェックしてもらうことを勧める。お金を払うかどうかは別として，原稿をチェックしてもらうのは，心理学論文に素人の英語母国語者や日本人英語専門家よりも，心理学論文を書くのに慣れている人がよい。論文の多くは，逐語的な修正が必要である。しかし，投稿前にどんなに逐語的に修正したとしても，結局（「修正再審査」という決定が編集委員会で下された後の）再投稿の段階でさらに修正が必要になるものである。MSワードのようなワープロソフトによる文法チェックやスペルチェックは活用できるが，文法チェックソフトだけでなく人の目による精査も行うこと。これは英語が母国語である著者に対しても勧められる。

1 執筆の前提

執筆に関する私たちの前提は，経験を深めるにつれ変化してきている。基本は，読者のために書いているのであり，自分のために書いているのではないということである。したがって，執筆のための最初のルールは，読者の視点を理解しなければならないということだ。読者の理解を最大にすべきである。著者自身が自分のアイデアを理解していないなら読者は当然それを理解できない。第2の基本的な前提は，学術雑誌に原稿を投稿するまでに「書き直し，書き直し，書き直し」を重ねなければならないということだ。英語を第1言語とする著者でさえ，最初の原稿は修正が必要なエラーや問題点だらけである。校正や原稿の改善は論文審査者や編集委員の仕事ではない。また論文への専門的なフィードバックを得ることを目的に一流の学術雑誌に投稿することは倫理的な態度ではない。

2　投稿と修正の過程

　学術誌の編集委員とのやりとりの中で，著者は雑誌編集委員や審査者と言い争うべきではない。多くの投稿原稿を審査したり，雑誌の編集委員を務めてきた人なら，審査者や編集委員の仕事が報われるものではなく，ボランティアで，その雑誌，学問分野，そして投稿者のために個人の時間を犠牲にしているということを知っている。ある雑誌の編集委員であるマーク・ボーンスタイン博士は，私たちが「この論文はどれくらい早く審査してほしいですか？」と尋ねると，いつも変わらず彼の（「道徳の黄金律」をもじった）「審査の黄金律」を引き合いにして答える：「"Review unto writers as you would have them review unto you." （自分がしてもらいたいように審査せよ）」。要するに，審査者と投稿者は互いに敬意をもってやりとりすべきなのである。

第2節　アブストラクトの書き方

1　タイトルの表現──重要

　多くの読者は数秒の間にアブストラクトを全部読むか，さらに論文を全部読むかを判断するので，論文を瞬時にアピールすることは読者を増やすことに直結する。そのため，論文で最も重要なものは，タイトルの表現である。読者はタイトルに基づいて論文が興味あるものかどうかを判断する。原稿段階のタイトルが最終的に公刊された段階と同じであることは滅多にない。曖昧で情報に乏しいタイトルを多くの雑誌でよく見かける。アメリカ心理学会による現在の *APA Publication Manual*（American Psychological Association ［APA］, 2010b）では，タイトルは12語を超えないことを推奨している。また私たちはコロン（：）を使ったものや，副題がついたものは好ましくないと思っている。

2　アブストラクト──最重要

　読者は最初にタイトルを読み，次にアブストラクトの最初の文を読み，そしてアブストラクトの最後の文（とキーワード）を読むだろう。よいアブストラクトは，①キーワードの選択がよいことはもちろん，検索される可能性の高い語彙をアブストラクト全体に挿入することにより，アメリカ心理学会によるPsycINFOのような心理学文献データベースでその論文が検索される可能性を高め，②論文の読み手の数を増加させ，③関連するトピックを研究している人々により多く読まれ，高く評価される可能性を高める。

3　学会発表投稿用のアブストラクト

　学会発表のアブストラクトの投稿は，審査が行われるが，多くの場合雑誌論文の投稿のような厳密な評価はない。質の基準があるにもかかわらず，以下のようにその基準に達しないものもよく見られる。①研究への理論的根拠の欠如，②不適切な問題や考察，つまり方法や結果にあまりに多くの情報がありアンバランスになっている，③表現の明瞭さの欠如，④中心となる用語や概念の定義の欠如，⑤測度の不適切な記述である。学会発表への投稿に関する基準的情報については，以下を参照して欲しい（Nicol & Pexman, 2010a, 2010b）。

第3節　アブストラクトに関する APA Publication Manual の詳細

　APA スタイル（APA, 2010b）を使ったことのない人は www.apastyle.org/learn/tutorials/basics-tutorial.aspx で無料のオンライン学習を試すことができる（APA, 2010a も参照のこと）。APA Publication Manual の最新版には，よいアブストラクトの5つの基準が示されている。

　正確さ：正確なアブストラクトは多くの疑問に答えてくれる。アブストラクトは原稿の目的や内容を正しく反映しているだろうか？　本文にはない情報がアブストラクトに入っていてはならない。もし研究がすでに公刊されている研究の追試や拡張であるなら，アブストラクトには元の研究の著者名と発行年が入っていなければならない。文の流れは論文の構造を反映しているだろうか？　また，たとえば，日本語の「幼児」は直訳すれば "young children" であるが，英語でより正確に示すならば "preschool-age children" という語がより適切である。

　自足性：自足的なアブストラクトを読むと，読者はサンプルの詳細や特徴，サンプル数，専門用語の説明，略語にされた表記の意味，日本語表現の訳語などに関する情報を調べる必要がない。加えて，すべての省略された頭字語については（測定単位は除いて），正式な表記が書き出されているだろうか？　すべての薬物や検査の名前はきちんと表記されているだろうか？　独自の用語は正確に定義されているだろうか？　先行論文からは直接に引用するのではなく言い換えて表現すべきであるがそうなっているだろうか？　英語で書く場合，いつでも読者は日本語を知らないと考えるべきである。

　簡潔性と詳細性：アブストラクトでは無駄な言葉を費やしてはならないし，可能な限り有益な情報を提供しなければならない。定められている最大単語数を使わねばならないわけではない。アブストラクトを修正するときに最もよく見られ

るエラーは，最初の文でタイトルを繰り返すことである。最初の文ではタイトルの一部であっても繰り返してはならない。最初の文はアブストラクトの中の最も重要なアイデア（例：目的，主要な結果，あるいは結論）を示すべきである。せいぜい 4, 5 個の重要な概念，結果，あるいは意義だけを含めて欲しい（重要な結果のすべてを入れる必要はない）。アブストラクトの改善や新たな価値ある情報の付与につながらないことは含めない。アブストラクトが短すぎると，読者に十分な情報を与えられないし，紹介する価値のある情報をもっていないという印象を与えかねない。最大制限語数をわずかに超えることは許される。編集委員は少しの超過であれば許してくれるか，あるいは最終の整理編集段階で短くするかである。

非評価性：アブストラクトの中で原稿を評価することは適切ではない。アブストラクトは要約でなければならず，評価は論文の本体の中で述べられるべきである。多くのアブストラクトには研究の意義や結論を述べる文章が入っているが，一般に意義や結論の重要性に言及してはならない。たとえば，アブストラクトで，研究は「概念形成にかかわっている教師にとって意義がある」と言うことはできるが，研究は「従来の方法が不適切であることを示した」などと言ってはならない。こうしたコメントは考察で述べるのが適切である。

読みやすさと一貫性：読解には明瞭な表現が必要である。東（Azuma, 1996, p.230）が欧米スタイルの論文の伝統について述べているように，「"it was considered important to be able to express oneself clearly and distinctly（clara et distincta）."（欧米スタイルの論文は，自分を明瞭にはっきりと（明晰かつ判明に）表現できることが重要と考えられている）」。APA Publication Manual が述べているように，同じ意味の名詞よりも動詞を使い（"an investigation of" よりも "investigated" を），また受動態よりも能動態を使う（"XXX were included in the sample" よりも "the sample included XXX" を）。私たちはいつも，研究者は一般的な読者に向けて書くようにと言っているが，特定の領域への関心を共有する読者にアピールする適度な量の専門用語を用いることも大切である。言い換えると，専門家ではない読者に向けて書くとよい。そうすることで幅広い読者があなたの論文を理解できる。しかし専門性の権威をもって書くべきだということである。

おそらくアブストラクトを読みやすいものにする最もよい方法は，原稿の他の部分を全部書きあげるまで待つことだ。書きあげたら，読者がアブストラクトしか読まないと仮定して，アブストラクトに入れるキーとなる情報は何かをよく考える。一貫していて読みやすいアブストラクトを書くためのいくつかのガイドラインを以下に示す。

- アブストラクトは原稿の他の部分からキーとなる文をそのままペーストするのではなく，まったく新しく書く。
- 継続的な適用可能性のある結果については現在形を使う。結論についても現在形を使う。
- 用いた変数やテストについては過去形で，また特定の結果を述べる場合も過去形を使う。
- 一人称 ("We found") ではなく，三人称 ("The research showed") で。
- 使い古された陳腐な表現や公式的表現 ("It is concluded that…" や "The results were as follows…") は避ける。

　一貫性をもたせるために，研究の目的や主要なアイデアは方法と論理的に対応していなければならない。同様に方法は結果や結論の記述と対応していなければならない。アブストラクトの内容は，一般的に原稿本体の各構成部分と同じ順にする。加えて，アブストラクトは原稿の各部分の長さを反映しバランスがとれていなければならない。たとえば，アブストラクトの2/3が方法であったり，アブストラクトの半分が研究の目的であったりするのはバランスがとれているとはいえない。一般に，実証研究のアブストラクトでは結果と方法に最も多くの語数が費やされる。

第4節　検索されやすいアブストラクトのために

1　キーワード——レビューされる・読まれるための鍵

　PsycINFO のキーワードに関する情報を示そう。PsycINFO は，どれほど多くの人々に論文が読まれるかを決める重要なアブストラクト・システムの一例であるからである。PsycINFO のガイドラインによると，キーワードとは，文書の主要な概念を反映した語や句である。キーワードやキーコンセプトはしばしば論文のタイトルやアブストラクトで用いられている語から選ばれる。

　キーワードはしばしば索引語のシソーラスの中から見つけられるが，シソーラスにないものをキーワードにしてもよい。著者や雑誌の編集委員がキーワードを附与するが，PsycINFO はデータベースへの「記録」作成時にこれらの語を変更することもある。多くの著者はキーワードをあとからの思いつきであまり考えずつけがちである。しかし，キーワードの選択は論文の検索可能性を大きく左右するので，選択にあたっては熟慮し，キーワードの選択を研究仲間にチェックしてもらい，APA の *Thesaurus of Psychological Index Terms* (Tuleya, 2007) を参考にすること

を勧める。

2　索引語──検索可能性のためのもう一つの鍵

　PsycINFOによると，検索可能性にとっては，アブストラクトよりもキーワードや「索引語（インデックス・ターム）」が重要である。キーワードと索引語はどう違うのだろう？　キーワードは「日常的な言葉」の中から著者が選ぶが（著者自身の語彙に依存する），索引語は *Thesaurus of Psychological Index Terms* の中から見つけられる「管理された術語」をいう。PsycINFOの索引作成スタッフが，論文の索引語を選択するのであるが，著者としてアブストラクト，キーワード，タイトル，また原稿本文にシソーラスにある索引語を入れておくことで，あなたの論文を検索しやすくするよう彼らを助けることができる。

3　論文検索へのアブストラクトの使われ方

　現在長老となっている教授たちが学生や初心の研究者だった頃，心理学の公刊論文の索引はすべて印刷されたものであり，文献検索は図書館の中で手作業によって行われた。文献検索は何週も，何カ月も，あるいはそれ以上の歳月を要した。しかし，今日，広く普及したインターネットにアクセスすることで，大学1年生でさえ一日で文献のオンライン検索を行うことができる。その結果，書き手にとって電子的検索で見つけられる情報を含めることがますます重要になっている。たとえば，シック（Sick, 2009, www.apa.org/pubs/databases/training/record-structure.pdf）は，PsycINFO「記録」（論文に関する詳細な記録単位）の「記録構造」を述べ，アブストラクトがどのように文献検索に用いられるのかを論じている。より詳細な情報は *PsycINFO User Reference Manual*（APA, 1992）で得られる。

4　PsycINFO アブストラクトに必要なもの

　PsycINFOは，学術雑誌に関して現在利用できる多くのアブストラクトやインデックスサービスの一つである（*Developmental Psychology* 誌は60を超えるアブストラクト・インデックスサービスで取り上げられている！）。*Psychological Abstracts* の「後継者」のアブストラクトサービスの中でも，PsycINFOは最も権威があり，よく知られている。そこで，例としてその手続きを紹介しよう。

　PsycINFOは電子データベースからの検索によるアブストラクトの使用を以下のように述べている。

　ほぼほとんどの書籍，章，雑誌論文の記録には，サマリーあるいはアブストラ

クトが含まれている。PsycINFO は基本的に著者自身，あるいは出版社が執筆したアブストラクトを掲載する。ただし，場合により PsycINFO がアブストラクトを少し修正する必要があるかもしれないし，アブストラクトがない場合は作成することになる。一般に，十分配慮したキーワードや索引語を用いたなら，その論文が実際に有用な人にアブストラクトが検索される可能性が高まる。

　PsycINFO は雑誌のアブストラクトと PsycINFO のアブストラクトが一致していない場合，読者は混乱しかねないとしている。したがって，アブストラクトが本章で論じた基準に合致していることは，著者，雑誌，読者，アブストラクトサービスのすべてにとってプラスになる。

第5節　雑誌掲載論文のアブストラクトの修正例

　以下の4つのアブストラクトは私たち自身の論文からとってきたものである。いずれも，かつて雑誌の審査員や編集委員により精査され，修正され，公刊されたものである。今これらアブストラクトを新鮮な目で見ると，彼らによる修正が加えられたことによっていずれもよりよいものになっている。これらは原稿の各構成部分と同じく，アブストラクトもきめ細かく修正されるべきであるということを示している。同時に，これらのアブストラクトは英語が母国語である書き手による公刊された論文のアブスラクトにもまだエラーがあり，多くの改善の余地があることも示している。雑誌の編集委員（あるいは私たちのようなアブストラクトの編集者）はアブストラクトの改善を助けるだろうが，質の高いアブストラクトを投稿するのは著者の責任である。私たちはアブストラクト修正の指針として，*APA Publication Manual* と個人的経験を用いている。

　これらアブストラクトを私たちがさらに修正したものを，本章の最後に示す。しかしはじめに，本章に示した多くの示唆（また表20-1のアドバイス）を応用すれば練習できるので，まず以下のページをコピーし，それぞれのアブストラクトを修正してみることを勧める。修正が終わったら，本章の最後に挙げた私たちの修正（p.275〜p.278）と比べてほしい。なお，私たちはあなたに発見してもらうエラーを作るために，アブストラクトでわざと数語を書き換えている。また元の雑誌ではキーワードを公刊していなかったので，キーワードを新たに附与した。

(#1) The College-Educated Father's View of Impact on School-Aged Children: Japan and the USA

34 American and 37 Japanese college-educated fathers responded to questionnaires about their functions as parents, the amount of interaction they had with their children, and their influence on their second and 6th-grade children. American fathers claimed to share responsibility with their spouses for most children's activities while Japanese fathers' role is largely limited to that of authority figures and weekend leisure-time companions. The American fathers oftentimes spent more time with their children and felt they had a lot more impact on their children than did the Japanese fathers.

Keywords: Father-child relationships, paternal role, quantity of interaction, father's perceived influence, cross-cultural study

(#2) Japanese Fifth and Eighth Grade Boys: Cooperation, Competition, Individualism and Interpersonalism

The study compared the expression of cooperation, competition, individualism and interpersonalism in Japanese boys. 42 5th grade boys and 42 8th grade boys first completed two questionnaires about cooperation/competition and group/individualized activities. Their group structure was then coded (as working in trios, in duos, or separately) as trios of boys built houses with playing cards. The experimental design crossed instructions (1) to work individually or in a group and (2) compete or so one's own best. Subjects were questioned about their awareness of, liking for and preferences for cooperative, individualistic, and group-centered aspects of our experimental tasks.

On orientation scales, 8th graders chose equal numbers of individualistic and group-centered activities, while 5th graders chose more group activities. Both age groups strongly favored cooperative vs. competitive items. In group trials of the experiment, 8th graders tended to work alone for greater proportions of time than did 5th graders. Questionnaire data indicated that (1) 8th graders reported greater enjoyment of the individualistic aspect of the task than did 5th graders, (2) both age groups evidenced a strong sense of interpersonalism and (3) cooperation was rated more positively than competition. The study was discussed in relation to recent studies on Japanese school socialization and of cooperation/competition.

Keywords: Cooperation and competition, Individualism, Interpersonalism, Japanese boys, Cross-cultural study

(#3) Competitive and Cooperative Attitudes:
A Longitudinal Survey of Japanese Adolescence

This study concerned the meaning of cooperating and competition, and the orientations of Japanese students toward cooperative and competitive school activities. First, a sample of 102 teachers generated 871 items that described a wide variety of academic and nonacademic activities and pupil behaviors. Every student (Grades 7 through 12) at a secondary school complex first rated 24 of these competitive and cooperative items in terms of personal importance during three continuous academic years (N = 720 in Year 1). Factor analyses of the ratings revealed one general cooperation factor and 3 competition factors: nonacademic, academic, and group centered. Scores on all four composite indexes varied according to students' grade level and/or cohort membership. Females had higher scores then males on the Cooperation composite index, but there was little gender variation on the three competition indexes. Our data showed that the development of cooperativeness and competitiveness should be studies longitudinally, and in both academic and nonacademic context. The results are discussed as related to societal values, the experiences of adolescents, and the implicit curriculums of Japanese secondary schools.

Keywords: Japanese adolescents, Cooperation/competition, Attitudes, Implicit curriculum,

Secondary school

(#4) The Place of Advice: Japanese Parents' Sources of Information for Childrearing and Child Health

A survey of 1,150 fathers and 1,147 mothers in four regions of Japan (mean ages: fathers = 36.7, mothers = 33.8, children = 4.4 years) documented Japanese parents' sources of advice and information about young children. Mothers reported more advice and information about young children. Mothers also reported receiving more advice and information from a lot more sources, compared with fathers. More fathers and wives cited "my spouse" than any other potential source of advice, and men/women both expressed a high level of confidence in each other. Relatively fewer parents said that they had used professional advice. It is obvious that various sources of parenting knowledge can be facilitated to alleviate the stress felt by today's increasingly isolated parents.

Keywords: Advise, Childrearing, Child health, Japanese fathers, Parenting, Preschoolers

アブストラクト #1(私たちが経験の乏しい大学院生だったときに日本の雑誌で公刊された)は貧弱な研究のアブストラクトのよい例だ。その最大の不正確な点は、全サンプル 71 人にすぎない父親を元に、"Japan and the USA：日本と米国"を論じていることだ。アブストラクト #2 は、複雑な博士論文研究を基にした論文で、今見ると、文の順序が多様なデータ源の情報の間をあちこちしているため混乱している。アブストラクト #3 は #2 よりは明瞭だが、語数制限のため、従属変数の選択や集計について自足性がない。最後に、アブストラクト #4 はよいアブストラクトである。しかし私たちの修正では(本書 p.278 参照)、たとえよいアブストラクトでもより短く、より明瞭にすることができることを示している。

表20-1 タイトル，アブストラクト，キーワードにみられる共通するエラーへのアドバイス

<table>
<tr><td>タイトル</td><td>

①タイトルではコロンの使用は避ける。また長いタイトルは避ける。
②タイトルははじめから英語で書く（日本語のタイトルはあまりに複雑で詳細すぎる場合がある）。
③タイトルを最初の文で繰り返したり，単なる言い換えをしたりしない。
④大文字化は一貫したやり方で，適切に行う（第一印象をよくするために）。
⑤オンラインデータベースを使う検索者が確実に検索できるような単語をタイトルに使う。
⑥いくつかの雑誌では許容されている場合もあるが，論文に関連はあっても多くの読者には不明瞭な警句や引用は避ける（タイトルは論文本体を正確に記述するものでなければならない）。

</td></tr>
<tr><td>アブストラクト</td><td>

①日本語から翻訳しない。
②アブストラクトの原稿を母国語レベルの英語力のある書き手にチェックしてもらう。
③数個の中心となる結果を示す。
④共通してみられる文法上のエラーは冠詞（a, an, the）と前置詞（in, of, on）である。
⑤結果は単なるリストではなく，興味深い結果の順に示す。
⑥受動態よりも能動態で。
⑦アブストラクト内の数表示は数字で書く（ただし本文では10以下の数は文字で書く：one, two, three のように）。
⑧数表示が文章の冒頭にくる場合は文字で書く（100 children ではなく One hundred children）。
⑨引用符の最後にコンマがくる場合は引用符の中に入れる（" "，ではなく " ,"）。
⑩明瞭な日本語アブストラクトを書く。不明瞭な日本語アブストラクトは不明瞭な英文アブストラクトをもたらす。
⑪とくに述べておく必要があるときは，中心となる測定道具や公刊物，マニュアルの参考文献やサイトを引用する。
⑫可能ならば，専門用語よりも通常の言葉を使う。
⑬結果のリストを示すときに，数字を使うのはよいが，あまりに長くなるのは避ける。
⑭まったく同じ分野の研究者でなければ知らないような専門用語は避ける。
⑮文は中くらいの長さにし，長すぎたり短すぎたりしない。
⑯方法と結果は過去形で，意義は現在形で。
⑰評価はしない（肯定的にも否定的にも）。
⑱何らかの解釈をするか，何らかの結論を引き出す（アブストラクトによってはそのいずれも提示しない）。
⑲省略表記は初出時に正確な表記を書き出し，かっこの中に省略表記を入れる。
⑳調査場所（都市名）を示す場合，国や都市名が世界的に知られている（例：東京，大阪など）場合以外は，州（県），国も示す。

</td></tr>
<tr><td>キーワード</td><td>

①一般読者に知られていることがらであれば，キーワードとして日本語語彙のみを使う（例：amae, tatemae, 等）。
②キーワードは（関心のある読者に魅力的であるように）特定化された専門的な語とするが，あまりに特定化しすぎないようにする（検索されないようにならぬよう）。
③あまりに一般的なキーワードは避ける（"children," "development," "family"）。
④1つの単語ではなく，句を使うことも許される。しかし，句は通常使われるものでなければならない（"relationships between mothers and children" よりも "mother-child relations" が適切である）。
⑤アブストラクトの中で最も重要な概念を示すキーワードを選ぶ。
⑥アブストラクトやタイトルの中の単語をキーワードとして繰り返し使ってもよい。

</td></tr>
</table>

第6節　研究論文の主要なセクション執筆のための示唆

1　見出しと原稿の書式設定

よく見られるエラーは，見出しに日本国内で公刊される英文雑誌や日本語雑誌と同じルールを使うということである。また急増しているエラーは，新しい *APA Publication Manual* が発行されているのに，古い見出しの基準に従っていることである。これらの基準は新しい第6版のマニュアルで変更され，*APA Publication Manual* の 62-63 ページに詳細に説明されている。雑誌の編集委員はマージン（余白）の大きさ，ハイフンやコロンの多用，本の章を引用する際のページ数の表示忘れといったエラーを頻繁に見かけている。原稿設定の基準は，現在，マージン1インチ（左右の余白 2.54cm），12 ポイントの Times New Roman フォントの使用である（*APA Publication Manual* の pp.228-231）。

2　表紙

表紙や原稿全体にわたるランニングヘッド（欄外見出し）の言葉遣いやフォントの大きさのエラーが共通してみられる（ランニングヘッドの基準は新しい *APA Publication Manual* の p.229 で述べられているように，変更になっていることに注意してほしい）。

3　著者注

ピアレビューを行う雑誌では，ブラインドレビューのために，投稿にあたり著者を同定できる情報を与えないことが求められる。編集委員には，著者注は表紙の一番下に示され，審査委員にはその部分を削除した形で提供される。かつては，著者注の内容は多様であったが，現在ではほぼすべての著者注は *APA Publication Manual* の仕様に準拠している。すなわち，以下の3つの短い語句である。著者の所属機関名，研究補助金の支出元，そして著者への連絡先の情報である。私たちは適度な長さの謝辞を入れることを勧める。謝辞を短くするように求める編集者はいないが，適度な長さがよいだろう。

4　問題

問題でとても包括的な研究文献のレビューを示す著者がいる。これがときどき起きるのは，その原稿がテーマとなる領域についての著者の理解を示す長い学位

論文の短縮版である場合である（Heppner & Heppner, 2004）。大部分の雑誌論文の文献レビューにはより明確な目標がある。すなわち，その研究がその領域に重要なものであることを説明するのに必要な合理性や知識基盤を提供することである。以下はよい問題のための示唆である。

・問題は読者を引き込み，それに続く部分へと導くよう働く。
・仮説がある場合，仮説の陳述は簡潔にする。
・漏斗のような形で書く。つまり，広く説得力のある論拠で始め，取り上げられる研究の特定の論拠や焦点へと手早く狭めていく。

5　方法

方法を書く前に，研究計画によく見られる以下の3つの問題がないことを確認すること。

・信頼性や妥当性が示されていない測度の使用。
・サンプルの問題：不適切なサイズや手近なサンプルの使用。
・方法の執筆が難しいのは，用いた方法に欠陥があったからである：方法が貧弱であれば，そもそもよいものは書けない。

6　結果

最近，結果の部分を修正しているときによく見かける最大の問題は，著者が進んだテクノロジーで可能になった統計手続きやテスト，ソフトウェア，装置，その他の情報についてのテクニカルな詳細にかなりこだわるようになったことである。こうした著者たちは，心理学的ないし発達的な概念よりもテクニカルな問題に焦点を当てすぎている。

私たちはまた，大学院の指導教授から怒られたことを今でも覚えている。彼は，私たちの結果は「リスト」を読むようだと言った。よく見られる問題は，私たちが行ったように，研究結果のリストを，何らの順序も考慮せず，どの結果を報告しどれをしないかについても何らの明確な基準ももたないで，ただ単に書きつらねていくというものである。エキスパートは，結果のストーリーを新聞記事のように書くとよいと言う。つまり，最も重要な結果を最初に，それから順に書き，最も重要でない結果を最後に書くのである。

データについての最も有効な問いは「これは重要な結果か？」ということである。もしある結果が著者であるあなたにとって重要なものでなければ，それは読者にも，この研究領域にもきっと重要なものではなく，省略してもよいだろう。

若い著者や，ときには経験ある著者でさえも，彼らにとって「十分な量の」結果が得られなければ，投稿は採択されないと誤解している。それは，質や価値と量との混乱である。報告すべき結果の適切な量を判断するためには，原稿のあちこちにある情報についても，同様の問いかけをしなければならない。つまり「この結果はこの論文を改善するだろうか？」。もし何らの改善ももたらさないのなら，その結果は省略してよい。

7 考察

考察はAPAスタイルの研究論文の主な構成部分の中でも最も改訂が必要で，研究仲間からのフィードバックを最も多く受ける部分である。多くの著者は考察部分を冗長に書き，問題や結果で書いたことを繰り返す。結果を解釈する際に主要な結果を手短に繰り返すことは許されるが，考察の最初に結果の要約を書く必要はない。

別の共通してみられる問題は，著者が長い考察の中に重要なアイデアを「埋め込ませ」てしまうことである。結果においては最も重要な結果を目立たせることが必要であるのと同様に，よい考察の場合読者は容易に最も重要な考察のポイントを知ることができる。学生は，学位論文を雑誌論文に書き換えるとき，誤ってすべての結果に一つ一つ可能な説明を示そうとする。雑誌論文では，反対の立場からの理論的説明について触れるべきではあるが，まず著者自身の視点を中心に述べるべきである。

多くの考察で共通に見られる最後の弱点は，研究の焦点を超えた解釈や意義を示すこと，とくに結果から論理的には導かれない結論を引き出すことである。よい考察は結果で提示された証拠から直接に得られたものである。

8 図表

図表作成で共通して見られるエラーは，図表にあまりに多くの情報を入れたり，論文にあまりに多くの図表を入れ込むことである。図表が少なすぎるといって著者が批判されることはない。表は重要な情報のコミュニケーションを促すべきで，文章で明瞭に表現するにはあまりにも細かくなるような情報を含めるべきである。図表は結果の詳細と重なって冗長になることのないようにしなければならない。「この表は読者とのコミュニケーションを改善するか，あるいはそれを損なったり，乱してしまうか？」を自問すること。

表を説明するための短い脚注を入れるのをおざなりにする著者がいる。表は必

表20-2　文献引用にあたってみられる共通するエラーへのアドバイス

①2名の著者の文献の引用は必ず2名の名をあげる（例：Shwalb & Shwalb, 2010）。
②3～5名の著者の文献の引用は，初出では全員の名をあげ，2回目以降の引用は第1著者のみをあげ，以下は et al. とする（1回目は Shwalb, Nakazawa, & Shwalb, 2005。2回目以降は Shwalb et al., 2005）。
③6名以上の著者の文献の引用は，初出から第1著者のみをあげ，第2著者以下は et al. とする（et al. はイタリックにしない。al の後にピリオドを打つ）。
④かっこ（　）の中に文献を複数あげて紹介する場合は，著者名の abc 順に並べる（年代順に並べる誤りが多い）。
⑤2名の文献は＆の前に「，」は不要（例：Shwalb & Shwalb, 2010）。3名以上の場合には＆の前に「，」を入れる（例：Shwalb, Nakazawa, & Shwalb, 2005）。
⑥文中での文献引用の場合は＆を使わない（例：……Shwalb and Shwalb (2010) ……）。かっこの中での引用は＆を用いる（例：Shwalb & Shwalb, 2010）。
⑦引用文献にディジタルオブジェクト識別子（doi）がついている場合は，引用文献欄の各文献の最後に doi をつけておく。
⑧非英語文献を引用する場合，文献欄ではオリジナルのタイトルを示し，[　] 内にその英語訳を入れる。

ずしも自足的である必要はないが，読者は，結果部分を詳しく再読しなくても表の一般的な内容を理解できなければならない。経験上，私たちは結果の中で，文として明らかに表現でき理解できる表は省略している。

9　文献

著者はときに文献内をシングルスペース（行間を1行分あけること）で，文献間をダブル（あるいはトリプル）スペース（行間を2行分あるいは3行分あけること）にしてしまう。文献欄のすべての行はダブルスペースでなければならない（日本語 WORD の行間 2.0 はアメリカのダブルスペースより広くなる。英文のダブルスペースは1インチに3行，シングルスペースは1インチに6行入ることを言う。英文のダブルスペースを設定すること）。日本人（そして英語を母国語とする書き手も）はときに *APA Publication Manual* の文献引用に関する基準を意識していないようだ。

科学研究は先行する研究の蓄積の上になされるものであり，正しい文献引用は論文執筆の基本である。表 20-2 によく見られるエラーをあげたので参考にしてほしい。

インターネット利用者，とくに学生が犯す新しいエラーは，データベースの検索出力から直接文章を引用文献にペーストすることから生じる。これは，雑誌名の省略表現や，不正確な句読点や大文字化やその他の多くの間違いをもたらす。このエラーは審査者に，書き手が経験がなく，APA スタイルに不慣れであることを示し，ネガティブな印象を与えることになる。

第 7 節　他の情報源

　英語による論文やアブストラクトの書き方や公刊に関する詳細について，私たちが書いた 3 冊の本を紹介する。

　最初のものは 1998 年に初めて公刊され何千人もの日本の心理学者や学生に読まれ，使われてきたものである。2005 年に第 2 版が出ている。

〔シュワーブ，D.・シュワーブ，B.・高橋雅治．(2005)．初めての心理学英語論文：日米の著者からのアドバイス（第 2 版）．京都：北大路書房．ISBN978-4-7628-2107-3．〕

　2 冊目は，2005 年に公刊されたもので，主に，日本の心理学者や学生に英語のウェブサイトの利用をガイドしたものである。それは，APA スタイル，期末レポートの書き方，データベースの文献探索法，APA スタイルで執筆するためのソフトウエア，論文執筆活動に役立つ心理学者のための情報を与えてくれる多くのウェブサイトへのリンクといった章からなる。

〔シュワーブ，D. W.・高橋雅治・シュワーブ，B. J.・シュワーブ，D. A.（2005）．心理学者のためのネットスキル・ガイドブック：英語によるインターネット・コミュニケーション入門．京都：北大路書房．ISBN978-4-7628-2475-3．〕

　3 冊目は 2012 年に出版されるもので，一流の APA の雑誌から直接引用した何千もの質の高い英語の句や文章の例を提供する。各例は，その句や文章をどのように使うかについての日本語による説明が付けられている。前述したように，アブストラクトや APA スタイルの論文を書く力を伸ばす一つのよい方法は，母国語者の質のレベルの表現や文章のモデルを模倣することである。この最新の本を書くうえでの課題は，最も役立つ慣用的な表現を選ぶことであった。口語体で書くことと科学的な言語体で書くことは異なり，モデルとなる文は科学的言語であるべきなのだ。

〔高橋雅治・シュワーブ，D. W.・シュワーブ，B.（準備中）．心理学英語論文の基本表現．東京：朝倉書店．〕

引用文献

American Psychological Association. (1992). *PsycINFO users reference manual*. Washington, D.C.: Author.
American Psychological Association. (2010a). *Mastering APA style: Student's workbook and training guide* (6th ed.). Washington, D.C.: Author.

American Psychological Association. (2010b). *Publication manual of the American Psychological Association* (6th ed.). Washington, D.C.: Author.

Azuma, H. (1996). Cross-national research on child development: The Hess-Azuma collaboration in retrospect. In D. Shwalb & B. Shwalb (Eds.), *Japanese childrearing: Two generations of scholarship* (pp. 220–240). New York: Guilford.

Heppner, P. P., & Heppner, M. J. (2004). *Writing and publishing your thesis, dissertation, and research*. Belmont, CA: Brooks/Cole.

Nicol, A. A., & Pexman, P. M. (2010a). *Displaying your findings: A practical guide for creating figures, posters, and presentations* (6th ed.). Washington, D.C.: American Psychological Association.

Nicol, A. A., & Pexman, P. M. (2010b). *Presenting your findings: A practical guide for creating tables* (6th ed.). Washington, D.C.: American Psychological Association.

Shwalb, D. W., Nakazawa, J., & Shwalb, B. J. (Eds.). (2005). *Applied developmental psychology: Theory, practice, and research from Japan*. Charlotte, NC: Information Age Publishing.

Sick, L. (Ed.). (2009). *Record structure for APA databases*. Retrieved at www.apa.org/pubs/databases/training/record-structure.pdf, April 3, 2010.

Tuleya, L. G. (Ed.). (2007). *Thesaurus of psychological index terms* (11th ed.). Washington, D.C.: American Psychological Association.

謝辞

本章は南ユタ大学心理学科（Steve Barney 学科長）のサポートを受けて執筆されました。東洋先生、祐宗省三先生、浅川潔司先生、高橋雅治先生の励ましと叡智に尊敬と感謝を表します。本章をHavah Shwalb と Zanna Shwalb、そして私たちの友人であった故庄司順一先生に捧げます。

Japanese and American
~~The~~ College-Educated Father~~'s'~~ Views of Impact on their
School-Aged Children ~~Japan and the USA United States~~

No indent → Thirty-four ~~34~~ American and 37 Japanese college-educated fathers responded to questionnaires about their functions as parents, ~~the~~ amount of interaction ~~they had~~ with their children, and ~~their~~

Order of country should be same as in title

influences on their ~~second~~ 2nd and 6th grade children. American fathers claimed to share responsibility with ~~their~~ spouses for most of the children's activities, while the Japanese fathers' role ~~is~~ was mainly ~~largely~~ limited to that of authority figures and weekend leisure ~~time~~ companions. The American fathers reportedly ~~oftentimes~~ spent more time with their children and felt they had ~~a lot~~ significantly more impact on their children than did ~~the~~ Japanese fathers.

[Note: It may not be appropriate to write "American" and "Japanese" for such a small sample]

Keywords: Father-child relationship~~s~~, paternal role, quantity of interaction, father's ~~perceived~~ influence, cross-cultural study

図20-1　アブストラクトの添削例（#1）

Cooperation, Competition, Individualism and Interpersonalism Among Japanese Fifth and Eighth Grade Boys

[Better to state purpose rather than repetition of title]
[Avoid creation of new word!]

~~The study compared the expression of cooperation, competition, individualism and interpersonalism in Japanese boys.~~ Forty-two 5th grade boys and 42 8th grade boys first completed 2 ~~two~~ questionnaires about cooperation/competition and group/individualized activities. Their group structure was then coded as working in trios, in duos, or separately. As trios of boys built houses with playing cards. The experimental design crossed instructions to (1) to work individually vs. or in a group ~~and~~ (2) compete or do one's own best. Participants ~~Subjects~~ were questioned about their awareness of, liking for, and preferences for cooperative, individualistic, and group-centered aspects of the ~~our~~ experimental tasks.

[Only 1 paragraph] [do not use superscript]

On orientation scales, 8th graders chose equal numbers of individualistic and group-centered activities, while 5th graders chose more group activities. Both age groups strongly favored cooperative items over ~~vs.~~ competitive items. In group trials of the experiment, 8th graders tended to work alone for greater proportions of time than did 5th graders. Questionnaire data indicated that (1) 8th graders enjoyed ~~reported greater enjoyment of~~ the individualistic aspect of the experiment more ~~task~~ than did 5th graders, (2) both age groups evidenced a strong sense of interpersonalism (not defined), and (3) cooperation was rated more positively than competition. The study is ~~was~~ discussed in relation to recent studies on Japanese school socialization and ~~of~~ cooperation/competition.

[Note: this abstract is confusing because the order of information on behavior and questionnaires is mixed and not sequential]

Keywords: Cooperation and competition, Individualism, Interpersonalism, Japanese boys, ~~Cross-cultural study~~ Culture
[not a cross-cultural study!]

図20-2　アブストラクトの添削例（#2）

Competitive and Cooperative Attitudes Among
A Longitudinal Survey of Japanese Adolescents

This study concerned the meaning of cooperation and competition, and the orientations of Japanese students toward cooperative and competitive school activities. First, a sample of 102 teachers generated 871 items that described a wide variety of academic and nonacademic student activities and behaviors. Every student (Grades 7 through 12) at a secondary school complex then rated 24 of these competitive and cooperative items [which 24? why only 24?] in terms of personal importance, during three successive academic years (N=720 in Year 1). Factor analysis is of the ratings revealed one general Cooperation factor and 3 Competition factors: nonacademic, academic, and group-centered. Scores on all 4 composite indexes [How were these computed?] varied according to students' grade level and/or cohort membership. Females had higher scores than males on the Cooperation index, but there was little gender difference for [no?] the 3 Competition indexes. The data showed that the development of cooperativeness and competitiveness should be studied longitudinally, in both academic and nonacademic contexts. The results are discussed in relation to societal values, the experiences of adolescents, and the implicit curricula of Japanese secondary schools.

Keywords: Japanese adolescents, Cooperation/competition, Attitudes, Implicit curriculum, Secondary school

図20-3　アブストラクトの添削例（#3）

~~The Place of Advice:~~ Japanese Parents' Sources of

This has no meaning for readers

Information ~~for~~ About Childrearing and Child Health

A questionnaire survey of 1,150 fathers and 1,147 mothers in ~~four~~ 4 regions of Japan (mean ages: fathers = 36.7, mothers = 33.8, children = 4.4 years) documented ~~Japanese~~ parents' sources of advice and information about ~~young~~ preschool-age children. Mothers reported receiving more advice and information about young children, and ~~Mothers also reported receiving more~~ advice and information from a ~~lot more~~ greater number of sources, compared with fathers. ~~More fathers~~ Both husbands and wives cited "my spouse" more than any other potential source of advice, and ~~men/women~~ husbands and wives both expressed a high level of confidence in each other. Relatively fewer parents ~~said~~ reported that they had used professional advice, yet it ~~It~~ is ~~obvious~~ apparent from the data that various sources of parenting knowledge can be ~~facilitated~~ used to alleviate the stress felt by [today's increasingly] (maybe delete) isolated parents.

Keywords: Advi~~s~~ce, Childrearing, Child health, Japanese fathers, Parenting, Preschoolers

図20-4　アブストラクトの添削例（＃4）

第21章
発達研究の指標：心理尺度を中心に

西野泰広・雨森雅哉

　わが国の心理学界において発達研究はその数も多く，人気の高い分野の一つである。その中にあって，心理テストや心理尺度はかなり多く用いられている。もともと，心理学研究は他の人文科学の分野と異なり，「測る」ことがことのほか重要視されているが，そのわりには測定を専門とする研究者数は多くない。

　しかし，米国では『心理測定法年鑑』(Mental Measurments Yearbook：MMY と呼ばれている)，『テスト』，『未公刊心理学テスト集』などが刊行されていたり，*Psychological Assessment, Journal of Personality Assessment* などの学会の専門誌も刊行され，ETS（Educational Testing Service：教育テスト機関）や MMY のデータベースにアクセスすることもでき，網羅的に情報が集められている。また，自分の専門とする分野においても，たとえば自己研究の分野ではブラッケン（Bracken, B. A. (Ed.), 1996, *Handbook of Self-Concept: Developmental, Social, and Clinical Considerations*, John Wiley & Sons. 梶田叡一・浅田匡，監訳，2009『自己概念研究ハンドブック：発達心理学，社会心理学，臨床心理学からのアプローチ』金子書房）を見ても，また同様に動機づけの分野においても，ワイナー（Weiner, B., 2006, *Social Motivation, Justice, and the Moral Emotions: An Attributional Approach*, Lawrence Erlbaum Associates. 速水敏彦・唐沢かおり，監訳，2007『社会的動機づけの心理学』北大路書房）を見ても，自分の研究にどのような尺度を用いたらよいのかを検討するため，尺度そのものの評価が充分にしかも当たり前になされている。

　それに対し，わが国では花沢成一らの標準化されている心理テストを紹介する書籍（安藤公平・大村政男・花沢成一，1967『心理検査の理論と実際』駿河台出版社）が刊行されて以来，今日までこの種の書籍は散見されるようになってきた。なかでもホーガンの訳書（Hogan, T. P., 2007, *Psychological Testing: A Practical Introduction*, 2nd ed. John Wiley & Sons. 繁枡算男・椎名久実子・石垣琢磨，訳，2010『心理テスト：理論と実践の架け橋』培風館）や堀洋道らの書籍（堀洋道，監修，2001『心理測定尺度集Ⅰ』サイエンス社，現在6巻まで刊行）は注目に値するが，その数はそれほど多くないのが現状である。

　こうした中にあって，東洋ら（東洋・繁多進・田島信元，編集企画，1992『発達心理学ハンドブック』福村出版）や田島信元ら（田島信元・西野泰広，編，2000『発達研究の技法』福村出版）が刊行され，発達研究においても研究者が開発した心理尺度を網羅的に集めよ

うと試みられたが，あまり研究者の関心を引かず，充分な成果を得なかった。そこで本書において再度，発達研究者に呼びかけ再チャレンジしてみることにした。案の定呼びかけへの応答は少なかったが，それを以下に紹介する。それにより自らの研究分野で用いられている心理尺度に関心が集まり，より好ましい尺度やテストが開発され，いつの日にか米国のように網羅的なレビューが刊行できるまでになりたいと秘かに願っている。

1. PDS機能の測定

(1) **スケール名**：目標決定力診断検査（通称：PDCテスト）
(2) **測定内容**：PDS機能つまり計画（Plan）−実行（Do）−反省（See）の機能がどのように働いているのか，PDSサイクルがまわっているのか，を調べるための作業検査である。
(3) **経過**：正田（1984）が開発したPDCテスト（目標決定力診断検査）は30秒間にできるだけ速くかつ丁寧に1つずつ○を□で囲む作業を8試行行う。ただし，7回目のみ2秒間短縮し，28秒で行う。その際，1試行ごとにテストの前にいくつできるか目標を決める。仮に，目標を上回って遂行しても，得点は目標値しか得られない。しかし，遂行値が目標を下回った場合には，1個につき2点遂行値から減点されるというペナルティが科せられる。そして，被験者は8試行の得点を最大にするよう求められる。つまり，前回の結果をよく反省し（checkの略で，その意味はseeと同様でS機能），新たに目標を立てて（planの略でP機能），チャレンジする力（doの略でD機能）が試されることになる。また，西野（1989）は同様な手続きで，指スタンプを用いた幼児用の検査（PDSテスト）を開発している。
(4) **採点と診断**：PDCテストは，キャッセル（Cassel, 1957）の要求水準検査をモデルにしたもので，すべて標準化されており以下の①から⑥のプロフィールを描き，最終的に適切型，準適切型，硬直型，自己型，非現実型，防衛型，混乱型に分類・診断することができる。①未知・未経験の課題に対する挑戦意欲を示す初期設定度（FG），②自己の過去の実績から判断して，次の目標をどの程度にするかという挑戦意欲を示す目標挑戦度（GD），③目標と実績の差で，自分の能力や周囲の状況を判断する力を示す状況対応度（AD），④ハウスマン（Hausman, M. F.）に由来するもので，与えられたルールを守り効率よく作業を進める能力を示す達成効率度（HS），⑤失敗体験が次の目標にどのように影響するかを示す反発度（PS），⑥失敗体験という異常事態が作業能率に与える影響を示す回復度（PH）の諸側面が診断できる。
(5) **文献**：Cassel, R. N. (1957). *Manual: The Cassel group level of aspiration test* (rev. ed.). Los Angels, CA: Western Psychological Services.
   正田亘．(1984)．*目標決定力診断活用マニュアル*．ダイヤモンド社．
   西野泰広．(1989)．幼児用PDS検査開発の予備的試み．*豊橋短期大学研究紀要*（現豊橋創造大学），**6**, 111-117.
(6) **連絡先**：国士舘大学文学部　西野泰広　〒154-8515　東京都世田谷区世田谷4-28-1
   Tel.03-5481-5159　E-mail：ynishino@kokushikan.ac.jp

2. PDS機能から見たやる気の測定

(1) **スケール名**：PDS機能から見たやる気の測定（通称：PDS-Mスケール）

(2) **測定内容**：PDS-M スケールは，動機づけ（motivation）としてのやる気をトータルに測定するために西野泰広らにより開発された尺度で，やる気を「双原因性感覚」を生み出す学びの中で，自分は有能だと認められるために，好奇心に基づく目標に，自分なりに納得したやり方で，周りを巻き込んでチャレンジすることと捉えている。

(3) **経過**：65 項目からなる PDS-M スケールは，自己充実的動機（01, 08, 15, 22, 29），競争的動機（36, 42, 48, 54, 60），成功回避動機（02, 09, 16, 23, 30），失敗回避動機（37, 43, 49, 55, 61），わかり合う学びに関わる項目（03, 10, 17, 24, 31, 38, 44, 50, 56, 62），原因帰属に関わる項目（04, 11, 18, 25, 32, 39, 45, 51, 57, 63），複線型発達モデルに関わる項目（05, 12, 19, 26, 33, 40, 46, 52, 58, 64），PDS 機能に関わる項目（06, 07, 13, 14, 20, 21, 27, 28, 34, 35, 41, 47, 53, 59, 65）から構成されている。前者の 4 つは動機（motive）としてのやる気を，後者の 4 つは動機づけ（motivation）としてのやる気と関連している。因子分析の結果，①努力万能主義，②できればいいという結果主義，③いわれたとおりにするという従順主義，④勝てば官軍という勝利至上主義の 4 因子が抽出されている。

(4) **採点と診断**：採点・診断は，下表を用いて行う。各因子ごとに，〇がついた項目を 1 点と数え，合計点を算出する。ただし，下線の逆転項目は，×を 1 点と数える。各側面 80％を基準に高いと判断する（合計点欄の丸囲み数字）。たとえば，自己充実的動機であれば 4 項目に〇がつけば高いと診断する。

やる気の側面	項目	合計点	得点の解釈
自己充実的動機	01, 08, 15, 22, 29	④	この得点が高いほど，自己充実的動機が強い。
競争的動機	36, 42, 48, 54, 60	④	この得点が高いほど，競争的動機が強い。
成功回避動機	02, 09, 16, 23, 30	④	この得点が高いほど，成功回避動機が強い。
失敗回避動機	37, 43, 49, 55, 61	④	この得点が高いほど，失敗回避動機が強い。
わかり合う学びに関わる項目	03, 10, 17, 24, 31, 38, 44, 50, 56, 62	⑧	この得点が高いほど，わかろうと努力することを示している。従って，やる気は高まる。
原因帰属に関わる項目	04, 11, 18, 25, 32, 39, 45, 51, 57, 63	⑧	この得点が高いほど，内的統制型を示す。逆に，低ければ外的統制型を示す。前者の方がやる気は強い。
複線型発達モデルに関わる項目	05, 12, 33, 52, 64 19, 26, 40, 46, 58	④ ④	この 2 つの得点が高いほど，複線型発達モデルに立脚し，お互いの PDS サイクルが回るような関わりをする教育上手なタイプを示す。05, 12, 33, 52, 64 の項目は発達モデル，19, 26, 40, 46, 58 の項目は医療モデルを示す。前者の方がやる気は高くなる。
PDS 機能に関わる項目	06, 13, 20 27, 34, 41 47, 53, 59 07, 14, 21, 28, 35, 65	② ② ② ⑤	この 4 つの得点が高いほど，お互いの PDS 機能を認め合おうとしていることを示す。06, 13, 20 の項目は P 機能，27, 34, 41 の項目は D 機能，47, 53, 59 の項目は S 機能，07, 14, 21, 28, 35, 65 の項目は，お互いに PDS 機能を認めるタイプを示す。正確には，この 6 項目の内⑤基準で診断する。お互いに PDS 機能を認め合うと，やる気は高まる。
努力万能主義タイプ	14, 15, 18, 19, 21, 22, 25, 26, 35, 40, 46, 51, 54, 63, 65	⑫	お互いの PDS 機能は認めているが，とにかく努力しようと考えるタイプで，この得点が高いほどやる気がある。
できればいいという結果主義タイプ	02, 08, 10, 17, 22, 23, 29, 37, 39, 42, 43, 48, 50, 56	⑪	自己充実的動機が低く，結果主義でできれば問題ないと考えるタイプで，この得点が高いとやる気は高くならない。
いわれたとおりの従順主義タイプ	24, 31, 34, 41, 55, 58, 63	⑥	自己充実的動機が低く，他力本願の要素が強いタイプで，この得点が高いと，外界に左右されることからやる気は低下する可能性が大きい。
勝てば官軍の勝利至上主義タイプ	13, 27, 30, 36, 50, 52, 54, 55, 60, 61	⑧	競争的動機が強く，バーンアウト症候群に陥りやすい。この得点が高いと，ゆとりあるやる気とはならない。

(5) 文献：西野泰広．（2002）．PDS 機能から見たやる気尺度（PDS-M スケール）の開発．国士舘大学教育学論叢，**20**，92-114．

西野泰広（編）．（2003）．こころの科学．東京：東洋経済新報社．

西野泰広ほか．（2009）．PDS 機能から見た良いスポーツチームの心理的特性Ⅲ．国士舘大学教育学論叢，**26**，113-160．

(6) 連絡先：国士舘大学文学部　西野泰広　〒154-8515　東京都世田谷区世田谷 4-28-1
Tel.03-5481-5159　E-mail：ynishino@kokushikan.ac.jp

(7) 項目：次の 01〜65 項目について，あなたに当てはまる場合は○印を，当てはまらない場合には×印を（　）に記入してください．すべての項目について，○か×のいずれかを記入してください．

01（　）人に勝つことより自分なりに一生懸命やることが大切だと思う
02（　）何かを他人よりうまくやろうとすると多くの友達を失うかもしれない
03（　）課題を解決するとき，やり方だけでなく物事の根拠やなぜかといった理由が気になる
04（　）出来事を理解するときいつも人の意図や意思などが働いた結果と考えることはない
05（　）「いい気持ちいい学習」って本当だと思う
06（　）どちらかというと自分が実行したり反省することより計画を立てたり考えることが得意
07（　）人は P（計画）- D（実行）- S（反省）機能を発揮したところが能力として伸びるのだと思う
08（　）「みんなに喜んでもらえるようなすばらしいことをしたい」などと思うのは夢の話だ
09（　）すべての勝利者の陰には他人から疎外された不幸な敗北者がいると思う
10（　）課題を解決するとき，それが日常生活や社会とのように関連しているのかまったく気にかけない
11（　）成り行きで行動したり決定するのは嫌い
12（　）自分は子どもや他人に敏感に対処する方である
13（　）自分の考えや自分なりのやり方を通すことができる状況が好き
14（　）相手が子どもであっても互いに P（計画）- D（実行）- S（反省）機能を認め合うようにしている
15（　）些細なことでも自分にしかできないことをしたい
16（　）成功によって失うものはしばしば成功によって得られるものより多いと思う
17（　）一つの課題を解決すると次々に関連する世界が広がるよう考えを巡らすことはない
18（　）自ら起こした結果の責任は自分でとるという信念や態度を持っている
19（　）最も重要なことは出来事には必ず原因があり手間がかかろうとそれを克服することだと思う
20（　）何か課題に取り組むときはまず自分の考えから始めようとする
21（　）あなたが子どもに関わるとき，子どもは生き生きしていることが多い
22（　）「難しいことでも自分なりに努力してやってみよう」などと思うのは甘い
23（　）課題がうまくできたときさえ，人を出し抜いたのではないかという後ろめたさを感じる
24（　）課題は与えられたものと見なさないで，自分なりに読み直したり何をなすべきか設定し直すようにしている
25（　）自分自身の能力を信頼し困難なことでもやり遂げる自信はない
26（　）最も重要なことはできないことは手助けしてもとにかく原因を克服することである
27（　）どちらかというと自分で計画を立てたり反省するより実行（実践）することが好き
28（　）子どもと関わるとき子どもはあなたの指示に従うだけでなく，独自の案を出して実行することが多い
29（　）「こういうことがしたいな〜」と考えるとワクワクする
30（　）成功者が羨ましがられたり妬まれるのは当然のことである
31（　）問題を解くとき自分がやっていることは正しいのか，他のやり方とどこが違っているのか常に気になる
32（　）計画を立てたり行動するとき常に実現可能性について考慮する
33（　）人間には長所や短所があるのが当然．それなら短所は目をつむり長所を伸ばすべきである
34（　）自分の役割や分担がはっきりし，手順に従う仕事をする状況が好き

35（　）あなたが子どもと関わるとき，あなた自身も楽しむことが多い
36（　）物事は他の人よりうまくやりたい
37（　）危険を冒し精一杯のチャレンジをするより，安全性を考え目標を下げた方がよい
38（　）解答しても他にもっと違ったやり方はないか考える癖がついている
39（　）いつも人や出来事に影響を及ぼしているのは自分だという気持ちでいる
40（　）どんなに辛く時間がかかろうとも短所や弱点を克服しなければならない
41（　）マニュアルがないとどうやっていいかわからないので心配である
42（　）他人と競争して勝つとうれしい
43（　）はっきり勝ち負けがつくのは嫌いだ
44（　）解答すればそれ以上その課題について考えないで，次に進んでしまうタイプである
45（　）他人から能力のない奴と思われるのではないかと心配している
46（　）じっくり見て真似て覚えて行けば，自然と後から理屈がわかってくるものだ
47（　）物事を比較，分析，評価する仕事が好き
48（　）競争相手に負けるのは悔しい
49（　）常に最悪のシナリオを描き，それだけは避けようと心掛けている
50（　）問題の解き方や意味をあれこれ考えることより，重要なことはできる（正解する）ことである
51（　）すごく簡単な課題にしろできそうもない難しい問題にしろ常に変わりなく頑張る
52（　）我慢してコツコツ努力することより，次から次へと面白いことをする方が自分に合っている
53（　）他の人が立てた計画ややり方について評価することが好き
54（　）世に出て成功したいと強く思っている
55（　）自ら進んで勝負に出ることはない
56（　）問題の解き方の知識より自分の中でどういう意味や必要性があるかを考えることは暇人のすることである
57（　）自分が好きで熱中するのは成功の確率が五分五分ぐらいの課題である
58（　）自分は鈍感なたちで必ず反応するとは限らない
59（　）どちらかというと自分で計画したり実行しないで反省することが多い
60（　）強い者が出世して勝ち抜くのは当然のことだ
61（　）勝者は能力が高く敗者が能力が低いと思われるのは承伏できない
62（　）できることとわかることは違うと思う
63（　）人から与えられた手順でやっても面白くない。いつも自分なりのやり方でチャレンジする方だ
64（　）状況次第でやり方を変えるタイプである
65（　）子どもも大人も人は皆同じようにP（計画）-D（実行）-S（反省）の機能を持っていると思う

3. スポーツチームの組織診断

(1) **スケール名**：スポーツチームの組織診断スケール（通称：SESスケール）
(2) **測定内容**：PDS機能の観点からスポーツチームの組織的特徴を調べようとするスケールである。つまり，PDSサイクルが回っているPDS型チームか，D機能中心のD型チームか，を診断する。
(3) **経過**：個人にPDS機能があるように，組織にもPDS機能が考えられることから，スポーツ・チームを診断するために西野泰広が開発したスケールである。PDSとは，計画（plan）-実行（do）-反省（see）の頭文字で，PDS機能を発揮したところが本物の力として身につく。また，そのためには，お互いがPDS機能を認め，PDSサイクルが回るような関係でなくてはならない。そうした観点からチームを診断すると，PDS型チームはD型チームに較べチームの成績がよい。ただし，高校の段階まではD型チームでも好成績を残すこ

(4) **採点と診断**：下表を用いて行う。○を1点と数える項目と×を1点と数える項目があることに注意すること。タイプ分けの基準は，80％を目安に考える。D型は16項目，PDS型は20項目に○があれば，それぞれ典型的なタイプと診断する。

タイプ	採点基準	項　　　　目	合計点
D型因子	○が1点	04, 06, 08, 09, 11, 12, 16, 17, 18, 24, 25, 26, 31	／21点中 ⑯
	×が1点	10, 27, 28, 34, 35, 44, 49, 51	
PDS型因子	○が1点	01, 02, 03, 13, 21, 23, 30, 32, 36, 37, 39, 41, 42, 43, 45, 46, 47, 48, 50, 52	／25点中 ⑳
	×が1点	15, 19, 20, 29, 33	

(5) **文献**：西野泰広．(1986)．スポーツ集団の効果的指導のための組織心理学的研究．*豊橋短期大学研究紀要（現豊橋創造大学）*，**1**，53-68.

西野泰広．(1989)．スポーツチームの管理とリーダーシップに関する研究．昭和62・63年度科学研究費補助金一般研究（C）課題番号62580097，研究代表者永嶋正俊，研究報告書，1-110.

西野泰広ほか．(2008)．PDS機能から見た良いスポーツチームの心理的特性．*国士舘大学教育学論叢*，**25**，58-84.

(6) **連絡先**：国士舘大学文学部　西野泰広　〒154-8515　東京都世田谷区世田谷4-28-1
Tel.03-5481-5159　E-mail：ynishino@kokushikan.ac.jp

(7) **項目**：次の01～55項目について，あなたが所属しているチームに該当している場合は○印を，該当していない場合には×印を，（　）内に記入してください。

01（　）新入部員が気持ちよく感じるよう皆で面倒をみている。
02（　）部員には重要な責任がもたされている。
03（　）部員には何が何でも自分の役割を果たそうとする姿勢が見受けられる。
04（　）部員は練習する上でいつも圧迫を感じている。
05（　）部では往々にしていろいろなことに対する取り締まりが欠けている。
06（　）部の方針や規則に従うように厳しい要請がある。
07（　）専用のコートやグランドがある。
08（　）何かにつけ部では指導者の意向が強い。
09（　）指導者は叱ることはあっても誉めることは希である。
10（　）部員には好きなようにする自由が認められている。
11（　）練習は能率が悪く無駄が多い。
12（　）部の仕事はすぐにやらないと何か言われそうである。
13（　）部の活動はすべてきちんと計画されている。
14（　）部には決まりや規則を守らせるための自治委員等がいる。
15（　）部活動に真剣に取り組んでいる者は少ない。
16（　）指導者は部員による批判を許さない。
17（　）部には個人の存在を無視するような風潮がある。
18（　）部にはのんびりする時間が少ない。
19（　）部の決まりや規則は不明確で漠然としている。
20（　）先輩（上級生）と後輩（下級生）では決まりや規則の厳守に公平さを欠いている。
21（　）工夫をするためによくミーティングがもたれる。
22（　）練習時間は十分にある。
23（　）試合や練習計画は事前に部員に十分説明されている。
24（　）指導者はどちらかと言えば絶えず部員を監視している。
25（　）部では変化より伝統が重んじられている。
26（　）ミーティングの雰囲気はどちらかというと堅く重苦しい。
27（　）概して部員は感じたことを素直に表現している。

28　（　）　指導者は自ら部員にとけ込もうとしている。
29　（　）　ミーティングでは積極的に意見を述べるように勧められている。
30　（　）　部員はたとえ辛い練習でも最後まで弱音を吐かないと思う。
31　（　）　部の伝統や慣習はかなり強制的なものと考えている部員が多い。
32　（　）　ミーティングでは積極的な話し合いがなされている。
33　（　）　部には進んで練習しようとする者は少ない。
34　（　）　部内では学年（年齢）に隔たりなく気軽に話し合える。
35　（　）　指導者に気兼ねなく自分の意見を述べることができる。
36　（　）　効率のよい練習はすぐに採用される。
37　（　）　一つ一つの練習の目的までもが十分部員に理解されている。
38　（　）　指導者は常に部員をチェックし，しっかりと監督している。
39　（　）　部員はいろいろなことに対する新しい試みに敏感である。
40　（　）　練習に必要な用具は十分揃っている。
41　（　）　部員はミーティングの必要性や重要性をよく認識している。
42　（　）　部員の自治が確立している。
43　（　）　部員は大変よく練習している。
44　（　）　部では気軽にやりながらも，自分の役割を果たすことができる。
45　（　）　その日に行わなければならないことは，詳細な点まで部員に説明されている。
46　（　）　練習の効率をよくするために，ミーティングがもたれている。
47　（　）　ミーティングの議題はよく整理され全般に渡っている。
48　（　）　部の幹部の注意や指導は詳細な点まで及んでいる。
49　（　）　普段の部活動は大変面白い。
50　（　）　指導者は常に部員を公平に扱おうとしている。
51　（　）　競技以外の日常生活に関しては，決まりや規則は比較的緩やかである。
52　（　）　ミーティングの結果は，必ず次の練習等に生かされている。
53　（　）　栄養や健康管理面で十分な配慮がなされている。
54　（　）　現在の部員数からみて，部関係の諸施設は十分なものである。
55　（　）　部には学校（会社）からさまざまな配慮がなされている。

4．EQ の測定

(1)　**スケール名**：EQ スケール（通称：EQN スケール）
(2)　**測定内容**：EQ を診断するために開発されたスケールである。
(3)　**経過**：EQN スケールは，EQ を測定するために岡村一成ら（2000）のスケールを参考に西野泰広らが開発した尺度である。近年，ゴールマン（Goleman, D.）の『EQ こころの知能指数』（土屋京子訳，1996，講談社）が話題を呼び，わが国でも注目され出した。EQ（emotional quotient）は，一般には日常的賢さ（street smarts）を意味する社会的知能のことで，ソーンダイク（Thorndike, E. L.）は，知能検査で測定されたアカデミックな知能（IQ）と異なり，よい人間関係を作るためのスキルと捉えていたが，西野はキャンター（Cantor, N.）に倣い，人が生きていくなかで自分の目標に照らして行動が最適かどうか，自分にあったやり方で解決する能力というようにもっと広い意味で捉えている。78 項目からなる EQN スケールは，次の 13 の下位尺度各 6 項目ずつで構成されている。①状況判断のための原因帰属（01, 14, 27, 40, 53, 66），②達成動機（02, 15, 28, 41, 54, 67），③自己成長への志向性（03, 16, 29, 42, 55, 68），④楽観性（04, 17, 30, 43, 56, 69），⑤親和性（05, 18, 31, 44, 57, 70），⑥サポートのための援助（06, 19, 32, 45, 58, 71），⑦人付き合い（07, 20, 33, 46, 59, 72），⑧感情コントロール（08, 21, 34, 47, 60, 73），⑨洞察力（09, 22, 35, 48, 61, 74），⑩共感性（10, 23, 36, 49, 62, 75），⑪柔軟性（11, 24, 37, 50, 63, 76），⑫創造性（12, 25, 38, 51, 64, 77），⑬スマートさ（13,

26, 39, 52, 65, 78）。また，因子分析の結果，Ⅰ状況適合性，Ⅱ思いやり，Ⅲ自己実現性，Ⅳサポート，Ⅴ楽観性のなさ（負け犬根性），Ⅵ洞察力の6因子が抽出され，自己理解，対人関係，状況判断の3領域から診断できる。

(4) 採点と診断：各因子ごとに，○がついた項目を1点と数え，合計点を算出する。ただし，下線の逆転項目は，×を1点と数える。各因子欄とも，80％を基準に高いかどうかを判断する。たとえば，①は5項目に○がつけば高いと診断する。

(5) 文献：西野泰広（編）．(2003)．こころの科学．東京：東洋経済新報社

西野泰広・松田浩平・寺門正顕．(2003)．PDS機能から見たEQ尺度（EQNスケール）の開発．国士舘大学教育学論叢, **21**, 79-96.

岡村一成・浮谷秀一・外島裕・藤田主一．(2000)．EQ概念に関する基礎的研究. 富士短期大学富士論叢（現東京富士大学）, **452**, 169-197.

(6) 連絡先：国士舘大学文学部　西野泰広　〒154-8515　東京都世田谷区世田谷4-28-1
Tel.03-5481-5159　E-mail：ynishino@kokushikan.ac.jp

(7) 項目：次の01～78項目について，あなたに当てはまる場合は○印を，当てはまらない場合には×印を（ ）に記入してください。すべての項目について，○か×のいずれかを記入してください。

01 （　）思えば自分の人生は不幸の連続だった。
02 （　）目標はいったん決めたら最後までやりとおすことにしている。
03 （　）将来の自分をイメージしながら目的意識を持って生きている。
04 （　）逆境は自分が成長するためにある。
05 （　）困ったときに頼れる友人が何人かいる。
06 （　）困っている人を見るとすぐ援助したくなる。
07 （　）本当に信頼できると確信した相手のみを信頼する。
08 （　）感情をあまり表に出さない。
09 （　）話し相手の心の状態がわかる。
10 （　）相手の気持ちを考えてから意見を言うようにしている。
11 （　）落ち込んでもすぐに立ち直ることができる。
12 （　）画期的な企画を打ち出して採用されたことが何度かある。
13 （　）仕事の運びや反応は，スピーディでスマートである。
14 （　）つくづく運のない人生だと思う。
15 （　）たとえパズルでも途中で投げ出したくない。
16 （　）将来の自分をイメージできる。
17 （　）苦しいときでも，必ず出口は見つかる。
18 （　）本当に心の通い合う人が何人かいる。
19 （　）面倒でも人のためになるならと，つい引き受ける。
20 （　）一度裏切った人は二度と信用しない。
21 （　）自分の意思は人にはきちんと伝えている。
22 （　）相手の態度から，心の状態を読みとることができる。
23 （　）相手の心を傷つけることだけはしたくない。
24 （　）落ち込んだ気分から意識的に抜け出すことができる。
25 （　）話し合いで，一つの課題にさまざまなオプションを考え出すのが得意である。
26 （　）身なりやしぐさは，お洒落でセンスがいい。
27 （　）自分はいつも貧乏くじを引かされている。
28 （　）始めたことはたいてい最後までやり遂げる。
29 （　）きちんとした目標を持っていたり，それに向かって進んでいる。
30 （　）問題や障害が，結果的に自分のためになったという経験が何度かある。
31 （　）親しい人とは本音の付き合いをしており，相手も本音で話してくれる。
32 （　）困っている人は多少無理してでも手助けする。
33 （　）未だに許せない人が何人かいる。

34（　）みんなが興奮しているときでも，自分は冷静でいられる。
35（　）相手の態度から感情を読みとることができる。
36（　）相手が嫌がることは口にしない。
37（　）つまらないことはくよくよ悩まない。
38（　）会社の利益になるような画期的な提案をしたい。
39（　）表現は気高く，洗練され，話題も豊富である。
40（　）自分はいつも失敗ばかりしている。
41（　）目標に最後まで喰い下がっていくのが自分の長所だ。
42（　）たとえ人に拒否されたり，理解されなくても，自分の夢を信じ続ける。
43（　）どんな困難でもきっと克服できる。
44（　）何か問題が起きたときにはそれに対処するすべがある，あるいは相談すべき相手がきちんといる。
45（　）困っている人を見ると，声を掛けずにはいられない。
46（　）気を抜くと人につけ込まれるのではないかと不安である。
47（　）気にさわったときでも，大きな声を出さないようにしている。
48（　）誰かが悩んでいるときには雰囲気でわかる。
49（　）人付き合いでは相手の気持ちをよく考えるようにしている。
50（　）イライラしたときには，意識的に心をリラックスさせることができる。
51（　）ひらめいた発想がものになるかどうか直観的にわかる。
52（　）考えや行動は闊達（度量が広いこと）で，自信に満ちている。
53（　）同程度の能力なのに，自分よりよい待遇を受けている人が多いように感じる。
54（　）三日坊主は最低だ。
55（　）目標が達成された状態，製品が完成した状態などきちんとイメージしている。
56（　）たいていのことはうまくいきそうな気がする。
57（　）困ったときに頼る相手がいるという安心感がある。
58（　）誰にでも喜んで手助けをする。
59（　）価値観の違う人と話すのは苦手である。
60（　）普段から自分の感情を把握している。
61（　）相手の目を見て感情を知ることができる。
62（　）その場の雰囲気を壊さないよう気をつかっている。
63（　）一度失敗したことには及び腰になる。
64（　）仕事の進行を任されることが多い。
65（　）生きざまは個性的で，どことなくあか抜けている。
66（　）頑張っているのになかなか評価されない。
67（　）仕事が長引いても途中では打ち切りたくない。
68（　）目標があれば嫌な仕事でも我慢できる。
69（　）難しい仕事でも，その気になれば何とかなるものだ。
70（　）本音で話ができる友達がたくさんいる。
71（　）みんなのためなら嫌なことでもやる気になれる。
72（　）いざというとき頼れるのは自分だけだ。
73（　）自分の感情や行動には責任を持つようにしている。
74（　）言葉の裏にある含みを読みとることが得意である。
75（　）何事も相手の立場に立って考えることにしている。
76（　）大きな変化に直面すると，不安で冷静でいられなくなる。
77（　）反対意見を述べて現状を変えていくことができる。
78（　）生活スタイルは合理的で，都会的スマートさが感じられる。

5. 情緒年齢の測定

(1) スケール名：情緒年齢スケール（通称：EAO スケール）
(2) 測定内容：情緒年齢を測定するために開発されたスケールである。
(3) 経過：EAO スケールは，IQ を求めるときの基礎となる精神年齢とまったく同様な考えに基づき，情緒年齢を測定するためにフレデリック（Frederick, J. G.）が開発し，それを大村政男が日本語版として改訂したものである。フレデリックの尺度は，大村によれば 1935 年頃に作られたものであるが，現在でも十分活用できる実用性の高いものである。そこで，西野泰広らが行った因子分析の結果を示すと，①ヒステリィ性（02, 17, 18, 22），②攻撃性（04, 16, 19, 24），③抑うつ性（01, 07, 10, 12, 13, 14, 23, 25），④劣等感（01, 03, 08, 11, 14, 22）の 4 因子が抽出された。
(4) 採点と診断：下表に従い得点化する。たとえば，01 の項目が仮に○であれば得点は中段の 11 点となる。×であれば下段の 21 点となる。合計点を算出し，25 で割る。答えは，小数点以下を四捨五入する。これが，情緒年齢である。

項目番号	01	02	03	04	05	06	07	08	09	10	11	12	13	14	15	16	17	18	19	20	21	22	23	24	25	合計点
○の場合	11	7	26	12	40	10	31	11	26	7	6	11	13	7	5	11	7	12	5	7	7	11	22	10	5	
×の場合	21	20	7	30	8	20	6	21	16	25	29	25	30	25	30	20	24	21	7	20	20					

(5) 文献：西野泰広・松田浩平・村井潤一郎．（2003）．人間学部入試データの多変量解析による入試の在り方の検討．*文京学院大学総合研究所紀要*，**3**，69-85.

大村政男．（1997）． J. G. Frederick の情緒年齢（EA）についての研究．*日本心理学会第 61 回大会発表論文集*，79.

関忠文・大村政男ほか．（1990）．*心理学アスペクト*．東京：福村出版．

(6) 連絡先：国士舘大学文学部　西野泰広　〒154-8515　東京都世田谷区世田谷 4-28-1
Tel.03-5481-5159　E-mail：ynishino@kokushikan.ac.jp

(7) 項目：次の 01～25 項目について，あなたに当てはまる場合は○印を，当てはまらない場合には×印を（ ）に記入してください。すべての項目について，○か×のいずれかを記入してください。

01（ ）じきにがっかりする方で，沈んだ気分になったり，ときにはふさぎ込むことがある。
02（ ）身なりを気にする方で，服装や行動で人の注意を引くのが好きである。
03（ ）緊急の場合でも冷静で，何がなんだかわからなくなるようなことはない。
04（ ）議論をするとき，熱が入りすぎてイライラしやすい。
05（ ）一人っきりでいても決して寂しくない。
06（ ）後悔するようなことをたびたびしてしまう。
07（ ）家族との人間関係は平和で楽しい。
08（ ）他人に対して時々腹を立てる。
09（ ）自分が間違っていることを知ったときは，すぐにそのミスを認める。
10（ ）失敗するとつい他人を非難してしまう。
11（ ）自分は友達や家族の誰よりも有能だと思っている。
12（ ）将来すばらしい幸運に恵まれることはないと思って諦めている。
13（ ）自分の小遣いや収入を超過した生活をする傾向がある。
14（ ）自信が不足している。
15（ ）感動的なドラマを見ると，涙を流しやすい。
16（ ）ちょっとしたことで怒ってしまう。
17（ ）自分の優れているところを他人になんとか認めさせたいと思う。
18（ ）どちらかというと威張りたい方である。

19（　）苦しいときや不機嫌なとき，カンシャク（短気で怒りやすい人が示すイライラした振る舞い）を起こしやすい。
20（　）他人にものを頼むことが多い。
21（　）ある特定の人々に憎悪感をもっている。
22（　）身近にいる人が成功すると羨ましくなる。
23（　）他人に対して思いやりのある方だ。
24（　）しばしばイライラしたり，怒ったりする。
25（　）死んじゃいたぁ～いと思ったことがある。

6. アタッチメントの測定①

(1) **スケール名**：アタッチメントQ分類法（attachment Q-sort：AQS）日本語版
(2) **測定内容**：幼児期のアタッチメントの安定性
(3) **経過**：幼児期のアタッチメントの評価として，子どもに実験的にマイルドなストレスを与えるストレンジ・シチュエーション法が有名である。アタッチメントQ分類法は，家庭場面などの自然場面で親子間のアタッチメントを評定する方法として，アメリカのウォーターズ（Waters, E.）によって開発された。当初，100項目版（Waters & Deane, 1985）が発表されたが，後に改訂され，90項目版が使われている（Waters, 1987）。わが国での妥当性は，専門家が家庭における1歳児の行動観察を行って評定したAQSの結果と，10分間のおもちゃ遊び場面で評定された母親の敏感性との間に強い相関があることで検証されている。
(4) **採点と診断**：AQSには，最低2～3時間の行動観察が必要である。評価に必要な情報を集めるために，観察者がストレンジャーになり，新奇物を呈示したり，ストレス場面を作るなどして，参与観察を行うことが重要である。行動観察のあと，90項目の文脈を込みにした行動の書かれたカードを，観察した子どもの行動特徴に合う・合わないで各10枚ずつ，9つに分類する。最も合うとされた分類結果を9点とし，以下，最も合わないとされた分類結果（1点とする）まで各分類に含まれるカードに点数を与える。その結果を標準分類と比較する（相関値を出す）ことでアタッチメント得点が算出される。アタッチメントの標準分類だけでなく依存性や甘え，社会的望ましさの標準分類を作成することで，それぞれの得点を算出することが可能である。また，クラスター分析によって，似たような分類結果の対象者を群分けすることができる。さらに，各項目（カード）の得点を通常の評定得点と同様に分析することが可能である。
(5) **文献**：近藤清美．(1993)．乳幼児におけるアタッチメント研究の動向とQ分類法によるアタッチメントの測定．*発達心理学研究*，**4**，108-116．

Vereijken, C. M. L., Riksen-Walraven J. M., & Kondo-Ikemura, K. (1997). Maternal sensitivity and infant attachment security in Japan: A longitudinal study. *International Journal of Behavioral Development,* **21** (1), 35-49.

Waters, E. (1987). The attachment Behavior Q-sort (Revision 3.0). *Unpublished manuscript, State University of New York at Stony Brook.*

Waters, E., & Deane, K. E. (1985). Defining and assessing individual differences in attachment relationships: Q-methodology and the organization of behavior in infancy and early childhood. In I. Bretherton & E. Waters. (Eds.), *Growing points in attachment theory and research.* Monographs of the Society for Research in Child Development (Vol.50), 41-65.

(6) **連絡先**：北海道医療大学心理科学部　近藤清美
〒002-8072　北海道札幌市北区あいの里二条五丁目

Tel. 011-778-9089　E-mail: kkondo@hoku-iryo-u.ac.jp
(7) 項目：原版は http://www.psychology.sunysb.edu/attachment/ measurement library にある。日本語版は上記の連絡先に問い合わせて欲しい。

7. アタッチメントの測定②

(1) スケール名：愛着行動尺度
(2) 測定内容：幼児期のアタッチメントの安定性
(3) 経過：アタッチメントQ分類法（90項目版，Waters，1987）からハウズとスミス（Howes & Smith, 1995）によって抽出された26項目を採用し，安治（1997）が質問紙として構成した。1歳から6歳の保育園児，1,198名を対象とした研究から，「安全基地行動」「接近・接触」「従順」「不信・回避」の4因子が見出され，α係数は，それぞれ，.74,.71,.67,.44であり，「不信・回避」以外で十分な信頼性が認められた。「不信・回避」の因子には，アンビヴァレント型と回避型の両方の行動特徴を含むため，高い信頼性が得られなかったと考えられる。
(4) 採点と診断：項目は26項目で5件法で評定される。評定に先立ち，子どものアタッチメント対象への行動を十分な時間観察することが必要である。あるいは，子どもの日常の行動をよく知っている者が評定を行う。得点は各因子ごとに算出される。
(5) 文献：安治陽子（1997）幼児期における愛着の組織化と社会的適応：漸成的組織化は可能か．東京大学大学院教育学研究科修士論文．

安治陽子．（1998）．幼児期における母親への愛着と保育者への愛着：その質的連続性および社会的適応との関連．日本発達心理学会第9回大会発表論文集，273.

Howes, C., & Smith, E.W. (1995). Children and their child care caregivers: Profiles of relationships. *Social Development*, **4**(1), 44–61.

Waters, E. (1987). The attachment Behavior Q-sort (Revision 3.0). *Unpublished manuscript, State University of New York at Stony Brook*.

Waters, E., & Deane, K. E. (1985). Defining and assessing individual differences in attachment relationships: Q-methodology and the organization of behavior in infancy and early childhood. In I. Bretherton & E. Waters (Eds.), *Growing points in attachment theory and research*. Monographs of the Society for Research in Child Development (Vol.50), 41–65.

(6) 連絡先：安治陽子　E-mail：IZL05310@nifty.ne.jp
(7) 項目：上記の連絡先に問い合わせて欲しい。

8. 自己制御機能の測定

(1) スケール名：自己制御機能診断スケール（通称：SRCスケール短縮版）
(2) 測定内容：SRCスケール短縮版は，自己制御（self regulation）機能を測定するために，西野泰広が開発したスケールで，もともとは幼児の自己制御機能を測定するために，母親が実施する形式であったが，ここに掲載した尺度は大人にも適用できるように改作したものである。
(3) 経過：柏木（1986）によれば，自己制御機能は自己抑制面と自己主張面があるが，その発達は日米で異なるという。日本では自己抑制面が自己主張面を凌駕するのに対して，アメリカでは逆に自己主張面が自己抑制面を凌駕している。それぞれの国の文化が発達と深

く関わっている。また，SRCスケール短縮版は，母子の相互交渉の様子を診断することを目指していることから，子どもの気質としての気むずかしさも測定されるようになっている。

(4) 採点と診断：下表を用いて行う。○を1点，×は0点とし，各タイプの得点を求め，どのタイプに該当するかを診断する。

タイプ	項目	合計点	診断基準
A 自己抑制	01, 04, 07, 10, 13, 16, 19, 22		典型タイプは，Aが6点以上で，BとCが2点以下
B 自己主張	02, 05, 08, 11, 14, 17, 20, 23		典型タイプは，Bが6点以上で，AとCが2点以下
C 気むずかしさ	03, 06, 09, 12, 15, 18, 21, 24		典型タイプは，Cが6点以上で，AとBが2点以下

注）優位タイプはA～Cの内どれかが4点以上あるもの。それ以外は平均タイプとなる。

(5) 文献：柏木恵子．(1986)．自己制御機能の発達．*心理学評論*, **29**(1), 3-24.
柏木恵子．(1988)．*幼児期における「自己」の発達*．東京：東京大学出版会．
西野泰広．(1990)．母子関係と自己制御行動の発達．*発達の心理学と医学*, **1**(3), 333-344.
西野泰広．(1990)．幼児の自己制御機能と母親のしつけタイプ．*発達心理学研究*, **1**, 49-58.
岡村一成・西野泰広（編）．(1994)．*発達の科学*．東京：福村出版．

(6) 連絡先：国士舘大学文学部　西野泰広　〒154-8515　東京都世田谷区世田谷4-28-1
Tel.03-5481-5159　E-mail：ynishino@kokushikan.ac.jp

(7) 項目：次の01～24の項目について，該当する項目には○印を，該当しない項目には×印を，（　）内に記入してください。

01 (　) 欲しいものがすぐに手に入らなくても，我慢することができる。
02 (　) 遊びや仕事のやり方や役割など，自分のしたいことがはっきり言える。
03 (　) 新しい状況に慣れるのに時間がかかる。
04 (　) 思い通りにならなくても，カンシャクを起こしたり腹を立てない。
05 (　) 他人がルール違反をしていると注意する。
06 (　) じっくり考えてからでないと行動に移れない。
07 (　) 一度言い出したら他人の言うことに耳を貸さないというようなことはない。
08 (　) 積極的にあれやろうこれやろうと言って，友達をリードできる。
09 (　) 引っ込み思案な方である。
10 (　) 貸してと言われたら，使っているものでも貸してあげられる。
11 (　) 他人が割り込んできても，いけない自分の番だと言える。
12 (　) 神経質な方である。
13 (　) 嫌なことがあっても，感情を爆発させずに抑えられる。
14 (　) 何事も自分で決めないと承知しない。
15 (　) 新しいゲームや活動には，最初は加わらずに傍で見ている。
16 (　) 注意されなくても，してはいけないと言われたことはしない。
17 (　) 気に入ったことであれば，自分から率先してやりたいと言う。
18 (　) 知らない人と会うと恥ずかしい。
19 (　) 忍耐強く，コツコツと取り組むたちである。
20 (　) 使いたい道具を他人が使っていても，自分にも使わせてと言える。
21 (　) 活発な活動より静かなことが好き。
22 (　) 約束事や決まりなどは，すぐに覚えて従う。
23 (　) 自分の気持ちをためらいなく表現できる。
24 (　) 一度気分を害するとなかなか直らない。

9. 母親のしつけ診断

(1) スケール名：母親のしつけ診断スケール（通称：MC スケール短縮版）
(2) 測定内容：MC スケール短縮版は，母親のしつけ（mothers' control：MC）を測定するために，西野泰広が開発した MC スケールの短縮版である。
(3) 経過：MC スケール（短縮版）は①原因帰属（外的統制型，内的統制型），②自己教育力（自己成長への志向性，自己モニタリング能力，自信），③エインズワース（Ainsworth, 1971）の敏感な親（sensitive mother）－鈍感な親（insensitive mother）の 3 因子から構成されている。しつけ上手な母親は，内的統制型で，自己教育力が高く，敏感な親であるのに対し，しつけ下手な母親は，外的統制型で，自己教育力が低く，鈍感な親と診断される。SRC スケール短縮版との関係で見ると，子どもが自己抑制型だと母親のしつけは上手なタイプ，子どもが自己主張型だと母親のしつけは平均型，子どもが気難しい型だと母親のしつけは下手なタイプと診断される。これは，日本の文化が自己抑制型であることを反映している。しかし，これらの関連については双方向的に解釈する必要がある。なぜなら，子どもが～だから，母親のしつけが～となったとも考えられるし，また逆に，母親のしつけが～だから，子どもが～となったとも考えられるからである。
(4) 採点と診断：下表を用いて行う。○を 1 点，×は 0 点とし，各タイプの得点を求め，どのタイプに該当するかを診断する。

タイプ	項目	合計点	診断基準
A 外的統制型	01, 04, 07, 10, 13, 16, 19, 22		上手なタイプは 2 点以下で，下手なタイプは 6 点以上
B 自己教育的	02, 05, 08, 11, 14, 17, 20, 23		上手なタイプは 6 点以上で，下手なタイプは 2 点以下
C 鈍感な対処	03, 06, 09, 12, 15, 18, 21, 24		上手なタイプは 2 点以下で，下手なタイプは 6 点以上

注）上記 3 つの基準をすべて満たした場合が典型タイプ。平均タイプは，A～C が各 3 点～5 点の間で，それ以外は不明タイプとなる。

(5) 文献：Ainsworth, M. D. S., Bell, S. N., & Stayton, D. J. (1971). Individual differences in strange situation behavior of one years olds. In H. R. Schaffer (Ed.), *The origins of human social relations* (pp.17-57). London & New York: Academic Press.
西野泰広．(1990)．母子関係と自己制御行動の発達．発達の心理学と医学，**1**(3)，333-344.
西野泰広．(1990)．幼児の自己制御機能と母親のしつけタイプ．発達心理学研究，**1**，49-58.
岡村一成・西野泰広（編）．(1994)．発達の科学．東京：福村出版．
(6) 連絡先：国士舘大学文学部　西野泰広　〒154-8515　東京都世田谷区世田谷 4-28-1
Tel.03-5481-5159　E-mail：ynishino@kokushikan.ac.jp
(7) 項目：次の 01～24 の項目について，該当する項目には○印を，該当しない項目には×印を，（　）内に記入してください。

01（　）自分のやることは裏目に出ることが多く，ついていないように思う。
02（　）自分は嫌になったときでも，もうちょっともうちょっとと頑張る。
03（　）子どもに任せられずに，つい口を出してしまう。
04（　）社会の仕組みができあがっている以上，個人の力が生かされる余地は少ない。
05（　）たとえ認められなくても，自分の目標に向かって努力したいと思っている。
06（　）子どもが何か失敗したとき，同じ失敗を繰り返さないように厳しく叱る。
07（　）その気になって頑張っても，この世は自分にとってままならない。
08（　）子どもにはできそうもないことでも，一応思いどおりにやらせてみる。
09（　）子どものできが悪いと，ついカッとなって叱ってしまう。
10（　）運命を信じて生きていかなければ，あまりにも夢がない。
11（　）子どもがわからないことを聞きに来れば，できるだけ教えてあげる。

12（　）子どもを叱るとき，つい感情的になり叩いてしまうことが多い。
13（　）厄介なことを決めるとき，一か八かで決めると案外うまくいくと思う。
14（　）他人から欠点を指摘されると，自分でも考えてみようとする。
15（　）園や学校の参観に行くと，子どもの悪い面が目につき後で注意することが多い。
16（　）努力してよい成果として現れることはごく希だと思う。
17（　）自分がやり始めたことは最後までやり遂げたい。
18（　）子どもが悔いのない生活を送るためには，細かい注意や指導が必要だと思う。
19（　）この世の中では，真面目な者があまりにも報いられていないように思う。
20（　）なんとか自分の希望を貫きたい。
21（　）子どもが何かしくじったり失敗すると，ついカッとなって叱ってしまう。
22（　）この世の中では，努力が報いられることは希だと思う。
23（　）自分のよくないところを自分で考え直すようにいつも心掛けている。
24（　）よその子や兄弟と比べ，欠点や弱点が気になることが多い。

10. 母親の子育ての検討

(1) **スケール名**：母親の子育て罪障感尺度
(2) **測定内容**：子育て期間中の母親が抱く子どもに対する罪障感を測定
(3) **経過**：母親が子育てを行なっている際に抱く，子どもに対する申し訳なさや心苦しさの程度を測定するために石野陽子（2005, 2007）が開発した尺度である。
(4) **採点と診断**：「とても思う（4点）」，「どちらかといえばそう思う（3点）」，「どちらでもない（2点）」，「どちらかといえばそう思わない（1点）」，「全く思わない（0点）」までの5件法で評定を求める。したがって，得点が高いほど，子どもに対する罪障感が高いことを示している。①子の性格・状況否定場面（01, 02, 04, 06, 08, 10, 12, 13, 15, 17, 20, 22, 24, 26），②脱母親役割場面（03, 07, 11, 14, 18, 21, 23, 27），③母親役割不足場面（05, 09, 16, 19, 25）の，3因子27項目からなっている。

　この子育て罪障感は，どの母親も日常的に感じる素朴な感情・情動である。しかし，あまりに低すぎると，内省の機会をもたないので，子育ての態度をよりよい方向へ修正することがなかったり，子どもとの良好な関係が築きにくかったりすることが考えられる。

(5) **文献**：石野陽子．(2005)．就学前児の母親がもつ罪障感の構造：就労状況との関連．家族心理学研究，**19**, 128-140.
石野陽子．(2006)．子どもに対する母親の罪障感と社会的援助資源：子どもの年齢による差異．コミュニティ心理学研究，**9**, 164-177.
石野陽子．(2007)．*母親が子どもに抱く罪障感の心理学的研究*．東京：風間書房．

(6) **連絡先**：島根大学教育学部心理・発達臨床講座　石野陽子
〒690-8504 松江市西川津町 1060

(7) **項目**：あなたが次の場面にいたとして，お子さまに対して「申し訳ない」，「ごめんなさい」と思われますか，思われませんか。
　右の5つのうち，あてはまる記号に○をつけて下さい。あまり深く考え込まずにお答え下さい。

01　子どもの話にゆっくりと耳を傾けられないとき
02　イライラして子どもに八つ当たりしたとき
03　自分のために時間を使うとき
04　子どもの相談に乗っていないと感じたとき
05　子どもの見送りや出迎えができないとき
06　感情的に怒ったとき

1	2	3	4	5
全く思わない	そう思わない	どちらでもない	そう思う	とても思う

07 子どもをおいて友人と時間を過ごすとき
08 細かいことを言い過ぎたとき
09 子どもが病気なのに，満足な看病ができないとき
10 子ども自身に好きなことをする時間を与えられないとき
11 子どものことを考えないでいるとき
12 きつい口調で怒ったとき
13 子どもに親しみや愛情が感じられないとき
14 子どもをおいて，夫と二人で過ごすとき
15 訳を聞かず決めつけたとき
16 ひとりぼっちにさせているとき
17 他の子と体力・能力を比較するとき
18 うそをつかなくてはならないとき
19 長い時間子どもを預けているとき
20 なかなか素直に誉められないとき
21 別れ際に子どもが泣いたりぐずったりしているとき
22 あれもダメこれもダメと言ったとき
23 子どもの友達を家に呼ぶなどできないとき
24 やる気になっているときに否定的なことを言ったとき
25 体育会など，大切な行事にいくことができないとき
26 性格について否定的なことを言うとき
27 子どもに家事の手伝いを無理にやらせるとき

11. 原因帰属の測定

(1) **スケール名**：原因帰属診断スケール（通称：LCM スケール）
(2) **測定内容**：LCM スケールは，統制の所在（locus of control）を測定するために，水口礼治（1985）が開発した尺度を西野泰広が改作したものである。
(3) **経過**：水口によれば，①努力観，②利那性，③自己統制，④運・好機志向，⑤社会的力量の5つの観点から構成されているが，西野らの因子分析の結果，外的統制型と内的統制型の2因子が抽出された。
(4) **採点と診断**：下表（次ページ）を用いて行う。各因子ごとに，○がついた項目を1点と数え，合計点を算出する。①〜⑤については，0〜2点までは内的統制型の傾向に，3〜6点までは外的統制型の傾向が認められる。①〜⑤の合計点については，0〜10点までは内的統制型の傾向が，11〜30点までは外的統制型の傾向が認められる。
(5) **文献**：水口礼治．(1985)．無気力からの脱出．東京：福村出版．
西野泰広．(1987)．幼児期における母親のしつけパターン：自己教育的しつけ診断スケールの開発．豊橋短期大学研究紀要（現豊橋創造大学），4, 73-93.
西野泰広（編）．(2003)．こころの科学．東京：東洋経済新報社．
(6) **連絡先**：国士舘大学文学部　西野泰広　〒154-8515　東京都世田谷区世田谷 4-28-1
Tel.03-5481-5159　E-mail：ynishino@kokushikan.ac.jp
(7) **項目**：次の01〜30の項目について，該当する項目には○印を，該当しない項目には×印を，（　）内に記入してください。
01（　）この世の中では，努力が無駄に終わってしまうことが多い。
02（　）人生は成り行きに任せた方が案外うまくいく。
03（　）自分は努力不足だと思いこんで，物事を諦めてしまうことが多い。
04（　）好むと好まざるとに関わらず，人生はチャンスとか幸運とかが重要な役割を果たしている。
05（　）その気になって頑張っても，この世は自分にとって余りにもままならない。

水口の因子	内的統制型の傾向	外的統制型の傾向	項目	合計点
①努力観	成功は努力によるという信念が強い。努力は社会的に認められるという信念が強い。努力は社会や人生で重要視。	努力はむなしいという信念が強い。労して効なし。正直者は馬鹿を見る。やってもやらなくても同じという意識。	01, 06, 11 16, 21, 26	0〜2：内的統制型 3〜6：外的統制型
②利那性	将来を展望して行動する。計画的に行動する。堅実的な行動を好む。	出たとこ勝負的に行動する。目先のことに価値を置く。極端な行動を好む。楽観的。	02, 07, 12 17, 22, 27	0〜2：内的統制型 3〜6：外的統制型
③自己統制	安定性がある。自立性がある。自分に厳しい。忍耐性がある。	動揺しやすい。人当たりがよい。他者依存の傾向が強い。度胸がない。	03, 08, 13 18, 23, 28	0〜2：内的統制型 3〜6：外的統制型
④運・好機志向	自分の行為に責任帰属。経験を生かす行動様式。成功を自分の努力や能力に期待。	自己以外に責任帰属。運・チャンス任せの行動様式。運命論者。	04, 09, 14 19, 24, 29	0〜2：内的統制型 3〜6：外的統制型
⑤社会的力量	社会的な有能感。社会の影響を及ぼせる自信が強い。環境を支配する。逆境に強い。	社会的な無力感。社会的に弱小意識が強い。逆境に弱い。同調的。	05, 10, 15 20, 25, 30	0〜2：内的統制型 3〜6：外的統制型
統制の所在性	行為−成果の関連性の認知。事象が努力・能力・内的特性によって統制できるという信念が強い。自力本願。自信が強い。能力的・情緒的安定。	行為−成果の無関連性の認知。事象が運・好機・社会の制度・他者などによって統制されているという信念が強い。他力本願。劣等感が強い。受動的。不安傾向が強い。	上記①から⑤の合計点が 0〜10：内的統制型 11〜30：外的統制型	

06（ ）この世の中では，努力に対して報いられることは希である。
07（ ）物事は運不運に見舞われるから，余り先のことまで計画を立てても役に立たない。
08（ ）自分はややもすれば，いい加減に行動してしまうことが多い。
09（ ）願い事が叶えられるかどうかは，運・不運とかなり深い関係がある。
10（ ）自分自身に降りかかる問題に対して，自分はあまりにも無力である。
11（ ）努力や能力だけで物事がうまくいくと期待するのは単純すぎる。
12（ ）厄介な問題に直面したとき，余り考え込まないことが賢明である。
13（ ）自分はいつも統制されていないと怠けてしまいがちである。
14（ ）人生には偶然と言うことがあるから希望がもてる。
15（ ）人は自分ではどうすることもできない境遇の犠牲者であることが多い。
16（ ）努力してもよい結果として現れることは希である。
17（ ）人生はなるようにしかならないから，くよくよしても始まらない。
18（ ）自分は自分のことを自分で始末するのが苦手である。
19（ ）運命を信じて生きなければあまりにも夢がない。
20（ ）自分のやることは裏目に出ることが多く，ツイていないように思う。
21（ ）よいポストに就けるかどうかは，たまたまその場に居合わせたかどうかによる。
22（ ）遠い将来の成功を求めて苦労するよりも，現在の生活を楽しく送った方がよい。
23（ ）自分は物事に飽きっぽい方である。
24（ ）人が不幸にあったとしたら，その人はそのような運命にあったからだと思う。
25（ ）社会の仕組みができあがっている以上，個人の力が生かされる余地は少ない。
26（ ）この世の中では，真面目な者があまりにも報いられない。
27（ ）厄介なことを決断する際，一か八かで決めると案外うまくいく。
28（ ）自分は今でも自分の生き方についてはっきりとした考えをもてないでいる。
29（ ）運の強い人は，結局成功を収める。
30（ ）しばしば，自分は他人に利用されていると思うことがある。

12. 性格のタイプの診断

(1) **スケール名**：ユングの性格の8タイプの診断スケール（通称：JPTスケール）
(2) **測定内容**：ユングの性格の8タイプを診断する目的で開発されたスケールである。
(3) **経過**：ユングのタイプ理論は，理論的な切れ味は凄いが，難解で実用性に乏しい。そのため，いまだに優れた尺度は開発されていないが，強いて実用的な尺度としては，MBTI (Myers-Briggs Type Indicator, 日本語版；2000) や秋山さと子の尺度（秋山，1990『性格の本』芸文社）が挙げられる。JPTスケールは西野泰広が開発した尺度で，外向性－内向性を診断する10項目（外向性01～05，内向性06～10項目），合理的機能である思考型と感情型を診断する10項目（思考型11～15，感情型16～20項目），非合理的機能である感覚型と直観型を診断する10項目（感覚型21～25，直観型26～30項目），計30項目で構成されている。因子分析の結果，Ⅰ非合理性，Ⅱ社会的内向性，Ⅲ論理の客観性，Ⅳ従順さ，Ⅴのん気さ（享楽さ）の5因子が抽出されている。
(4) **採点と診断**：下表を用いて行う。①～⑧の各側面については，(3) と (2) がついた項目については○印を，(1) と (0) がついた項目には×印をつけ，○を1点と数え合計点を算出する。ただし，網かけの逆転項目は，×印を1点と数え合計点を算出する。各側面80％を基準に高いと判断する。たとえば，①思考外向型であれば16点以上になれば高いと診断する。Ⅰ～Ⅴの各因子については，数字がそのまま得点となる。ただし，網かけの逆転項目については，3→0，2→1，1→2，0→3と逆転して得点化する。各因子80％を基準に高いと判断する。たとえば，Ⅰ非合理性であれば31点あれば高いと診断する。

	タイプ	項目	得点	得点の解釈
各タイプ	①思考外向型	01, 02, 03, 04, 05, 06, 07, 08, 09, 10 11, 12, 13, 14, 15, 16, 17, 18, 19, 20	⑯	①～⑧のどれか1つが16点以上であれば，典型的なタイプと診断する。
	②思考内向型	01, 02, 03, 04, 05, 06, 07, 08, 09, 10 11, 12, 13, 14, 15, 16, 17, 18, 19, 20	⑯	
	③感情外向型	01, 02, 03, 04, 05, 06, 07, 08, 09, 10 11, 12, 13, 14, 15, 16, 17, 18, 19, 20	⑯	
	④感情内向型	01, 02, 03, 04, 05, 06, 07, 08, 09, 10 11, 12, 13, 14, 15, 16, 17, 18, 19, 20	⑯	
	⑤感覚外向型	01, 02, 03, 04, 05, 06, 07, 08, 09, 10 21, 22, 23, 24, 25, 26, 27, 28, 29, 30	⑯	
	⑥感覚内向型	01, 02, 03, 04, 05, 06, 07, 08, 09, 10 21, 22, 23, 24, 25, 26, 27, 28, 29, 30	⑯	
	⑦直観外向型	01, 02, 03, 04, 05, 06, 07, 08, 09, 10 21, 22, 23, 24, 25, 26, 27, 28, 29, 30	⑯	
	⑧直観内向型	01, 02, 03, 04, 05, 06, 07, 08, 09, 10 21, 22, 23, 24, 25, 26, 27, 28, 29, 30	⑯	
各因子	Ⅰ非合理性	07, 08, 09, 15, 16, 19, 21, 24, 25, 27, 28, 29, 30,	31	31点以上*
	Ⅱ社会的内向性	04, 05, 06, 09, 10, 18	14	14点以上*
	Ⅲ論理の客観性	01, 11, 12, 15, 16, 17	14	14点以上*
	Ⅳ従順さ	02, 03, 13,	7	7点以上*
	Ⅴのん気さ	04, 17, 22, 26	10	10点以上*

*得点の解釈の点数以上あれば高いと診断する。

(5) 文献：西野泰広（編）．(2003)．こころの科学．東京：東洋経済新報社．
西野泰広ほか．(2010)．ユングの8タイプの幼児画に対する学生のイメージ．国士舘大学教育学論叢，**27**，61-86．

(6) 連絡先：国士舘大学文学部　西野泰広　〒154-8515　東京都世田谷区世田谷4-28-1
Tel.03-5481-5159　E-mail：ynishino@kokushikan.ac.jp

(7) 項目：次の01～30の項目について，ぴったりしている場合は（3）を，大体当っている場合は（2）を，どちらとも言えない場合は（1）を，そんなことはない場合は（0）を，（　）内に該当する数字を記入してください．

01（　）素直に既成の事実を受け入れて判断基準とする．
02（　）身近なできごとに関心や注意が向き，常識や周りの意見に従う．
03（　）自分の考えより周りのものに価値を見い出そうとする．
04（　）反応が速く，現実的で，新しいことにもすぐ馴れてしまう．
05（　）淋しがり屋で協調性が高く，すぐに多くの友達ができる．
06（　）俗に言う内弁慶で，気の合った少数の仲間としか付き合わない．
07（　）客観的な事実よりも，自分がどう考えるかといった主観に重きを置く．
08（　）おとなしそうに見えても強情っ張りで，頑として自分の意見を守り抜く．
09（　）積極的に周りと関わるより，自分について深く考える．
10（　）臆病で用心深く，人や新しいことに取っつきにくい．
11（　）決断する際，感情より論理を優先する．
12（　）考えは現実的で客観的である．
13（　）新しい独創的な考えより，周りの考えを受け入れる．
14（　）自分のことについて理屈っぽく考える．
15（　）自分の考えを大切にするあまり，事実を歪めたり無視することもあり，頑固で強情な面がある．
16（　）決断するとき論理的に正しいかどうかより，自分の気持ちに合っているかどうかを優先する．
17（　）理屈っぽく考えないで，好きか嫌いかで判断することが多い．
18（　）周囲の要求や期待に沿うように心掛け，ためらいなく自分の気持ちを表現できる．
19（　）外見と内心は大違い，一見穏やかそうに見えても，内面は情熱を満々とたたえ，世界中の不幸を一身に背負っているかのようである．
20（　）人に悟られないよう，さりげなく気配りするタイプである．
21（　）何事も経験することが大事と考えているが，合理性より非合理性を，一般法則より偶然性を重視する．
22（　）外界からの刺激をそのまま受け入れ，難しいことは考えずに，気楽にその場その時の現実を楽しむ．
23（　）買い物をするとき，よく見たり触ったりしないと決められないし，自分のイメージに合わないものは見向きもしない．
24（　）感受性が強く，自分自身を理屈より感覚で捉え，ときには自分の世界に浸る．
25（　）周りのできごとより，心の中から湧き上がる強い印象に心を奪われる．
26（　）決断するとき，なんとなく全体の感じをつかんで，パッパッと決めてしまう．
27（　）俗に言うひらめきタイプで，創意工夫に富み，アイデアは次々に湧くが，飽きっぽく現実的でない．
28（　）結果や現実より，可能性を重視する未来志向型である．
29（　）周りのことに無頓着で，イメージが浮かんでは消え浮かんでは消え，イメージの世界を歩き回ることが好きである．
30（　）順を追ってじっくり考えることが苦手で，どことなく神秘的で予言的な空想家や芸術家タイプで，容易に人から理解されずに，社会的適応が難しい．

13. SD法による児童画の分析

(1) **スケール名**：SD法による児童画診断法
(2) **測定内容**：これは2つの面を内包している。第1は、心理尺度以外、つまり子どもの絵でもって、ユングの8タイプを診断しようとすること。第2は、そうした8タイプの子どもの絵を、大人はどのように評価しているのか、を分析することである。
(3) **経過**：リード（Read, 1945）は、校庭の木を描いた児童画を用いてユングの8タイプの分類を試みている。この方法を応用すれば、幼児の性格診断も可能となる。そこで、西野らは、図1に示すように、牛乳瓶にマーガレット（造花）1本をさし、24色のフェルトペンを用い、好きなように描かせ、リードの分類基準に従い図2の8タイプの絵を抽出した。大人は、この児童画をどのように見ているのか、SD法を用いてバイポーラの5件法で実施する方法を確立している。
(4) **採点と診断**：因子分析の結果、写実性（リアリティ）、好き-嫌い、上手-下手、良い-悪いなどの評価、圧倒性（インパクト）の3因子を抽出し、この3因子の因子得点を用い、8タイプの児童画がどのように見られているのかその特徴を見出し、こうした方法で性格を診断する可能性を模索している。
(5) **文献**：西野泰広・大野元三・岩田弘行．（1990）．幼児画と自己制御機能と母親のしつけとの関連．豊橋短期大学研究紀要（現豊橋創造大学），77-96.
西野泰広ほか．（2010）．ユングの8タイプの幼児画に対する学生のイメージ．国士舘大学教育学論叢，**27**，61-86.
Read, H.（1953）．芸術による教育（植村鷹千代・水沢孝策，訳）．東京：美術出版社．（Read, H.（1945）．*Education through art*. NewYork: Pantheon.）
(6) **連絡先**：国士舘大学文学部　西野泰広
〒154-8515　東京都世田谷区世田谷4-28-1
Tel.03-5481-5159　E-mail：ynishino@kokushikan.ac.jp
(7) **項目**：

図1　描画対象

		かなり	やや	中間	やや	かなり	
		1	2	3	4	5	
01	大人っぽい	1	2	3	4	5	子どもっぽい
02	好き	1	2	3	4	5	嫌い
03	小さい	1	2	3	4	5	大きい
04	写実的	1	2	3	4	5	印象的
05	明るい	1	2	3	4	5	暗い
06	平面的	1	2	3	4	5	立体的
07	動的な	1	2	3	4	5	静的な
08	月並みな	1	2	3	4	5	個性的な
09	男性的	1	2	3	4	5	女性的
10	素直な	1	2	3	4	5	気むずかしい
11	強烈な	1	2	3	4	5	穏やかな
12	下手な	1	2	3	4	5	上手な
13	地味な	1	2	3	4	5	派手な
14	具象的	1	2	3	4	5	抽象的
15	積極的	1	2	3	4	5	消極的
16	感情的	1	2	3	4	5	知的
17	重い	1	2	3	4	5	軽い
18	総合的	1	2	3	4	5	分析的
19	おもしろい	1	2	3	4	5	退屈な
20	粗野な	1	2	3	4	5	繊細な
21	陰気な	1	2	3	4	5	陽気な
22	能動的	1	2	3	4	5	受動的
23	大胆な	1	2	3	4	5	おとなしい
24	模倣的	1	2	3	4	5	創造的
25	よい	1	2	3	4	5	わるい

No.1	No.9	No.17	No.25	思考外向型
No.2	No.10	No.18	No.26	思考内向型
No.3	No.11	No.19	No.27 ＊	感情外向型
No.4	No.12	No.20	No.28	感情内向型
No.5	No.13	No.21	No.29	感覚外向型

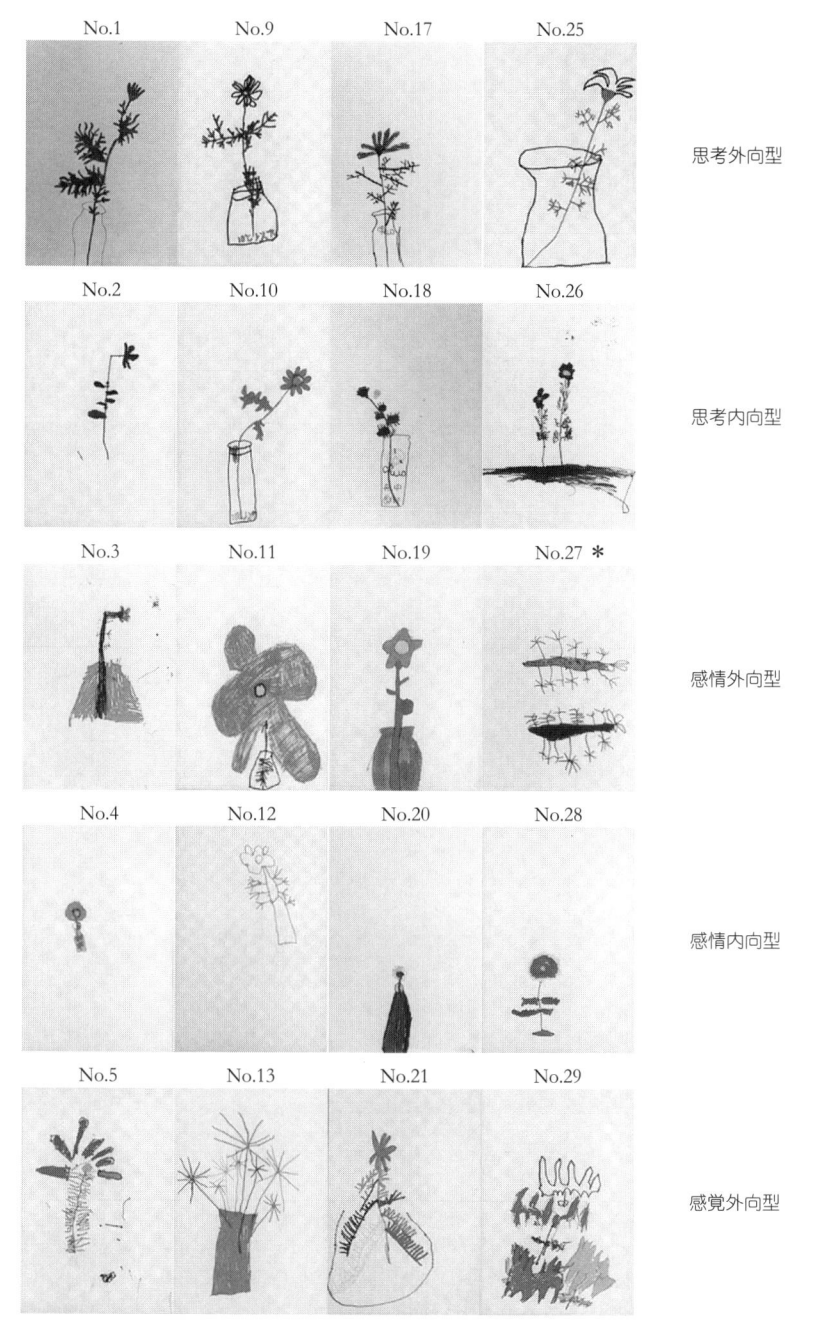

図2（次ページに続く）

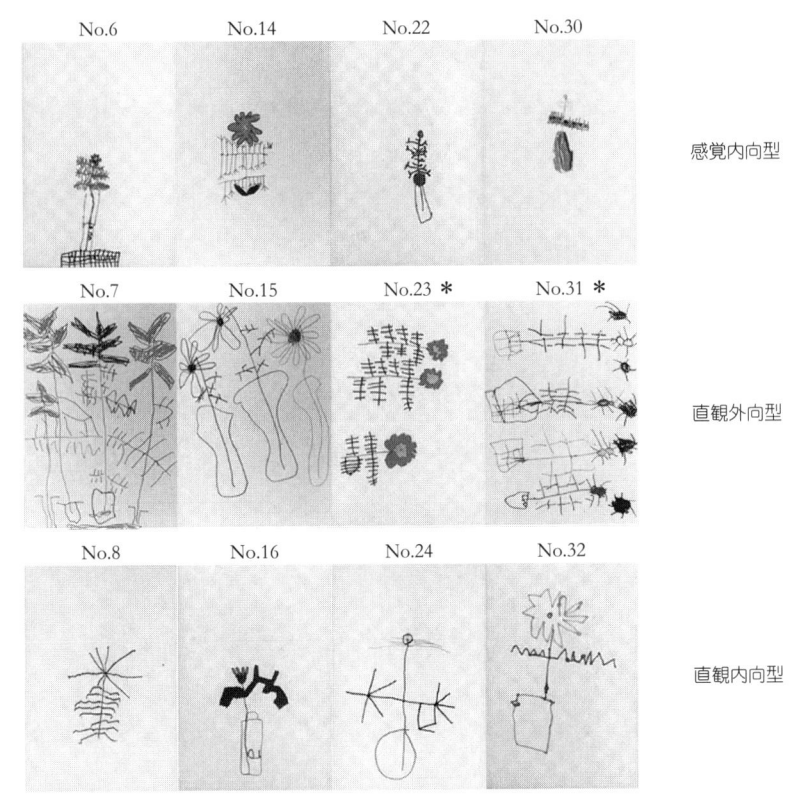

図2 ユングの8タイプの児童画（＊は横向きを表す）

感覚内向型
直観外向型
直観内向型

14. 不適応行動の測定

(1) **スケール名**：日本語版不適応行動尺度
(2) **測定内容**：就学前の子どもの不適応行動を測定する。
(3) **経過**：バインランド適応行動尺度（Vineland Adaptive Behavior Scales）の不適応行動領域（Maladaptive Behavior Domain）を日本語版として翻訳し，日本の社会背景に合わせて改変した就学前の子どもの不適応行動を測定する。
(4) **採点と診断**：採点は，項目の合計得点を加算して算出される。「はい」が2点，「どちらともいえない」が1点，「いいえ」が0点となり，得点が高い場合に不適応行動が多いと解釈する。
(5) **文献**：龍田希・仲井邦彦・鈴木恵太・黒川修行・島田美幸・柳沼梢・佐藤洋・細川徹．(2010)．日本語版不適応行動尺度の作成の試み．日本衛生学雑誌，**65**(4)，516-523.
龍田希・仲井邦彦・鈴木恵太・黒川修行・島田美幸・柳沼梢・佐藤洋・細川徹．(2010)．日本語版不適応行動尺度の信頼性と妥当性の検討．医学のあゆみ，**234**(12)，1137-1138.
(6) **連絡先**：東北大学大学院医学系研究科環境保健医学分野　龍田希

〒980-8575　宮城県仙台市青葉区星陵町 2-1
Tel.022-717-8102　Fax.022-717-8106　E-mail：tatsuta@ehs.med.tohoku.ac.jp

(7) 項目：以下の項目について，お子さまにみられる行動について「はい」，「どちらともいえない」「いいえ」でお答えください。

01　指しゃぶりをする。
02　過度に人に頼る。
03　引きこもる。
04　おねしょをする。
05　拒食，過食，異食がある。
06　睡眠の障がいがある。
07　つめをかむ。
08　極端な不安を示したり，怖がる。
09　目や口元などにけいれん（チック）がある。
10　すぐに泣いたり笑ったりする。
11　視線が合いにくい。
12　過度に落ち込む。
13　起きているときでも歯ぎしりをする。
14　非常に衝動的である。
15　集中力や注意が不足している。
16　異常に活動的である。
17　かんしゃく持ちである。
18　反抗的，もしくは挑戦的である。
19　相手をからかったり，いじめたりする。
20　慎重に考えて物事を判断することが苦手である。
21　うそをついたり，だましたり，盗んだりする。
22　ものに八つ当たりする。
23　家出をする。
24　頑固，もしくは不機嫌である。
25　ずる休みをする。

15. 教師の対処行動（個別化・個性化教育）の診断

(1) スケール名：教師の対処行動（個別化・個性化教育）診断テスト（通称：SCT-S スケール）

(2) 測定内容：教師が個別化教育や個性化教育を実際どのように組織の中で進めているのか，その様子を調べようとするものである。SCT-S スケールは部活動の際指導する先生がどのように行動しているのかを，SCT-K スケールは学級活動においてどのように行動しているかを調べるものである。

(3) 経過：ハーシィーら（Hersey & Blanchard, 1977/1978）の SL（Situational Leadership）理論は，リーダーシップ行動を仕事志向（task behavior）と対人関係指向（relationship behavior）の 2 次元で捉えるのではなく，生徒の成熟度（maturity）という状況性を加味し，教師のリーダーシップの効率性次元を含めた 3 次元モデルで診断しようとするものである。具体的には，状況 A から状況 L の 12 項目が該当する。診断は①成熟度が最も低い段階に有効なリーダーシップ行動として指示が，②成熟度が平均以下の段階に有効なリーダーシップ行動としてコーチが，③成熟度が平均以上の段階に有効なリーダーシップ行動として援助が，④成熟度が最も高い段階に有効なリーダーシップ行動として委任が有効とされ，各状況ごとに +2，+1，-1，-2 まで有効度が得点化されている。また，ここで言う仕事志向行動

とは教師が生徒の役割を組織化し明確化することの程度，すなわち生徒がどのような活動をいつ，どこで，どのように達成しなければならないかを説明しようとする度合いを指し，組織構造の明確化やコミュニケーション経路，業務達成手段の確立への努力を特徴とする。一方，対人関係指向行動とは，生徒がコミュニケーションチャネルを開き，社会的な連帯支持と心理的になだめたりして，生徒の行動を促進することにより，生徒と生徒との関係を維持することの度合いを指す。

西野（2003）は，生徒の心の状態により教師の対処行動を変えることを説いている。その結果，①生徒が生き生きしているときには教師の行動は委任を，②生徒が不平・不満を示すときには教師の行動は傾聴といった援助を，③生徒が劣等感を抱きだしたら教師の行動はモデルや目標を示したりやり方を教示する指示を，④生徒が無気力を示したら教師の行動は援助と指示を合わせたコーチをするといったものである。具体的には，状況Mから状況Pの4項目が該当する。西野とハーシィーの違いは，生徒の出発点の違いに求めることができる。西野の場合は子どもが対象で発達や教育に着目することから，最悪の状態を無気力においているのに対して，ハーシィーは産業組織心理学の立場から社会人を対象とすることから，最悪の状態を劣等感と踏んでいる。このように両者の考えは異なるスタートを切ったものではあるが，生徒の状況や教師のリーダーシップの効率度といった具体的な診断の実践レベルは相似している。測定法の立場から見ると4状況×4試行と捉えた方が精度が高まることから，4つの状況の効率度の基準は，①委任状況は，委任（+2）・援助（+1）・コーチ（-1）・指示（-2），②援助状況は，援助（+2）・委任（+1）・コーチ（-1）・指示（-2），③指示状況は，指示（+2）・コーチ（+1）・援助（-1）・委任（-2），④コーチ状況は，コーチ（+2）・援助（+1）・指示（-1）・委任（-2）の西野の基準を採用した。これはいずれも指導の個別化を扱うものである。

指導の個別化を考える際に，サロモン（Salomon, 1972）の3モデルが参考になる。①治療モデルは，学習者のもつ欠陥や短所を克服しようとするもので，プログラム学習の流れを汲んでいる。どんなことにも原因があり，どんなに困難で時間がかかろうとも，その原因を克服しようと考える。②補償モデルは，学習者のもつ欠陥や短所を治療することを一時的に棚上げし，とりあえず指導者が手助けをして欠陥部分を補い，最終的に目標を達成しようと考える。③最恵モデルは，学習者のもつ欠陥や短所を治療することを意図しないどころか，そういった短所があることを認め，逆に長所を利用して得意なところを伸ばし，短所を目立たせなくしようとする。西野はこれに④放任モデルを加え，①と②を医療モデル，③を発達モデルと呼んでいる。一部に，③の最恵モデルと④の放任モデルを混同する向きもあるが，両者は明らかに違うことを意識すべきである。具体的には状況Qが該当する。つまり，SCT-Sスケールはこのような指導の個別化や個性化の原理を踏まえたコーチングが実際になされているかどうかを診断しようとしている。また，西野は学級における教師の行動を診断するSCT-Kスケールを開発している。

(4) 採点と診断：教師の個別化教育については，西野の基準に従い得点化し，4状態に適した対処行動がとられているかどうかを診断する。また，教師の個性化教育については，4モデルのどれに該当するか診断する。

(5) 文献：Hersey, P., & Blanchard, K. H.（1978）*行動科学の展開*（山本成二ほか，訳）．東京：日本生産性本部．(Hersey, P., & Blanchard, K. H.（1977）*Management of organizational behavior*. Englewood Cliffs, NJ.: Prentice-Hall.)

西野泰広（編）．(2003)．こころの科学．東京：東洋経済新報社．

西野泰広ほか．(2006)．PDS機能からみた良いスポーツチームの心理的特性．*国士舘大学教育学論叢*, **24**, 25-48.

Salomon, G. (1972). Heuristic models for the aptitude treatment interaction hypotheses. *Review of Educa-*

tional Research, **42**, 327–343.

(6) 連絡先：国士舘大学文学部　西野泰広　〒154-8515　東京都世田谷区世田谷 4-28-1
Tel.03-5481-5159　E-mail：ynishino@kokushikan.ac.jp

(7) 項目：立場 A は，高校もしくは現在所属している部の指導者ならどうするかという視点で回答して下さい。
　立場 B は，もしそのチームの指導者に自分がなったとしたらどうするかという視点で回答して下さい。
　回答はいずれも 1～4 の内，最も相応しい数字を 1 つ選び記入して下さい。

A	近頃部では，指導者が部員のためを思って親しく話しかけても乗ってこない。チームとしての成績も下降気味である。
1	甘やかさず，スケジュールどおりに練習することを強調する。
2	今までどおり，部員の人間関係を大切にする。
3	部員と話し合い，何をすべきかを決める。
4	部員に任せ，とくに首を突っ込むことはしない。

B	最近チームの成績が向上している。部員は自分達の役割と達成目標をよく知っている。
1	友好的に付き合い，全員が役割や目標を熟知しているのか，常に注意を払う。
2	とくにこれといった手を打たない。
3	部員が満足感や達成感を得るように，ほめたり，励ましたりする。
4	練習や目標を達成することの重要さを強調する。

C	部員任せの方針のおかげか，今までチームの成績も人間関係も比較的良好であったが，どうもこれだけでは解決できそうにない問題が出てきた。
1	部員と一緒に問題解決に当たる。
2	従来どおり，部員に任せる。
3	どうすべきか指示する。
4	部員が問題解決に取り組むように勇気づけるとともに，討議しやすくする。

D	今まで部員達はよく練習してきたが，今後は練習方法をがらりと変えようと思う。部員達もその必要性を認めているようだ。
1	変える必要性を話し合うが，強制はしない。
2	「こう変える」と伝え，従うように十分に監督する。
3	部員に自分達の考えをまとめさせる。
4	部員と話し合ったうえで，決めたとおり行っているかどうか監視する。

E	チームの状態は最近悪化しつつあるように思う。部員達は目標を達成することにあまり関心がないように感じられる。かつて，各自の役割を再確認して効果をあげたことがあった。やはり部員には常に目標達成の重要性を教えておかなければならないと思う。
1	部員が気付くまで放っておく。
2	部員とどうしたらよいか話し合い，決めたことができるかどうかチェックする。
3	部員に目標を呈示し，注意深く，きめこまかく監督をする。
4	部員が目標を設定するように援助するが，強制はしない。

F 仮に，今より成績のよいチームを指導することになったとしよう。前の指導者はかなり厳しかったと聞く。そこで，チームの成績はこのまま維持し，チームの雰囲気をもっと明るく，人間的なものにしたいと思っている。

1 部員の話し合いを奨励する。
2 今までどおり，練習や目標の達成を強調する。
3 とくにこれといった手を打たない。
4 部員を意思決定に参加させ，そのうえで目標が達成されたかどうかチェックする。

G 指導者は部の方針に大きな変化を持ち込もうとしている。一応，部の日常生活はうまくいっているが，部員のなかにも「こうしたら」と変化を求める者もいる。

1 部員にどう変えるのかを伝え，従うように十分に監督する。
2 変えることについて部員と話し合い，実施については部員に任せる。
3 部員の考えを快く受け入れ，決まったとおりに行っているかどうか監視する。
4 一応うまくいっているのだから，どうするのか部員に任せる。

H チームの成績も人間関係も良好である。しかし，指導者に部員はもっと指示しなくてもよいのかと，多少不安を感じている。

1 良好であるので，そのままにしておく。
2 現状について部員と討議し，必要ならば指示を増やす。
3 今まで以上にきめこまかい指導をする。
4 あまりやかましく言うことによって，人間関係を傷つけぬよう注意する。

I 今仮に，チームには部員に周知徹底させ，やり遂げなければならない目標があるとしよう。部員はその目標を達成する潜在能力をもっているが，今となっては時間もなく，また部員もその目標の重要性に気付いていないように思われる。

1 部員が気付くまで放っておく。
2 部員とどうしたらよいか話し合い，決めたことができるかどうかチェックする。
3 部員に目標を呈示し，注意深く，きめこまかく監督する。
4 部員が目標を設定するように援助するが，強制はしない。

J 部員には責任を取る能力はあるが，最近チームの目標再設定に対して積極的でない。

1 部員にチーム目標の再設定を行なわすが，強制はしない。
2 改めて部員に目標を伝え，達成するように十分に監督する。
3 対決を避けるため，圧力をかけることを回避する。
4 部員の意見を尊重しながらも，新しい目標が達成されているかどうか監視する。

K 前任の指導者は，部のできごとにあまり首を突っ込まなかった。そのためか，部員はよく指示を守っているし，人間関係も良好である。

1 スケジュールに従い練習や生活するように，部員を指導する。
2 部員の話し合いを奨励し，チームに貢献するよう，ほめたり，援助をする。
3 部員と過去の成績などについて討議し，必要なことはとりあげる。
4 良好なので，そのままにしておく。

| L 最近部員の間にゴタゴタがあるようである。しかし，チームとしてはここしばらくすばらしい成績をあげているし，調和も保たれている。部員は目標を達成する力をもっている。 |

1 部員とともに解決を図り，必要に応じて次の手を考える。
2 自分達自身で解決させる。
3 迅速かつ断固たる指導・処置をとり，事態を改めさせる。
4 部員と話し合い，人間関係を傷つけぬよう注意する。

| M 現在チームの人間関係はよいが，自信をなくしている部員が多いようにみえる。 |

1 とにかく，部員の良い点をほめるように努力する。
2 部員の進言を受け入れ，かつ必要に応じて指導する。
3 部員の自主性に任せる。
4 どうしたらよいか指示を与え，従うように指導する。

| N 現在チームの状態は最悪で，部員は何事につけ，やる気を失っているようにみえる。 |

1 部員が立ち直るのを待つ。
2 どうしたらよいかを指示し，注意深く，きめこまかく指導する。
3 指示的なことは避け，人間関係を壊さないように，ほめたり，助言をする。
4 部員の進言を受け入れ，かつ必要に応じて指導する。

| O 現在チームの成績はよいが，どうも不平・不満を抱いている部員が多いようにみえる。 |

1 どうするか指導者の考えを伝え，従うよう指導する。
2 相談にのったり，部員と話し合う機会を多くする。
3 部員の進言を受け入れ，かつ必要に応じて指導する。
4 部員の自主性に任せておく。

| P 現在チームは部員が生き生きとし，練習に生活に励んでいる。おかげで，チームの成績も人間関係もよい。 |

1 部員と話し合い，必要があればきめこまかい指導をする。
2 とくに手を打つこともないので，今までどおり何もしないで放っておく。
3 甘やかさないようにし，注意深く，きめこまかく指導する。
4 指示的なことを避け，人間関係を壊さないよう，ほめたり，奨励する。

| Q 現在，チームに何かトラブルが起きたとしよう。 |

1 時間をかけても，あくまでその原因を探し，取り除く手だてを講じるよう努める。
2 直接的な解決にはならないが，一時的にそれに代わる代替的な手立てを講じる。
3 その問題には目をつむり，あくまで良い点を伸ばすことを心掛ける。
4 あくまで，部員の自主性に任せ，放っておく。

16. 母子や教師・生徒の相互交渉の診断

(1) **スケール名**：母子相互交渉チェックリスト（通称：CTI チェックリスト）
(2) **測定内容**：母子相互交渉や教師と生徒の相互交渉の過程を評価するためのチェックリ

ストである。
(3) **経過**：CTI チェックリストは，子どもと教師のインターラクション（相互作用）を第三者がチェックするために田島信元（1988）が開発した尺度で，日常の母子のインターラクションをはじめ，幼稚園や学校での子どもと教師のインターラクション（授業を含めた）にも活用できる，実用性の高い尺度である。たとえば，授業で用いるのであれば，授業の導入段階，発展段階，まとめ段階ごとに，10項目のプロフィールを描き，どのような特徴があるのか診断することができる。また，好きな授業と嫌いな授業を比較検討することもできる。
(4) **採点と診断**：子ども用と先生用別々に合計点を算出し，各16点以上あれば，子どもも先生もPDSサイクルが回り，お互いのPDS機能を認め合った学びと考えることができる。
(5) **文献**：西野泰広・田島信元（編著）．(1987)．保育・教育実習セミナー．東京：建帛社．
田島信元．(1988)．母子相互交渉における子どもの情報処理．心理学評論, **31**, 158–177.
田島信元．(2003)．共同行為としての学習・発達：社会文化的アプローチの視座．東京：金子書房．
(6) **連絡先**：国士舘大学文学部　西野泰広　〒154-8515　東京都世田谷区世田谷4-28-1
Tel.03-5481-5159　E-mail：ynishino@kokushikan.ac.jp
(7) **項目**：次の子ども用①〜⑩項目，教師用①〜⑩項目について，それぞれの様子（行動）を表現してみてください。まったくない場合には（0）を，多少あった場合には（1）を，かなりあった場合には（2）を，（　）内に該当する数字を記入してください。
【子ども用】
① (　) 始めから課題にやる気を示していたかどうか。
② (　) それぞれのやり方で，どんどん押し進めていったかどうか。
③ (　) どうしたらよいのか，積極的に質問していたかどうか。
④ (　) 言われたとおりにするのではなく，子どもなりの工夫が認められたか。
⑤ (　) 自分で活動を評価したり修正していたかどうか。
⑥ (　) 子どもの方から注文をつけることがあったかどうか。
⑦ (　) 子どもが知らない（気づいていない）ような新しいことを取り挙げていたかどうか。
⑧ (　) 子ども同士で教え合う場面があったかどうか。
⑨ (　) 子どもは活動していて楽しそうだったかどうか。
⑩ (　) 先生とのやりとりはスムーズだったかどうか。
【教師用】
① (　) 何を教えるのかが明確であったかどうか。
② (　) 始めからやり方が示されていたかどうか。
③ (　) 子どもの持っている知識や技能を上手に利用していたかどうか。
④ (　) 子どもの活動ペースを尊重していたかどうか。
⑤ (　) 子どもに考えさせるように発問していたかどうか。
⑥ (　) 逆に，子どもから教えられるような場面があったかどうか。
⑦ (　) 途中で，最初の目標や指導法を変えることがあったか。
⑧ (　) 子どもにより教える内容や指導方法を変えていたかどうか。
⑨ (　) 先生は教えていて楽しそうであったかどうか。
⑩ (　) 子どもとのやりとりはスムーズであったかどうか。

17. 共感性の測定①

(1) **スケール名**：青年期用多次元的共感性尺度
(2) **測定内容**：パーソナリティ特性としての共感性（特性共感）。共感的関心（EC）13項

目，気持ちの想像（PT）5項目，個人的苦痛（PD）6項目，ファンタジー（FS）6項目の4下位尺度からなり，それぞれ他者指向的共感特性，認知的共感特性，自己中心的共感特性，架空の他者への感情移入傾向を測定する．全30項目．

(3) 経過：青年期用多次元的共感性尺度は，中学生から大学生までの特性共感を多次元的に測定するために，登張（2003）が複数の既存の共感性尺度をもとに，新たな項目も加えて作成した尺度であるが，小学校高学年や成人でも使用可能である．既存の共感性尺度，向社会的行動尺度との関係から妥当性が確認された．

(4) 採点と診断：各項目ごとに，全く当てはまらない（1），あまり当てはまらない（2），どちらともいえない（3），やや当てはまる（4），非常に当てはまる（5）の5件法で回答を求め，下位尺度ごとに得点を合計し，得点範囲1-5に換算する．

(5) 文献：鈴木公基．（2007）．共感性・規範・態度：多次元的共感性尺度．堀洋道（監修）／櫻井茂男・松井豊（編），*心理測定尺度集Ⅳ*（pp.87-94）．東京：サイエンス社．
登張真稲．（2003）．青年期の共感性の発達：多次元的視点による検討．*発達心理学研究*，**14**，136-148．

(6) 連絡先：登張真稲（文教大学，鎌倉女子大学非常勤講師／白百合女子大学生涯発達研究教育センター研究員）
〒168-0082　東京都杉並区久我山4-50-12（自宅）
Tel.&Fax.03-5346-1691　E-mail：maine-tobari@nifty.ne.jp

(7) 項目：ここに書かれている文章の内容は，あなたにどのぐらい当てはまるでしょうか．非常に当てはまる場合は5，やや当てはまる場合は4，どちらともいえない場合は3，あまり当てはまらない場合は2，全く当てはまらない場合は1に○を付けてください．どれがいい答えというのはありません．とばさずに，感じたままに答えてください．

01　困っている人がいたら助けたい（EC）
02　誰かを批判するより前に，自分がその立場だったらどう思うか想像する（PT）
03　ころんで大けがをした人をみると，そこから逃げ出したくなる（PD）
04　心配のあまりパニックにおそわれている人をみると，なんとかしてあげたくなる（EC）
05　怒っている人がいたら，どうして怒っているのだろうと想像する（PT）
06　悲しい体験をした人の話を聞くと，つらくなってしまう（EC）
07　おもしろい物語や小説を読むと，そのようなことが自分に起こったらどのように感じるか想像する（FS）
08　私は身近な人が悲しんでいても，何も感じないことがある（EC）R
09　ニュースで災害にあった人などをみると，同情してしまう（EC）
10　小説を読むとき，登場人物の気持ちになりきってしまう（FS）
11　すぐに助けてあげないといけない人を見たら，どうしていいかわからなくなる（PD）
12　いじめられている人をみると，胸が痛くなる（EC）
13　困っている人を見ても，それほどかわいそうだと思わない（EC）R
14　急に何かが起こると，どうしていいかわからなくなる（PD）
15　友達の目からは，物事がどう見えるのだろうと想像し，理解しようとする（PT）
16　この人は不安なのだなというように，人がどう感じているかに敏感なほうだ（PT）
17　人が冷たくあしらわれているのをみると，私は非常に腹が立つ（EC）
18　人から無視されている人のことが心配になる（EC）
19　友達がとてもうれしい体験をしたことを知ったら，私までうれしくなる（EC）
20　テレビゲームの主人公になりきるのが好きだ（FS）
21　けがをして痛そうにしている人をみると，気持ちが悪くなる（PD）
22　泣いている人をみると，どうしていいかわからなくなって困ってしまう（PD）
23　落ち込んでいる人がいたら，勇気づけてあげたい（EC）
24　まわりの人が感情的になっていると，どうしていいかわからなくなる（PD）
25　他人をいじめている人がいると，腹が立つ（EC）

26 ドラマや映画を見るとき，自分も登場人物になったような気持ちで見ることが多い（FS）
27 本を読むときは，主人公の気持ちを考えながら読む（FS）
28 体の不自由な人やお年寄りに何かしてあげたいと思う（EC）
29 誰かに腹が立ったら，しばらくその人の立場に立ってみようとする（PT）
30 テレビや映画を見た後には，自分が登場人物の一人のように感じる（FS）

R：逆転項目

中学生以下の場合は，漢字に振り仮名をふる，平仮名表記に直す等の変更を加える。

18. 共感性の測定②

(1) スケール名：対象別・感情別共感尺度

(2) 測定内容：対象別（家族，友達，他人），感情別（喜び，悲しみ，困窮，怒り）の感情共有の傾向を測定する。全12項目。

(3) 経過：登張（2008）は共感の新たな次元として共感する対象と共有する感情の二つの次元を提唱し，この二つの共感次元を測定する新たな共感性尺度を開発した。青年期用多次元的共感性尺度（登張，2003），他者への関心尺度（Perry & McIntire, 1994），学校生活適応感測定尺度（浅川ほか，2003）の家族関係，友人関係尺度との関係から妥当性が確認された。

(4) 採点と診断：各項目ごとに，同じ気持ちには全然ならない（1），あまり同じ気持ちにはならない（2），少し同じ気持ちになる（3），すごく同じ気持ちになる（4）の4件法で回答を求め，次元ごとに得点を合計し，得点範囲1-5に換算する。

(5) 文献：浅川潔司・尾崎高弘・古川雅文．(2003)．中学校新入生の学校適応に関する学校心理学的研究．兵庫教育大学研究紀要，**23**，81-88．

Perry, C. M., & McIntire, W. J. (1994). High school senior's concern for others. *The High School Journal*, **77**(3), 199-205.

登張真稲．(2003)．青年期の共感性の発達：多次元的視点による検討．発達心理学研究，**14**，136-148．

登張真稲．(2008)．中学1年生の共感と対人的適応：その関連性と対象別・感情別共感の次元．青年心理学研究，**20**，25-40．

(6) 連絡先：登張真稲（文教大学，鎌倉女子大学非常勤講師／白百合女子大学生涯発達研究教育センター研究員）

〒168-0082　東京都杉並区久我山4-50-12（自宅）

Tel.&Fax.03-5346-1691　E-mail：maine-tobari@nifty.ne.jp

(7) 項目：あなたは，どういう場合にどのぐらい相手と同じ気持ちになりますか？　当てはまる答えの数字に○を付けてください。すごく同じ気持ちになる（4），少し同じ気持ちになる（3），あまり同じ気持ちにはならない（2），同じ気持ちには全然ならない（1）

01 家族が困っているとき　　07 家族が悲しんでいるとき
02 友達が困っているとき　　08 友達が悲しんでいるとき
03 他人が困っているとき　　09 他人が悲しんでいるとき
04 家族が喜んでいるとき　　10 家族が怒っているとき
05 友達が喜んでいるとき　　11 友達が怒っているとき
06 他人が喜んでいるとき　　12 他人が怒っているとき

中学生以下の場合は，漢字に振り仮名をふる，平仮名表記に直す等の変更を加える。

> 19. カウンセリングによる「こころの教育」の効果の測定

(1) スケール名：カウンセリングによる「こころの教育」の効果診断スケール（通称：PECスケール）

(2) 測定内容：「教育相談」の授業において，どの程度「こころの教育」に関する知識や技能が習得されているかを診断するために開発されたスケールである。

(3) 経過：カウンセリング技法に，構成的グループエンカウンターがある。提唱者の國分ら（2004）は，それをいくつかの課題を遂行するなかで自己開示をしながら自己理解を深め，仲間づくりをする折衷的な集団カウンセリング技法と捉えている。彼は今の日本の教育に欠けているものは，①自分がどうしたらよいのか目標を定められず，自分がどういう人間なのかよくわからない。②その為，仲間ともうまく付き合えないの2点を挙げている。この技法はコミュニケーションの返報性の原理に基づくもので，こちらがあるレベルで自らを自己開示すると，相手もそれと同じレベルで自己開示してくることを利用したものである。そこで，次々と課題を与え，遂行する中で自己開示を行うと，相手も必ず自己開示を行い，自己理解が深まると同時に他者理解も深まり，気づかないうちに仲間づくりができると考えている。教師はそういうことができるような課題を開発することが大切で，自分の授業にいかに活用することができるかが重要となる。彼は構成的グループエンカウンターを「育てるカウンセリング」とか「こころの教育」と呼んでいる。それゆえ，教師を目指す「教育相談」は，治療的カウンセリングではなく，予防的カウンセリングが中心となる。

PECスケールは，①PDS機能（16問），②自己肯定感（16問），③自信（劣等感）（8問），④仲間づくり（8問），⑤自己開示（8問），⑥教育の個性化（8問），⑦カウンセリング技法（8問），⑧自己理解（8問），⑨対人関係（8問），⑩状況対応（8問）の計96問で構成されている。

①PDS機能は，西野のPDSモデルについて問うたもので，PDSの各機能がどれだけ発揮され，PDSサイクルが回っているかどうかを診断するもので，P機能（01, 07, 13），D機能（19, 25, 31），S機能（37, 43, 49），PDSサイクル（55, 61, 67, 73, 79, 85, 91）で構成されている。

②自己肯定感は，平石（1990）がローゼンバーグ（Rosenberg, 1979）をベースに作成した自己肯定性次元と自己安定性次元を参考に西野が作成したもので，対自己領域として自己受容（02, 08, 14），自己実現的態度（20, 26, 32），充実感（38, 44, 50），対他者領域として自己閉鎖性（人間不信）（56, 62, 68），自己表明・対人的積極性（74, 80, 86）と，西野が独自に追加した両領域にかかわる（92）の項目で構成されている。平石のスケールには，この5つ以外に被評価意識・対人緊張（例：人から何か言われないか，変な目で見られないかと気にしている。人に気をつかいすぎて疲れる。自分が他人の目にどう映るかを意識すると身動きできなくなる。他人に自分の良いイメージだけを印象づけようとしている。）があるが，④仲間づくりや⑨対人関係の項目もあることから，本スケールでは全体の項目数を考慮し割愛した。

③自信（劣等感）は，（03, 09, 15, 21, 27, 33, 39, 45）の項目で構成されている。PDS機能が発揮され，PDSサイクルが回れば，②や③の自己機能が高まると考えられる。また，⑥の医療モデルに立脚するか発達モデルに立脚するかで，②や③の自己機能も異なってくると考えられる。

④仲間づくりは，（51, 57, 63, 69, 75, 81, 87, 93）の項目で構成されている。

⑤自己開示は，（04, 10, 16, 22, 28, 34, 40, 46）の項目で構成されている。

⑥教育の個性化は，西野の医療モデルと発達モデルのどちらに立脚するかを診断するも

ので，医療モデルは（52, 58, 64, 70），発達モデルは（76, 82, 88, 94）の項目で構成されている。
　⑦カウンセリング技法は，主に個人的カウンセリング技法を示すもので，㋐リレーションをつくり，㋑問題の核心をつかみ，㋒適切に処置をするために，ⓐ受容（05,17,41），ⓑ支持（23），ⓒ繰り返し（11），ⓓ明確化（29,47），ⓔ質問（35）の技法が重要となる。
　⑧自己理解は，構成的グループエンカウンターの目標の一つで，交流分析でいう大人（adult）の自我状態を目指すもので，(53, 59, <u>65</u>, <u>71</u>, 77, <u>83</u>, 89, 95）の項目から構成されている。構成的グループエンカウンターは，⑤の自己開示を通して⑧の自己理解を深め，④の仲間づくりを目指すもので，そのプロセスのなかで②や③の自己機能が高まると思われる。
　さらに，⑨対人関係は（06, 12, 18, 24, 30, 36, 42, 48）の項目で構成され，⑩状況対応は（<u>54</u>, <u>60</u>, 66, <u>72</u>, 78, 84, 90, 96）の項目で構成され，⑧と⑨と⑩はEQを構成する根源的因子でもある。つまり，PDS機能が発揮され，構成的グループエンカウンターが進むと，EQが高まるのである。EQについての詳細はEQNスケールを参照されたい。また，これは同時に西野の言う人の力（Personality Quotient）を高めることにつながり，「こころの教育」となることを現わしている。

(4) **採点と診断**：PECスケールの回答法は，片側3件法（かなりある：2, 多少ある：1, ない：0）で，いずれの項目もAの立場：今の自分はどうか？　Bの立場：さらに今後このような授業を受け，もっとカウンセリングを学んだらどうなるのか？　という2つの立場で回答を求め，その差から授業効果を測定することができる。下線の項目は逆転項目。
　因子分析の結果，以下の3因子が抽出された。
Ⅰ因子：自己主張する自信家で仲間づくりが得意な楽天的社交家タイプを示す表面的（顕現的）因子と思われる。
Ⅱ因子：個性尊重の配慮の人で，状況や相手を思いやることが得意な自己抑制的なタイプを示す表面的（顕現的）因子と思われる。
Ⅲ因子：自信欠如の不器用な人で，人付き合いが苦手で，何事もうまくいかないネガティブなタイプを示す表面的（顕現的）因子と思われる。

(5) **文献**：平石賢二．(1990). 青年期における自己意識の発達に関する研究（1）自己肯定性次元と自己安定性次元の検討. 名古屋大学教育学部紀要　教育心理学科, **37**, 217-234.
國分康孝・國分久子（総編集）．(2004). *構成的グループエンカウンター事典*. 東京：図書文化社．
西野泰広ほか．(2009). 構成的グループエンカウンターによる「教育相談」の授業効果の検討. 国士舘大学教育学論叢, **26**, 84-112.
Rosenberg, M. (1979). *Conceiving the self.* New York: Basic Books.

(6) **連絡先**：国士舘大学文学部　西野泰広　〒154-8515　東京都世田谷区世田谷4-28-1
Tel.03-5481-5159　E-mail：ynishino@kokushikan.ac.jp

(7) **項目**：次の1〜96の項目について，ない（0），多少ある（1），かなりある（2）の3件法で回答してください。回答は全て回答欄に該当する数字を記入してください。その際，次のAとBの2つの立場毎に回答してください。立場A：現在のあなたは？，立場B：もっとカウンセリング（構成的グループエンカウンター）を学んだら，どうなるか？

01　どちらかというと，自分は実行したり反省するより計画を立てる事が好き。
02　自分なりの人生があっても良い。
03　今のままの自分ではいけないと思う事がある。
04　人と話す時は，出来事や体験した事実について語る事が多い。
05　できるだけ相手の話す内容を受け入れるように心掛けている。
06　思いやりがあり，困った人を見るとほっとけない。
07　何か課題に取り組む時には，まず自分の考えから始めようとする。
08　自分の長所は受け入れることができるが，短所は受け入れがたい。

09 自分は何をやってもダメだと思う。
10 人と話す時は，気づいた事，感じた事，思った事を話すようにしている。
11 相手の言った内容を繰り返し，相手の真意を明確にしようと心掛けている。
12 独りでするより，仲間と行動するのが好き。
13 何をどのように行うかを，自分自身で決める事ができる仕事の方が満足できる。
14 自分の個性を素直に受け入れている。
15 自分にもいろいろ取り柄があると思う。
16 人と話す時は，自分の長所や短所などを語るようにしている。
17 自分の意見を述べる事より，相手の話を聴くよう心掛けている。
18 人の気持ちに敏感で，相手に合わせた行動をとる事が得意。
19 どちらかというと，自分は計画を立てたり反省するより実行する事が好き。
20 自分の夢を叶えようと意欲に燃えている。
21 生まれ変わるとしたら，やはり今の自分に生まれたい。
22 人と話す時は，自分の価値観・人生観や生き方を話すようにしている。
23 自分もそう思う時には，「そうそう」とか「なるほど」等と支持するように心掛けている。
24 人から友達に恵まれていると言われる事が多い。
25 自分の役割や分担がはっきりし，手順に従う仕事をする状況が好き。
26 本当に自分のやりたいことが何なのかわからない。
27 じきにがっかりする方で，沈んだ気分になったり，時にはふさぎ込む事がある。
28 人と話す時は，相手が話した内容やレベルに応じて話すようにしている。
29 言葉の裏の感情や気持ちに気づくよう心掛けている。
30 すぐ友達になれるし，親友も多い。
31 マニュアルがないとどうやって良いかわからないので心配である。
32 前向きの姿勢で物事に取り組んでいる。
33 自分は友達や家族の誰よりも有能だと思っている。
34 人と話す時は，聞かれた事に応える事はあっても，積極的に自己開示する事はない。
35 「はい・いいえ」で応えられないような形式の質問を心掛けている。
36 人からの忠告や助言は聴くようにしている。
37 どちらかというと，自分で計画を立てたり実行しないで反省する事が好き。
38 のびのびと生きていると感じている。
39 身近にいる人が成功すると羨ましくなる。
40 人と話していると，他人から言われて初めて気づくことや，隠している自分や，他人も自分も未知な自分があることに気づくことがある。
41 相手がリラックスできるような雰囲気で話ができるよう心掛けている。
42 お節介とか世話好きだと言われる。
43 他人が立てた計画ややり方について評価する事が好き。
44 多少の不満はあるが，生活が楽しいと感じている。
45 緊急の場合でも冷静で，何が何だかわからなくなるような事はない。
46 人と話していると，現実の自分と理想の自分の区分があいまいになることがある。
47 相手が未だ気づいてない事を，気づかせようと心掛けている。
48 手に負えないと思ったら，躊躇（ちゅうちょ）することなく友達に助けてもらう。
49 物事を比較，分析，評価する仕事が好き。
50 これまで自分のしてきた事は悔いが残る事の方が多い。
51 結果はどうであれ，自分から仲間を作るようにしている。
52 どんなに辛く時間がかかろうとも，短所や弱点を克服しなければならない。
53 自分をクールに客観的に分析する事が得意。
54 能力の割に失敗する事が多く，人から運の悪い奴と言われる事が多い。
55 人はPDS（計画・実行・反省）機能を発揮したところが能力として伸びるのだと思う。
56 人間関係をわずらわしいと思う事が多い。
57 気持ちの上では仲間に入ろうとするが，実際の行動が伴わない。
58 じっくり見て真似て覚えて行けば，自然と後から理屈がわかってくるものだ。

59　自分の長所や短所がよくわかっている。
60　いわゆるKY（空気が読めない）で，状況を察知するのが苦手。
61　相手が子どもであっても，お互いのPDS（計画・実行・反省）機能を認め合うようにしている。
62　他人との間に壁を作っているように思う。
63　相手の行動や話しが常に気になる。
64　最も重要な事は，出来ないことは手助けしてでもとにかく原因を克服することである。
65　自分の評価は甘い。
66　状況に合った立ち振る舞いをするよう心掛けている。
67　あなたが子どもと関わる時，子どもは生き生きしている事が多い。
68　友達といても，心が通じ合っていないと思う事がある。
69　挨拶や差し障りのない程度でしか，つき合えない。
70　最も重要な事は，出来事には必ず原因があり，手間がかかろうとそれを克服することだと思う。
71　自分の気持ちを抑える事が苦手である。
72　人から要領が悪いとよくいわれる。
73　子どもと関わる時，子どもはあなたの指示に従うだけでなく，独自の案を出して実行する事が多い。
74　人前でもありのままの自分を出せる。
75　メール友達はいるが，実際につき合うのは苦手。
76　人の発達を皆同じように考えることは無理。人はそれぞれ発達のゴールやコースが違うと思う。
77　すぐ感情的に行動してしまう。
78　その場の雰囲気を壊さないよう心掛けている。
79　あなたが子どもと関わる時，あなた自身も楽しむ事が多い。
80　納得がいくまで相手と話し合うようにしている。
81　異性や年齢差があると，なかなか話しづらい。
82　人間には長所と短所があるのが当然。それなら短所には目をつむり長所を伸ばすべきである。
83　論理的に説明したり分析する事が苦手である。
84　人生何が起こるかわからないので，大船に乗った気持ちでいる。
85　子どもも大人も人は皆同じように，PDS（計画・実行・反省）機能を持っていると思う。
86　自分の言いたい事はほとんど言うようにしている。
87　自分から積極的に誘ったり，話しかける事が多い。
88　我慢してコツコツ努力するより，次から次へと面白い事をする方が自分に合っている。
89　絶えず自分を監視し，自己コントロールが利いている。
90　場を盛り上げるためなら嫌な事でもする。
91　お互いのPDS（計画・実行・反省）機能が発揮されると，両者共に楽しく，関係もスムーズとなる。
92　自分ってすごいなと思うことがしばしばある。
93　嫌いなタイプでも，気軽に話す事ができる。
94　「いい気持ちいい学習」って本当だと思う。
95　何をするにも自分らしさを求め，身の丈に合った行動をとる。
96　事を起こす際には，周りを見渡してから行動するタイプである。

人名索引

【A】

Achenbach, Th. M. 214, 221, 222
Ainsworth, M. S. （エインズワース） 3, 4
Alderson, P. 233, 241, 243
Allport, G. W. （オルポート） 174, 175, 179
安藤寿康 236
安藤典明 236
安藤智子 102
Angold, A. C. 222
Anisfeld, M. 130
青木美和子 36
新井典子 4, 5
荒牧美佐子 99
麻生武 9, 32, 36, 37, 79
Aslin, R. N. 122
Atkinson, J. 21
東洋（Azuma, H.） 85, 150, 258, 262, 279

【B】

Baillargeon, R. （ベイラージョン） 115-117
Baltes, P. B. （バルテス） 63, 149-151
Banfield, E. C. （バンフィールド） 139
Banks, M. S. 21
Baron-Cohen, S. 114
Barrera, Jr., M. 153
Barrett, K. C. 142
Bateson, P. 138
Benigni, L. 139
Bernad, J. 22
Bernstein, R. J. 241
Bijleveld, C. C. J. H. 225
Bjorklund, D. F. （ビョークランド） 114, 118
Black, M. （マックス・ブラック） 76, 80
Blakeslee, S. （ブレイクスリー） 155
Block, J. （ブロック） 213
Block, J. H. （ブロック） 213
Bogin, B. （ボーギン） 192, 194
Bornstein, M. （マーク・ボーンスタイン） 260
Bosch, L. 125
Bouchard, T. 187
Bracken, B. A. （ブラッケン） 279
Bronfenbrenner, U. （ブロンフェンブレンナー） 157
Brown, R. 130
Bruner, J. S. 63

【C】

Campbell, L. 234, 241
Campbell, S. B. 216
Campos, J. J. （キャンポス） 142, 146
Carlson, S. M. （カールソン） 114, 116
Carter, D. M. 123
Case, R. （ケイス） 111
Caspi, A. （カスピ） 154
Ceci, S. J. 188
Charlton, R. A. （チャールトン） 210, 211
Chicceti, D. （チケッティ） 213, 214, 218, 224
Chomsky, N （チョムスキー） 130
Clements, W. A. （クレメンツ） 114, 116
Cohen, D. J. 213, 214, 218, 224
Cohen, L. B. 22
Cosmides, L. 189, 190
Costello, E. J. 222
Crick, F. （フランシス・クリック） 199
Cronbach, L. J. （クローンバック） 86
Cummings, E. M. （カミングス） 213, 217, 218, 226
Cutler, H. 123

【D】

Damasio, A. （ダマシオ） 141-143
Darwin, C. （ダーウィン） 187
Davison, G. C. 219
Dawson, G. （ドーソン） 30
Dick, D. M. 186
Duong, T. Q. 207

【E】

Eccles, J. C. （ジョン・エックルス） 198, 199
Edelbrock, C. S. 214, 221, 222
江原由美子 158
Eimas, P. D. （アイマス） 7
Elder, G. H. （エルダー） 154, 157, 213
Elman, J. L. 111
遠藤利彦 73, 150, 171
Erikson, E. H. （エリクソン） 180, 181

【F】

Fantz, R. L. （ロバート・ファンツ） 16, 22
Ferguson, C. A. 6
Field, T. M. 136, 137
Findlay, B. （フィンドレイ） 247

Finkel, S. E.　42
Freud, A.（アンナ・フロイト）　213
藤江康彦　78
藤崎亜由子　29, 30, 33
古澤照幸　43, 44

【G】
Gall, F. J.（ガル）　204
Gardner, H.（ハワード・ガードナー）　244
Garmezy, N.　213, 214
Gazzaniga, M. S.　114, 206
Geertz, C.（ギアツ）　8
Gergen, K. J.　169
Gershkoff-Stowe, L.　128
Gertner, Y.（ガートナー）　131
Gianino, A.　145
Gigerenzer, G.　164
Ginsburg, H. P.　65
Glaser, B. G.（グレイザー）　69, 77
Goodman, R.　222, 223
Gopnik, A.　112
Goswami, U.　110, 112, 117, 119
郷式徹　253
Gubrium, J. F.　79
Guyatt, G.（ガイアット）　56
行部育子　34-36

【H】
南風原朝和　43
浜田寿美男　75, 76
Hamilton, W. D.　192
花沢成一　279
Hanlon, C.　130
Hanson, N. R.（ハンソン）　75
原田悦子　69, 138
Harkness, S.　137
Harrington, R.　214
Harter, S.（ハーター）　67, 70
針生悦子（Haryu, E.）　127, 129
橋彌和秀　118
林安紀子　123
Heppner, M. J.　271
Heppner, P. P.　271
Hetherington, E. M.（ヘザリントン）　155
Hilbert, D.（ヒルベルト）　15
平石界（Hiraishi, K.）　187, 189, 190
Hogan, T. P.（ホーガン）　279
Holstein, J. A.　79

堀洋道　279
堀川直義　63
Horowitz, F. D.　23
Houston, D. M.　123
Hubbard, R.　164

【I】
市川寛子（Ichikawa, H.）　25, 26
池田央　41
今井むつみ（Imai, M.）　126, 127, 129
今尾真弓　77
稲垣佳代子　112
井上輝子　158
石井秀宗　96
石野秀明　35, 36
伊藤大幸　100
岩立志津夫　4, 5, 7

【J】
Jaensch, E. R. F.（イエンシュ）　1
Jusczyk, P. W.　122, 123

【K】
帰山亜紀　46
海保博之　69, 138
梶川祥世　129
嘉数朝子　70
上武正二　1
加茂富美子　63
金沢創　9, 15
神取道宏　189
Kaplan, H.　192
柄谷行人　15
Kashani, J. H.　221
河合隼雄　63
川喜田二郎　69
川村隆明　163
川野健治　171
川崎謙　37
川田暁子　146
川田学　146
Keller, M. C.（ケラー）　189, 190
Kelly, G. A.　171
北山忍　74
Knapp, S. J.　234, 240
小林大祐　46
小平英志　68
Kohlberg, L.（ローレンス・コールバーグ）　238, 244

314

小嶋秀夫　139
古俣誠司（Komata, S.）　164
古崎幸　138
小山加代（Koyama, K.）　114, 116
子安増生　111, 114, 250
Kuhl, P. K.　124
Kuhn, Th. S.（クーン）　75, 162
倉持清美　34-36
久世敏雄　176

【L】

Lahey, B. B.　214
Lamiell, J. T.（ラミエル）　171
Landau, B.　126, 127
LeDoux, J. E.（ルドゥー）　142
Lewin, K.（レヴィン）　181
Loehlin, J.　187
Luce, R. D.（ルース）　55
Luhmann, N.（ルーマン）　28, 29, 37

【M】

前田和子　67
Main, M.　70
Marcia, J. E.　70
Markman, E. M.（マークマン）　126, 127
Martin, P.　138
松本光太郎　35, 36
松本学　77
松尾太加志　97
松嶋秀明　80
Maye, J.　125
馬塚れい子（Mazuka, R.）　123
Mealey, L.　190
Menard, S.（メナード）　41, 42
Miller, D. J.　22
Miller, G. F.（ミラー）　189, 190, 193
箕浦康子　167
Miranda, S. B.　16
三井宏隆　46
三宅晶（Miyake, A.）　114
宮本美沙子　63
三好昭子　184
茂垣まどか　184
森口佑介　114
森田慎一郎　96-98
茂呂雄二　74, 80
Morrow, V.　233, 241, 243
Mullen, B.（マレン）　56, 104

村井潤一郎　9, 91
村上宣寛　51, 53
Murray, D. J.　164
無藤隆　37, 99, 102, 150, 153

【N】

永野重史　149
Nagy, Th. F.　234
内藤美加（Naito, M.）　114, 116
中釜洋子　139
中村知靖　97
仲渡江美（Nakato, E.）　25, 26
Narens, L.（ナレンズ）　55
Nazzi, T.　123
Nettle, D.　188, 194
Neyman, J.（ネイマン）　56
Nicol, A. A.　261
西江仁徳　37
西平直喜　176, 177
西川泰夫　162
西崎実穂　29, 30
野田正彰　30
野口裕之　45
野村晴夫　70, 79
能智正博　9, 75, 78, 81

【O】

落合正行　150
小田切紀子　156
Oden, M. H.　213
小川絢子　114
小椋たみ子　127
岡田涼　105, 106
岡田努　40, 41
岡本夏木　125
尾見康博（Omi, Y.）　164-166, 168, 171
Onishi, K. H.（オーニシ）　115-117
大倉得史　63, 70
大野久　9, 176-178
大友賢二　45
Osterling, J.（オスターリング）　30
大塚由美子（Otsuka, Y.）　25

【P】

Pancratz, C. N.　22
Pellegrini, A. D.（ペレグリーニ）　114, 118, 138
Penke, L.　190
Penton-Voak, I.　193

Perner, J.（パーナー） 114, 116
Pexman, P. M. 261
Piaget, J.（ピアジェ） 64, 65, 110-112, 119, 120, 154, 238, 243
Pike, R. 67, 70
Pinker, S.（スティーブン・ピンカー） 194, 244
Plomin, R. 187
Plooij, F. X. 145
Polka, L. 124
Pollet, T. V. 188
Popper, K. R.（ポパー） 15, 81
Premack, D. 114

【R】
Rennie, D.（レニー） 56
Rogoff, B.（ロゴフ） 74, 77
Rosch, E. 127
Rosnow, R. L. 169
Russell, J.（ラッセル） 114, 116
Rutter, M.（ラター） 186, 214, 219
Ryan, P. A. 164

【S】
Saarni, C.（サーニ） 141
Saayman, G. 22
定藤規弘（Sadato, N.） 202
Saffran, J. R. 123
西條長宏 56
西條剛央 78, 151
坂上裕子 78, 96
坂口菊恵 191, 193
坂井克之 113
酒井恵子 85, 92
佐久間路子 150
Salapatek, P. 21
Sameroff, A. J. 213, 214
Sandel, M.（マイケル・サンデル） 244
佐藤郁哉 8
サトウタツヤ 79
Scott, E. L. 56
Sebastián-Gallés, N. 125
Sell, A. 189
芝祐順 43
柴坂寿子 34-36
清水和秋 54
Shwalb, B. J.（シュワーブ） 274
Shwalb, D. A.（シュワーブ） 274
Shwalb, D. W.（シュワーブ） 255, 258, 274

Sick, L.（シック） 264
Siegal, M.（シーガル） 116, 119
Siegler, R. S.（シーグラー） 111
Singer, J. D. 218, 219
Smith, B. H.（スミス） 192, 194
Smith, L. B. 128
Snow, C. E. 6
Sontag, L. W. 22
Southgate, V. 115
Sperber, D. 118
Spinath, F. M. 187
Spitz, R. A.（スピッツ） 144
Sprague, D.（スプレイグ, デイビッド） 191
Sroufe, L. A.（スルーフ） 213-215
Stanley-Hagan, M. 155
Steneck, N. H. 234
Stern, D.（スターン） 70
Stern, W.（シュテルン） 1
Stice, E. 153
Strauss, A. L.（ストラウス） 69
Streitman, S. 213, 214
須田治 138, 140, 143, 144
須賀哲夫 15
菅沼真樹 96
菅原和孝 37, 140
菅原ますみ 156
杉村智子 65
杉野勇 40
角谷詩織 102, 103
Sundara, M. 125
Super, C. M. 137
鈴木淳子 64, 68
鈴木聡志 69
庄司順一 258
東海林麗香 79
荘島幸子 80

【T】
橘廣 31, 32
田島信元 279
高田明 32, 34
高木光太郎 139
高橋惠子（Takahashi, K.） 3, 4
高橋雅治 274
高橋美保 77
高橋雄介 188
高比良美詠子 42
高井弘弥 31

316

高井直美　31
高坂聡　30, 33
高砂美樹　163
高田利武　31, 33
高辻千恵　86, 88, 89, 92, 93
高山佳子　35, 36
谷口明子　78
丹野義彦　162
Tees, R. C.　124
Teller, D. Y.（テラー）　17
Terman, L. M.（ターマン）　213
Thiessen, E. D.　123
Todd, P. M.　193
徳田治子　79
Tomasello, M.（トマセロ）　131, 132
友永雅己　119
Tooby, J.　189, 190
外山紀子　33
豊田秀樹　45, 100
Tronick, E. Z.（トロニック）　145
坪田一男　248
辻あゆみ　35, 36
塚田-城みちる　33, 146
常田美穂　32, 33
Tuleya, L. G.　263
Turkheimer, E.（タークハイマー）　186

【U】
上田礼子　67
上松正朗　247, 249

【V】
Valsiner, J.（ヴァルシナー）　137-139
Van de Rijt-Plooij, H. H. C.　145
Vygotsky, L. S.（ヴィゴツキー）　9, 73, 111, 138, 157

【W】
Wachtel, G. F.　127

若原まどか　184
若島孔文　168
Wallerstein, J.（ワラスティン）　155
Wallon, H.（ワロン）　9, 73
綿巻徹　127
渡部洋　84
渡辺恒夫　75
Weiner, B.（ワイナー）　279
Wellman, H. M.　114
Werker, J. F.　124
Werner, H.（ウェルナー）　1
Willett, J. B.　218, 219
Williams, W. M.　188
Willig, C.（ウィリッグ）　80
Wilson, D. S.　190
Wimmer, H.　114
Windelband, W.（ヴィンデルバント）　171, 175
Winegar, L. T.　138
Woodruff, G.　114
Wundt, W.（ヴント）　1

【Y】
山田剛史　91
やまだようこ／山田洋子　14, 64, 69, 73, 75, 92, 167, 171
山形伸二（Yamagata, S.）　187
山岸俊男　165, 190
山森光陽　154
山内星子　100
矢野喜夫　150
Yeh, J.　16
吉田寿夫　42, 84
Young, C. H.　154
湯川良三　111

事項索引

【アルファベット】

ADHD　140
APA Publication Manual　260-262, 265, 270, 273
APAスタイル　261, 272, 273
BADS　59
ChaSen　41
Child Behavior Checklist　222
CTスキャン　200
DA　59
DQ　58, 59
DSM-Ⅳ　221
DSM-Ⅳ-TR　220, 221
EQの測定　285
ERP　113, 203
fMRI　113, 117, 203-205, 210, 211
Harter Model　70
IBM SPSS Text Analytics for Surveys　40
ICD-10　220, 221
IQ　58, 59
KJ法　69, 81
MRI　200, 203
NIRS　25, 113, 118
PDS機能から見たやる気の測定　280
PDS機能の測定　280
PET（スキャン）　204, 206
PsycINFO　250, 260, 263-265
Q分類法　175
SD法による児童画の分析　298
SDQ　222, 223
SRCD　2
The Strengths and Difficulties Questionnaire　222, 223
TRUSTIA　40
WAIS　58
WISC　58

【あ行】

愛着のタイプ　3
アイデンティティ　181, 183, 192
アクションリサーチ　80
アスペルガー症候群　138-140, 146
アセント　233, 234, 240
アタッチメントの測定　289, 290
厚い記述　7, 8
厚いデータ　34
アフェクティヴな自己　143

アメリカ心理学会　236, 240, 260
アメリカ精神医学会　220
安定性　43, 44, 165
閾値の測定　19
育児語　123
意思　207
意識　197, 198, 208, 211
　――と脳の関係　208
　――の座　199, 208
異常心理学　219
異常性　219
一語発話　130
一次運動野　205, 206
一次的情動　142, 143
遺伝　186, 187
　――型　188
　―――環境交互作用　186
　――率　187, 188
イベントサンプリング　33
因果関係　41, 42, 99, 102, 103
因子的妥当性　44, 54
因子パターン　97
因子分析（法）　95-99, 177, 180, 184
　探索的――　97
インターネット（調査）　46, 67
　オープン型　46
　クローズド型　46
インタビュー（調査）　63, 165
インタラクティヴな知　79, 80
インパクトファクター　248
インフォームド・コンセント　169, 233-235, 241, 242
ウェックスラー式知能検査　58
英語論文　258
英文アブストラクト　258
英文チェック　259
疫学研究に関する倫理指針　235
エスノグラフィ　34, 78, 81, 154
エスノ心理学　139
エスノセントリズム　74
エスノメソドロジー　34
エソロジー　140
遠城寺式乳幼児分析的発達検査法　59
横断的研究法　151-153
応答の構え　42

オークランド成長発達研究　154
音素カテゴリー　125
音素の区別　124
音素の遷移確率　123

【か行】

回帰分析　99
カイ二乗検定　90
解釈的アプローチ　154
外的変数　53
概念体系　15
概念変化　114
会話分析　35, 69
カウンセリングによる「こころの教育」の効果の測定　309
顔研究　25
科学者の行動規範について　236
科学主義　154
科学的（な）観察　34-37
科学的言語　274
拡散テンソル画像法　210-212
拡散比較　105
確証バイアス　54
学振　248, 249
覚醒　142
仮説　249
　　――‐検証（法）　136, 137
　　――検証研究　66
　　――検証モデル　166, 167
　　――検定　104
　　――（の）生成　67, 167, 179, 184
　　――生成研究　66
　　――を検証する　164, 165
可塑的人間観　171
形バイアス　126-128
傾き　101, 102, 219
語り合い法　70
語り環境　79
カテゴリー化　32, 33
カテゴリー名　127, 128
喚起　141-144, 146
　　――・緊張・興奮　143
　　――調整　142
眼球運動分析　111
環境　138, 186
　　――多様性仮説　190, 191
　　――調整　139
　　――への適応　144

内的――仮説　190, 191
観察　28, 29, 62, 165
　　――研究　28
　　――者　28
　　――の観察　28, 30, 37
　　――法　62, 64, 66, 166
　　科学的（な）――　34-37
　　現象的（な）――　28, 36, 37
　　参与――　28, 35, 167, 168
　　参与的なエピソード――　36
　　自然科学的な――　28
　　セカンド・オーダーの――　28, 29
　　直接的――　31
　　日誌的――研究　31
　　非参与――　28, 35
　　ビデオ――　31-35
　　ファースト・オーダーの――　28, 29
感情　144
関心相関的選択　151
観測変数　101
キーワード　263-265
キーワード検索　250
機械論　165
機械論的人間観　166, 171
記述統計　87, 90, 92, 164
記述レビュー　104
基準関連型発達テスト　59
基準関連妥当性　44, 52-54, 60
基準の汚染　53
基準変数　53
期待背反法　112, 115, 128
機能的MRI（法）　203, 207
機能的磁気共鳴画像法　113
機能不全　220
木のモデル　214, 215
基本統計量　87, 88, 92, 93
帰無仮説　90
客観主義　154
旧パラダイム　162, 163
共感性の測定　306, 308
教師の対処行動の診断　301
強勢　123
強制選択選好注視法　17, 18, 20, 24
共同研究（者）　218, 247, 253, 254, 256
共同注視　32
共分散　89, 99
　　――構造分析　87, 95, 96, 99, 101, 178-180, 184
　　――構造モデル　219

事項索引　319

共変量　225
　　——データ　225
　　——の選定　225
極端な応答スタイル　42
許容誤差　48, 51, 59
均衡　189
近赤外線分光法　25, 113
空間解像度　207
偶然誤差　49, 50, 52, 53, 56, 60
具体的な人間の心理学　138
組み合わせ法　41
グラウンデッドセオリー（法）　69, 81
グリア細胞　203
グループインタビュー　67
クロス集計表　90
クロスラギッド相関分析　153
クロンバックの α 係数　43
計算誤差　49
型態生成的（方法）　175, 176
系統誤差　49, 50, 56, 85
系列的研究法　152
ケーススタディ　154
ゲーム理論　189
結実変数　224
原因帰属の測定　294
研究：
　　——会　252, 254
　　——計画　253
　　——者の視点　75
　　——奨励金　248, 249
　　——対象としての〈現実〉　74
　　——テーマ　179, 180, 249
　　——パラダイム　162, 200, 202
　　——費　248, 249
　　——倫理　230, 231, 243
　　革新的——法　6
　　学融合的——　218
　　過去の——法　1
　　先行——　104, 106, 156, 218, 219, 249, 251
　　伝統的——法　6
顕在的理解　114
現実　15, 75–78, 80, 139
　　——の再記述　76
　　——の見方　74
現象記述的方法　150
現象的（な）観察　28, 36, 37
検証モデル　172
検定力　42

語彙獲得　125
語意推論バイアス　127–129
語彙爆発　126, 129
効果量　105
公差　48, 50, 51, 60
交差時差遅れモデル分析　224
構成概念妥当性　44, 54, 60
後成説的な発達変化　146
構造化面接　66, 67
構造方程式モデリング　95, 96, 99
構築モデル　172
行動遺伝学　186, 187
行動遺伝学の三原則　186
行動学　140
行動形質　186, 188
行動指標　112, 120
行動主義　162–164
行動主義心理学　197
口頭発表　252
行動目録法　151
項目応答理論　45
効率性　51, 54, 60
コーホート差　152
コーホート集団　214
心の理解　115
心の理論　65, 113, 114, 116, 117
誤差　48, 84, 85
　　許容——　48, 51, 59
　　偶然——　49, 50, 52, 53, 56, 60
　　計算——　49
　　系統——　49, 50, 56, 85
　　測定——　49, 50
　　統計——　49
　　バイアス——　55
　　ばらつき——　55
　　非系統——　85
　　標準——　49
　　丸め——　50
　　ランダム——　55
個人差　101, 164, 186–188, 214
個人差の進化　189
個人診断法　1
個人的要因　150
誤信念課題　114–117
個人の発達　194
個性記述　153
個性記述的（アプローチ）　171, 175, 176
個性定立的アプローチ　171

320

個体能力モデル　137
骨相学　204, 205
古典的テスト理論　45, 52, 84
古典的な愛着研究　3
誤答分析　111
子ども：
　——の身体的攻撃行動の発達　216
　——の精神的健康　217
　——の精神病理　222
　——の同意　233
　——の有能さ　111
コネクショニズム　111
個別分析　177, 183
固有値　97
コンセント　233, 234, 242
コントラスト感度　21
コントロール実験　25

【さ行】
再記述　78, 80, 81
再検査法　43, 58
最小二乗法　97
再詳述法　37
再投稿　255, 256
最尤法　97
索引語　264, 265
査読者　255, 256
三項関係　35, 143
3段階分析法　176
散布度　88
サンプリング　29, 31-35, 46, 180, 181
　イベント——　33
　タイム——（法）　31, 33, 151
　場面——　31
　ランダム——　46
サンプルサイズ　42, 88, 91
参与観察　28, 35, 167, 168
参与的なエピソード観察　36
視角　20
時間　79
　——解像度　207, 210
　——計測分析　111
　——的な変化　95
　——見本法　151
磁気共鳴画像法　203, 210
次元的（方法）　175, 176, 178
自己制御機能の測定　290
自己中心性　110

自己フィードバック　141
事実探究　3
事象関連電位（法）　113, 203, 207, 210
システム　78
自然科学的な観察　28
自然観察法　151
自然淘汰（理論）　118, 187, 188, 192
しつけと発達　139
実験　163, 165
　——群　7
　——計画　120
　——心理学　119, 136, 139
　——心理学的な研究法　120
　——的研究　9, 14, 15
　——変数　7
　——法　7, 151, 165
実行機能　114, 116
実践研究　9
質的：
　——アプローチ　163, 168
　——研究　8, 9, 14, 63, 73, 75-81, 86, 92, 166, 167, 178, 180
　——研究の思考法　73
　——研究法　63, 70, 151, 154
　——心理学　34
　——心理学研究　7
　——調査　40
　——データ　153
　　大量の——　40
　——な構え　73-76, 80
　——分析　85
　——方法　178
質問紙　4, 40
　——尺度　96
　——調査（法）　41-43, 84, 95, 165, 166, 177, 179, 180, 183
　——による尺度構成　96
　——法　63, 66, 67, 151, 163
視点の転換　75, 76
児童心理学　149
児童精神医学　213, 214
シナプス　198
事物全体バイアス　126, 128
縞視力　19
縞パターン　20
社会・文化的要因　150
社会性の発達　145
社会的参照　146

事項索引　321

社会的妥当性　54
社会的望ましさ　42
尺度　43
　　──化　4, 5
　　──構成　97
　　──作成　92, 180
　　──作成論文　93
　　──得点　84
　　──の信頼性　8
　　──の選定　225
　　──の操作的定義　7
　　──の妥当性　8
斜交回転　97
写真投影法　30
主因子法　97
自由意思　141, 205, 206, 208, 211, 212
充実感・生きがい感モデル　177
修正再審査　254-256
収束的妥当性　44
従属変数　7, 225
縦断(的)研究(法)　45, 145, 151-153, 224
　　子どもの発達と家族の精神保健に関する──　156
　　前方向視的な──　215, 224
　　ダニーディンでの長期──　154
　　長期──　213, 214
　　離婚に関する長期──　155
縦断(的)調査　42, 102, 103
周辺条件　137-139
自由面接　67
主観的体験　70
主題分析　177
出版バイアス　104, 105
馴化　7
　　──・脱馴化法　23, 112
　　──法　22, 24
　　脱──　23
順序法　41
生涯発達　64
生涯発達心理学　63, 149, 209
上下法　19, 20
条件づけ振り向き法　124
じょうごプロット　104, 105
少数データ　174
情緒年齢の測定　288
焦点比較　105
情動　136, 140, 141, 144
　　──コンピテンス　146

──的な自己システム　141
──の機能化　143, 145
──の制御子　141
──の調整　138
──の調整点　143
──の二層調整モデル　144
一次的──　142, 143
二次的──　141-143
情報処理アプローチ　111, 112
情報処理メカニズム　118
消耗分析　225
初語　125
ジレンマ　238, 239, 241
　　道徳的──　238
　　倫理的──　238, 243
進化　187, 188
人格特性論　175, 179
進化心理学　112, 118, 186
進化発達心理学　118
新奇選好　23
シングルスペース　273
神経回路　197
神経科学　197-199, 202, 211
神経細胞　197, 198, 204
真実　85, 93
人生のはしご段　175
身体的平衡回復　143, 144
身体内条件　137, 138
真値　48, 53, 84, 85
真の値　49, 50
心拍加速現象　22
新パラダイム　163
新版K式発達検査2001　59
新ピアジェ派　111, 112, 118
進歩　187
信頼性　43, 45, 48, 51, 59, 69, 120, 165
信頼性係数　43, 52, 53
心理学　197, 198, 211
心理学的な構成概念　95
心理尺度　48, 279
心理テスト　48, 279
随意運動　205, 208
推測統計　87, 90, 164
推測統計量　105
推論革命　164, 168
数値要約　88
数量データ　174
数量的研究　178

スキャモンの発達曲線　58
ストレンジ・シチュエーション法　3, 4
図表化　87
スポーツチームの組織判断　283
性　192
　　──的な魅力度　193
性格のタイプの診断　296
生活史戦略　191
　　──の進化　191
　　ヒトの──　191
精神医学　218-220
精神障害　220
精神病理　215, 216, 218, 224
　　──に関する発達心理学的研究　220
　　──の発達的起源　219
成人用愛着面接　70
生態学的妥当性　165
生態学的発達理論　157
生体調節　142
生態文化的に埋め込まれた発達をとらえる接近法　137
正統的周辺参加（論）　35, 139
生得か学習か　132
生得の文法知識　130, 132
青年期　192, 194
　　──におけるアイデンティティ確立　194
青年心理学　149
生物学　192
　　──的アプローチ　186
　　──的進化　194
　　──的要因　150
生物的制約　138, 140
制約　127, 194
生理的指標　25
世界保健機関　220
セカンド・オーダーの観察　28, 29
世代・文化的要因　150
折半法　43
切片　101, 102, 219
先行研究　104, 106, 156, 218, 219, 249, 251
選好注視法　16, 17, 21, 22, 111
　　強制選択──　17, 18, 20, 24
選好振り向き法　122
潜在成長曲線モデル　95, 101-103, 153, 219, 224
潜在的課題　114
潜在変数　95, 96, 101
全生活空間　181-183
全体システムの発達　146

選択バイアス　56
前頭前野　206, 208
相関係数　89, 90, 178
相関分析　93, 180
相互作用　79
相互的調整　145
相互排他性バイアス　126, 127
即時マッピング　126
測定　7
　　──誤差　49, 50
　　──の原理　7
　　──バイアス　56, 57
素朴心理学　112, 114
素朴生物学　112
素朴物理学　112
素朴理論　112

【た行】
体系的折衷主義　174, 175, 177-179
体系的折衷調査法　179-181, 184
退行　145
　　一時的な──　145
ダイナミックな発達論　146
大脳辺縁系　142
代表値　88
タイムサンプリング（法）　31, 33, 151
大量データ　40, 42
大量の質的データ　40
対話　16, 75, 77
多語発話　130
多肢選択法　41
「他者」の存在　15
脱馴化　23
タッチ研究　4
タッチ尺度の作成　4
妥当性　43-45, 48, 51, 59, 60, 69, 93, 120
　　──係数　52, 53
　　因子的──　44, 54
　　基準関連──　44, 52-54, 60
　　構成概念──　44, 54, 60
　　社会的──　54
　　収束的──　44
　　生態学的──　165
　　内容的──　43, 53, 54, 184
　　表面的──　44, 54
　　併存的──　44, 53, 60
　　弁別的──　44
　　予測的──　44, 53

臨床的── 54
田中ビネー式知能検査 58
ダニーディンでの長期縦断研究 154
ダブルスペース 273
多変量解析 40, 95, 114
多変量プロセスモデル 224, 226
多変量分析 95
多母集団分析 100
他律的道徳規範 243
単語拡張課題 127
探索的因子分析 97
チェックリスト法 151
知覚発達研究 21
知能指数 58
注意欠陥多動性障害 140
中心化傾向 42
中立仮説 189
長期縦断研究 213, 214
長期縦断発達研究 224
調査：
　　──的面接法 63
　　──法 40
　　追跡── 154-156, 225
　　パネル── 42
　　予備── 97, 179
調整 137, 138, 140-142, 144
調整子 140
超倫理的家族主義 139
直交回転 97
追求質問 67, 68
追試 250, 251, 256
追跡調査 154-156, 225
ディスコース分析 69
データ数 88, 91
データのちらばり 88
データベース 250
適応 137, 138, 141, 188
　　──度 187-190
　　──の困難 146
適合度 99-101
適合度指標 87, 99, 100
テキストマイニング・ソフトウェア 40
テスト法 48
テラー式視力検査 17
伝記法 1
天井効果 5
同意回答スタイル 42
同一性地位面接 70

投影法／投映法 40, 166
統計：
　　──解析 41
　　──誤差 49
　　──処理ソフトウェア 95
　　──的検定 90-92, 164-166, 171
　　──分析 252-254
　　──法 84
　　記述── 87, 90, 92, 164
　　推測── 87, 90, 164
投稿論文 248, 254, 255
「動詞-島」仮説 131
当事者感 141, 143
同情的行動 143
統制群（法） 7
道徳的ジレンマ 238
道徳的判断 238
独立性の検定 90
独立変数 7, 225
突然変異 189
トライアンギュレーション 34

【な行】

内省法 70
内的整合性 43, 44
内容的妥当性 43, 53, 54, 184
内容的妥当性係数 54
「納得-説得-会得」の了解過程 176
ナラティヴ・アプローチ 69
馴れ 23
2件法 41
二次的情動 141-143
日誌的観察研究 31
2変数の関連 89
日本学術会議 236
日本学術振興会 248
日本心理学会 169, 236
日本パーソナリティ心理学会 236
日本発達心理学会 2, 235
日本保育学会 236
乳児：
　　──制御 23
　　──の顔認知 25
　　──の視力 21
　　──の視力測定 19
　　──の知覚実験 24
乳幼児研究 166
ニュルンベルク綱領 232, 233

認識論的個体主義　154
認知　110
　　──革命　163, 164
　　──主義　162-164
　　──と情動　142
　　──発達　110, 118
年齢・成熟的要因　150
脳　197
　　──科学（研究）　112, 117, 141, 142
　　──画像研究　119, 120
　　──機能画像（検査）法　202-204, 206, 209, 211, 212
　　──機能局在（論）　202, 205
　　──機能局在研究法　202
　　──機能欠損モデル　201, 204
　　──機能の推定　199, 200
　　──機能発達の神経基盤　210
　　──血流　205
　　──研究　118
　　──磁図　207, 210, 211
　　──神経科学　142
　　──（機能）の可塑性　201, 202
ノエティックな自己　143

【は行】
バイアス　55, 126-128, 184
　　──誤差　55
　　形──　126-128
　　語意推論　127-129
　　事物全体──　126, 128
　　出版──　104, 105
　　選択──　56
　　相互排他性──　126, 127
　　測定──　56, 57
　　発表──　104
　　反応──　42
バイオロジカルモーション　26
配偶システム　193
配偶戦略　193, 194
　　短期的──　193
　　長期的──　193
バイリンガル環境で育つ子ども　124, 125
博士論文　248
パス図　95, 99, 101
外れ値　86
発達　136, 149
　　──疫学的研究　222
　　──科学　195, 213, 218

　　──観　149
　　──指数　58
　　──障害　146, 147
　　──初期の統制障害　222
　　──心理学　149, 214, 218, 226
　　『──心理学研究』　248, 254-256, 258
　　──精神病理学　213-215, 217-220, 224, 226
　　──段階　110
　　──テスト　58
　　──年齢　59
発表バイアス　104
パネル調査　42
母親語研究　6
母親の子育ての検討　293
母親のしつけ診断　292
場面サンプリング　31
パラダイム　75, 162
　　──シフト　162-164, 167, 168
　　──論　162
　　旧──　162, 163
　　研究──　162, 200, 202
　　新──　163
ばらつき誤差　55
バリマックス回転　97
半構造化面接　66, 67, 182
反証可能な知　81
反証主義　15
反省性　75
反応性遺伝仮説　189, 191
反応バイアス　42
反復主因子法　97
判別係数　52, 53
ピアレビュー　270
比較行動学　140
比較認知科学　119
比較分析　177, 183
非系統誤差　85
被験者構成法　150, 151
非構造化面接　66, 67
非参与観察　28, 35
微視的発生の分析　138
非侵襲的（方法）　113, 203
ビデオカメラの視点　30
ビデオ観察　31-35
ビデオ撮影　29
ヒューリスティックス　81
表現型　188
標準誤差　49

標準偏差　88
評定尺度法　41
評定法　84
表面的妥当性　44, 54
頻度依存淘汰　189
ファースト・オーダーの観察　28, 29
フィールド研究　168
「フィールド研究」に関する倫理　169
フィールドワーク　154, 167, 168
フィールドワーク研究　168, 169
フィルターとしての研究手法　10
複数選択法　41
不採択　254-256
不適応　188, 214, 215, 219, 226
不適応行動の測定　300
普遍文法　130
プロセス　78, 79
プロトコル分析　69, 111, 138
プロマックス回転　97
文化心理学　118
文化的な〈現実〉　74
文化的な多様性　77
文献検索　264
文献のオンライン検索　264
分散　88
文脈の効果　119
文脈療法　139
平均値　50, 88, 178
併存的妥当性　44, 53, 60
ヘルシンキ宣言　170, 233
ベルモントレポート　234
変異＝淘汰バランス仮説　189
変数　102
弁別　25
弁別的妥当性　44
冒険　80
法則定立　153
法則定立的（アプローチ）　171, 175, 178
母語　122, 124, 125
母子や教師・生徒の相互交渉の診断　305
母集団　46, 90, 91, 100, 180
ポスター発表　252
母相関係数　106
補足運動野　206
ホメオスタシス　142-144
翻訳ソフト　259

【ま行】
丸め誤差　50
魅力度　194
魅力度の評価基準　193
民族心理学　139
無作為抽出　91
メタ認知　117
メタファー　76, 80
メタ分析　55, 56, 95, 104-106, 251
メタ理論　118
メタ倫理学　237
面接　62
　──調査　179-181, 184
　──の分析法　182
　──法　62-66, 154, 163
　構造化──　66, 67
　自由──　67
　成人用愛着──　70
　調査的──法　63
　同一性地位──　70
　半構造化──　66, 67, 182
　非構造化──　66, 67
　予備──　68
　臨床的──法　63
黙従反応傾向　42
モジュール　112, 114
モデル　15
モデル構成　167
モデル構成概念　14

【や行】
有意水準　90, 91, 105
U字型の発達プロセス　125
床効果　5
ユニヴァーサルな発達　139
要因分析的方法　150, 151
陽電子放射断層法　204
要約統計量　88
抑制制御　114-116
予測的妥当性　44, 53
予備調査　97, 179
予備面接　68

【ら行】
ライフストーリー研究　69
ランダム誤差　55
ランダムサンプリング　46
ランドルト環　19, 20

リサーチクエスチョン　67
リフレクシヴィティ　75
領域一般（性）　112, 118
領域固有（性）　112, 118
領域固有の発達　146
良質なデータ　9, 84, 88, 93
量的：
　──研究（法）　8, 9, 14, 86, 90, 92, 93, 151, 153, 174
　──心理学研究　7
　──調査　41
　──データ　84, 86, 92, 153
　──分析法　153
　──方法　178, 184
　──方法の仮説検証　184
理論　15
　──構築　3
　──的構成概念　96
　──（的な）モデル　101, 225
臨床研究に関する倫理指針　235
臨床心理学　218, 219
臨床的妥当性　54
臨床的面接法　63
臨床法　64, 65
倫理　163, 230-245
　──違反　237, 238
　──教育　243, 244
　──研究　230
　──綱領　168, 169
　──審査委員会　232, 237, 244
　──的課題　243
　──的課題状況　231, 232
　──的研究　231, 232
　──的思考　239
　──的ジレンマ　238, 243

　──的チェック機構　231
　──的転回　232
　──的配慮　68, 93
　──的判断　236-238, 240, 244
　──的問題　219, 237
　──的論文　231, 232
疫学研究に関する──指針　235
応用──学　243
看護──　240
規範──学　237
研究対象者保護のための──原則および指針　234
研究──　230, 231, 243
研究──規程　231, 232, 236, 238, 241
研究──教育　243
研究──審査委員会　231
研究──の歴史　233
事後の──　170, 172
事前の──　170
人を対象とする医学研究の──原則に関する声明　233
人を対象とする生命医学研究の国際──指針　234
「フィールド研究」に関する──　169
臨床研究に関する──指針　235
レビュー論文　104
ローカル　77, 78
ローカルな発達　139
ローデータ　87
論文投稿　247
論文の査読　6

【わ行】
ワーキングメモリ　114

●シリーズ編者
日本発達心理学会
出版企画委員会（2010年12月まで）
委員長　田島信元
委　員　岩立志津夫・子安増生・無藤　隆

●編著者紹介
岩立志津夫（いわたて　しづお）【序章担当】
東京都立大学大学院博士課程中途退学。文学博士。現在，日本女子大学人間社会学部教授。主要著書『よくわかる言語発達』（共編著）ミネルヴァ書房，2005年　他。

西野泰広（にしの　やすひろ）【第21章担当】
日本大学大学院博士課程単位取得満期退学。現在，国士舘大学文学部および同大学院教授。主要著書『発達研究の技法』（共編著）福村出版，2000年　他。

●執筆者紹介（執筆順，【　】内は担当章）
金沢　創（かなざわ　そう）【第1章】
京都大学理学研究科霊長類学専攻単位取得満期退学。博士（理学）。現在，日本女子大学人間社会学部准教授。主要著書『赤ちゃんの視覚と心の発達』（共著）東京大学出版会，2008年　他。

麻生　武（あさお　たけし）【第2章】
大阪市立大学大学院後期博士課程単位取得満期退学。博士（文学）。現在，奈良女子大学大学院人間文化研究科教授。主要著書『身ぶりからことばへ』新曜社，1992年　他。

岡田　努（おかだ　つとむ）【第3章】
東京都立大学大学院博士課程単位取得満期退学。博士（心理学）。現在，金沢大学人文学類教授。主要著書『青年期の友人関係と自己──現代青年の友人認知と自己の発達』世界思想社，2010年　他。

松田浩平（まつだ　こうへい）【第4章】
日本大学大学院博士課程単位取得満期退学。現在，東北文教大学短期大学部教授。主要著書『人間関係の科学』（共編著）福村出版，1994年　他。

塩崎尚美（しおざき　なおみ）【第5章】
お茶の水女子大学大学院人間文化研究科博士課程単位取得満期退学。現在，日本女子大学人間社会学部准教授。主要著書『実践に役立つ臨床心理学』（編著）北樹出版，2008年　他。

能智正博（のうち　まさひろ）【第6章】
シラキュース大学大学院博士課程修了。Ph. D.。現在，東京大学大学院教育学研究科准教授。主要著書『臨床心理学をまなぶ(6) 質的研究法』東京大学出版会，2011年　他。

村井潤一郎（むらい　じゅんいちろう）【第7章】
東京大学大学院博士後期課程修了。博士（教育学）。現在，文京学院大学人間学部教授。主要著書『発言内容の欺瞞性認知を規定する諸要因』北大路書房，2005年　他。

小塩真司（おしお　あつし）【第 8 章】
名古屋大学大学院博士課程後期課程修了。博士（教育心理学）。現在，中部大学人文学部准教授。主要著書『SPSS と Amos による心理・調査データ解析』東京図書，2004 年　他。

林　創（はやし　はじむ）【第 9 章】
京都大学大学院博士課程修了。博士（教育学）。現在，岡山大学大学院教育学研究科准教授。主要著書『再帰的事象の認識とその発達に関する心理学的研究』風間書房，2008 年　他。

針生悦子（はりゅう　えつこ）【第 10 章】
東京大学大学院博士課程修了。博士（教育学）。現在，東京大学大学院教育学研究科准教授。主要著書『レキシコンの構築』（共著）岩波書店，2007 年　他。

須田　治（すだ　おさむ）【第 11 章】
東京都立大学大学院博士課程単位取得満期退学。文学博士。現在，首都大学東京大学院人文科学研究科教授。主要著書『情動的な人間関係の問題への対応』（編著）金子書房，2009 年　他。

小田切紀子（おだぎり　のりこ）【第 12 章】
東京都立大学博士課程単位取得満期退学。博士（心理学）。現在，東京国際大学人間社会学部教授。主要著書『離婚——前を向いて歩きつづけるために』サイエンス社，2010 年　他。

尾見康博（おみ　やすひろ）【第 13 章】
東京都立大学大学院博士課程中途退学。博士（心理学）。現在，山梨大学教育人間科学部准教授。主要著書『好意・善意のディスコミュニケーション——文脈依存的ソーシャル・サポート論の展開』アゴラブックス，2010 年　他。

大野　久（おおの　ひさし）【第 14 章】
名古屋大学大学院博士課程単位取得満期退学。教育学修士。現在，立教大学現代心理学研究科教授。主要著書『エピソードでつかむ青年心理学』（編著）ミネルヴァ書房，2010 年　他。

平石　界（ひらいし　かい）【第 15 章】
東京大学大学院博士課程中途退学。博士（学術）。現在，京都大学こころの未来研究センター助教。主要著書『認知の個人差』（分担執筆）北大路書房，2011 年　他。

榊原洋一（さかきはら　よういち）【第 16 章】
東京大学医学部医学科卒業。医学博士。現在，お茶の水女子大学大学院人間文化創成科学研究科教授。主要著者『発達障害と子どもの生きる力』金剛出版，2009 年　他。

菅原ますみ（すがわら　ますみ）【第 17 章】
東京都立大学大学院博士課程単位取得満期退学。文学博士。現在，お茶の水女子大学大学院人間文化創成科学研究科教授。主要著書『個性はどう育つか』大修館書店，2003 年　他。

斉藤こずゑ（さいとう　こずゑ）【第 18 章】
東京大学大学院教育学研究科博士課程単位取得満期退学。教育学修士。現在，國學院大學文学部教授。主要論文「映像発達研究法の可能性——フィールドにおける洞察を観る」発達心理学研究　第 20 巻第 1 号　pp.42-54, 2009 年　他。

郷式　徹（ごうしき　とおる）【第 19 章】
京都大学大学院博士課程修了。博士（教育学）。現在，静岡大学教育学部准教授。主要著書『幼児期の自己理解の発達』ナカニシヤ出版，2005 年　他。

デビッド・W・シュワーブ（David W. Shwalb）【第 20 章】
ミシガン大学大学院博士課程修了。Ph. D.（Developmental Psychology）。現在，南ユタ大学心理学科准教授。主要著書 "The Father's Role: Cross-Cultural Perspectives."（Shwalb, B. J., Lamb, M. E. との共編著）New York: Routledge, 2012 年（予定）他。

バーバラ・J・シュワーブ（Barbara J. Shwalb）【第 20 章】
ミシガン大学大学院博士課程修了。Ph. D.（Psychology & Education）。現在，南ユタ大学心理学科専任講師。主要著書 "Applied Developmental Psychology: Theory, Practice, and Research from Japan."（Shwalb, D. W., Nakazawa, J. との共編著）Charlotte, NC: Information Age, 2005 年　他。

中澤　潤（なかざわ　じゅん）【第 20 章・翻訳】
広島大学大学院修士課程修了。博士（心理学）。現在，千葉大学教育学部教授。主要著書『社会的行動における認知的制御の発達』多賀出版，1996 年　他。

雨森雅哉（あめもり　まさや）【第 21 章】
国士舘大学大学院博士課程単位取得満期退学。現在，医療福祉情報実務能力協会専任講師。主要論文「PDS 機能から見た良いスポーツチームの心理的特性Ⅲ」（共著）教育学論叢（国士舘大学教育学会）第 26 巻 pp.160-113, 2009 年　他。

発達科学ハンドブック 第2巻
研究法と尺度

初版第1刷発行　2011年11月25日 ⓒ

編　者　　岩立志津夫・西野泰広
シリーズ編者　日本発達心理学会
発行者　　塩浦　暲
発行所　　株式会社新曜社
　　　　　〒101-0051　東京都千代田区神田神保町2-10
　　　　　電話(03)3264-4973(代)・Fax(03)3239-2958
　　　　　E-mail: info@shin-yo-sha.co.jp
　　　　　URL http://www.shin-yo-sha.co.jp/

印刷　亜細亜印刷　　　　　　　　　Printed in Japan
製本　イマヰ製本所
ISBN978-4-7885-1257-3　C1011

日本発達心理学会 編
発達科学ハンドブック

いまや発達心理学は，隣接の学問分野から影響を受けつつその領域を広げ，発達的視点を中核においた「発達科学」として発展しつつある。1989年の日本発達心理学会発足以降およそ20年間の研究の動向を展望し，今後の新たな研究への足がかりとなるシリーズを目指す。読者対象は卒論執筆者から大学院生，研究者，専門的実践家まで。(A5判上製・各巻約300頁)

第1巻　発達心理学と隣接領域の理論・方法論
田島信元・南　徹弘　責任編集

＊第2巻　研究法と尺度
岩立志津夫・西野泰広　責任編集　　344頁／本体3600円

＊第3巻　時間と人間
子安増生・白井利明　責任編集　　336頁／本体3600円

第4巻　発達の基盤：身体，認知，情動
根ヶ山光一・仲真紀子　責任編集

第5巻　社会・文化に生きる人間
氏家達夫・遠藤利彦　責任編集

第6巻　発達と支援
無藤　隆・長崎　勤　責任編集

＊は既刊

(表示価格は税別です)